Peter Baumgartner, Hartmut Häfele, Kornelia Maier-Häfele

E-Learning Praxishandbuch
Auswahl von Lernplattformen

Peter Baumgartner, Hartmut Häfele, Kornelia Maier-Häfele

E-Learning Praxishandbuch

# Auswahl von Lernplattformen

Marktübersicht – Funktionen – Fachbegriffe

StudienVerlag
Innsbruck
Wien
München
Bozen

Die Deutsche Bibliothek - CIP-Einheitsaufnahme

Ein Titeldatensatz für diese Publikation ist bei der Deutschen Bibliothek erhältlich
ISBN 3-7065-1771-X


e-mail: order@studienverlag.at
Internet: www.studienverlag.at

Satz: Hartmut Häfele, Kornelia Maier-Häfele
Umschlag: Studienverlag/Günther Reinalter



Gedruckt auf umweltfreundlichem, chlor- und säurefrei gebleichtem Papier.

# Inhaltsverzeichnis

Jedes LMS wird nach dem folgenden Schema vorgestellt:
A. Firmenprofil(e)
B. Weiterführende Produktinformationen

1. **Kommunikation, Kooperation & Kollaboration**
   1.1 Synchron
   1.2 Asynchron
   1.3 Annotationen
   1.4 Gruppenbildung durch Rollen
   1.5 Externe Kommunikationstools integrierbar
2. **Didaktik**
   2.1 Lässt verschiedene Lehr- und Lernmodelle zu
   2.2 Übungen und Tests
   2.3 Modularisierung von Lehr- und Lerninhalten
   2.4 Feedback zum Lernfortschritt und Protokollierung des Lernfortschrittes
   2.5 Autorenfunktionen
   2.6 Learning-flow-Management
3. **Administration**
   3.1 Tracking von Usern
   3.2 Rechnungsverwaltung
   3.3 Personalisierung
4. **Technik**
   4.1 Anpassbarkeit
   4.2 Erweiterbarkeit
   4.3 Skalierbarkeit
   4.4 Systemanforderungen/Ressourcenbedarf
   4.5 Distributierbarkeit
   4.6 Entspricht Standards

# Vorwort

Das vorliegende Buch ist zu einem guten Teil das „Nebenprodukt" einer umfangreichen Studie, die wir seitens des österreichischen Bundesministeriums für Bildung, Wissenschaft und Kultur (bm:bwk) in Auftrag gegeben haben. Unser Anliegen war – und ist es – für die Umsetzung unserer nationalen e-Learning Strategie geeignete Werkzeuge zu finden, zu erproben und einzusetzen. Dazu war eine vergleichende Analyse der aktuell am Markt befindlichen Systeme notwendig.

Da eine internationale Recherche zeigte, dass solch eine umfassende Marktanalyse noch nicht vorhanden war, setzte ich als hauptverantwortlicher Abteilungsleiter für das österreichische e-Learning Portal (www.bildung.at) eine Initiative: Im Rahmen einer Vorstudie, die Prof. Rolf Schulmeister (Universität Hamburg) durchführte, wurde uns die grundlegende Problematik samt der notwendigerweise zu untersuchenden Funktionsmerkmale zusammengestellt. Danach erfolgte der Auftrag an die Autorinnen dieses Buches, mit der Verpflichtung, die besonderen Bedürfnisse und Bedingungen der österreichischen Situation in der Studie entsprechend zu berücksichtigen.

Obwohl die Studie daher ganz auf unsere speziellen nationalen Bedürfnisse zugeschnitten ist, freue ich mich hervorheben zu können, dass sowohl Anlage als auch Durchführung der Untersuchung von generellem Interesse sind:

1. Die Ausarbeitung der Kriterien und ihre Gewichtung war bei uns ein wichtiger Bewusstseinsbildungsprozess, bei dem eine eigens gegründete Expertinnengruppe, die alle Bildungsbereiche abdeckt, führend mitwirkte. Die Methodik dieser Vorgangsweise halte ich für vorbildlich und auch für andere Entscheidungsträgerinnen einsetzbar.

2. Während der ganzen Studie – die sich nun in der abschließenden Phase des Usability Tests befindet – waren alle Entscheidungsgrundlagen immer transparent. Sowohl über Websites als auch in regelmäßigen Meetings wurden laufend die Zwischenergebnisse präsentiert und diskutiert. So wussten sowohl wir als auch die betroffenen Firmen immer Bescheid, wo die Untersuchung steht und in welche Richtung sie sich weiter entwickelt.

Diese beiden Merkmale sind meiner Meinung nach eine der entscheidenden Ursachen dafür, dass diese Studie – trotz ihrer großen Brisanz – eine breite Akzeptanz gefunden hat. Ich glaube, dass sowohl die materiellen Ergebnisse der Studie als auch die in diesem Buch versammelten Arbeitsmaterialien für alle Entscheidungsträgerinnen eine wertvolle Hilfe darstellen und ich wünsche daher diesem Buch eine wohlwollende Aufnahme in der fachlichen Öffentlichkeit.

DI Dr. Robert Kristöfl

Wien, am 2. Mai 2002

# Vorwort

Es ist ein "Doppelblind-Versuch", den wir hier betreiben: Ich schreibe ein Vorwort zu dem neuen Buch von Peter Baumgartner, Hartmut Häfele und Kornelia Maier-Häfele, das ich noch nicht kenne, und im Gegenzug wird Peter Baumgartner ein Vorwort zu meinem demnächst erscheinenden neuen Buch schreiben, das er ebenfalls noch nicht kennt.

Warum haben wir uns zu diesem etwas ungewöhnlichen Verfahren durchgerungen? Beide Bücher behandeln das Thema "Evaluation von Lernplattformen", beide gehen zurück auf extensive Studien zu Learning Management Systemen oder Lernplattformen. Die eine Untersuchung (Schulmeister) wurde von der Freien und Hansestadt Hamburg, die andere (Baumgartner, Häfele et al.) vom österreichischen Ministerium für Bildung, Wissenschaft und Kultur in Auftrag gegeben.

Attraktiv für die breitere Öffentlichkeit sind möglicherweise weniger die konkreten Ergebnisse der beiden Untersuchungen als vielmehr ihre Methodik, die Herangehensweise an das Entscheidungsproblem, welche Plattform zu beschaffen und einzusetzen sei, sowie die Bewertungskriterien und die Erhebungsinstrumente, die in der jeweiligen Evaluation angewendet wurden. Insofern ist ein Vergleich beider Studien für diejenigen Hochschullehrerinnen und Hochschullehrer interessant, die selbst über die Auswahl von Lernplattformen für ihre Hochschule nachdenken.

Ich deutete bereits an, dass die konkreten Ergebnisse der beiden Studien vielleicht gar nicht so interessant sind. Der Grund dafür liegt in der Beobachtung begründet, dass der Mark der Lernsysteme und Lernplattformen sehr stark in Bewegung ist. Einige Hersteller von Lernplattformen kaufen andere Systeme auf, um sie in ihre Plattform zu integrieren, sie fusionieren mit anderen Firmen, um zukünftig Zusatzsoftware wie web conferencing oder virtual classroom als weitere Leistungen anzubieten, oder sie melden Insolvenz an, weil es ihnen nicht gelungen ist, einen genügend großen Kundenkreis zu bekommen. Die Produktpalette mag sich bereits in einem Jahr relativ bereinigt haben.

Dennoch behalten die Qualitätskriterien, die wir für die Bewertung der Produkte herangezogen haben, ihre Gültigkeit. Bei beiden Studien handelt es sich um Untersuchungen, die nicht nur in der Breite, sondern auch in der Wissenschaftlichkeit des Ansatzes bisher einmalig sind.

Ich wünsche den Autorinnen dieses Buches, dass es einen Beitrag zur Verwissenschaftlichung der aktuellen Diskussion leisten, dem Leser wichtige Hinweise für die eigene Entscheidung geben und einen Baustein zur Etablierung von eLearning-Projekten liefern kann.

Rolf Schulmeister

Hamburg, 6. Mai 2002

# Einleitung

Mit dem vorliegenden Buch wollen wir Entscheidungsträgerinnen eine fundierte Arbeits- und Entscheidungsgrundlage in die Hand geben. Unser Ziel ist es dabei, dass Leserinnen dieses Handbuchs in die Lage versetzt werden - entsprechend den Bedürfnissen der eigenen Organisation - sachgerecht und alle Interessenslagen („Stakeholder") berücksichtigend, eine geeignete Lernplattform aus dem aktuellen Marktangebot auswählen zu können.

Um diesem Praxisanspruch gerecht zu werden, haben wir das Buch folgendermaßen aufgebaut:

In den ersten beiden Kapiteln gehen wir auf didaktische und technische Grundlagen von e-Learning ein. Welche pädagogisch-didaktischen Rahmenbedingungen sind zu beachten? Wie grenzen sich die unterschiedlichen Systeme (Lern-Management-Systeme, Content-Management-Systeme, Learning-Content-Management-Systeme, synchrone und asynchrone Lernplattformen) voneinander ab, bzw. wie lassen sich diese verschiedenen e-Learning Werkzeuge funktionell beschreiben?

Im Kapitel 3 geben wir dann einen Überblick über den globalen Herstellerinnenmarkt indem wir alle Anbieterinnen nach dem Namen des Produktes alphabetisch sortiert inklusive Name der Herstellerin und Internet-Adresse zusammenstellen.

Anschließend werden im vierten Kapitel die unterschiedlichen Evaluierungsverfahren dargestellt und diskutiert. Es werden sowohl Evaluierungsprozess als auch jene Kriterien, die für eine Lernplattform wichtig sind, dargestellt. Die Methode der qualitativen Gewichtung und Summierung wird ausführlich beschrieben und am Projekt „weltweiter Vergleich von Lernplattformen" für das österreichische Bildungswesen exemplarisch angewendet. Sie finden entsprechende Formulare für das eigene Evaluierungsverfahren im Anhang am Ende des Handbuches.

Das umfangreiche 5. Kapitel stellt die aus unserer Studie hervorgegangenen 16 Top Produkte ausführlich dar. Der Text dieses Kapitels wurde den einzelnen Herstellerfirmen bzw. Vertriebspartnerinnen vorgelegt und von diesen autorisiert sowie bei Bedarf durch Kommentare ergänzt. Durch diese umfangreiche Darstellung soll Ihnen der Vergleich für Ihre eigene Auswahl erleichtert werden.

Im 6. Kapitel finden Sie ein umfangreiches Glossar der e-Learning Fachbegriffe. Darin werden nicht nur alle im Text vorkommenden Begriffe erläutert, sondern Sie finden im Glossar auch weitere Hinweise wie Screenshots, Internetadressen, etc.

Im anschließenden 7. Kapitel haben wir Ihnen kurze Firmenprofile der Herstellerinnen und der Vertriebspartnerinnen zusammengestellt. Diese Zusammenstellung soll Ihnen einen schnellen Überblick über die Evaluanden verschaffen, sowie Sie in der Einschätzung der Zukunftsfähigkeit der vorgestellten Produkte unterstützen. Dies ist gerade in einem Markt der einer dynamischen Entwicklung unterliegt, sehr wichtig.

Eine Auflistung und kurze Kommentierung relevanter Ressourcen wie Websites und online Journale, sowie eine Literaturliste und Blanko-Formulare runden dieses Handbuch ab. Über unsere Website "www.virtual-learning.at/community" halten wir Sie über aktuelle Änderungen, die erst nach Erscheinung des Buches vorgenommen wurden bzw. uns bekannt geworden sind, auf dem Laufenden.

Zum Abschluss noch eine Bemerkung zur Schreibweise: Sie werden es schon bemerkt haben, wir verwenden in diesem Buch durchgehend die weibliche Form wie z. B. Herstellerin, Expertin etc. Alle diese weiblichen Formen schließen auch ihr männliches Pedant mit ein.

Peter Baumgartner

Hartmut Häfele

Kornelia Maier-Häfele

Igls und Vandans im Mai 2002

Kapitel I

# E-Learning: Begriffsklärungen, didaktische Grundlagen

## 1. Was ist e-Learning?

... ein buzz-word

Zuerst einmal ist „e-Learning" eine jener Neuschöpfungen von Wörtern, die – meistens aus dem Englischen kommend – zu einem Modewort avanciert sind. Die inflationäre Verwendung dieser „buzz words" (auch so eine Wortkreation! Im Kapitel der e-Learning Fachbegriffe finden Sie einen Definitionsversuch) drückt weniger einen sachlich neuen, genau definierten Gegenstandsbereich aus, sondern signalisiert eher die Gruppenzugehörigkeit: Man/Frau zeigt, dass sie „in" ist, wenn sie diese Wörter verwendet.

Tipp:

Sie sitzen in einem Fachvortrag und langweilen sich? Wir empfehlen „Buzz Word Bingo" um die Wartezeit bis zur nächsten Pause zu verkürzen.

Die Regeln sind einfach: Sie suchen sich mindestens zwei andere Mitspielerinnen und notieren sich jeweils fünf buzz words. Während des Fachvortrags kreuzen Sie jene buzz words auf Ihrer Liste an, die im Laufe der Präsentation verwendet werden. Wer zuerst alle fünf notierten buzz words angekreuzt hat, hat gewonnen.

Eine genaue Spielanleitung sowie weiterführende Informationen zu „Buzz Word Bingo" finden Sie hier:

http://www.corex.net/toolstech/Bingo/

E-Learning + E-Teaching = E-Education

E-Learning ist nur die eine Seite der Medaille, braucht auf der anderen Seite e-Teaching, um sich zur vollen e-Education zu ergänzen. Das ganze kann jedoch nicht nur e-lektronisch geschehen, sondern der Mensch soll eine wesentliche Rolle spielen; also ist hybrides Lernen (voriges Jahr) – bzw. wie es dieses Jahr ganz modern heißt „blended learning" – angesagt.

Wollen wir der Wortbedeutung seriös nachgehen, dann helfen leider oft auch Lexika nicht weiter: Zu neu sind diese Wortschöpfungen, um bereits Eingang selbst in die sehr aktuellen Online-Lexika gefunden zu haben. So bleibt also nur der schon von Wittgenstein in seinen philosophischen Untersuchungen gemachte Vorschlag, sich die Art ihres Gebrauchs, das Sprachspiel anzusehen, in dessen Zusammenhang sie verwendet werden.

E-Learning als Überbegriff für alle Arten medienunterstützten Lernens

Die Bedeutung des Begriffs „e-Learning" war zu Beginn seines Auftretens stärker auf das elektronisch unterstützte Lernen (satellitengestütztes Lernen, Lernen per interaktivem TV, CD-ROM, Videobänder, etc.) konzentriert. Im Zuge des Internet-Hype der ausgehenden 90er Jahre wurde e-Learning hauptsächlich für das „netzangebundene" Lernen (so genanntes „webunterstütztes" Lernen) verwendet, etabliert sich jedoch zusehends wieder als Überbegriff für alle Arten medienunterstützten Lernens.

E-Learning schließt also heute sowohl Lernen mit lokal installierter Software (Lernprogramme, CD-ROM) als auch Lernen über das Internet ein.

Exkurs:

E-Learning, elearning, eLearning, „e"Learning, e-Learning, … wie lautet denn nun die korrekte Schreibweise?

Früher war der Bindestrich obligatorisch - die e-Learning Pioniere Cisco und Smartforce bestehen nach wie vor auf den Bindestrich, jedoch auf unterschiedliche Groß- und Kleinschreibung (Cisco: „e-learning", Smartforce: „e-Learning").

Liest man aktuelle Artikel zum Thema, fällt auf, dass der Bindestrich mehr und mehr verschwindet: „eLearning" und „elearning" ist im Moment angesagt. Microsoft lässt gar die ganze Endsilbe weg und propagiert „eLearn" (www.microsoft.com/elearn/).

Wir ziehen die derzeit leistungsfähigste WWW-Suchmaschine Google™ (www.google.com) zu Rate und erhalten am 30.3.2002 die folgenden Ergebnisse:

Die Suche nach dem Begriff „E-Learning" ergibt ca. 915.000 Treffer.

- Die Schreibweise mit Bindestrich wird auf ca. 915.000 Webseiten gefunden,
- „eLearning" hingegen nur auf ca. 268.000,
- „eLearn" gar nur auf ungefähr 24.000.

Wir schließen uns diesem Ergebnis an und bleiben bei der vertrauten Schreibweise „e-Learning".

## 2. Begriffsklärungen

e-Learning: Was ist das?

Wir wollen in diesem Buch

Definition :

e-Learning

*e-Learning als einen übergeordneten Begriff für softwareunterstütztes Lernen verstehen.*

Softwareunterstütztes Lernen

Softwareunterstützt (im Gegensatz zu computerunterstützt) deshalb, weil schon heute - und noch viel mehr in naher Zukunft - es nicht unbedingt der Computer (-bildschirm) sein muss, der im Mittelpunkt dieser Lernform steht. So können durchaus auch mobile Endgeräte, wie z. B. das Handy wichtige Funktionen übernehmen. Die Betonung auf Software macht zugleich auch deutlich, dass es nicht die äußere Form des Gerätes ist, die hier entscheidend ist.

Wenn wir e-Learning als übergeordneten Begriff fassen, so fällt darunter natürlich der schon geläufige computerunterstützte Unterricht, der entweder mit Hilfe einer lokal auf der Festplatte installierten Software oder mit CD-ROM durchgeführt wird. Dennoch wird durch den praktischen Gebrauch sehr deutlich, dass das neue „Buzz-Word" e-Learning doch in erster Linie die internetbasierten Kommunikationsformen betont.

Flexible Learning

E-Learning setzt die Idee des „Flexible Learnings", also eines just-in-time Lernens am Arbeitsplatz, das relativ unabhängig von den so genannten Eingangsvoraussetzungen Zeit undOrt sowie der Person ist, in die Praxis um.

Die Betonung liegt hier auf dem Wort „unabhängig":

Unabhängig von:

- Zelt
- Ort
- Person

**Zeit:** Es ist klar, dass für synchrone Kommunikation das vereinbarte Zeitfenster für das Zusammenkommen der Lernenden im virtuellen Raum ganz entscheidend ist. Weniger klar ist es, dass auch bei asynchronen Kommunikationsvorgängen gewisse Zeitfenster zu beachten sind: So macht es z. B. in einem online Seminar wenig Sinn, wenn die Diskussion einiger TeilnehmerInnen zu Beginn des Seminars erst am Ende des Seminars aufgegriffen wird, wenn bereits ganz andere Dinge diskutiert werden. Eine gewisse Zeitdisziplin ist entscheidend, soll die Kommunikation nicht disparat werden und in viele einzelne Diskussionsfäden (Threads) zerfasern. Erwähnt werden sollen hier auch die Zeitverschiebung von Seminarteilnehmerinnen, die über den Globus verstreut sind und die zeitlich unterschiedlichen Studienzeiten (Semesterbeginn und - ende), die für kommunikations- und kooperationsorientiertes e-Learning oft problematisch sind.

**Ort:** Auch die Wahl des Lokalität ist für erfolgreiches e-Learning nicht unproblematisch. So sind sowohl die physikalische Ausstattung als auch die Netzanbindung für die Lade- und die Responsezeiten entscheidend. Gerade die für e-Learning wichtige Komponente der Interaktivität wird durch eine langsame Performanz und Reaktionszeit oft ad absurdum geführt.

**Person:** Um erfolgreich an kooperativen Lernprozessen teilnehmen zu können, sind Eingangsvoraussetzungen - die zugleich ja auch Zugangsbeschränkungen darstellen, - notwendig. Selbst in jenen Fällen, in denen das individuelle Erarbeiten des Stoffes Vorrang hat, sind Empfehlungen und/oder Einstufungstests sinnvoll, um nicht die (zahlende) Kundschaft zu enttäuschen und letztlich zu verlieren.

Tripple A

Es zeigt sich daher, dass das vielgepriesene A3 (tripple A) nämlich Anytime, Anywhere, Anybody in Realität keineswegs uneingeschränkt möglich ist.

Begriffsklärungen:

- e-Education
- Interaktivität
- Lernen
- Lernumgebung

Eigentlich ist e-Learning nur die eine Seite eines wechselseitigen Prozesses, der Lehren (e-Teaching) und Lernen (e-Learning) umfasst.

Das neue „Buzz-Word", das sich hier durchzusetzen beginnt und beide Seiten umfasst, heißt e-Education.

Damit wird nicht nur die zweite Seite (Lehren) umschrieben, sondern vor allem auch der Begriff des Lernens deutlich erweitert.

Lernen wird oft als ein zielgerichteter Vorgang verstanden, bei dem es um die Aneignung definierter Wissenselemente im Sinne eines Qualifizierungsvorganges geht.

„Education" hingegen entspricht mehr unserem Begriff der „Bildung", der zwar oft entsprechend eingeschränkt wird (Aus-, Weiter-, Fortbildung), aber - aus der geisteswissenschaftlichen Tradition stammend - auch eine offenere, nicht bloß zweck- und zielorientierte Interpretation zulässt.

Weil e-Education als Begriff noch nicht so hinreichend bekannt ist, verwenden wir in diesem Buch weiterhin e-Learning, ganz jedoch im Sinne des hier dargelegten weiten Begriffsumfanges, d. h. e-Teaching einschließend und nicht nur auf zweckorientierte Qualifizierungsprozesse eingeschränkt.

Besonders hervorheben für ein Verständnis von e-Learning möchten wir den bereits erwähnten Begriff der „Interaktivität".

Grundsätzlich ist zwischen einer steuernden und einer didaktischen Interaktivität zu unterscheiden (Baumgartner/Payr 1994, S.149f).

Während im ersten Fall die Aktionen zur Steuerung des Programmablaufes dienen (z. B. Aufrufen einer neuen Seite), verfolgt die didaktische Interaktion die Gestaltung eines Lernerlebnisses. Dieses Lernerlebnis kann entweder durch das Programm selbst (z. B. programmgesteuerte Auswertung einer Abfrage) oder aber durch Kommunikation/Feedback mit anderen Menschen (Lehrenden und/oder Lernenden) erfolgen.

Abb. 1:

Interaktivität im e-Learning

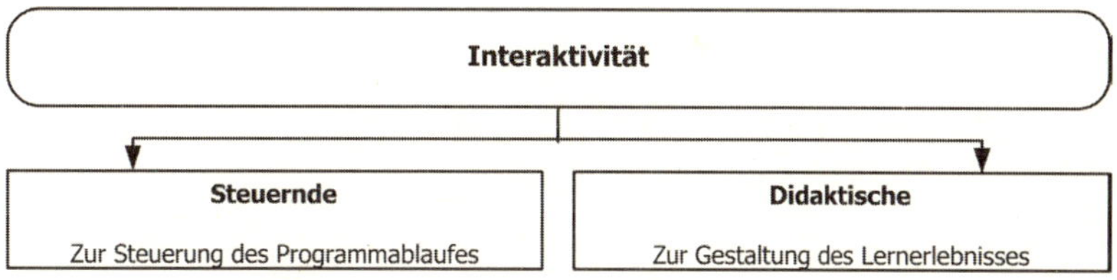


E-Learning ist daher keineswegs auf individuelles Lernen, auf die individuelle Auseinandersetzung mit präsentierten Inhalten beschränkt, sondern bezieht auch die menschliche Interaktion mit ein. Das bezieht sich aber nicht nur auf das face-to-interface vermittelte Lernen, sondern ganz allgemein auch auf reine face-to-face (Sozial-) Phasen, die mit softwareunterstützten Lernvorgängen beliebig kombiniert werden können.

Abb. 2:

Sozialformen des e-Learning

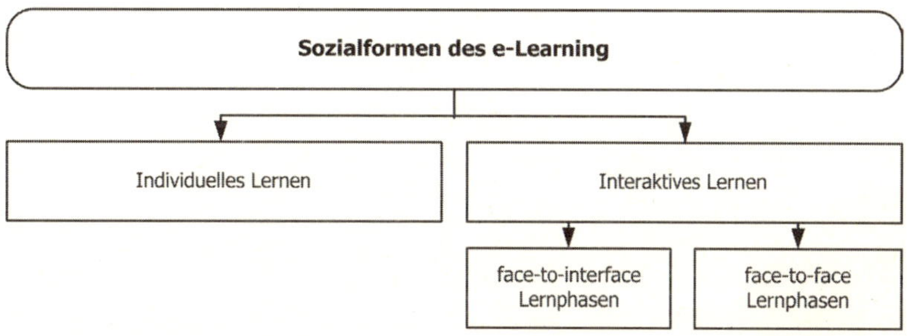


Gerade diese vielfältigen Kombinationsmöglichkeiten schärfen das Bewusstsein für übergeordnete Rahmenbedingungen, für die Gestaltung der Lernorganisation. Allerdings darf der dafür häufig verwendete Begriff der Lernumgebung (learning environment) nicht bloß technisch verstanden, d. h. auf die Lernplattform oder das Lernmanagementsystem eingeschränkt werden.

Doch ist gerade die Gestaltung der Organisationsformen des Lernens ein zentraler Aspekt von e-Learning und damit auch von Lernplattformen: Diese Systeme sollen nicht nur Inhalte - sozusagen auf einer mikrodidaktischen Ebene - vermitteln helfen, sondern es ist für das Verständnis wesentlich, auch die organisatorischen Rahmenbedingungen dieses kognitiven Lernprozesses in die Betrachtung mit einzubeziehen.

Lernplattformen transportieren nicht nur Inhalte

Wenn Lernplattformen eingesetzt werden, wird oft der wichtige Aspekt ihrer Verwendung, das organisatorische Lernarrangement übersehen. Es sind nicht nur die mit diesen Medien transportierten Inhalte, die ein Verständnis unserer Gesellschaft, ihres Aufbaus und ihrer Struktur vermitteln. Wesentlich für den Aufbau eines Weltbildes ist es auch, wie diese Inhalte präsentiert werden und in welcher Form die Auseinandersetzung mit ihnen möglich ist. Diese Struktur und Form der Auseinandersetzung ist aber nicht beliebig, sondern wird durch die von der Lernplattform vorgegebenen Funktionen maßgeblich beeinflusst.

Kurz gesagt:

*Hinter jeder Lernplattform verbirgt sich ein organisations- und lerntheoretisches Modell - und zwar unabhängig davon, ob dies Entwicklerinnen oder Anwenderinnen bewusst ist oder nicht.*

Ein krasses und in vieler Hinsicht vereinfachtes Beispiel möge dies illustrieren: Wenn Lehrinhalte softwaregestützt präsentiert und anschließend über Multiple Choice Tests abgefragt werden, so verhindert das didaktische Arrangement der programmierten Unterweisung eine konstruktive inhaltliche Auseinandersetzung. Hinter der scheinbar sachlichen Autorität des Programms bzw. des Computers verbirgt sich ein ganz bestimmtes Verständnis des Lernprozesses (Faktenwissen memorisieren und reproduzieren).

WBT-Tipp:

Wir wollen in diesem Buch in loser Abfolge einige frei zugängliche WBT´s vorstellen, die aus der Masse der im WWW auffindbaren Tutorials formal und inhaltlich hervorstechen.

Den Anfang macht das Lernprogramm zur „Psychologie der Personalbeurteilung" von Dr. Frank Dulisch, das dieses komplexe Thema sehr ausführlich beleuchtet. Laut dem Autor richtet sich dieses Lernprogramm an:

- Vorgesetzte, die ihre Mitarbeiter regelmäßig beurteilen (müssen),
- Vorgesetzte, die über Leistungsprämien entscheiden,
- Mitarbeiter, die Praktikanten und Auszubildende beurteilen,
- Vorgesetzte, die ihren Mitarbeitern Arbeitszeugnisse ausstellen müssen,

- Personen, die Personalauswahlentscheidungen treffen,
- und Studierende, die sich mit dem Fach Sozialpsychologie oder Personalwesen beschäftigen.

Das Bild links finden Sie übrigens auf der Startseite des Lernprogramms unter www.personalbeurteilung.de. Was erkennen Sie darauf: ein junges Mädchen oder eine alte Frau?

Der „geheime" Lehrplan

Eine zentrale These unseres Ansatzes ist es, dass der „geheime Lehrplan" sich in den neuen webbasierten Lehr- und Lernumgebungen in noch weit stärkerem Maße auswirkt, als dies in vereinzelter Bildungssoftware der Fall ist. Der Grund liegt darin, dass Entwicklerinnen dieser virtuellen Lernumgebungen mit ihren Produkten den Lernprozess explizit unterstützen wollen. Lehrplattformen geben sozusagen bloß einen inhaltsleeren Rahmen ab (sind also in gewisser Weise auch „Leer"plattformen), in denen dann jedoch konkrete Lernprozesse stattfinden und unterstützt werden sollen.

Entwicklerinnenn von Lernumgebungen geht es also nicht - wie vielen Programmautorinnen von Bildungssoftware - in erster Linie darum, konkrete Inhalte zu vermitteln. Sie versuchen vielmehr den Lernprozess abstrakt zu modellieren, damit möglichst viele unterschiedliche Lerninhalte optimal unterstützt werden können. Aus diesem Grunde sind die pädagogischen Intentionen webbasierter Lernumgebungen ambitionierter als dies in der Ära der Bildungssoftware bzw. der dafür notwendigen Autorenwerkzeuge der Fall war.

Web- und Buchtipp:

**Studieren und Forschen mit dem Internet**

Das Internet ist für den Lernprozess nicht nur ein zusätzliches Medium, sondern es verändert auch den Arbeitsablauf von Forschen und Studieren grundlegend. In zehn Kapiteln geht diese Website, die als Ergänzung zum gleichlautenden Buch unter www.stufonet.at erreichbar ist, dieser Fragestellung nach.

## 3. Lernen als sozialer Prozess

Lernen und Wissen als dynamischer Prozess

Wenn wir Lernen oder Wissen nicht nur als statische Angelegenheit, sondern als dynamischen Entwicklungsprozess betrachten, gelangen wir zu einer differenzierten Sichtweise des Lernprozesses. Wir können mehrere Phasen, Lernziele und Inhalte im Lernprozess unterscheiden. (Wir fassen hier - dem Zweck eines Handbuchs für die Praxis entsprechend - die wichtigsten Ergebnisse nur kursorisch zusammen. Für detaillierte Ausführungen verweisen wir auf die einschlägige Literatur: Baumgartner/Payr 1994, 1997, 2001)

## 3.1 Stufenmodell von Lernen als dynamisches Entwicklungsmodell

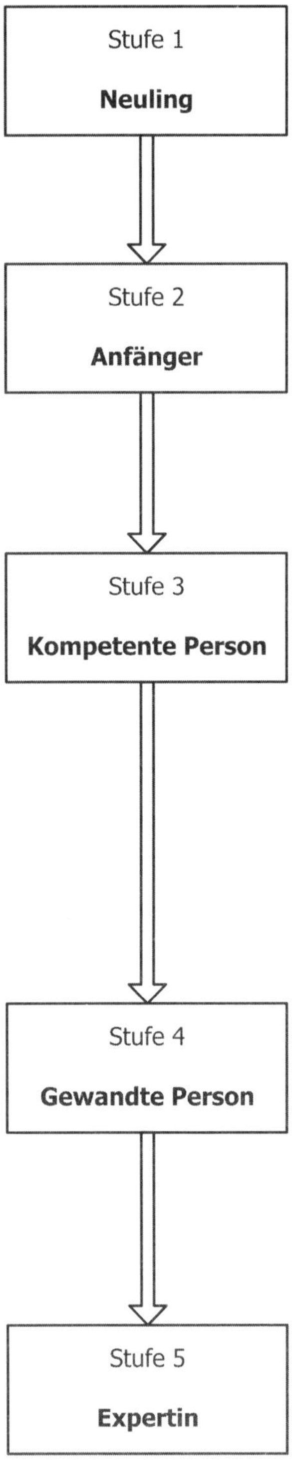


Abb. 3.: Stufenmodell von Lernen als dynamisches Entwicklungsmodell

**Stufe 1 - Neuling:** Neulinge sind mit der zu lernenden Sache noch nicht vertraut und haben auch noch keine diesbezüglichen Erfahrungen. Sie müssen sich zuerst einige grundlegende Tatsachen und Regeln aneignen. Sie können diese Regeln aber noch nicht hinterfragen, weil sie noch zuwenig Erfahrungen mit konkreten Situationen haben.

**Stufe 2 - (fortgeschrittene) Anfängerin:** Die Anfängerin beginnt, verschiedene Fälle und Situationen wahrzunehmen und die Regeln kontextorientiert anzuwenden. Fertigkeiten werden nun mit mehr Variationen und abhängig vom konkreten Einzelfall ausgeübt, aber Anfängerinnen können noch nicht selbständig handeln.

**Stufe 3 - Kompetenz:** Die kompetente Person kennt die relevanten Fakten und Regeln und kann darüber hinaus bereits in einem breiten Spektrum von Fällen entscheiden, wann sie anzuwenden sind. Kompetent sein heißt, dass die Personen bereits auf ihrem Gebiet selbständig handeln und alle damit auftretenden Probleme selbständig lösen können. Kompetenz bedeutet daher bereits eigene Verantwortung, das Einnehmen eines eigenen Standpunktes und eine selbstkritische Reflexion. Allerdings werden die Entscheidungen noch mühsam getroffen und sind noch weit von der beinahe spontan erscheinenden „Intuition" der „wahren Expertinnen" entfernt.

**Stufe 4 - Gewandtheit:** Auf dieser Stufe gehen Lernende von der analytischen Erfassung des Problems mit anschließender schrittweiser Anwendung von Lösungsverfahren allmählich zu einer ganzheitlichen Wahrnehmung der Situation über. Der Fall scheint sich schließlich von selbst mit seiner Lösung in einer ganzheitlichen Gestalt zu präsentieren.

**Stufe 5 - Expertin:** Die Expertin perfektioniert die Gestaltwahrnehmung, indem ihr die verschiedenartigsten komplexen Situationen als „Fälle" vertraut erscheinen. Das geschieht, indem die Fähigkeit zur Wahrnehmung (bzw. Konstruktion) von Familienähnlichkeiten zwischen unterschiedlichen Erscheinungen gesteigert wird. Die „Kunst" manifestiert sich darin, dass Experten aus amorphen, unübersichtlichen Situationen jene Problem-„Fälle" konstruieren, die ihre eigene Lösung bereits mit einschließen.

## 3.2 Ein heuristisches Lehr-/Lernmodell

Lernen ist ein vielschichtiger Prozess, der gegenüber der obigen schematischen Darstellung noch dadurch kompliziert wird, dass die Stufen von den Grundelementen bis zur komplexen Situation keineswegs geordnet nacheinander ablaufen (müssen). Es scheint aber so, dass Lernende selbst ihren Lernprozess in diese Richtung steuern und sich z. B. als Anfängerinnen aus einer komplexen Situation erst einmal Elemente gerade jener Komplexität herausholen, der sie auf diesem Stand gewachsen sind → Komplexitätsreduktion.

Um deutlich zu machen, dass es sich bei der von uns vertretenen Vorstellung des Lernprozesses nicht um ein starres Ablaufmodell handelt, versuchen wir die Zusammenhänge dreidimensional darzustellen.

Abb.: 4
Ein heuristisches Lehr- und Lernmodell

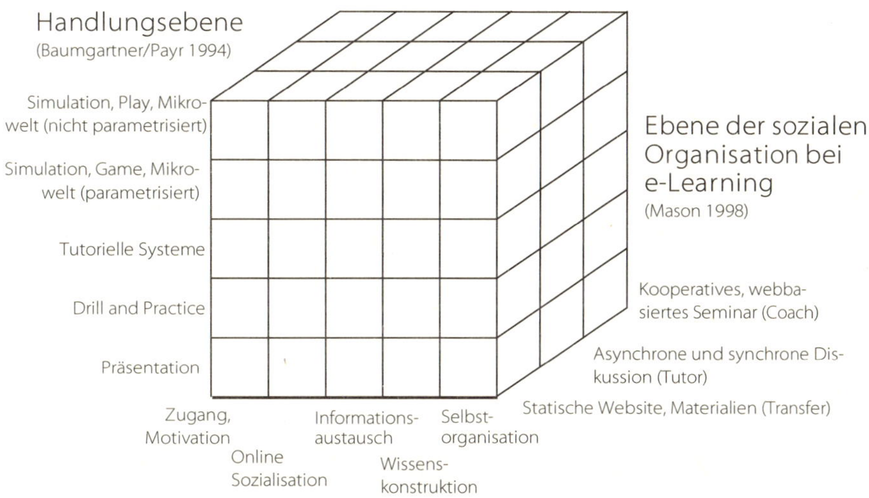


Weiterführende Erläuterungen im Anhang anhand von grafisch aufbereiteten Modellen

Im Anhang gehen wir nochmals ausführlich auf die y- und z-Achse des Modells (Lehr / Lernebene: Phasen im online-Seminar; Ebene der sozialen Organisation bei e-Learning) ein.

Das 3D-Modell ist nicht als Entscheidungs- oder gar als Vorgehensmodell zu verstehen. Es soll vielmehr als eine heuristische Hilfe (=Daumenregel) in zweierlei Weise dienen:

- Einerseits können soziale Lehr- und Lernsituationen

aus den verschiedenen Perspektiven der Handlungs-, Lehr-, Lern- und Organisationsebene untersucht werden. Das Modell lässt sich aus verschiedenen Blickpunkten betrachten, drehen und wenden. Je nach Standpunkt und Blickrichtung erscheinen die Zusammenhänge in anderen Verbindungen.

- Andererseits hilft das Modell auch, die Fragestellungen für ein Unterrichts-, Aus- und Weiterbildungsdesign und für die Gestaltung von Lernsituationen zu konkretisieren: Welche Fertigkeiten sollen erworben werden? Auf welcher Stufe der Handlungsfähigkeit? Mit welcher Lehr- und Organisationsform? Welche Rolle spielen die Lehrenden (Vermittler, Lernberater, Moderator bzw. Tutor oder Kooperationspartner bzw. Coach)?

Lehr- und Lernmodelle sind Spiegel gesellschaftlicher Werte

Die Entscheidung für eine bestimmte didaktische Strategie ist sowohl eine persönliche und damit individuelle Entscheidung, findet aber andererseits auf der Grundlage vorherrschender gesellschaftlicher Werte statt. Damit ist das von einer Gesellschaft bevorzugte Lehr- und Lernmodell nicht von der Wissenschaft frei „erfunden", sondern widerspiegelt die dominanten kulturellen Werte, die umgekehrt wiederum die Bildungsvorstellungen prägen. (Vgl. zu diesem reziproken kulturellen Zusammenhang die Studien von Inglehart 1997). So könnte daran anschließend beispielsweise die These formuliert werden, dass die wachsende Bedeutung des Konstruktivismus in der Pädagogik unter anderem auch mit der zunehmenden gesellschaftlichen Durchdringung des Internets zusammenhängt, dessen hypertextartige und chaotische Struktur diesem Lernparadigma am ehesten entspricht.

## 3.3 Lehrerinnen- vs. Lernerinnenzentrierter Ansatz

Für unsere Fragestellung - welches pädagogische Modell liegt einer bestimmten Lehr-/Lernplattform zugrunde - müssen wir das obige dreidimensionale Modell vereinfachen. Die Beurteilung einer inhaltlichen Ebene macht für die Analyse von (inhaltlich leeren) Plattformen keinen Sinn. Wir können jedoch festhalten, dass die bisherige Darstellung des Lernprozesses einen weiten Bogen aufspannt, dessen Pole durch lehrerzentrierten versus lernerzentrierten Ansatz beschrieben werden können (vgl. Schulmeister 1996 und 2001).

Der lehrerinnenzentrierte Ansatz

**Im lehrerinnenzentrierten Ansatz** wird primär ein Lehrangebot bereitgestellt, das die Studierenden zu verarbeiten haben. In der klassischen Unterrichtsplanung werden die Lernziele dabei von den zu lehrenden Inhalten (Lehrpläne) deduktiv abgeleitet und es werden ihnen häufig sogar spezifische Lehrmethoden als didaktische Vermittlungsinstanzen zugeordnet. Der Lehrprozess ist dabei im Wesentlichen eine durch die Lehrperson (oder die Lernsoftware) fremd gesteuerte Instruktion.

Der lernerinnenzentrierte Ansatz

**Im lernerinnenzentrierten Ansatz** wird bloß eine interaktive, dem Lernen förderliche Umgebung bereit gestellt, die nach den jeweiligen Zielen, Wünschen und Vorlieben der Lernenden exploriert werden kann. Obwohl dadurch unterschiedliche Eingangsvoraussetzungen, Lernstile und Motivationen besser berücksichtigt werden, können in der Extremvariante weder Reihenfolge, Zeitbedarf noch der Lernerfolg selbst extern gesteuert und kontrolliert werden.

Abb. 5:

Lehrer- vs. Lernerzentrierter Ansatz

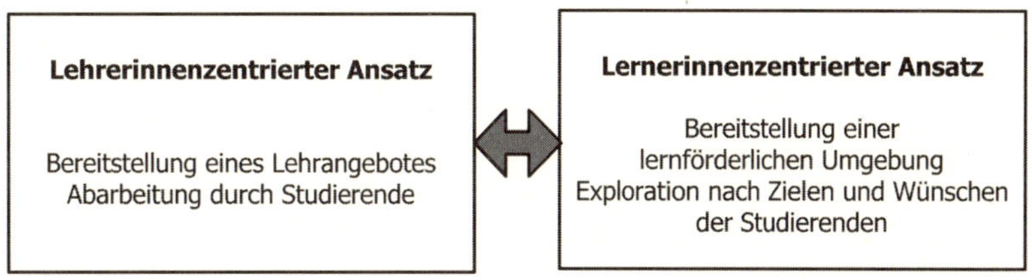


So sympathisch vielleicht die lernerinnenzentrierte Variante (Stichwort: autonomes, selbstgesteuertes Lernen) auch sein mag, so haben kognitions- und experimentalpsychologische Untersuchungen gezeigt (Birbaumer u. a. 1996 und 1997), dass die dafür notwendigen Kompetenzen erst herausgebildet, d. h. gelernt werden müssen.
Lernerinnenzentrierte Ansätze können daher nicht voraussetzungslos eingesetzt werden, weil sie Lernende häufig überfordern.

## 3.4 Funktionen webbasierter Lernumgebungen

Es ist nicht ganz einfach, die verschiedenen Funktionen webbasierter Lehr- und Lernumgebungen aufzulisten und zu kategorisieren. So wie die Funktionen von Textverarbeitungssoftware bei der Einführung dieses neuen Softwaretyps noch sehr unterschiedlich ausfielen, so beginnt sich heute erst langsam eine gewisse Standardisierung im Bereich webbasierter Lernumgebungen herauszukristallisieren.

Zu Beginn dieses Klärungsprozesses ist es vorerst notwendig, die webbasierten Lernumgebungen von anderen Instrumenten und Werkzeugen abzugrenzen. Da wir bisher in der Literatur noch keine geeignete Begriffsklärung vorgefunden haben, möchten wir folgende Definition vorschlagen:

Definition

webbasierte Lernplattform

*Unter einer webbasierten Lernplattform ist eine serverseitig installierte Software zu verstehen, die beliebige Lerninhalte über das Internet zu vermitteln hilft und die Organisation der dabei notwendigen Lernprozesse unterstützt.*

Wir haben hier ganz bewusst die ganze Palette (vom lehrerinnenzentrierten bis zum lernerinnenzentrierten Ansatz) einzuschließen versucht. Trotzdem handelt es sich um eine relativ enge Definition. Nimmt man obigen Passus sehr genau, so findet man darin eine Reihe von impliziten Ab- und Ausgrenzungen:

Was wird durch die Definition ausgegrenzt:

- Serverseitig installierte Autorinnenwerkzeuge
- Bildungsinhalte ohne organisierende Funktion des Lernprozesses
- Bildungsinhalte, die fix mit einem bestimmten Inhalt verbunden sind
- Reine Managementsysteme ohne inhaltliche Funktion im Lernprozess
- CMS ohne inhaltliche Funktion im Lernprozess
- Webbasierte Systeme

Es fallen alle nicht webbasierten, d. h. serverseitig installierten Autorinnenwerkzeuge aus dieser Definition heraus. Werkzeuge, die zwar Inhalte für das Web produzieren, (wie z. B. HTML-Editoren, oder aber auch spezielle Autorinnenwerkzeuge die Inhalte für den Bildungsbereich generieren und dann über das Internet publizieren, wie etwa COIMBRA [W1]) gehören danach nicht zu den virtuellen Lernplattformen.

Bildungsinhalte alleine, die zwar über das Internet angeboten werden, die aber sonst entweder keine organisierende Funktion des Lernprozesses aufweisen (normale Websites oder Webportale, Herunterladen von Skripten usw.) oder aber fix mit einem bestimmten Inhalt verbunden sind (spezifische über das Web angebotenen Kurse) fallen ebenfalls nicht unter den Begriff einer webbasierten Lernplattform.

Reine Managementsysteme, die zwar Lernprozesse administrieren, aber keine inhaltliche Funktion im Lernprozess wahrnehmen (Studentinnenverwaltungen, und Kursmanagementsysteme wie z. B. unituell [W2]), werden durch unsere Definition ebenfalls ausgegrenzt.

Content Managementsysteme (CMS), die zwar helfen, Inhalte zu administieren und zu präsentieren, aber keine spezielle Unterstützung für die Steuerung des Lernprozesses aufweisen (Lernflussmanagement, Tracking der Benutzerinnen, Assesssmenttools etc.), werden durch die Definition ebenfalls ausgeschlossen.

Unserer Definitionsversuch schließt aber auch alle webbasierten Systeme aus, die unter anderem *auch* für Lernzwecke verwendet werden können (Datenbanken, Applicationsharing, Instrumente für das kooperative Arbeiten wie z. B. BSCW [W3] und/oder für Community Building wie z. B. Intranets [W4] und natürlich auch die oben bereits extra erwähnte Gruppe der Content Managementsysteme).

Diese allerletzte Abgrenzung ist nicht ganz unproblematisch: Die Funktionalität einiger Werkzeuge unterstreicht nicht nur ein modernes Lernverständnis (kooperatives Lernen), sondern ist so flexibel gestaltet, dass durch geschickte Benutzung auch traditionelle Lehr- und Vermittlungsformen oft besser unterstützt werden, als dies durch speziell dafür vorgesehene Lernplattformen möglich ist.

Zum Teil handelt es sich dabei um Software, die von einem Extrem des Lernprozesses ausgehend (lernerzentrierter Ansatz) sich zum anderen Pol (lehrerzentrierter Ansatz) „vorarbeitet". In einigen Fällen ist es dann weniger eine funktionale Analyse, sondern vielmehr die historische Herkunft oder die verwendete Marketingstrategie, die eine scheinbar exakte Abgrenzung (Lernplattform oder nicht) motiviert.

Web-Tipp:

In unserer „Virtual-Learning-Community" unter www.virtual-learning.at/community/ können Sie sich einen Überblick über den aktuellen weltweiten Markt von Lernplattformen verschaffen.

Unter dem Link „Ergebnisse" finden Sie eine nach Produktnamen alphabetisch sortierte Liste inklusive den zugehörigen WWW-Adressen.

Sie müssen sich allerdings einmal unter Angabe Ihrer E-Mailadresse und eines selbst gewählten Passwortes in unserer Community registrieren, dann haben Sie freien Zugriff auf alle Artikel sowie die Diskussionsforen.

Anzahl der weltweit angebotenen Lernumgebungen

Die unterschiedliche Ausgangslage in der Begrifflichkeit hat stark variierende Zahlenangaben über die am weltweiten Markt angebotenen Lernumgebungen zur Folge. Die Schätzungen reichen in mündlich geäußerten Expertengesprächen von einigen Dutzend (30-60) bis zu mehreren hundert (600-800) Produkten. Der von uns vorgeschlagene Begriffsumfang versucht relativ präzise und damit eng zu sein. Dementsprechend ergibt sich daraus eine Mengenschätzung, die im unteren Zahlenbereich liegt.

WBT-Tipp:

**Der Tod der Lesbarkeit**

www.uni-regensburg.de/Fakultaeten/Medizin/Augenheilkunde/foto/Kurs_Textdias_deutsch/index.html

Abb.: 6

Der Tod der Lesbarkeit

Das WBT: „Der Tod der Lesbarkeit".

Hinter diesem seltsamen Titel verbirgt sich ein vorbildlich gestalteter Onlinekurs der Uni Regensburg zur Gestaltung von Textdias und Powerpoint- Präsentationen, der helfen soll, eine „fett unterstrichene Tragödie" zu vermeiden. Alle Ratschläge werden durch ein positives sowie ein negatives Beispiel veranschaulicht und können auch auf die Gestaltung von Websites und WBT´s übertragen werden

## 3.5 Funktionsbereiche webbasierter Lernplattformen

Fünf hauptsächliche Funktionsbereiche von Lernplattformen als Grundorientierung

Ohne hier näher ins Detail zu gehen (vgl. ausführlicher die umfassende Beschreibung bei Britain/Liber o. J.), möchten wir fünf hauptsächliche Funktionsbereiche von Lernplattformen unterscheiden:

- Präsentation von Inhalten (Text, Grafik, Bild, Ton, Film…)
- Kommunikationswerkzeuge (asynchrone wie z. B. e-Mail, Webforen und synchrone wie z. B. Chat und Applicationsharing)
- Werkzeuge zur Erstellung von Aufgaben und Übungen
- Evaluations- und Bewertungshilfen
- Administration (von Lernenden, Inhalten, Kursen, Lernfortschritten, Terminen,…)

Abb. 7:

Die fünf hauptsächlichen Funktionsbereiche von Lernplattformen

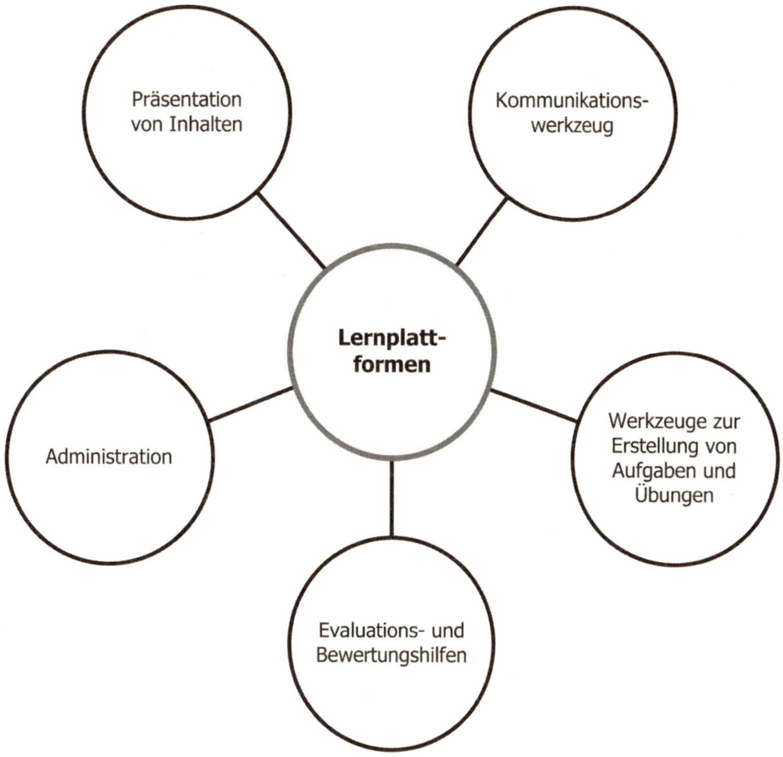


Die fünf Funktionsbereiche als Grundorientierung für eine Charakterisierung von Lernplattformen

Selbstverständlich müssen nicht alle Funktionsbereiche im gleichen Umfang vorhanden sein, bzw. fehlen in einigen Fällen eine oder sogar mehrere Kategorien. Nach wie vor ist der Funktionsumfang, der diese neue Kategorie von Software charakterisiert, im ständigen Wandel begriffen. Die obigen fünf Bereiche geben jedoch unserer Meinung nach eine wichtige Grundorientierung, mit welchen Funktionen Lernplattformen charakterisiert werden können.

Es ist wichtig zu betonen, dass die Zuordnung einer Lernplattform zum lernerinnen- bzw. lehrerinnenzentrierten Pol nicht ausschließlich durch das Vorhandensein oder Fehlen einer speziellen Funktion zu charakterisieren ist. Das wäre zwar für die praktische Handhabung sehr einfach, ist aber leider nicht der Fall. Vielmehr muss im Detail untersucht werden, inwieweit und in welcher Form die einzelnen Funktionen in der jeweiligen Lernplattform realisiert wurden.

Ein konkretes Beispiel soll diese Problematik verdeutlichen: Umfangreiche Kommunikationswerkzeuge sind alleine noch nicht für einen lernerinnenzentrierten Ansatz maßgeblich. Entscheidend ist vielmehr, wer über diese Funktionen in welcher Form verfügt. Wenn z. B. nur die Kursleitung über das Einschalten dieser Werkzeuge verfügt und diese Werkzeuge nur eine bestimmte Ausrichtung unterstützen, (Lehrerin-Lernerin bzw. Lernerin-Lehrerin) so bleibt diese Lernplattform weiterhin im lehrerzentrierten Ansatz verhaftet. Erst wenn die Steuerung bzw. Verfügungsgewalt dieser Werkzeuge auch bei den

Lernenden liegt, wird die lernerinnenzentrierte Ausrichtung bedient. Wenn z. B. Lerner unabhängig von Lehrerinnen (Tutorinnen, Moderatoren, Coaches und wie diese Funktion auch immer heißen mag), eigene Lerngruppen einrichten können, die untereinander kommunizieren, liegt die Steuerung des Lernprozesses zumindest teilweise bei den Lernenden.

Zusammenfassend ergibt sich für die Praxis des Auswahlverfahrens für eine Lernplattform die Notwendigkeit, zwei Grundsatzeinscheidungen zu treffen:

Zwei Grundsatzentscheidungen zur Auswahl einer Lernplattform

- Auf welcher Stufe des Lernprozesses soll die auszuwählende Lernplattform vorrangig wirken?

  Handelt es sich eher um die ersten beiden Stufen des Lernprozesses, so kann auch eine relativ starke Lehrerinnenzentrierung einer Lernplattform die Anforderungen erfüllen.

- Mit welcher Zielgruppe ist vorrangig zu rechnen?

  Handelt es sich bei der Zielgruppe vor allem um Erwachsene (z. B. Corporate Learning in einer Firma, bzw. Flexible Learning am Arbeitsplatz), die sowohl von ihrer bisherigen Lernerfahrung als auch von ihrem Praxisbezug eher selbständiges, selbstgesteuertes Lernen gewohnt sind, dann ist - unabhängig von der Stufe des Lernprozesses - eher eine Plattform zu wählen, die stärker dem lernerinnenzentrierten Paradigma verpflichtet ist.

Diese Grundsatzentscheidungen möglichst frühzeitig treffen

Wir empfehlen, diese Grundsatzentscheidungen relativ frühzeitig und bewusst zu treffen. Werden sie nicht getroffen, kann dies zu einem uneinheitlichen Bewertungsschema innerhalb der Gewichtungsprozedur führen.

Es besteht die Gefahr, dass jede einzelne Person, die an der Bestimmung der Gewichtungen der einzelnen Kriterien (siehe Kapitel IV.) mitwirkt, dies vor dem Hintergrund der eigenen individuellen - implizit vorhandenen aber nicht ausgesprochenen - Präferenz zu einem dieser Lehr-/Lernparadigma bewertet. Die Abstimmung um die Wertigkeit der einzelnen Kriterien führt dann zu meist unerfreulichen, nicht ziel führenden Diskussionen, die wenig konsensfähig sind.

Allerdings sei zum Schluss noch eine Warnung angefügt: Die Möglichkeit, fortgeschrittene didaktische Konzepte nutzen zu können, heißt noch lange nicht, dass sie auch tatsächlich genützt werden.

Umgekehrt können durch geschickte Umgehung bestimmter Einschränkungen auch mehrheitlich einem bestimmten Paradigma verpflichtete Lernplattformen ein wenig in die Richtung zum anderen Pol „verschoben" werden.

## Zusammenfassung

In diesem Kapitel sind wir der These nachgegangen, dass webbasierte Lernumgebungen implizit ein ganz bestimmtes Verständnis des Lehr-/Lernprozesses forcieren. Obwohl es sich bei ihnen quasi per Definition um inhaltsneutrale Softwarepakete handelt, müssen Entwicklerinnen - bewusst oder unbewusst - in ihrer Programmierung bestimmte pädagogische Leitvorstellungen implementieren.

Nach einer Beschreibung der verschiedenen Phasen des Lernprozesses haben wir versucht, den Begriff einer Lernplattform exakter zu fassen. Danach haben wir zwei grundsätzliche Paradigmen des Lehr-/Lernprozesses dargestellt: lehrerinnen- versus lernerinnenzentrierte Ansätze und gezeigt, dass es sinnvoll ist, vor jeder Gewichtungsprozedur die Grundsatzentscheidung zur Lernstufe und Zielgruppe bewusst zu fällen.

Kapitel II

# Learning-, Content-, Learning Content Management Systeme

## 1. Was sind Learning Management Systeme (LMS)?

Lerning Management System = Lernplattform

Aus den Ausführungen des ersten Kapitels wird ersichtlich, dass Learning Management Systeme und Lernplattformen gemäß unserer Definition Synonyme für ein- und dieselbe Sache sind.

Abb. 8:

Learning Management System

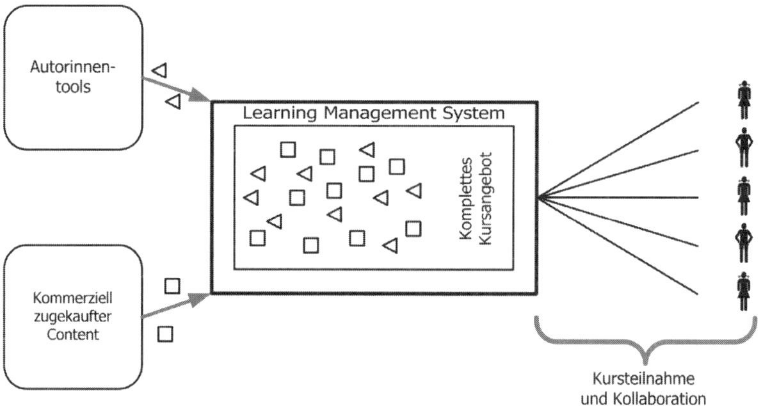


Das Schema eines Learning Management Systems (die Symbole ◁ und □ stehen für Online-Kurse [=Content]):

In einem LMS wird selbst erstellter oder zugekaufter Content in einer Datenbank verwaltet und den Lernenden zur Verfügung gestellt. Dabei wird der individuelle Lernprozess (z. B. welche Kurseinheiten wurden aufgerufen, welche Testergebnisse wurden erreicht, etc.) vom System mitverfolgt (=Tracking) und protokolliert. Die Lernenden könnten miteinander über synchrone (z .B. Chat) und asynchrone (z. B. Diskussionsforum, File-Sharing) Kommunikationstools kommunizieren und kollaborieren.

Wiederverwendbarkeit von Content im LMS

*Die kleinste Lerneinheit in einem LMS ist der Online-Kurs selbst.*

*Wiederverwendbarkeit (Reusability) von Content ist deshalb nur auf der Kurs-Ebene möglich, in dem Sinne, dass ein Kurs von mehreren Teilnehmerinnen bearbeitet werden kann.*

Da der Herstellermarkt für Learning Management Systeme sehr groß und dynamisch ist (durch Recherchearbeit für das vorliegende Buch haben wir rund 100 verschiedene Herstellerinnen identifiziert), wird es immer wichtiger, dass internationale e-Learning Standards eingehal-

Das Einhalten internationaler Standards hilft Kosten zu sparen

ten werden und damit unter anderem die Interoperabilität der Lerninhalte gegeben ist: Das Erstellen von WBT´s ist sehr aufwändig und damit auch mit hohen Kosten verbunden (die Herstellungskosten für eine Stunde interaktiven, didaktisch aufbereiteten Content reichen von 2.000 bis zu 20.000 Euro und mehr – abhängig vom Grad der Multimedialität und der Thematik). Lerninhalte, die für ein bestimmtes LMS erstellt oder zugekauft wurden, sollen auf mehreren verschiedenen LMS (bzw. nach einem Umstieg auf ein anderes LMS) ohne Funktionseinschränkungen weiterverwendet werden können.

In den letzten Jahren haben sich in den USA und in Europa mehrere Standardisierungskonsortien gebildet, die offene Technologie-Standards für Learning Management Systeme und WBT´s definieren.

Die wichtigsten Standardisierungsinitiativen sind (alphabetisch sortiert):

Namen und Web-Adressen der wichtigsten Standardisierungsinitiativen

- AICC - das Aviation Industry Computer Based Training Commitee (www.aicc.org).
- ADL – die Advanced Distributed Learning Initiative (www.adlnet.org).
- ARIADNE – die Alliance of Remote Instructional Authoring and Distribution Networks for Europe (www.ariadne-eu.org).
- IEEE LTSC – das Learning Technology Standards Committee des IEEE (http://ltsc.ieee.org).
- IMS – das Instructional Management Systems Project (www.imsproject.org).

Mehr Informationen zu den einzelnen Gremien finden Sie im Kapitel der e-Learning Fachbegriffe.

Nach anfänglich getrennten Standardisierungsbestrebungen haben sich die obigen Konsortien darauf geeinigt, ihre Arbeitsergebnisse auszutauschen und zu konsolidieren, nicht zuletzt deshalb, weil nur das IEEE das Recht hat, Spezifikationen für die Etablierung eines Standards bei den relevanten Organisationen, wie z. B. dem ANSI (American National Standards Institute) einzureichen.

Das relativ komplizierte Kooperationsnetzwerk der obigen Gremien ist in der folgenden Abbildung illustriert.

Abb. 9:

Standardisierungskonsortien.

Das Kooperationsnetzwerk der e-Learning Standardisierungsgremien (nach imc, 2001).

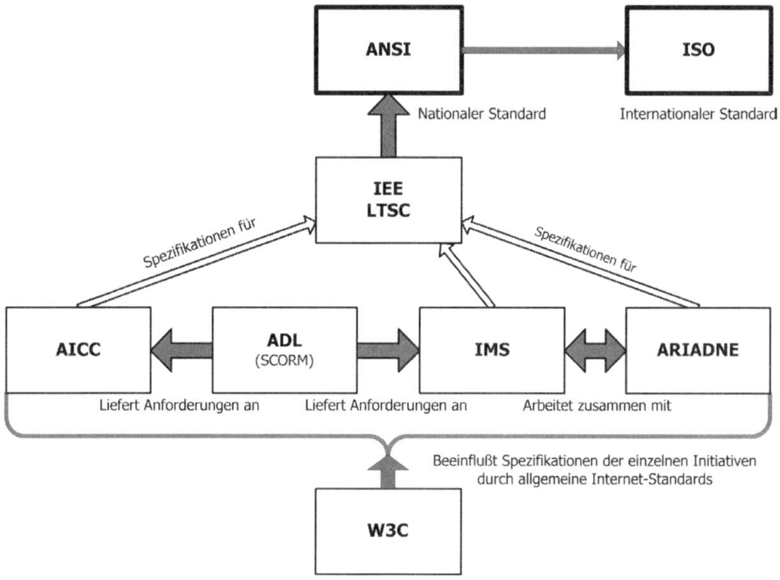


Bis sich so etwas wie ein allgemeiner „Zwischenstandard" etabliert hat, ist es empfehlenswert, auf Nummer sicher zu gehen und bei der Anschaffung eines LMS bzw. beim Ankauf von WBT´s darauf zu achten, dass diese möglichst viele der obigen Standardisierungsinitiativen unterstützen.

## 2. Was sind Autorinnenwerkzeuge?

Es fällt beim obigen Definitionsversuch von Lernplattformen auf, dass Autorinnenwerkzeuge zur Erstellung von Lerninhalten keinen besonderen Stellenwert haben. Tatsächlich haben die „big player" der Produzenten von LMS die webbasierte Erstellung von Inhalten entweder extern zugekauft und integriert oder aber nur rudimentär implementiert. Die Erstellung von Inhalten fällt nicht in ihr eigentliches Aufgabengebiet – der (virtuellen) Organisation des Lehr- und Lernprozesses.

Das Ziel der externen Autorenwerkzeuge

Genau hier setzen die externen Autorinnenwerkzeuge an: Ihr Ziel ist es, bei der Erstellung webbasierter Inhalte so zu helfen, dass die komplexen Details der dafür notwendigen Auszeichnungssprache HTML (Hyper Text Markup Language) bzw. XML (eXtensible Markup Language) verborgen werden und von den Autorinnen nicht beherrscht werden müssen.

WYSIWYG-Editoren

Mittels einer grafischen Schnittstelle (Interface) sollen Autorinnen wie gewohnt ihren Text schreiben und editieren können, um ihn anschließend über das Internet an den Server zu transferieren. So genannte WYSIWYG-Editoren (What You See Is What You Get) erleichtern diesen Prozess und sollen helfen, dass auch nicht technisch versierte Benutzerinnen von bloßen Konsumentinnen zu

Produzentinnen (Autorinnen) werden können.

---

WBT Tipp:

**HTML-Tutorials**

Trotz komfortabler WYSIWYG-HTML-Editoren kann es von Vorteil sein, etwas HTML zu beherrschen. Sehr gute und einsteigerfreundliche (deutschsprachige) textbasierte Tutorials zu den Themen HTML, Javascript und CSS finden Sie bei Planet HTML (www.planethtml.de).

Weiterführende (englischsprachige) Tutorials zur Webgestaltung finden Sie bei w3schools (www.w3schools.com). Die Themen erstrecken sich von einfachen Informationen über Browser bis hin zu Einführungen zu XML, XSL und WAP.

Besonders die hohe Aktualität dieser Website ist hervorzuheben: während das W3C noch an den Normierungen arbeitet, findet man auf W3schools schon Tutorials zu den jeweiligen Themen. Einfache Erklärungen, die sich auf das wesentliche beschränken, Quizzes zur Selbstkontrolle sowie weiterführende Literaturhinweise runden das Angebot ab. W3schools bietet zwar keine spektakulär aufgebauten Multimedia-Trainingskurse, sondern beschränkt sich auf die kurze und trockene Vermittlung der wesentlichen Grundlagen. Gerade das scheint jedoch den großen Erfolg dieser Website auszumachen.

---

Einteilung der Autorinnenwerkzeuge in drei Gruppen

Grundsätzlich können die derzeit verfügbaren e-Learning Autorinnenwerkzeuge in drei Gruppen eingeteilt werden:

- die für die Erstellung von e-Learning Content mittels „Plug-Ins“ „aufgebohrten“ Standard- WYSIWYG-HTML Editoren wie beispielsweise Macromedia Dreamweaver™, Microsoft Frontpage™ und Netobjects Fusion™;
- professionelle Werkzeuge mit integrierter Programmiersprache und hohem Einarbeitungsaufwand wie z. B. Macromedia Authorware™ und Click2learn´s Toolbook™;
- Autorinnensysteme der neuen Generation wie beispielsweise NIAM´s EasyGenerator™ [W5] oder der Dynamic Powertrainer™ von Dynamic Media [W6], die auch ohne großen Einarbeitungsaufwand rasch zu ansehnlichen Ergebnissen führen.

Abb. 10:

Die Familie der e-Learning-Content Autorinnenwerkzeuge.

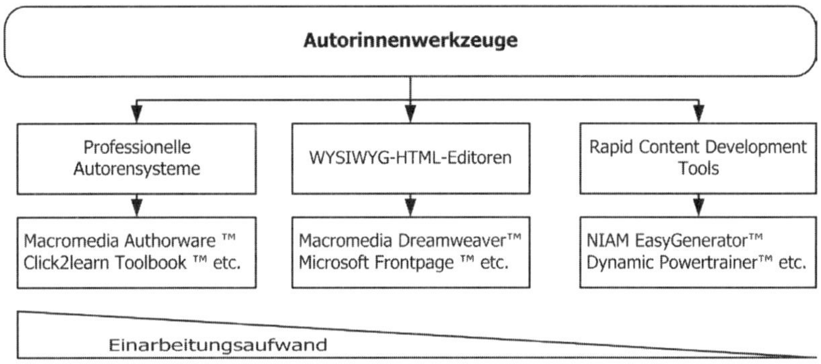


Die letztgenannten Tools markieren jedoch lediglich den Anfang einer Weiterentwicklung in Richtung „Rapid e-Learning Content Development", dessen Ziel die schnelle Entwicklung von interaktivem und didaktisch anspruchsvollen e-Learning Content für jedermann/frau ist.

## 3. Was sind Content Management Systeme (CMS)?

Eine andere Gruppe von Produkten, welche immer stärker in den Blickpunkt des Interesses rückt, ist die der Content Management Systeme. Ursprünglich für die Organisation und das Management von Inhalten konzipiert, haben sich die CMS zu komplexen Redaktionssystemen entwickelt, die sowohl die Abläufe eines kooperativen webbasierten Arbeitsprozesses koordinieren, als auch bei der Online-Erstellung der Inhalte (Funktionen von Autorinnenwerkzeugen) helfen.

Wozu werden CMS eingesetzt

*CMS vereinfachen das Erstellen und das Administrieren von Online-Inhalten wie Texte, Bilder, News, Werbebanner, etc. und werden zumeist für Websites mit hohem Informations- und Aktualitätsgrad wie Online-Zeitungen, Informations-Portale, Firmen-Portale, Intranets, etc. eingesetzt.*

Merkmale von CMS

- Strikte Trennung von Inhalt und Layout
- Komponenten-Management
- Workflow-Management

Dabei zeichnen sich Content Management Systeme durch die folgenden Merkmale aus:

- Strikte Trennung von Inhalt und Layout:
  im Gegensatz zu statischen Websites werden die Inhalte (Texte, Bilder, Videoclips, etc.) sowie die Formatvorlagen (Templates) in einem CMS separat gespeichert. Wenn eine entsprechende Web-Seite aufgerufen wird, dann wird diese dynamisch generiert, indem in ein entsprechendes Template die verschiedenen Inhalte geladen und dadurch ange-

ordnet werden.

- Komponenten-Management:
  in Content Management Systemen werden die einzelnen von den Autorinnen gelieferten Inhalte mit Metadaten versehen und in einer Komponenten-Datenbank (content component database) abgelegt. Redakteurinnen können nun aus diesen einzelnen Komponenten (Texte, Bilder, ..) Artikel zusammensetzen, die dann publiziert werden können.

- Workflow-Management:
  ein CMS bietet Mechanismen, die eine Definition und Kontrolle des Workflows (Ablauf der Arbeitsschritte) ermöglichen. So werden die von den Redakteurinnen zusammengesetzten Artikel von der Chefredakteurin überprüft, bei Bedarf redigiert und von dieser für die Online-Publikation freigegeben. Die auf der Website publizierten Artikel bleiben für eine bestimmte Zeit online und werden nach Ablauf dieser Zeit im Archiv abgelegt.

Abb. 11

Content Management System

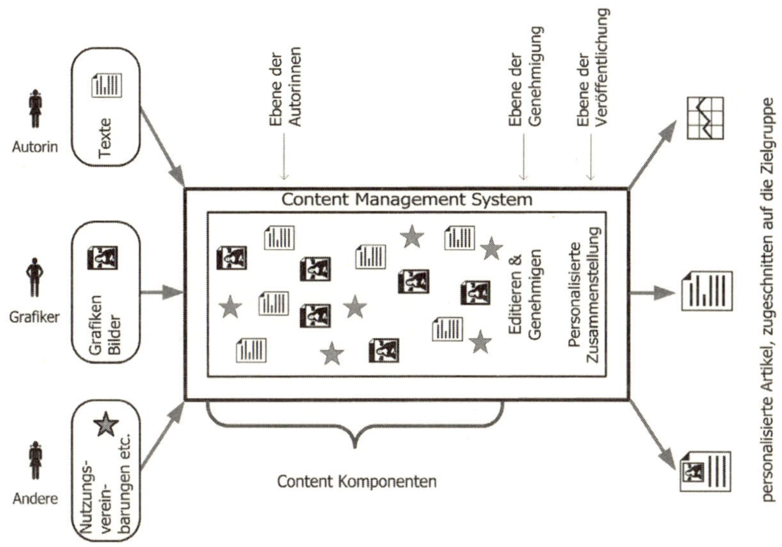


Das Schema eines Content Management Systems:

- Mit den integrierten (bzw. durch externe) Autorinnentools werden von den Autorinnen Inhalte (Content Komponenten: Texte, Bilder, etc.) erstellt, die in einer zentralen Datenbank (content component database) abgelegt und mittels Metadaten zwecks schnellerer Auffindbarkeit beschrieben werden (Ebene der Autorinnen).

- Von Chefredakteurinnen werden diese Inhalte überprüft, eventuell editiert (redigiert) und für die spätere Veröffentlichung genehmigt (Ebene der Genehmigung).

- Aus den genehmigten Content-Komponenten können Redakteurinnen wiederum größere Beiträge zusammensetzen, die nach einer eventuellen Genehmigung durch Chefredakteurinnen für die Online-Veröffentlichung freigegeben werden (Ebene der Veröffentlichung). Die Besucherinnen der

Website können ihre Interessensprofile (z.B. Kultur, Sport, Wissenschaft, etc.) auf der Website hinterlegen und bekommen vom CMS entsprechende Beiträge angezeigt (Personalisierung).

Obwohl Content Management Systeme relativ neu am Markt sind, lassen sich bereits eine Vielzahl von typischen Funktionen unterscheiden, die mehr oder weniger zum Standard – und damit zum Charakteristikum – von Content Management Systemen zu zählen sind:

- Beschaffung und Erstellung von Inhalten
- Präsentation und Publikation von Inhalten
- Aufbereitung und Aktualisierung von Inhalten
- Management und Organisation von Inhalten
- Verteilung und Integration von Inhalten
- Verarbeitung von Inhalten (Workflow)
- Wiederverwendbarkeit von Inhalten

Abb. 12:

Typische Funktionen von Content Management Systemen

Abb.: 13

Der WYSIWYG-HTML-Editor im CMS „Manila™“

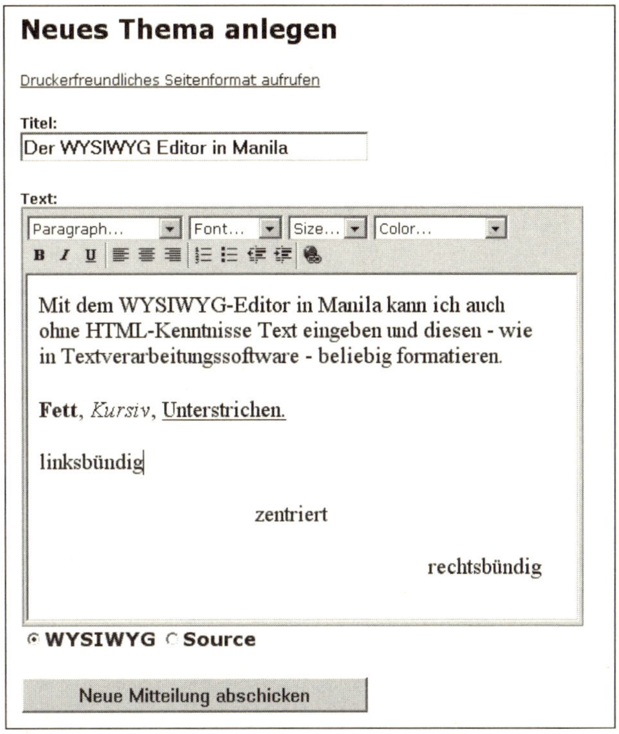


Darüber hinaus verfügen CMS über zahlreiche Funktionen, von denen an dieser Stelle jene zur Personalisierung von Online-Inhalten (Besucherinnen einer Website können sich anmelden, ein Interessensprofil hinterlegen und haben dann die Option, nur dem Profil entsprechende Inhalte angezeigt bekommen zu lassen), Qualitätssicherung (siehe der im Merkmal Workflow beschriebene Freigabezyklus für Online-Publikationen) und Content-Syndication (Austausch von Inhalten zwischen Websites) genannt werden sollen. Dabei wird XML immer mehr zur Muttersprache des Content-Management, da diese die Kernfunktionen eines CMS hervorragend unterstützt.

Webtipp

### Evaluation von Online Ressourcen

Mit dem Internet kann jede von uns nicht nur ihre Meinung weltweit verfügbar machen, sondern diese auch beliebig reproduzieren und verteilen. Damit gibt es jedoch kein äußerliches Kriterium für die Qualität des Inhaltes mehr. Die Qualitätskontrolle, die früher Aufgabe der Verlage oder des Bestellablaufes in einer Bibliothek war, muss nun durch die „Internautinnen“ selbst durchgeführt werden.

Eine Diskussion zur Evaluation von Bildungswebsites finden Sie unter:
www.usask.ca/education/coursework/802papers/bokcaisse/bokcaisse.htm.

Eine allgemeine Vorgangsweise, die für online Ressourcen generell gilt, hat die Bibliothek der Cornell Universität ausgearbeitet: www.library.cornell.edu/okuref/research/skill26.htm.

Wie schon bei der Besprechung der LMS, wollen wir Content-Management-Systeme auch unter dem Aspekt der Wiederverwendbarkeit von Content betrachten:

Die Wiederverwendbarkeit von Content

*Die Wiederverwendbarkeit von Inhalten bei Content Management Systemen ist auf der Ebene der Content-Komponenten (Texte, Bilder, Videoclips, etc.) möglich. Eine Content-Komponente kann in mehreren verschiedenen Artikeln verwendet werden, die wiederum von vielen verschiedenen Besucherinnen einer Website gelesen werden.*

*Wenn diese Content-Komponenten in einer entsprechenden Lernumgebung genutzt werden, dann spricht man von „Lern-Objekten" (learning objects) bzw. von „RLO´s" (reusable learning objects).*

Der Einsatz von CMS in der Bildungspraxis

Interessanterweise haben CMS im Bildungsbereich bisher eher wenig Beachtung gefunden. Wir glauben jedoch, dass sich dies in Zukunft ändern wird, weil die immer stärker anwachsende Menge webbasierter Inhalte nicht nur erstellt sondern auch gepflegt, (neu) strukturiert, (für andere Zielgruppen) adaptiert und aktualisiert werden muss. Diesen Trend haben auch die Herstellerinnen von Lernplattformen erkannt, indem sie in Zukunft auch Content Managementfunktionen in ihre Learning Management Systeme integrieren wollen und diese Produktfamilie bereits mit dem neuem „buzz word" Learning Content Management System (LCMS) etikettiert haben. Da diese Neuentwicklung sehr viel versprechend ist, wollen wir das Prinzip der LCMS etwas später noch genauer beleuchten.

### Eröffnen einer eigenen Manila-Website

Webtipp:

Wenn Sie selbst die Funktionsweise eines CMS erkunden wollen, empfehlen wir Ihnen den Frontier™-Server des Institutes für Organisation und Lernen der Universität Innsbruck.

http://iol3.uibk.ac.at/iol/webspace

Sie können dort kostenlos eine Website eröffnen und mit dem Content Management System Manila™ Inhalte editieren und verwalten.

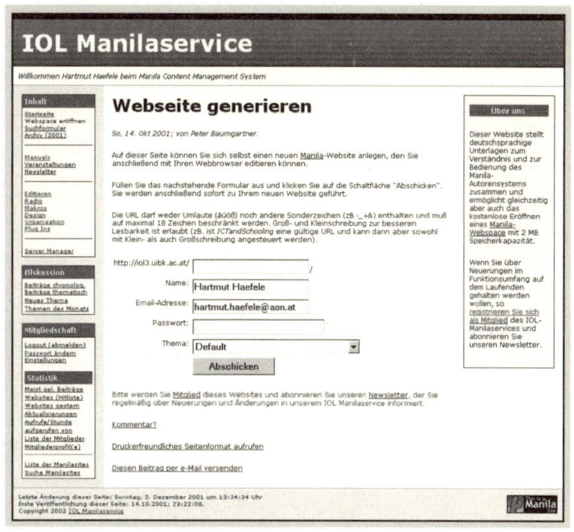


Abb. 14:

Das Eröffnen einer Manila Website

Step by Step:

Wie eröffnen Sie eine Manila™-Website

1. Geben Sie in das erste Feld die gewünschte Internetadresse (URL) ein. Vermeiden Sie hierzu aber alle Sonderzeichen wie z. B. Leerzeichen oder Umlaute. Wählen Sie einen für Sie ansprechenden und leicht zu merkenden Namen (z. B. Vorname oder Kurzbezeichnung des Projekts). Allerdings wird nur dann die entsprechende Website generiert, wenn es diesen Namen auf unserem Server bisher noch nicht gibt.

2. In das zweite Feld geben Sie Ihren vollen Namen an. Falls Sie anonym bleiben wollen, können Sie hier auch ein beliebiges Pseudonym eingeben.

3. Das dritte Feld verlangt Ihre e-Mail-Adresse und ist das einzig wirklich kritische Feld. An die angegebene Adresse wird Ihnen nicht nur das Passwort (Siehe Punkt 4) sondern auch viele anderen Informationen (z. B. Beiträge von Diskussionsteilnehmerinnen, Newsletter etc.) zugeschickt. Falls Sie (bei Ihren Experimenten) unbedingt anonym bleiben wollen, können Sie bei einem der freien E-Mail Provider vorher eine eigene e-Mail-Adresse generieren und sich mit dieser Adresse anmelden.

4. Im vierten Feld geben Sie das Passwort an, das Ihnen nach der Eröffnung automatisch per E-Mail zugeschickt wird. Allerdings macht es nichts aus, wenn Sie es einmal vergessen. Geben Sie dann beim Einloggen einfach nur Ihre e-Mail-Adresse an und das Passwort wird Ihnen automatisch zugeschickt.

5. Unter „Thema" wählen Sie das aktuelle Erscheinungsbild Ihrer Website. „Default" ist eine gute - jedoch englischsprachige - Wahl. Das Thema „Lernen" ist vielleicht ein gute Erstwahl für eine deutschsprachige Website. Sie können das Thema aber auch jederzeit später wieder verändern.

6. Klicken Sie nun auf Abschicken und warten Sie einige Sekunden. Es wird nun eine eigene Website für Sie generiert. Merken Sie sich die URL: Damit können Sie in Zukunft immer Ihre Website ansteuern.

7. Damit Sie die vollen Redaktionsrechte in Anspruch nehmen können, müssen Sie sich als erste Tätigkeit anmelden (engl.: Login, oder deutsch: anmelden).

8. Wenn die Anmeldung geklappt hat, dann sehen Sie oben auf dem Bildschirm eine Leiste „Redakteure", über die Sie alle Funktionen des Content Management Systems als so genannter Managing Editor

(ME) steuern können.

Gratulation! Sie können nun beginnen die Website für Sie zu personalisieren.

Wie geht es weiter?
Lesen Sie sich den (deutschen) Begrüßungstext genau durch. Darin finden Sie wichtige Hinweise, was Sie als erstes alles tun können bzw. auch tun sollten.

Unter der oben genannten Adresse finden Sie zahlreiche deutschsprachige Unterlagen sowie Tipps und Tricks zur Bedienung von Manila.

Wenn Sie über Neuerungen im Funktionsumfang auf dem Laufenden gehalten werden wollen, dann empfehlen wir Ihnen, sich als Mitglied des IOL-Manilaservices zu registrieren (ebenfalls kostenlos) und unseren Newsletter zu abonnieren.

Abb. 15:

Unsere Community Website www.virtual-learning.at/community wird ebenfalls mit Hilfe des Content Management Systems Manila™ (http://manila.userland.com) verwaltet

## 4. Was sind Learning Communities?

Die Rollenstruktur von CMS

Ein ganz wichtiger Aspekt, warum Content Management Systeme in Zukunft größere Bedeutung auch im Bildungsbereich gewinnen werden, ist die in ihrer Funktionalität angelegte Rollenstruktur. Rollen bezeichnen (Gruppen von) Benutzerinnen, die entsprechend ihren speziellen Aufgaben bestimmte Rechte innerhalb des Systems zugewiesen bekommen haben. Diese können reichen von speziellen Leserechten (d. h. Zugang zu Inhalten, die normale Besucherinnen der Website nicht aufrufen können) über das Recht Inhalte zu erstellen bis hin zur Organisation (Management) des Arbeitsflusses (wer darf was machen?).

Mit CMS können Inhalte kooperativ erstellt und gelernt werden

Damit eignen sich CMS – vor allem in einem konstruktivistischen Lernverständnis – für das kooperative Erstellen und Lernen von Inhalten. Das Generieren und Kommunizieren von Inhalten wird selbst zum Lernprozess: Lernen ist Lehren und umgekehrt. Im Unterschied zur Vorstellung, dass Inhalte in einer einmaligen Kraftanstrengung für das Web zu erstellen sind um sie dann in eine (durch Zugangsrechte und Lizenzbedingungen) geschlossene Lernplattform zu transferieren, geht diese Vorstellung von einer kontinuierlichen kooperativen Generierung von Inhalten innerhalb der (Lern-) Community aus.

Definition:

Learning Communities

*Learning Communities sind Gruppen von Personen mit gleichen fachlichen Interessen und Zielen, die durch Kommunikation und soziale Interaktion, welche durch ein Informations- und Kommunikationssystem ermöglicht und getragen werden, eine gemeinsame Wissensbasis aufbauen, erweitern und adaptieren.*

*Der gemeinsame Aufbau dieser Wissensbasis ist unter einem konstruktivistischen Gesichtspunkt selbst der Lernprozess.*

WBT-Tipp:

**Jiddisch via e-Learning**

Der Förderverein für Jiddische Sprache e.V., Düsseldorf, bietet mit großem Erfolg ein WBT zum Erlernen des Jiddischen an (www.jiddischkurs.org). Der deutschsprachige Kurs präsentiert als Highlight gesprochenes Jiddisch aus dem Archiv des „Language and Culture Atlas of Ashkenazic Jewry" der New Yorker Columbia-Universität im Originalton, wofür allerdings das Flash-Plugin [W7] benötigt wird.

Bevor wir nun auf die Funktionsweise von LCMS näher eingehen, wollen wir noch den schon eingeführten Begriff der RLO´s näher erläutern.

## 5. Was sind Reusable Learning Objects (RLO)?

Definitionen

- Learning Objects (LO)
- Reuseable Learning Objects (RLO)

*Ein LO (Learning Object) ist die kleinste sinnvolle Lerneinheit, in die ein Online-Kurs zerlegt werden kann. Demnach kann ein LO entweder aus einem einzelnen Bild, einer Grafik, einem Text, einer Flash-Animation oder auch aus einer kurzen Anweisung mit einem definierten Lernziel und einem Test zur Lernerfolgskontrolle bestehen.*

*Wenn diese LO´s mit Metadaten versehen und zu größeren Online-Kurseinheiten kombiniert werden können, dann spricht man von RLO´s (Reusable Learning Objects = wieder verwendbare Lernobjekte).*

Abb. 16:

Hierarchie der RLO`s

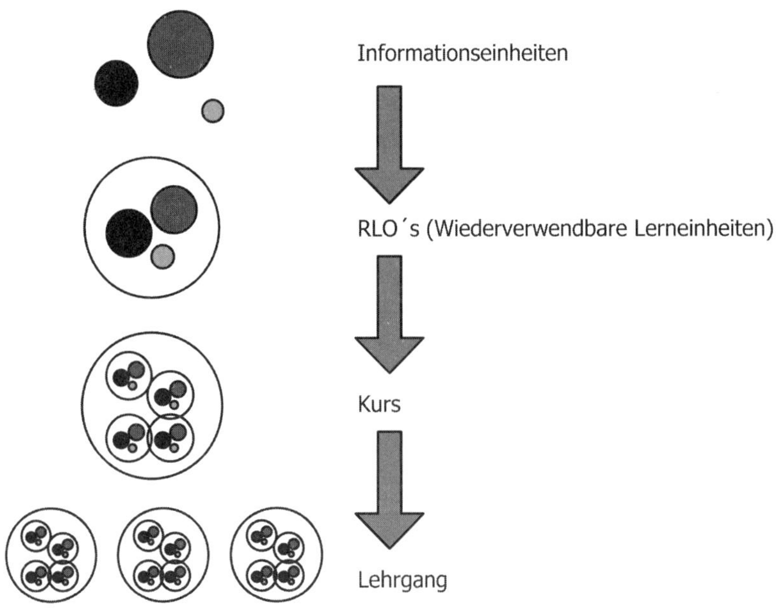


Das modulare Prinzip der „Reusable Learning Objects":

Das modulare Prinzip der RLO´s

Informationseinheiten wie Texte, Bilder, etc. werden von WBT-Designerinnen zu einem wieder verwendbaren Lernobjekt (RLO) zusammengesetzt. RLO´s können beliebig zu verschiedenen Online-Kursen kombiniert werden, die wiederum zu ganzen Lehrgängen zusammengesetzt werden können.

Der große Vorteil vonRLO´s

Der Vorteil von RLO´s ist, dass diese beliebig zu neuen Kurseinheiten zusammengesetzt werden können und dadurch ein doppelter Entwicklungsaufwand bei der Erstellung von WBT´s vermieden werden kann. Eine Voraussetzung dafür ist allerdings, dass die Autorinnen von Learning Content zukünftig keine monolithischen Kursgebilde mehr erstellen, sondern den Content in einzelne

„Lernhäppchen" (=RLO´s) aufteilen, mit entsprechenden Beschreibungen (=Metadaten) versehen und abspeichern.

---

**Medieneinsatz im Hochschulunterricht.**

WBT-Tipp:

An der Universität Düsseldorf ist im Rahmen des Projekts „Studienstart" ein WBT zum Thema „Medieneinsatz im Hochschulunterricht" fertig gestellt worden. Das Projekt möchte Anregungen für den Einsatz „klassischer" und „neuer" Medien in Lehrsituationen geben. Dieser interaktive Kurs wendet sich an Studienanfängerinnen, aber auch an ältere Semester und Dozentinnen. Es werden notwendige Grundlagen vermittelt, um konventionelle und „neue" Medien in Lehr- und Vortragssituationen optimal einzusetzen.

Der interessant gestaltete Kurs kann kostenlos genutzt werden.

(www.phil-fak.uni-duesseldorf.de/ew/ie/mehu/).

---

Datenschema zur Beschreibung und Verwaltung von RLO`s

Mit der Spezifikation der Learning Object Metadata (LOM) schlagen das IMS- und das ARIADNE-Projekt ein (Meta-) Datenschema vor, mit dem die Reusable Learning Objects beschrieben und in einer Datenbank verwaltet werden können. Mit Hilfe dieser Metadaten können spezifische Lerninhalte (RLO´s) auch über verschiedene Learning Management Systeme hinweg gesucht und gefunden werden.

LCMS = LMS + CMS

Damit dies auch funktioniert, müssen die bestehenden LMS auch um diese Funktionalitäten erweitert werden, was von den Herstellerinnen derzeit mit großem Aufwand betrieben wird. Diese Produkte heißen dann allerdings nicht mehr LMS, sondern werden mit dem Begriff „Learning Content Management Systeme" betitelt und beworben.

## 6. Was sind Learning Content Management Systeme (LCMS)?

Wie bereits erwähnt, kombinieren LCMS die typischen Funktionen von Learning Management Systemen (LMS) mit den Funktionen zur Content-Erstellung und zur Content-Personalisierung der Content Management Systeme (CMS).

---

Definition:

Learning Content Management System

*Ein Learning Content Management System ist eine Software, die die Erstellung, Speicherung und Verwaltung von wieder verwendbaren Lernobjekten (RLO´s) sowie die Organisation und Betreuung webunterstützten Lernens ermöglicht.*

---

Abb. 17:

Learning Content Management System

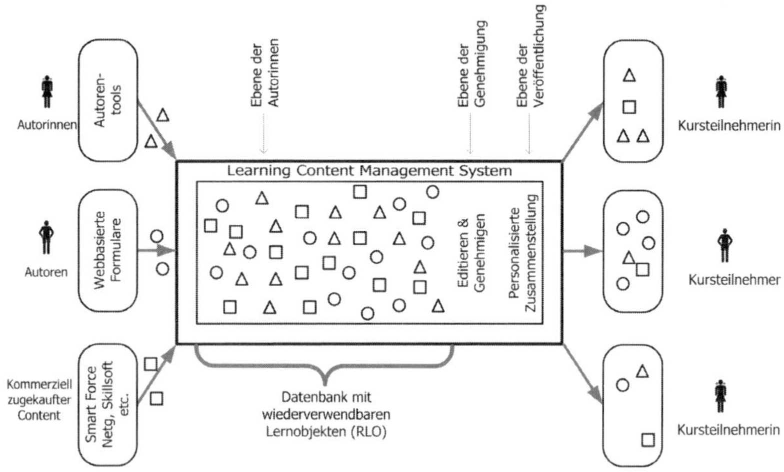


Das Schema eines Learning Content Management Systems (modifiziert nach Nichani, 2001):

- Von den Autorinnen mittels der in das LCMS integrierten Autorentools bzw. über Vorlagen (Templates) erstellte Lernobjekte werden durch Metadaten zwecks besserer Auffindbarkeit beschrieben und in der Datenbank des LCMS gespeichert (Ebene der Autorinnen).
- Diese werden von WBT-Designerinnen begutachtet, eventuell editiert und als RLO´s für eine spätere Veröffentlichung genehmigt (Ebene der Genehmigung).
- Die gespeicherten RLO´s können, abhängig vom im System hinterlegten Lernerinnenprofil, personalisiert zu Online-Kursen zusammengesetzt und den Kursteilnehmerinnen zur Verfügung gestellt werden (Ebene der Veröffentlichung).

Learning Content Management Systeme unterstützen Autorinnen durch integrierte Autorinnentools bzw. durch mitgelieferte, an das jeweilige System angepasste externe Werkzeuge beim Erstellen von Learning Objects (LO).

www.smartforce.de
www.netg.de

Es können allerdings auch Lernobjekte von professionellen Learning-Content-Providern wie beispielsweise Smartforce™ und Thomson NETg™ zugekauft werden, die jeweils eine Bibliothek mit über 20.000 e-Learning Objekten zu allen möglichen Themenbereichen (z. B. IT, Business und sogar Soft-Skills) pflegen. Dabei muss jedoch darauf geachtet werden, dass sowohl die zugekauften Lernobjekte als auch das verwendete LCMS dieselben (Quasi-) Standards (z. B. AICC, SCORM, IMS, etc.) unterstützen, damit die Lernobjekte ohne Funktionseinschränkung benutzt werden können.

Modulares Vorgehen bei der Erstellung und Verwaltung von Online-Kursen

Die von den Autorinnen erstellten Lernobjekte werden durch Metadaten (Thema, Autorin, Inhalt, Grad der Interaktivität, etc.) beschrieben (bei zugekauftem Learning-Content ist dies meist schon erfolgt) und in der zentralen Datenbank des LCMS abgespeichert. Mit Hilfe dieser Metadaten können die Lernobjekte bei Bedarf jederzeit nach definierten Kriterien gesucht und gefunden werden.

WBT-Designerinnen sind nun in der Lage, (eine wohlgefüllte RLO-Datenbank vorausgesetzt) in kurzer Zeit neue WBT´s durch die Kombination einzelner RLO´s zu kreieren. Diese Online-Kurse können wiederum durch Metadaten beschrieben, in der LCMS-Datenbank abgespeichert und bei Bedarf zu ganzen Lehrgängen zusammengesetzt werden.

Es leuchtet ein, dass dieses modulare, objektorientierte Schema im Vergleich zur Verwaltung monolithischer Kursgebilde ein effizienteres und kostengünstigeres Arbeiten zulässt.

Praxisrelevanz von Learning Content Management Systemen

*Die Wiederverwendbarkeit von Inhalten bei Learning Content Management Systemen ist auf der Ebene der Reusable Learning Objects (RLO) problemlos möglich. RLO´s können beliebig zu Online-Kursen kombiniert werden, wobei ein RLO in mehreren Kursen verwendet werden kann, die wiederum von mehreren Kursteilnehmerinnen gebucht und bearbeitet werden können.*

Das „personalisierte Lernen"

Was hat es nun mit dem vielfach zitierten „personalisierten Lernen" auf sich?

Im Prinzip funktioniert dies nach dem „Amazon®-Personalisierungsschema": Wenn Sie bei diesem bekannten Internet Buch- und Unterhaltungselektronik-Händler durch den Klick auf einen Titel näheres Interesse an einem bestimmten Buch bekunden, wird das System nicht müde, Empfehlungen in der Form „*Kunden, die dieses Buch gekauft haben, haben auch diese Bücher gekauft...*" auszugeben.

Skill-Gap-Analysen zur Bestimmung von Wissenslücken

Um bei Learning Content Management Systemen genau jene Lerneinheiten vom System vorgeschlagen zu bekommen, die zur Schließung der eigenen Wissenslücken („Skill Gaps") notwendig sind, müssen sich die Lernenden allerdings einer so genannten Skill-Gap-Analyse unterziehen. Diese erfolgt einerseits durch das System in Form von so genannten Pre- und Posttests und andererseits durch die (subjektive) Einschätzung der Fertigkeiten durch Vorgesetzte und Kolleginnen. Anhand dieser im LCMS gespeicherten Daten (z. B. es liegen Schwächen im Bereich Business-Englisch-Korrespondenz vor) macht das System beim nächsten Einloggen auf der persönlichen Startseite der Lernenden oder beim Durchblättern des Kurskataloges entsprechende Kursvorschläge, die je nach

Personalpolitik mehr oder wenig zwingend zu absolvieren sind. Nach erfolgreichem Abschluss der entsprechenden Lerneinheit und dem Bestehen des dazugehörigen Tests, wird die spezifische Wissenslücke als geschlossen betrachtet und das persönliche Profil aktualisiert.

just enough learning …

oder doch eher

… Fast Food e-Learning ?

Nun ist ein Trend beobachtbar, der dieses Prinzip auf die Spitze treibt: es wird die Frage gestellt, warum denn ein Online-Seminar von zwei oder mehr Stunden belegt werden soll, wenn doch 15 Minuten daraus gereicht hätten, die individuelle Wissenslücke zu schließen?

Es muss nur das richtige RLO mit dem entsprechenden Inhalt gefunden werden…

Für diese Extremform von e-Learning gibt es auch schon zwei schöne, hochaktuelle „buzz words": „just-enough-learning" bzw. „granulares Lernen". Die alternative Bezeichnung „Fast Food e-Learning" jedoch zeugt von zarter Kritik und soll an dieser Stelle nicht verschwiegen werden.

## Zusammenfassung

In diesem Kapitel haben wir versucht, das Prinzip und die Funktionsweise von Learning Management -, Content Management- und Learning Content Management-Systemen anhand einheitlicher grafischer Schemata zu erläutern, wobei wir auf die Möglichkeit der Wiederverwendbarkeit des von diesen Systemen verwalteten Contents besonderen Wert gelegt haben.

Weiters haben wir dargelegt, dass die neuentwickelten Learning Content Management Systeme (LCMS) die Funktionen von Learning Management Systemen (LMS) und Content Management Systemen (CMS) kombinieren und Autorinnen von Web Based Trainings das Erstellen, Verwalten, Kombinieren und Wiederverwenden von „Reusable Learning Objects" (RLO) ermöglicht.

Kapitel III

# Der Herstellermarkt von Lernplattformen:

# Überblick der Anbieterinnen weltweit.

Weltweiter Überblick über Herstellermarkt

In diesem Kapitel geben wir einen umfassenden Überblick über den weltweiten Herstellermarkt von synchronen und asynchronen Lernplattformen, Assessment und Collaboration Tools sowie Tools und Anbieterinnen von Learning Content.

Der Überblick umfasst
- den Namen des Produktes
- die Herstellerin
- die Internet-Adresse
- das Produktlogo

Sämtliche Links wurden am 28. 4. 2002 überprüft.

## 1. Learning Management Systeme

alphabetisch geordnet nach Produktnamen (Learning Content Management Systeme [LCMS], Open Source-Produkte sowie reine Learning Service Provider [LSP] sind in der Spalte Bemerkung gekennzeichnet):

| | Produkt | Herstellerin | Internet-Adresse | Bemerkung |
|---|---|---|---|---|
| 1. | Alf | MIT newmedia | www.mit.de | |
| 2. | Anlon | ANLON SYSTEMS INC | www.anlon.com | |
| 3. | Aspen Learning Platform | click2learn | www.click2learn.com | |
| 4. | Bildungswerkzeug | Sand und Schiefer büro für neues lernen | www.bildungswerkzeug.de | |

| | Produkt | Herstellerin | Internet-Adresse | Bemerkung |
|---|---|---|---|---|
| 5. | Blackboard | Bb Blackboard www.blackboard.com | www.blackboard.com | |
| 6. | Brain + | MIT newmedia | www.brainplus.de | |
| 7. | Campus 2000 | ibis acam | www.ibisacam-partner.com | |
| 8. | Classweb | UCLA University of California | http://classweb.ucla.edu | Open Source |
| 9. | Clega | connected learning .network | www.connectedlearning.net | |
| 10. | Clix | imc imc information multimedia communication AG | www.im-c.de | |
| 11. | CLU | CREOS LERNIDEEN UND BERATUNG GMBH | www.creos.de | |
| 12. | Colloquia | CeLT centre for learning technology | http://colloquia.bangor.ac.uk | Open Source |
| 13. | Cose | Staffordshire UNIVERSITY | www.staffs.ac.uk/cose/ | |

| | Produkt | Herstellerin | Internet-Adresse | Bemerkung |
|---|---|---|---|---|
| 14. | Course Management System | JENZABAR | www.jenzabar.net | |
| 15. | Distance Learning System (DLS) | ets | www.ets-online.de | |
| 16. | Docent Enterprise | DOCENT™ | www.docent.com | |
| 17. | Dorado | datamindsystems | www.datamindsystems.at | |
| 18. | eCollege | eCollege | www.ecollege.com | LSP |
| 19. | Education Center | LUVIT | www.luvit.com | |
| 20. | Educator | Ucompass | www.ucompass.com | |
| 21. | e-education | JONES knowledge™ | www.jonesknowledge.com | |
| 22. | eLearn | e-Learn AG TOMORROW'S LEARNING TODAY | www.e-teach.de | |
| 23. | eLearning Platform | CONVENE | www.convene.com | |
| 24. | eLearning Platform | DigitalThink | www.digitalthink.com | |

| | Produkt | Herstellerin | Internet-Adresse | Bemerkung |
|---|---|---|---|---|
| 25. | eLearning Suite | HYPERWAVE The Power of Wisdom | www.hyperwave.com | |
| 26. | Enterprise Learning Platform | Sun microsystems | www.sun.de/schulung/ECS | |
| 27. | FBT | fuel e-learning | www.fuelgb.com | |
| 28. | Generation 21 TKM | Generation21 Total Knowledge Management | www.gen21.com | |
| 29. | Global Learning Manager | Learnsoft TECHNOLOGY GROUP | www.globallearningmanager.com | |
| 30. | H.U.T Verdi | H•U•T | www.hut-gmbh.de | |
| 31. | IBT Server | time4you | www.time4you.de | |
| 32. | Ilf | M I T newmedia | www.mit.de | |
| 33. | ILIAS | ILIAS opensource Universität Köln | www.ilias.uni-koeln.de | |
| 34. | Intralearn | intralearn software | www.intralearn.com | |
| 35. | Jatek | www.JaTeK.de Teleteaching Technologien GmbH | www.jatek.de | |

| | Produkt | Herstellerin | Internet-Adresse | Bemerkung |
|---|---|---|---|---|
| 36. | Knowledge-Hub | element k | www.elementk.com | |
| 37. | Knowledgenet Monsoon | KnowledgeNet | www.knowledgenet.com | |
| 38. | KP Learning | Knowledge Planet | www.knowledgeplanet.com | |
| 39. | LEAP LMS | INTELLINEX | www.intellinex.com | |
| 40. | Learn2university | Learn2 | www.learn2.com | LSP |
| 41. | Learning Space | IBM Mindspan Solutions IBM Lotus | www.lotus.com | |
| 42. | Librix | Maritz Learning | www.maritzlearning.com | |
| 43. | Mallard | University of Illinois | www.cen.uiuc.edu/Mallard | |
| 44. | Mentorware | Mentorware | www.mentorware.com | LCMS |
| 45. | mGen Enterprise | mGen | www.mgen.com | |
| 46. | Nebo | learnframe | www.learnframe.com | |
| 47. | Netcoach | ORBIS | www.orbis.de | |

| | Produkt | Herstellerin | Internet-Adresse | Bemerkung |
|---|---|---|---|---|
| 48. | Oracle iLearning | ORACLE | www.oracle.com | |
| 49. | Pathlore LMS | Pathlore | www.pathlore.com | |
| 50. | Pegasys | e-bfi telelearning GmbH | www.pegasys.at | |
| 51. | Pinnacle | learnframe | www.learnframe.com | |
| 52. | Plateau 4 LMS | PLATEAU | www.plateau.com | |
| 53. | Prometheus | Bb Blackboard www.blackboard.com | http://company.blackboard.com/prometheus/ | |
| 54. | Saba Learning Enterprise Edition | saba | www.saba.com | |
| 55. | Sitos Learning Management System | bit media e-Learning solution | www.bitmedia.cc | |
| 56. | Skillport | SkillSoft e-Learning for the Knowledge Economy | www.skillsoft.com | |
| 57. | Smartforce Global LMS | SmartForce Learning Solutions for the Human Enterprise | www.smartforce.com | |
| 58. | Southrock LMS | southrock | www.southrock.com | |
| 59. | TEDS | TEDS | www.teds.com | |

| | Produkt | Herstellerin | Internet-Adresse | Bemerkung |
|---|---|---|---|---|
| 60. | TeleMeet | IDON EAST | www.telemeet.com | |
| 61. | TeleWifi | MIT Mühlehner & Tavolato GmbH | www.mit.at/elearning/index .html | |
| 62. | The Learning Manager | The Learning Management Corporation | www.thelearningmanager.c om | |
| 63. | Theorix | THEORIX | www.theorix.com | LCMS |
| 64. | Thinktanx | Viviance | www.viviance.com | |
| 65. | SkillVantage Manager | THOMSON NETg | www.netg.de | |
| 66. | Top Class | WBT SYSTEMS | www.wbtsystems.com | LCMS |
| 67. | Trainersoft Manager | TRAINERSOFT® | www.trainersoft.com | LCMS |
| 68. | Training Office | NOVASYS INC. | www.trainingoffice.com | |
| 69. | Training Server LMS | THINQ LEARNING THAT POWERS BUSINESS | www.thinq.com | |
| 70. | VCampus | VCampus® Corporation | www.vcampus.com | LSP |

| | Produkt | Herstellerin | Internet-Adresse | Bemerkung |
|---|---|---|---|---|
| 71. | Virtual-U | Virtual Learning Environments Inc. | www.vlei.com | |
| 72. | VIVERSA | VIWIS | www.viwis.de | |
| 73. | VU | Virtuelle Universität Hagen | http://vu.fernuni-hagen.de/ | Open Source |
| 74. | Vuepoint Learning System | vuepoint Suddenly, everyone's on the next page. | www.vuepoint.com | |
| 75. | WBT Manager | integrity eLearning ielearning.com | www.ielearning.com | |
| 76. | WebCT | WebCT | www.webct.com | |
| 77. | Webmentor Enterprise | AVILAR | http://avilar.adasoft.com | |
| 78. | WeLearn | JOHANNES KEPLER UNIVERSITÄT LINZ | www.fim.uni-linz.ac.at | Open Source |

## 2. Assessment Tools:

| | Produkt | Herstellerin | Internet-Adresse |
|---|---|---|---|
| 1. | eTest | RIVA Technologies | www.riva.com |

| | Produkt | Herstellerin | Internet-Adresse |
|---|---|---|---|
| 2. | Cybertest | TERTIA Edusoft | www.tertia-edusoft.de |
| 3. | Perception | Questionmark | www.questionmark.com |

## 3. Collaboration Tools:

In der folgenden Tabelle finden Sie eine Übersicht der collaboration tools, die oft mit e-Learning in Zusammenhang gebracht werden, jedoch definitionsgemäß keine Learning Management Systeme sind.

| | Produkt | Herstellerin | Internet-Adresse |
|---|---|---|---|
| 1. | BSCW | Orbi Team | www.bscw.de |
| 2. | Enterprise Forum | SiteScape™ | www.sitescape.com |
| 3. | FirstClass | Centrinity | www.centrinity.com |
| 4. | Serf | University of Delaware | http://serfsoft.com |
| 5. | Vital | GMD - Forschungszentrum Informationstechnik GmbH | www.darmstadt.gmd.de/concert/software/vital.html |
| 6. | Web-4M | JDH Technologies | www.jdhtech.com |
| 7. | WebBoard Conferencing Server | Akiva Idea Technologies | www.webboard.ora.com |

## 4. Synchrone Lernplattformen für Live-e-Learning: Virtual Classroom Tools

| | Produkt | Herstellerin | Internet-Adresse |
|---|---|---|---|
| 1. | CentraOne | Centra | www.centra.com |
| 2. | eWebClassroom | eWebUniversity.com | www.ewebuniversity.com |
| 3. | Hewlett Packard Virtual Classroom (HPVC) | hp invent | http://e-learning.hp.com |
| 4. | HorizonLive | horizonlive | www.horizonlive.com |
| 5. | InterWise ECP | interwise | www.interwise.com |
| 6. | Learnlinc | Mentergy | www.mentergy.com |
| 7. | Placeware | PlaceWare Web Conferencing | www.placeware.com |
| 8. | vClass | Elluminate | www.elluminate.com |
| 9. | Webex Training Center | webex | www.webex.com |

## 5. Learning Content Anbieter

| | Produkt | Herstellerin | Internet-Adresse |
|---|---|---|---|
| 1. | Digital Think | DigitalThink | www.digitalthink.com |

| | Produkt | Herstellerin | Internet-Adresse |
|---|---|---|---|
| 2. | Smartforce | SmartForce. Learning Solutions for the Human Enterprise | www.smartforce.de |
| 3. | Smartforce Prokoda GmbH | PROKODA® | www.prokoda.de |
| 4. | Thomson NETg | THOMSON NETg™ | www.netg.de |
| 5. | Skillsoft | SkillSoft® e-Learning for the Knowledge Economy™ | www.skillsoft.com |

Kapitel IV

# Theorie und Praxis der Auswahl von Lernplattformen

## Weltweiter Vergleich von Lernmanagement-Systemen (LMS)
## Methode und Ergebnisse

Im folgenden Kapitel geben wir einen Überblick über mögliche Bewertungsverfahren, welche in der praktischen Evaluation von Lernplattformen eingesetzt werden können.

Daran anschließend gehen wir in Theorie und Praxis genauer auf die Evaluationsmethode der Qualitativen Gewichtung und Summierung, ein.

## 1. Bewertungsverfahren - ein kritischer Überblick

Überblick über Bewertungsverfahren

Nach einer kurzen Beschreibung der einzelnen Verfahren versuchen wir sowohl positive als auch negative Aspekte der jeweiligen Methode – und wie sie vermieden werden können – herauszuarbeiten.

Im einzelnen gehen wir auf die folgenden Methoden ein:

- Kriterienkataloge
- Rezensionen
- Vergleichsgruppen
- Expertinnenurteil

### 1.1 Kriterienkataloge

Vorteile

- Kostengünstig
- Einfache Organisationsform
- Methodisch sauber

Unter den möglichen Bewertungsverfahren für Produkte („Produktevaluation") erfreuen sich Kriterienkataloge einer besonderen Beliebtheit. In Form von Prüf- oder Checklisten soll eine Bewertung der Qualität des Produktes erfolgen. Für die große Verbreitung dieses Verfahrens sind mehrere Vorteile verantwortlich:

**Kostengünstig:** Das Verfahren ist relativ kostengünstig. Es genügt eine (oder mehrere) fachkundige Person(en), entweder eine Programmkopie inklusive Hardwareausstattung oder aber in unserem speziellen Fall der virtuellen Lernplattformen auch ein Testaccount um die Liste der Kriterien abzuarbeiten.

**Einfache Organisation:** Durch die Trennung der Lernplattform von ihrem realen Einsatzgebiet (dem Lehrgeschehen) kann die Bewertung durch zentrale, speziell dafür geschaffene Organisationen erfolgen.

**Methodisch sauber:** Durch die schrittweise, immer gleiche Abarbeitung der für alle Evaluanden gleichen Kriterienlisten erscheint das Verfahren objektiv und methodisch sauber.

Allerdings weist dieses Verfahren unserer Meinung nach auch einige Probleme auf (vgl. dazu: Biermann 1994, aber vor allem auch Baumgartner/Frank 2000, Baumgartner/Häfele et al. 2002):

Nachteile

- Vollständigkeit und Detaillierungsgrad
- Bewertungs- und Gewichtunsverfahren
- Theoretische Orientierungslosigkeit

**Vollständigkeit und Detaillierungsgrad:** Kriterienkataloge können sich schwer dem Verdacht der Unvollständigkeit entziehen. Immer wieder werden neue Faktoren in die Diskussion einbezogen oder alte Faktoren als zu unbestimmt definiert und noch weiter unterteilt. So hat z. B. Dorothea Thomé (1989) durch die Synopse von 23 veröffentlichten Katalogen eine Liste von 324 Einzelkriterien erhalten, die sie nach einer kritischen Sichtung und Gliederung zu einer „Großen Prüfliste für Lernsoftware" (GPL) mit 221 Einzelkriterien zusammengefasst hat. Abgesehen davon, dass diese riesige Liste sehr unpraktisch zu handhaben ist, würde aus heutiger Sicht selbst diese umfangreiche Liste schon wieder ganz anders aussehen.

**Fehlende oder strittige Bewertungs- und Gewichtungsverfahren:** Obwohl sich jedes Kriterium auf eine theoretische Annahme über den Lehr- und Lernprozess zurückführen lässt, ist gerade die Frage, wie nun die einzelnen Faktoren gewichtet werden sollen, sehr umstritten. Gerade die Gliederung und Gewichtung der einzelnen Kriterien ist aber entscheidend für eine vergleichende Bewertung und Auswahlentscheidung. In vielen Fällen wird daher die lerntheoretische Diskussion über Gewichtungsfragen ausgeklammert und den subjektiven Ansichten individueller Anwenderinnen, Evaluatorinnen, Pädagogen etc. überlassen. So fasst z. B. Carol A. Doll (1987) – nachdem sie die Kriterien einer umfangreichen Checkliste zur Bewertung von Bildungssoftware diskutiert hat – unter der Überschrift "Final Decision" zusammen: „No software is perfect. Every item has strengths and weaknesses. It is the evaluator's job to identify those virtues and defects and then decide which outweigh the others. It is a judgment call." (Doll 1987, S. 58) Wenn es aber letztlich auf das individuelle Urteil der Evaluatorinnen ankommt, dann ist es mit der Nachvollziehbarkeit und scheinbaren Objektivität von Kriterienkatalogen vorbei.

**Theoretische Orientierungslosigkeit:**
Die Erstellung umfangreicher und detaillierter Kriterienkataloge ohne allgemein akzeptiertes Gewichtungsverfahren vernachlässigt die Frage nach der zugrunde lie-

genden Lerntheorie. Damit wird aber der eigentliche Sinn von Evaluierungsverfahren unterlaufen: Vor lauter Bäumen (Kriterien) wird nicht mehr der Wald (pädagogische und didaktische Angemessenheit) gesehen. Zusätzlich besteht die Gefahr, dass durch die isolierte Betrachtung der Lernplattformen ihre didaktisch sinnvolle Einbindung in ein Curriculum und die ganzheitliche Gestaltung der Lernsituation vernachlässigt wird. Andererseits haben aber auch empirische Untersuchungen mittels bilanzierender (summativer) Evaluierungsverfahren gezeigt, dass Programme, die mittels (didaktischer) Kriterienkataloge recht schlecht abschneiden (z. B. indem sie wenig oder nur starre Interaktionsmöglichkeiten zulassen), in bestimmten Situationen durchaus erfolgreich und effektiv eingesetzt werden können. (vgl. z. B. Fricke 1991)

Abb. 18:

Vor- und Nachteile der Kriterienkataloge

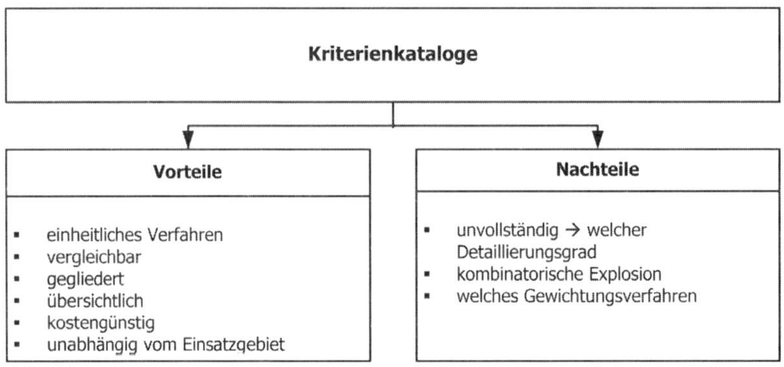


## 1.2 Rezensionen

Gemeint sind hier in erster Linie Artikel oder Essays in Fachzeitschriften, die eine Software beschreiben und einschätzen. Ähnlich wie bei Buchrezensionen wird dabei weder eine vollständige Inhaltsangabe noch ein „objektives" Urteil, d. h. ein genaues (messbares) und reproduzierbares Ergebnis erwartet. Im Gegenteil: Gerade im Verarbeiten von subjektiven Erfahrungen und Einschätzungen besteht der eigentliche Sinn von Software-Rezensionen.

Vor- und Nachteile

Nach der obigen ausführlichen Beschreibung von Vor- und Nachteilen der Kriterienkatalogen fassen wir uns hier nun kürzer: Es ist offensichtlich, dass Softwarerezensionen einfach und daher billig herzustellen sind. Ähnlich wie Kriterienlisten benötigen sie nicht den Aufbau von realen Lernsituationen und sind daher unabhängig vom Einsatzgebiet.

- Dem Vorteil einer (zumindest impliziten) Schwerpunktsetzung stehen jedoch als
- Nachteile die Subjektivität der Prioritätensetzungen

wie auch die - aufgrund der uneinheitlichen Vorgehensweise - geringere Vergleichbarkeit der einzelnen Rezensionen untereinander gegenüber.

Abb. 19:

Vor- und Nachteile der Rezensionen

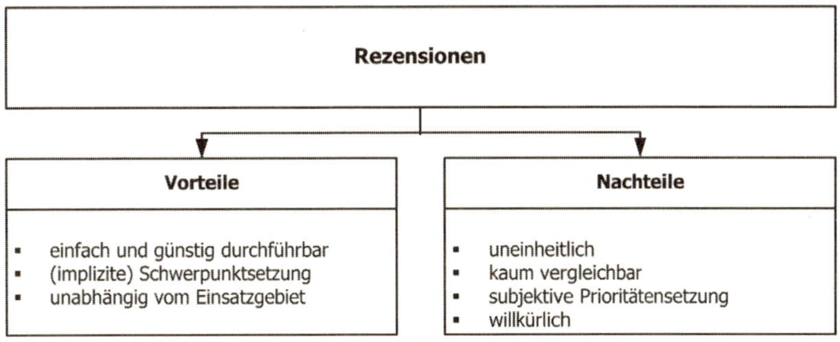


## 1.3 Vergleichsgruppen

Vorgehensweise

Zwei Gruppen, die sich in möglichst allen - außer den zu untersuchenden - Merkmalen ähneln, werden miteinander verglichen. Dies geschieht meist mit Hilfe standardisierter Bewertungsinstrumente wie Fragebogen etc. Beispielsweise könnten sich zwei in allen wichtigen Variablen, wie Alter, Geschlecht, Vorkenntnisse usw. ähnliche Gruppen von Lernerinnen denselben Lehrstoff mittels unterschiedlicher Lernplattformen angeeignet haben. Ein für beide Gruppen gleicher Test könnte dann Unterschiede im Lernerfolg aufzeigen.

Vorteile

- entspricht scheinbar wissenschaftlichen Standards

Obwohl dieses Verfahren den traditionellen Wissenschaftsstandards („Objektivität", quantifizierbare Vergleichsgrößen, Reproduzierbarkeit…) scheinbar am meisten entspricht, müssen wir hier festhalten, dass auch dieses Verfahren mit großen Schwierigkeiten zu kämpfen hat.

Nachteile

- hoher Erhebungs- und Auswertungsaufwand
- methodologische Schwierigkeiten

Einerseits ist es wegen des hohen Erhebungs- und Auswertungsaufwands relativ teuer, andererseits weist dieses Bewertungsverfahren aber auch eine Reihe grundsätzlicher methodologischer Schwierigkeiten auf.

So ist es äußerst schwierig, einzelne Faktoren methodisch rein zu isolieren (Interdependenz vernetzter Variablen sowie intervenierende Variablen): Ist z. B. die Lernplattform A der Lernplattform B deswegen überlegen, weil sie didaktisch anspruchsvoller, „interaktiver" ist, oder weil bloß die Inhalte im Produkt A didaktisch besser implementiert wurden? Welche Rolle haben die Moderatorinnen bei der Unterstützung des Lernprozesses gespielt?

Es fließen in die Konstruktion der Messinstrumente theoretische Vorannahmen ein, die das Untersuchungsergebnis wesentlich beeinflussen können („operationalisierter Zirkelschluss"): Wenn beispielsweise der Lernerfolg durch die Beantwortung von Faktenfragen gemessen wird und Plattform B hier besser abschneidet, wie ist dann dieses Ergebnis zu interpretieren? Lernen hat viele Dimensionen und ist nicht implizit auf die verbale Reproduktion von Inhalten zu reduzieren.

Abb. 20:

Vor- und Nachteile der Vergleichsgruppen

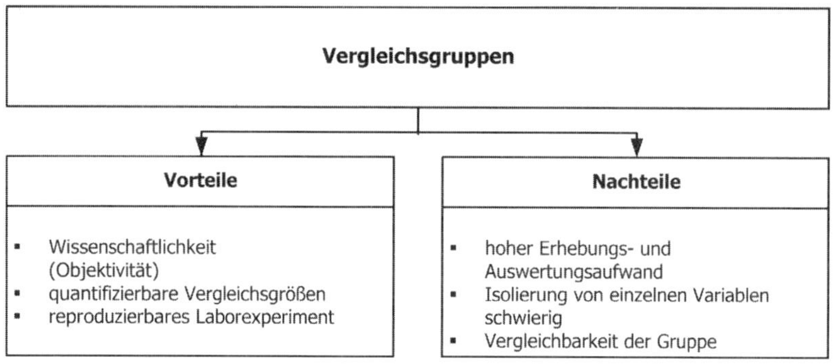


## 1.4 Expertinnenurteil

Vorgehensweise

Ein anderes relativ kostengünstiges, weil einfaches Bewertungsverfahren sind Expertinnenurteile. Dabei werden Expertinnen entweder mittels der Delphi-Methode (Seeger 1979) oder durch moderierte Gruppensitzungen zu einem (gemeinsamen) Werturteil geführt.

Vorteile

- Setzen von Qualitätsmaßstäben
- Orientierungshilfen
- Best Practice Beispiele

Expertinnenurteile haben vor allem bei Themen mit noch relativ wenig öffentlicher Erfahrung bzw. Durchdringung mehrere Vorteile:

- Expertinnen können Qualitätsmaßstäbe setzen,
- (erste) Orientierungen geben und
- „Best Practice"-Beispiele fördern.

Nachteile

- Fehlende Operationalität
- Reliabilität

Allerdings hat auch diese Methode einige entscheidende Nachteile:

So sind die Expertinnenurteile

- meist nicht voll operationalisierbar (nicht voll beschreib- und nachvollziehbar) und damit auch
- nicht wiederholbar.

Die sogenannte Reliabilitätsproblematik besteht darin, dass oft verschiedene Expertinnengruppen zu unterschiedlichen Resultaten kommen, ja dass nicht einmal bei derselben Gruppe infolge unterschiedlicher Diskussionsverläufe das gleiche Ergebnis garantiert ist.

So wichtig Expertinnenurteile für das Aufstellen und Setzen von Qualitätsmaßstäben auch sind, muss betont werden, dass die Ansichten der Expertinnen nicht unbedingt die Alltagssituation der breiten Öffentlichkeit widerspiegeln. Außerdem ist zu berücksichtigen, dass es sich bei den Expertinnengruppen um inhaltliche Expertinnen (also Fachexperten) und nicht um Evaluationsexpertinnen handelt.

Eine gezielte (Moderations-)führung durch Evaluationsexpertinnen ist daher sowohl für die Qualität als auch für Gültigkeit der Ergebnisse entscheidend!

Abb. 21:

Vor- und Nachteile der Expertinnenurteile

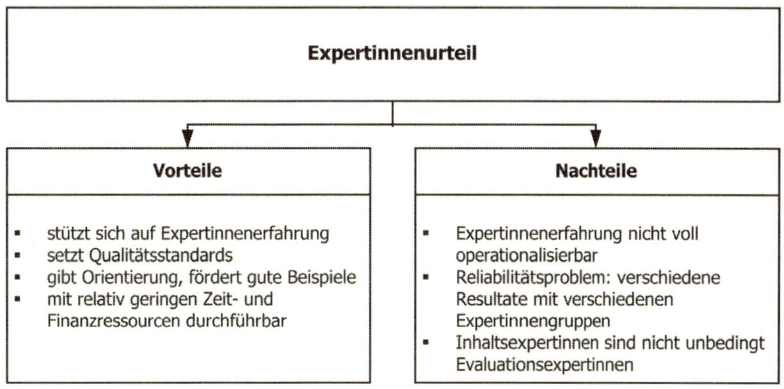


## 1.5 Zusammenfassung

Unser kritischer Diskurs zeigt, dass die herkömmlichen Bewertungsverfahren alle ihre unterschiedlichen Stärken und Schwächen aufweisen. Dementsprechend ist keines der angeführten Verfahren ideal, kann keinem der vorgestellten Evaluationsinstrumente der unbedingte Vorzug gegeben werden.

Ausgehend von dieser Einschätzung haben wir uns daher für eine kombinierte Nutzung aller besprochenen Verfahren entschlossen. Gleichzeitig haben wir versucht, bei jedem einzelnen Verfahren die möglichen Probleme durch gezielte Maßnahmen und teilweise durch die Entwicklung neuer Techniken zu vermeiden.

Der nachfolgenden Bericht geht davon aus, dass Evaluierung ein - mehr oder weniger - langwieriger Prozess ist und dass für die verschiedenen Phasen auch unterschiedliche Verfahren geeignet sind.

Webtipp:

WebQuest™ - gemeinsames Lernen mit dem Internet

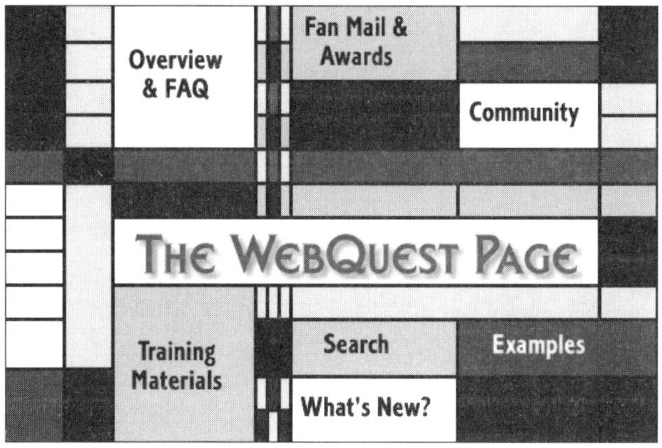


Abb. 22:

Die Webquest™ Startseite von Bernie Dodge.

Unter http://webquest.sdsu.edu/webquest.html finden Sie „The WebQuest™ Page" von Bernie Dodge von der San Diego State University, dem Begründer dieses in den USA mit großem Erfolg eingeführten Konzepts. WebQuest™ zielt auf eigenständiges problemorientiertes Lernen, wobei fast alle Informationen aus dem Web bezogen werden.

Es geht um das aktive Erforschen von interessanten Fragestellungen, die Arbeit erfolgt in Gruppen und beruht primär auf authentischen Texten und Quellen aus dem Internet. Im Vordergrund steht nicht, wie man nach Informationen im Internet sucht, sondern wie man sie nutzt und bewertet. Der Kreis schließt sich am Schluss, indem die eigenen Forschungsarbeiten wiederum im Netz präsentiert werden und dieses bereichern. Vielfältige Beispiele für von Schülern gestaltete WebQuests in deutscher Sprache finden Sie unter:

www.web-quest.ch.

# 2. Das Evaluationsverfahren

Für die Zwecke der Untersuchung haben wir das zu evaluierende Produkt Lernplattform folgendermaßen definiert:

Definition:

Lernplattform

*Eine Lernplattform ist ein Werkzeug für die Organisation und Betreuung webbasierten Lernens.*

Aufbau des Kapitels:

Das Evaluationsverfahren in Theorie und Praxis

Dieser zweite Teil des Kapitels beschreibt zuerst theoretisch das von uns angewendete Evaluationsverfahren und geht danach auf die praktische Umsetzung des Verfahrens ein.

Um die oben beschriebenen Nachteile von Kriterienkatalogen zu umgehen, haben wir das von Michael Scriven (1991) entwickelte Verfahren der Qualitativen Gewichtung und Summierung (QGS) angewendet bzw. weiterentwickelt. Da das Verfahren relativ komplex ist, aber für das Verständnis und die Interpretation der Ergebnisse des gesamten Evaluierungsverfahrens zentrale Bedeutung hat, wird die theoretische Grundlage und Methodik in diesem Abschnitt eingehend beschrieben (vgl. dazu auch Baumgartner/Häfele et. al. 2002).

Es können zwei Verfahren zur relativen Bewertung einzelner Items eines Kriterienkatalogs unterschieden werden:

- numerische und
- qualitative Gewichtungsprozeduren.

## 2.1 Theoretische Beschreibung

### a) Die Numerische Gewichtung und Summierung (NGS)

Die Numerische Gewichtung und Summierung

Numerisches Gewichten und Summieren (NGS) stellt derzeit das dominante Modell für komplexe Produktevaluationen dar und wird insbesondere im Zusammenhang mit der Bewertung von Lernsoftware in Form von Check- oder Prüflisten angewendet (vgl. Baumgartner 1997; Biermann 1994; Doll 1987; Fricke 1995; Thomé 1988).

NGS kommt in verschiedenen Formen vor und kann sowohl beschreibend (normativ, präskriptiv) oder auch bewertend eingesetzt werden. Die allgemeine Form ist die Multi-Attribute Utility Analysis (Scriven 1991a: 380f)

Die Prozedur dabei ist folgende:

Vorgehensweise bei der NGS

❶ Zuerst werden die einzelnen Dimensionen in ihrer relativen Wertigkeit (z. B. anhand einer 1 bis 3-, 1 bis 5- oder 1 bis 7-Skala) eingeschätzt bzw. gewichtet.

❷ Anschließend wird die Leistung des Evaluanden (= die zu evaluierende Sache, z. B. Lernsoftware) nach den einzelnen Dimensionen eingeschätzt (rating).

❸ Das Produkt von Leistungsbewertung und Gewicht (Leistungspunkte x Gewichtung) wird berechnet und für jeden einzelnen Evaluanden summiert.

❹ Es ergibt sich für jeden Evaluanden eine einzige Zahl, die den relativen Rang des jeweiligen Evaluanden bestimmt. Sieger ist der Evaluand mit der höchsten Punktezahl.

Vorteile

- leicht verständlich
- einfach durchzuführen
- aufschlussreich
- Rangordnung

Das NGS-Verfahren ist infolge einer Reihe von Vorteilen (leicht verständlich, einfach durchzuführen, aufschlussreich, ergibt immer eine Rangordnung) sehr beliebt. Obwohl es einen ersten Aufschluss bzw. Einblick bietet und daher im Rahmen einer weiterführenden Evaluation durchaus brauchbar ist, hat dieses Verfahren jedoch schwerwiegende methodische Mängel, so dass die alleinige Verwendung dieses Verfahrens ungeeignet ist:

Nachteile

- Minimum-Problem
- Isolierte Kriterien
- Annahme einer linearen Skala
- Detaillierungsgrad

**Minimum-Problem:** Ein Set von Gewichten löst nicht das Problem, dass einige Dimensionen (Merkmale) erst dann eine sinnvolle Funktion des Evaluanden darstellen, wenn ein bestimmtes Mindestmaß überschritten ist. In einer abschließenden Summierung zu einer einzigen Zahl gehen diese inhaltlichen Minimalanforderungen jedoch verloren.

Diese Schwierigkeit lässt sich jedoch durch eine Erweiterung des NGS-Verfahrens beheben (NGS-Modell mit Minima). Dabei wird jedes der Minima-Kriterien zuerst geprüft, bevor die Analyse fortgesetzt wird. Nur eine Leistung *über* dem erforderlichen Minimum wird gewichtet. Evaluanden, bei denen einzelne Kriterien dieses notwendige Minimum nicht erreichen, scheiden aus (K. O.-Kriterien).

**Problem der isolierten Kriterien:** Ein weiteres (lösbares) Problem der NGS-Methode besteht darin, dass die einzelnen Bewertungskomponenten der Evaluanden oft nicht unabhängig voneinander zu betrachten sind, weil sie zueinander in Beziehung stehen und miteinander interagieren. Diese Schwierigkeit könnte durch eine Neubestimmung bzw. neue Definition der Kriterien gelöst werden. Allerdings ist dies nicht immer einfach, erfordert große Geschicklichkeit und Kenntnisse und stellt fast immer nur eine ad hoc-Lösung dar, die nicht verallgemeinert werden kann.

**Problem des Detaillierungsgrades:** Eine wesentliche Kritik des NGS-Verfahrens besteht darin, dass die Anzahl der Kriterien nicht voraussehbar ist. Sie kann von etwa einem Dutzend bis zu einigen hundert Kriterien reichen. Damit werden aber entweder wichtige Dimensionen durch eine Vielzahl von Trivialitäten überschwemmt oder aber weniger wichtige Faktoren wirken sich auf das Gesamtergebnis zu stark aus. Das Festlegen einer fixen Punkteanzahl, die nicht überschritten werden darf, reduziert zwar das Problem, kann es aber nicht gänzlich lösen. Was sind die relevanten Kriterien (Wie viele? Wie detailliert?) und vor allem: welche Gewichtung kommt ihnen jeweils zu?

Besonders fatal beim NGS-Verfahren ist es, dass diese Gewichtungsprozedur keine Spuren hinterlässt. Da sich als Ergebnis bloß eine einzige Zahl pro Evaluand ergibt, sind nachträglich keine inhaltlichen Fehlerkorrekturen mehr möglich.

**Annahme einer linearen Skala:** Die NGS-Methode nimmt eine lineare Skala der Nützlichkeit (Vergabe von Punkten und Summierung) an, was jedoch falsch ist. Die verschiedenen Komponenten des Evaluanden lassen sich nicht über eine einzige Skala bewerten.

Ähnlich wie beim erweiterten NGS-Modell (mit Minima) lässt sich dieses Problem durch ein sequentiell durchgeführtes Ausscheidungsverfahren entschärfen: Es wird die Liste der Merkmale nicht zufällig (alphabetisch oder nach einer anderen inhaltlich irrelevanten Reihenfolge) durchgearbeitet, sondern zuerst werden die absoluten Notwendigkeiten festgestellt und dann so viele Kandidaten wie möglich eliminiert. Allerdings bleibt die grundsätzlich falsche Annahme einer Linearität der Punkteabstände im weiteren Verfahren bestehen. Multiplikation und Summenbildung sind nur bei Intervall- oder Ratio-Skalen zulässige Operationen, während es sich hier um eine Ordinalskala handelt, die nur eine Reihung der einzelnen Merkmale erlauben würde.

Das ist die entscheidende Kritik und das innerhalb des NGS-Verfahrens unlösbare Hauptproblem dieser Methode. Die einzelnen Kriterien (z. B. Performance, Kommunikationswerkzeuge etc.) liegen nicht auf einer linearen Skala (z. B. des Lernerfolges). Aber nur bei metrischen Skalen sind Rechenoperationen wie Addition und Multiplikation erlaubt.

Die scheinbar methodisch sauberen und exakten Ergebnisse des NGS-Verfahrens sind ein methodischer Trugschluß, eine Illusion, welche nicht der Realität entspricht.

Obwohl mit dem NGS-Verfahren viele Evaluanden in einem ersten Durchgang provisorisch miteinander verglichen werden können und es als erster grober Filter durchaus brauchbar ist, ist es letztlich notwendig, einen paarweisen Vergleich mit qualitativen Bewertungsverfahren durchzuführen (Scriven 1991a: 293ff).

Abb. 23:

Vor- und Nachteile der Numerischen Gewichtung und Summierung

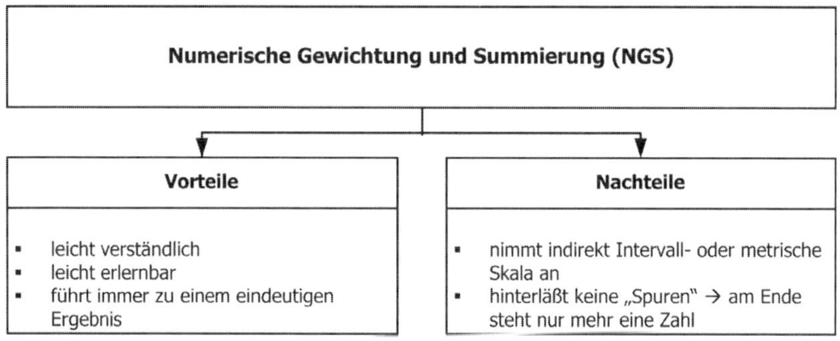


### b) Die Qualitative Gewichtung und Summierung (QGS)

Die Qualitative Gewichtung und Summierung

Viele der oben unter NGS beschriebenen Nachteile lassen sich bei einer qualitativen Vorgehensweise beseitigen. Nachfolgend beschreiben wir die Schritte, um eine Qualitative Gewichtung und Summierung durchzuführen.

Vorgehensweise bei der QGS

In einem ersten Schritt werden noch nicht die einzelnen Evaluanden betrachtet, sondern die Liste der Kriterien, welche in den Evaluationsprozess mit einbezogen werden soll. Für diese Kriterien werden nun nur fünf Gewichte vergeben. Es empfiehlt sich dafür nicht-ziffernartige Symbole zu verwenden, damit gleich zu Beginn eine Verwendung als Intervall- oder Ratioskala und damit Rechenoperationen ausgeschlossen werden.

Bewährt hat sich folgende Einteilung:

Bewährte Einteilung zur Gewichtung der einzelnen Kriterien

- Essentiell (E)
- Äußerst Wichtig (*)
- Sehr Wichtig (#)
- Wichtig (+)
- Weniger Wichtig (I)
- Nicht Wichtig (0).

Damit werden einmal die Gewichte der einzelnen Merkmale festgelegt (von Nicht Wichtig bis Äußerst Wichtig), darüber hinaus wird auch bestimmt, welche Eigenschaften Minimalerfordernisse (Essentiell) darstellen.

Streichung aller 0-

Dimensionen

Alle 0-Dimensionen können nun gestrichen werden. Sie sind als „Nicht Wichtig" gewichtet worden und daher für die weitere Bewertung irrelevant. Damit wird unnötiger Analyseaufwand vermieden.

Erstes Aussieben der Evaluanden:

Werden die Minimalerfordernisse erfüllt?

Nun werden zum ersten Mal die einzelnen Evaluanden bewertet: Es wird überprüft, ob alle Evaluanden die Minimalerfordernisse (Kriterien, die mit „E" gewichtet wurden) auch tatsächlich erfüllen. Falls nicht, werden sie aus der weiteren Analyse ausgeschieden. Dadurch wird der weitere Arbeitsaufwand beträchtlich reduziert. Allerdings ist dafür Sorge zu tragen, dass es sich dabei um ein alles-oder-nichts-Attribut handelt (z. B. die Lernplattform ist in Form einer nationalen Rahmenlizenz einsetzbar ja/nein).

Andernfalls muss das (Anspruchs-)Niveau, das unbedingt erforderlich ist, genau festgelegt werden und geprüft werden, ob der betreffende Evaluand dieses erreicht oder nicht. So kann z. B. ein Evaluand ein bestimmtes Minimum nicht nur erreichen (= E), sondern überschreiten.

Nun sind bereits alle mit 0 gewichteten Kriterien und jene Evaluanden, welche die Mindestkriterien (= E) nicht erfüllen, aus dem Evaluationsprozess ausgeschieden. Die zu untersuchenden Kriterien der verbleibenden Evaluanden weisen jetzt nur mehr Unterschiede zwischen * und I auf.

Wie erfüllen die Evaluanden die Kriterien ?

- Überprüfung
- Bewertung

Der nächste Schritt ist die Bewertung dieser Kriterien für jeden einzelnen Evaluanden. Das heißt, dass die Erfüllung jedes Kriteriums für die einzelnen Evaluanden überprüft und bewertet wird. Die Bewertung erfolgt in einem Rahmen von 0 bis zur maximalen Gewichtung des jeweiligen Kriteriums. D. h. ein #-Kriterium, das im ersten Schritt mit # gewichtet wurde, kann keinen höheren Wert als # erhalten (also nur 0, I, +, #).

Summenbildung der Kriterien für jeden Evaluanden

Nun werden für jeden Evaluanden die Summen der mit *, # mit + und I gewerteten Kriterien gebildet. Dies geschieht dadurch, dass alle *, alle #, alle + und alle I separat zusammengezählt werden.

Sie erhalten nun eine Liste etwa der folgenden Art:
Produkt A: 7 *, 5 #, 2 +, 3 I
Produkt B: 2 *, 10 #, 3 +, 2 I
Produkt C: 3 *, 7 #, 1 +, 6 I
etc. …

Ranking und Grading der Evaluanden ist nun möglich

Nach den bisherigen Verfahrensschritten entsteht eine Rangordnung (ranking), die anschließend auch mit einer integrierenden Schlussbewertung (grading) versehen werden kann (z. B. „kommt in die TOP 16" etc.). Diese ließe sich z. B. durch Festlegung einer Minimumanzahl von * oder * und # oder auf einer individuellen Fallbasis durchführen, nachdem alle Evaluanden bereits bewertet wurden.

Im nächsten Schritt werden nun jene Eigenschaften, die alle Evaluanden gleichermaßen aufweisen (z. B. wenn alle Evaluanden ein bestimmtes Kriterium mit + erfüllt haben), ausgeschlossen. Damit wird der weitere Vergleich auf einer Fall-zu-Fall-Basis vereinfacht.

Abschließend kann nun geprüft werden, ob bereits eine eindeutige Rangordnung möglich ist. Eindeutig heißt, dass z. B. ein Evaluand mit 3*, 4# und 2+ auf jeden Fall besser ist als einer mit 2*, 4# und 3+. Hat jedoch der zweite Evaluand z. B. 2*,7#, so ist keine eindeutige Entscheidung möglich und die beiden Kandidaten müssen in einem paarweisen Vergleich genauer untersucht werden.

Wenn nun nicht bereits entscheidbare Verhältnisse vorliegen, so kann eine neuerliche Gewichtung im Lichte der vergleichenden Bewertung konkreter Einzelfälle hilfreich sein.

Neben seiner relativen Komplexität hat das QGS-Verfahren den Nachteil, dass es keinen definitiven Entscheidungsalgorithmus hat. Manchmal muss es als iterative Prozedur mehrfach durchlaufen werden und im Lichte der bisherigen Analyse müssen einzelne Bewertungen nochmals durchgeführt werden. Das Verfahren wechselt damit ständig zwischen holistischer und analytischer Betrachtungsweise, ergibt aber immer sinnvolle und vor allem nachvollziehbare und überprüfbare Ergebnisse.

Abb. 24:

Vor- und Nachteile der Qualitativen Gewichtung und Summierung

**Qualitative Gewichtung und Summierung (QGS)**

| **Vorteile** | **Nachteile** |
|---|---|
| ▪ braucht keine Intervall- oder metrische Skala<br>▪ hinterläßt „Spuren", d. h. der Prozeß kann immer nachvollzogen werden | ▪ schwer verständlich<br>▪ komplexe Prozedur<br>▪ iterative Prozedur<br>▪ kein definitiver Algorithmus<br>▪ nicht immer eindeutiges Ergebnis |

Da das Verfahren relativ kompliziert ist, geben wir auf den nächsten beiden Seiten einen grafischen Überblick, wie Sie die Qualitative Gewichtung und Summierung im Unternehmen zur Entscheidungsfindung einsetzen können.

## Die praktische Umsetzung des Evaluationsprozesses

1. Teil

**Gründung einer Projektgruppe**
**Festlegen der Geschäftsordnung**

- Gründen Sie eine Projektgruppe innerhalb Ihrer Organisation, die als Beirat den gesamten Prozess der Auswahlentscheidung begleitet.
- Versichern Sie sich, dass in diesem Beirat alle relevanten Interessensorientierungen (Stakeholder) Ihrer Organisation eingebunden sind.
- Legen Sie eine Geschäftsordnung mit klar definiertem Entscheidungsmodus fest.

**Definition der Mindestkriterien**
**Anwenden der Mindestkriterien**

- Legen Sie gemeinsam mit der Projektgruppe die für Ihre spezielle Fragestellung notwendigen Mindestkriterien fest (k.-o. Kriterien). Was ist das absolute Muss, das ein Lernmanagementsystem für Ihre Organisation zu leisten hat?
- Gehen Sie die Liste der Lernplattformen durch und prüfen Sie, welche Produkte diese Mindestanforderungen erfüllen.

**Definition und Operationalisierung der Bewertungskriterien**

- Stellen Sie mit der Projektgruppe in einem Brainstorming die für Ihre Organisation relevanten Bewertungskriterien auf.

  Hierzu können Sie als erste Ausgangsbasis unseren Kriterienkatalog übernehmen und ihn entsprechend modifizieren. Achten Sie aber darauf, dass das Verhältnis der Kriterien Didaktik/Technik sich in etwa die Waage hält.
- Operationalisieren Sie nun diese Kriterien.
  Wie können die einzelnen Kriterien „gemessen" werden?

  Als ersten Anhaltspunkt können Sie dazu die Beschreibung unserer Kriterien bzw. die Auflistung der Dimensionen dieser Kriterien hernehmen und entsprechend adaptieren.

**Definition und Operationalisierung der Bewertungskriterien**

- Lassen Sie diese Kriterien von Ihrer Projektgruppe gewichten.

  Das Formular im Anhang gibt Ihnen dabei die Struktur dieser internen und geheimen Abstimmung vor. Stellen Sie aber vorher sicher, dass alle Mitglieder der Projektgruppe über Inhalt und Bedeutung der einzelnen Kriterien Bescheid wissen.
- Fassen Sie die Ergebnisse der Gewichtungsprozedur zusammen und diskutieren Sie sie in ihrer Stimmigkeit in der Projektgruppe. Nachdem Sie eventuelle (konsensuelle) Veränderungen vorgenommen haben, lassen Sie diese Gewichtung nochmals als Ausgangsbasis für den weiteren Evaluierungsprozess formal beschließen.

## Die praktische Umsetzung des Evaluationsprozesses

2. Teil

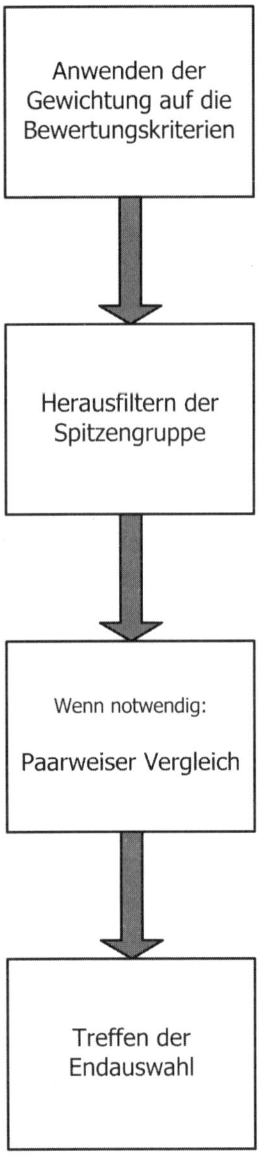


- Gehen Sie nun an Hand Ihrer Liste die Funktionalitäten aller Plattformen einzeln durch. Sie können sich dabei auf unsere Beschreibung der einzelnen Produkte im nächsten Kapitel stützten.

  Ein Muster für das tabellarische Abarbeiten finden Sie im Anhang.

- Zählen Sie nun *, #, +, I getrennt zusammen und stellen Sie die Ergebnisse für die Projektgruppe so zusammen, dass ein Ranking entsteht. Diese Rangordnung muss nicht völlig eindeutig sein, sollte aber klar eine Spitzengruppe von maximal 3-5 Produkte ergeben.

- Gehen Sie nun an Hand Ihrer Liste die Funktionalitäten aller Plattformen einzeln durch.

  Sie können sich dabei auf unsere Beschreibung der einzelnen Produkte im nächsten Kapitel stützten. Ein Muster für das tabellarische Abarbeiten finden Sie im Anhang.

Wenn sich aus dem bisherigen Evaluationsprozess kein für alle Mitglieder der Projektgruppe eindeutiger Sieger feststellen lässt, empfiehlt sich ein paarweiser Vergleich der Evaluanden der Spitzengruppe.

- Treten Sie nun in den paarweisen Vergleich der einzelnen Produkte in der Spitzengruppe ein. Hier können sowohl Life-Demonstrationen von Firmenvertreterinnen als auch Testaccounts etc. sehr wichtig werden.

- Treffen Sie die Endauswahl innerhalb der Projektgruppe. Versuchen Sie hierbei Kampfabstimmungen zu vermeiden und eine möglichst konsensfähige Wahl zu treffen. Alle Produkte innerhalb der Spitzengruppe sind etwa gleich gut; sie unterscheiden sich nur in Details.

Abb. 25: Die praktische Umsetzung des Evaluationsprozesses

## 2.2 Die Praktische Umsetzung

Im Anschluss an die theoretische Einführung und die Gliederung in einem Ablaufdiagramm möchten wir das Verfahren anhand eines praktischen Beispieles darstellen.

Die Evaluation wurde in zwei in sich abgeschlossenen Phasen durchgeführt

Das gewählte Beispiel - die von uns durchgeführte weltweite Evaluation von e-Learning Plattformen - gliedert sich in zwei große Phasen, die selbst wiederum in unterschiedliche Abschnitte gegliedert werden können:

**Phase 1:**

- Weltweiter Vergleich aller relevanten Lernplattformen
- Erstellung einer Liste der Top 16.
- Qualitative Beschreibung dieser 16 Produkte.

**Phase 2:**

- Detaillierter Vergleich der Produkte aus der Top-Liste
- Erstellung einer Liste der Top 5.
- Installation dieser fünf Produkte und Durchführung eines Usability-Test
  - durch das Evaluationsteam
  - durch das Einholen von Referenzen
  - durch Befragung und Beobachtung von Anwenderinnen der potentiellen Zielgruppen
- Ergebnis ist eine detaillierte Beschreibung der Anwendungserfordernisse und Nutzungserfahrungen.

Dieses Kapitel beschreibt die Durchführung und Ergebnisse der ersten Phase sehr detailliert. Die zweite Phase des Evaluierungsverfahrens ist zum gegenwärtigen Zeitpunkt noch nicht abgeschlossen, weshalb wir darüber nur kursorisch berichten.

### A) Phase 1

Der erste Teil des Verfahrens selbst wiederum lässt sich in drei verschiedene Abschnitte unterteilen:

Die drei Abschnitte der ersten Phase

- Erarbeiten der Evaluierungskriterien
  Definition der Mindestkriterien (K.O.-Kriterien, Essentials) und qualitative Gewichtung der Kriterien. Parallel dazu erfolgte schon die Sichtung und Dokumentation der am Markt befindlichen Lernplattformen
- Anwenden des Kriterienkataloges und der Mindestanforderungen
- Erstellung der Shortlist und Beschreibung der 16 Top-Produkte.

Darüber hinaus haben wir auch die Verfahren der „Expertinnengruppen“ und das Reviewverfahren in die Prozedur mit einbezogen.

Zur Orientierung finden Sie im Anschluss eine Abbildung des Projektdesigns für die erste Evaluationsphase.

Abb. 26:

Das Projektdesign der ersten Evaluationsphase

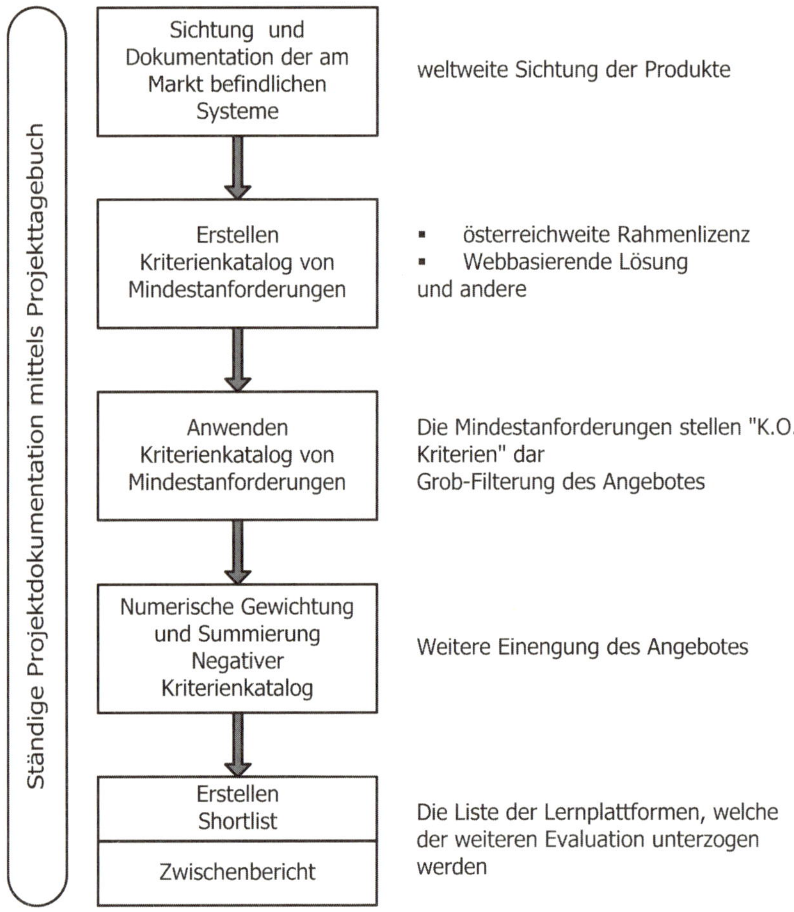


## 2.2.1 Die Ausarbeitung der Evaluierungskriterien

### a) Aufbau von Websites

Erster Schritt:

Aufbau von Websites

www.virtual-learning.at

www.virtual-learning.at/community

Unser erster Schritt im Verfahren war es, Websites aufzubauen, über die wir vom Fortgang unserer Untersuchung kontinuierlich berichten. Es gibt dabei sowohl eine Website zum Gesamtprojekt und unseren detaillierten Erfahrungen (Projekttagebuch) als auch eine Community-Website, auf der wir die Untersuchungsergebnisse dokumentieren.

Im Zusammenhang mit dem zweiten Schritt, dem Aufbau einer Expertinnengruppe, war dies für einen geordneten und ungestörten Verlauf (relativ wenige Interventionen seitens unterschiedlicher Stakeholders wie z. B. Herstellerfirmen von Lernplattformen, Verantwortliche für e-

Learning in Organisationen, die bereits auf eine bestimmte Lernplattform „eingeschworen" waren) des Evaluierungsverfahrens sehr wichtig.

### b) Das Expertinnenteam

Zweiter Schritt:

Aufbau des Expertinnenteams

Unser zweiter vorbereitender Schritt im Verfahren war es, gemeinsam mit dem Auftraggeber eine Expertinnengruppe aufzubauen, über die sowohl die Art der Kriterien, als auch ihre relative Gewichtung zueinander abgestimmt wurden. Nachträglich gesehen war dies ein zentraler Punkt nicht nur für die Akzeptanz der Ergebnisse sondern auch für das Gelingen des insgesamt sehr heiklen – von verschiedenen Interessensorientierungen durchdrungenen – Verfahrens.

Die Expertinnengruppe setzt sich aus Vertreterinnen des Auftraggebers und von in Österreich relevanten Bildungsorganisationen verschiedener Bereiche (Schulen, Fachhochschulen, Universitäten und Weiterbildungsbereich) zusammen. In einer angeregten Diskussion wurde einstimmig entschieden, dass weder Firmenvertreterinnen noch Vertreterinnen der Sozialpartner in diese Expertinnengruppe einbezogen werden sollen. Die Vertreterinnen sollten somit rein fachlich motiviert sein.

Die Gruppe nimmt eine beratende Funktion wahr (etwa im Sinne eines wissenschaftlichen Beirates) und tagt in unregelmäßigen Abständen in Wien.

In zwei von uns moderierten Sitzungen hat diese Gruppe sowohl die Kriterienliste (inklusive K.O.-Kriterien) erstellt, als auch die Gewichtung der Kriterien vorgenommen. Zur Vorbereitung dazu gab es ein einleitendes Referat über Funktion und Wirkungsweise von Lernplattformen.

Zusammenarbeit im Expertenteam in moderierten Sitzungen

Weiterarbeit nach der Delphi-Methode

Zur gemeinsamen Ausarbeitung der Kriterien haben wir die Delphi-Methode (Seeger 1979) gewählt, d. h. wir haben nach der Sammlung und Dokumentation der eingelangten Stellungnahmen die Ergebnisse der gesamten Gruppe rückgemeldet und sie um Streichungen, Ergänzungen etc. gebeten. Diese Vorschläge wurden wiederum in die Kriterienliste eingearbeitet, diese wiederum an die Experten rückgemeldet, etc.

### c) Die Mindestkriterien

Dritter Schritt:

Definition der Mindestkriterien

Die Mindestkriterien dienten vor allem dazu, eine grobe Sichtung der am Markt befindlichen Systeme anzuleiten und reine Präsentations- Verwaltungs- und Authoring-Tools von Lernmanagement Systemen abzugrenzen. Wichtig dabei war es uns, dass sowohl didaktische Funktionen des interaktiven Online-Lernens, als auch administrative Funktionen integriert waren.

Die Mindestkriterien wurden als sogenannte K. O.-Kriterien angewendet, d. h. jene Systeme, die diese nicht erfüllten, wurden bei der nächsten Evaluationsphase nicht mehr berücksichtigt.

Dazu wurden die Anbieterinnen von Lernplattformen angeschrieben. Das bloße Nicht-Vorliegen von Informationen bedeutete vorerst nicht, dass das Produkt ausgeschieden wurde. Lieferten allerdings die Herstellerinnen nach einer Nachfrage und einer angemessenen Nachfrist diese Informationen nicht, schieden die Produkte aus.

Die folgenden Kriterien wurden als Mindestkriterien (K. O.-Kriterien) angewendet:

Die Liste der Mindestkriterien

- Bundesweite Rahmenlizenz:
  Es muss eine bundesweite Rahmenlizenz angeboten werden. Ausgeschlossen wurde damit ein Pay-Per-User-Lizenzmodell.

- Webbasierende Lösung:
  die auf einem Standardprotokoll (TCP/IP) und einem Standardwebbrowser basiert. Die Anwenderinnen können mittels beliebigem Webbrowser am Lernprozess teilnehmen. Das Lernmanagement sowie das Ergebnis einer Content-Generierung mittels Wizards bzw. Templates muss die Möglichkeit enthalten, mit einem Webbrowser ohne jegliche Erweiterung (Viewer und Plugins) bedienbar zu sein.

- Administration:
  Die Verwaltung von Userinnenn sowie die Organisation (Erstellen, Erweitern, Löschen) von Content (Lerninhalte) und Kursen muss möglich sein.
  Das System muss die Authentisierung und Autorisierung (Rollen, Gruppen, Rechte) vom entsprechenden Zugriffs- und Rechtemanagement übernehmen können. Konkret muss das System LDAP (Light Weight Directory Access Protocol) -fähig oder entsprechend anpassbar sein.
  Das System muss rollenbasierend sein.
  Das System muss multilingual sein und zumindest die deutsche und englische Sprache einschließen.

- Kommunikation:
  innerhalb der Rollen (Lernende, Lehrende) und zwischen den Rollen (Lernende-Lehrende) muss in elektronischer Form unterstützt werden.

- käuflich erwerbbar / open source / public domain / LSP-Lösung:
  Das System sollte käuflich erwerbbar, open source,

public domain oder eine Mietlösung sein.
Einige der Anbieter im e-Learning Bereich bieten Lernplattformen an, allerdings nur auf Mietbasis auf deren eigenen Servern (LSP - Learning Service Provider). Eine LSP-Lösung wird für den post-sekundären und tertiären Bereich für möglich gehalten, für den Schulbereich jedoch ausgeschlossen.

Alle Anbieterinnen von e-Learning-Plattformen, auf die wir im Rahmen unserer Recherche gestoßen sind, wurden angeschrieben und von der Evaluation informiert. In diesem ersten Schreiben haben wir den Auftraggeber der Evaluation und die Evaluationsziele bekannt gegeben, kurz das Projektdesign skizziert und die Unternehmen aufgefordert, zu den Mindestkriterien Stellung zu nehmen.

Gleichzeitig haben wir auch Web- und Literaturrecherche betrieben und die bisherigen Erfahrungen als erste Ansatzpunkte für die Dokumentation einbezogen. Es hat sich allerdings gezeigt, dass die Rezensionen (Reviews) entweder stark subjektivistisch (individuelle Erfahrungsberichte) gefärbt waren, oder sich aber bloß auf einige willkürlich herausgegriffene Plattformen beschränkten. Auch in den wenigen Fällen wo es umfangreichere Listen und Darstellungen gab, fehlte es an einer begründeten Gewichtung.

Die Community-Website www.virtual-learning.at/community als Informationsplattform

Unsere Community-Website diente ab diesem Projektabschnitt als Informationsplattform, auf der wir die Mindestkriterien sowie weitere Informationen zum Projekt zur Verfügung stellten.

Auszug aus dem Projekttagebuch

Die nachfolgenden Auszüge aus dem online geführten und öffentlich zugänglichen Projekttagebuch dokumentieren, wie schwierig es war, die gewünschten Informationen auch zu bekommen. Dass wir auf eine renommierte Auftraggeberin (die österreichische Bundesregierung) und auf ein universitäres (Forschungs-) umfeld verweisen konnten, half nur teilweise. Nach einer Antwortfrist von 14 Tagen lagen aus der Liste der rund 130 angeschriebenen Unternehmen erst Stellungnahmen von 13 (!) Unternehmen vor. Vier davon konnten die Mindestkriterien nicht erfüllen.

Aufgrund der geringen Anzahl an Rückmeldungen verfassten wir zweimal Erinnerungsschreiben, die wir an alle auf den diversen Websites genannten Adressen sandten. In diesen Schreiben skizzierten wir nochmals kurz Ziel und Auftraggeber des Projektes, wiesen zur weiteren Information auf unsere Webseite hin und forderten zur Stellungnahme zu den Mindestkriterien auf. Einige Unternehmen (insbesondere die „big-player" am Markt) haben wir, nachdem das 3-malige Anschreiben keine Reaktion gezeigt hatte, zusätzlich per Fax und/oder Telefon kontaktiert.

Schließlich haben 49 Unternehmen zu den Mindestkriterien Stellung genommen. Davon konnten 41 diese Kriterien auch erfüllen und weiter im Evaluationsprozess verbleiben.

www.virtual-learning.at/community

Link: Ergebnisse

Wie dynamisch der e-Learning Markt ist, lässt sich auch am Verlauf dieser Recherche gut darstellen: Von den gut 130 Unternehmen, die wir recherchiert hatten, existierten nach den wenigen Wochen, in denen wir zur Stellungnahme zu den Mindestkriterien aufgefordert hatten, zwölf nicht mehr, bzw. war deren Internetseite nicht mehr existent. Vier andere Unternehmen wurden aufgekauft und deren Produkte umbenannt.

Die meisten Rückfragen zu den Mindestkriterien betrafen die Forderung nach einer Unterstützung der Mehrsprachigkeit (mindestens Deutsch und Englisch - siehe dazu auch im Kapitel der e-Learning Fachbegriffe: „Unicode"). Diese Forderung schien vor allem auf dem US-amerikanischen und kanadischen Markt noch nie aufgetaucht zu sein und so vergewisserten sich fast alle Unternehmen dieser Märkte, ob denn diese Forderung wirklich ein „K. O.-Kriterium" darstelle.

Auch stellte die Forderung nach der LDAP-Fähigkeit ein Kriterium dar, das bei vielen Product-Consultants und Technikerinnen der angesprochenen Unternehmen weiteren Erklärungsbedarf auslöste.

Der nächste Schritt im der ersten Phase war es, mit den verbliebenen Lernplattformen die Qualitative Gewichtung und Summierung anhand eines Kriterienkataloges vorzunehmen.

### d) Die Kriterien der Qualitativen Gewichtung und Summierung (QGS)

Vierter Schritt:

Definition der Kriterien zur QGS

Um für die zweite Sitzung mit den Expertinnen eine Kriterienliste für die Qualitative Gewichtung und Summierung (QGS) vorbereiten zu können, haben wir bereits in der ersten Sitzung eine Liste mit „Dimensionen zur Beschreibung der Kriterien für die QGS" vorgestellt. Diese Dimensionen, die noch keine Kriterien, sondern eher Überbegriffe der späteren Kriterien darstellten, wurden hinterfragt, diskutiert, ergänzt und gestrichen. So wurde uns klar, in welche Richtung die Wünsche der Expertinnen und damit auch jene unserer Auftraggeber gingen.

Diese Vorgehensweise ermöglichte es uns, bereits zum zweiten Zusammentreffen eine Liste der Kriterien zur Qualitativen Gewichtung und Summierung mitzubringen, welche nur noch eine Feinabstimmung erforderte. So war es möglich, in nur zwei Sitzungen auch noch die Gewichtung der Kriterien für die QGS durchzuführen.

Die Kriterien für die QGS lassen sich unter den folgenden Kategorien zusammenfassen:

Die Kriterien der QGS

- Kommunikation, Kooperation & Kollaboration (5 Kriterien)
- Didaktik (7 Kriterien)
- Administration (3 Kriterien)
- Technik (12 Kriterien)

Unser Hauptproblem dabei war es, den Kriterien aus dem pädagogischen Bereich (Didaktik und Kommunikation) eine größere Gewichtung im Gesamtverfahren zukommen zu lassen. In der ersten Fassung gab es im Bereich der Technik und Administration viele Kriterien, die einen sehr feinen Detaillierungsgrad hatten. Dadurch bestand die Gefahr, dass diese Merkmale alleine durch ihre Menge das Evaluierungsverfahren dominierten. Nachdem wir einerseits im Technikbereich ähnliche Funktionen zusammenfassten und andererseits die pädagogischen Kriterien stärker unterteilten, erhielten wir ein relativ ausgeglichenes Gesamtbild: 12 didaktisch-kommunikative zu 15 technisch-administrativen Kriterien.

Diese 27 Kriterien wurden der Expertinnengruppe zur individuellen Gewichtung vorgelegt (siehe das Formular dazu im Anhang).

Die Liste der Kriterien zur QGS und ihre Gewichtung

Die Aufgabe der Expertinnen bestand darin, jedes Kriterium mit einem der oben stehenden Symbole zu bewerten. Die Symbole wurden verwendet, um von vornherein eine Addition der Merkmale zu einer Gesamtzahl zu verhindern.

Es ergab sich die folgende Gewichtung:

Legende:

| | | |
|---|---|---|
| * | = | äußerst wichtig |
| # | = | sehr wichtig |
| + | = | wichtig |
| I | = | weniger wichtig |
| 0 | = | nicht wichtig |

**Kommunikation, Kooperation und Kollaboration:**

| | |
|---|---|
| synchron | * |
| asynchron | * |
| Annotationen | # |
| Gruppenbildung durch Rollen | * |
| externe Kommunikationstools integrierbar | # |

**Didaktik:**

| | |
|---|---|
| Lässt verschiedene Lehr- und Lernmodelle zu | * |
| Interaktive Tests | # |
| Interaktive Übungen | # |

| | |
|---|---|
| Modularisierung von Lerninhalten | * |
| Feedback zum Lernfortschritt | # |
| Autorinnenfunktionen | + |
| Learning-flow-Management | # |

**Administration:**

| | |
|---|---|
| Tracking von Userinnen | # |
| Rechnungsverwaltung | + |
| Personalisierung | * |

**Technik:**

| | |
|---|---|
| Anpassbarkeit | * |
| Erweiterbarkeit | * |
| Skalierbarkeit | * |
| Distributierbarkeit | * |
| Entspricht Standards | * |
| Unterstützt Open-Source Betriebssysteme | # |
| Support | * |
| Dokumentation | # |
| Sicherheit bei Datenweiterreichung | * |
| Ressourcenbedarf | # |
| Österreichischer Vertriebspartner | # |
| Unterstützt Standardobjekttypen u. -formate | * |

Es fällt auf, dass die 0 (nicht wichtig) nie vergeben wurde. Da es dieselben Personen waren, welche die Kriterienliste erstellten und anschließend gewichteten, ist dies nur folgerichtig. Funktionen, die als unbedeutend eingeschätzt worden sind, sind gar nicht erst als Kriterien aufgestellt worden.

## 2.2.2 Die Anwendung der Evaluierungskriterien

Um die Anwendung der Kriterien zu dokumentieren, veröffentlichen wir in der Folge Auszüge aus dem Projekttagebuch.

Auszug aus dem Projekttagebuch

www.virtual-learning.at/community

Link: Ergebnisse

Im Anschluss an die Stellungnahme zu den Mindestkriterien haben wir die 40 noch in der Evaluation verbliebenen Unternehmen aufgefordert, zu den Kriterien für die Qualitative Gewichtung und Summierung Stellung zu nehmen. Die Liste der Kriterien sowie die Hinweise darüber, wie die Kriterien gewichtet werden, wurden wiederum auf der Community-Webseite zur Verfügung gestellt.

Dieses Mal hatten wir der Einladung zur Stellungnahme auch den Hinweis beigefügt, dass die Zuverlässigkeit, mit der unsere Anfragen bearbeitet werden, in die Evaluation mit einfließt. Zur vorgesehenen Deadline lagen uns von den 40 eingeladenen Firmen die Stellungnahmen von immerhin 24 Unternehmen vor.

Einige Stellungnahmen waren jedoch spärlich formuliert und beschränkten sich auf ein einfaches „Ja" bzw. „Nein" zu den einzelnen Kriterien. Diese Unternehmen forderten wir nochmals auf, ihre Stellungnahmen zu präzisieren, um die Vergleichbarkeit unter den Produkten sicher zu stellen.

Auch für diese Phase hatten wir uns und den Unternehmen einen „endgültig letzten Termin" gesetzt. Dieser wurde in persönlichen Mails und zusätzlichen Telefonaten den Ansprechpartnerinnen mitgeteilt und wiederum auf der Community-Webseite veröffentlicht. Nach Ablauf dieser Nachfrist fehlten uns immer noch die Stellungnahmen von vier Unternehmen. Immerhin drei davon hatten sich telefonisch gemeldet und uns zugesagt, so schnell wie möglich zu antworten.

Sehr viel Augenmerk haben wir auf eine präzise Ausformulierung der Stellungnahmen zu den QGS durch unsere Ansprechpartnerinnen verwendet. Dies stellte für uns einen erheblichen Aufwand dar, da alle Stellungnahmen durchgearbeitet und jedem Unternehmen explizite Fragen zu den gegebenen Antworten gestellt werden mussten. Dieser Aufwand ermöglichte es uns jedoch, die Bewertung der Kriterien für die QGS der einzelnen Produkte so fair wie möglich zu gestalten.

Auch hatten wir alle Verantwortlichen um die Zusendung von Whitepapers zum Produkt gebeten, um möglichst viel aussagekräftige Zusatzinformationen zu erhalten. Dieser Bitte kamen alle Unternehmen nach, allerdings nur nach der ausdrücklichen Zusage unsererseits, diese ausführlichen Produktinformationen nicht an andere Firmen weiterzugeben („non disclosure agreement"). Insgesamt konnten so ca. 3100 Seiten an technischen Informationen zusammengetragen werden (94 Megabyte an PDF- und Word-Dokumenten).

Im Projektverlauf stellte sich heraus, dass wir eine zusätzliche Evaluationsschleife einbauen mussten, um so gründlich wie möglich zu bewerten. Die in der Theorie vorgesehene Bewertung der Kriterien durch Fragebögen, Telefonate etc. reichte nicht aus. Gerade bei den didaktischen Funktionen fehlten den Befragten entweder das Knowhow oder diese Kriterien waren nicht eindeutig beantwortbar.

So forderten wir von allen Herstellerinnen, deren Produkte die Mindestkriterien erfüllten, einen Testaccount an. Diese Bitte stellte einige Unternehmensrepräsentantinnen vor große Schwierigkeiten. Gerade die Qualitätssicherungssysteme der großen US-amerikanischen Firmen lassen es nicht zu, dass potentielle Käuferinnen (oder Evaluatorinnen) das Produkt zu Gesicht bekommen, ohne dass eine Repräsentantin der Firma zugegen ist. Dies hätte bedeutet, dass wir den freundlichen Einladungen zur Produktpräsentation quer durch Europa hätten Folge leisten müssen, oder, dass Verkäuferinnen die Produkte bei uns vor Ort präsentiert hätten. Beidem konnten wir nicht zustimmen, da dies eine Verzerrung zugunsten jener, die das Produkt persönlich präsentieren können, ergeben hätte. Nach langer Überzeugungsarbeit von Europa (zuerst von unserer Seite dann auch mit Hilfe der europäischen Niederlassungen) nach Amerika schafften es dann doch alle Unternehmen, einen solchen Account zur Verfügung zu stellen.

Diese zusätzliche Evaluationsschleife bedeutete einen nicht unbeträchtlichen Mehraufwand für uns. Dass sie sowohl wichtig als auch erfolgreich war, zeigen die Ergebnisse in Form einer qualitativen Beschreibung der Funktionen, die im nächsten Kapitel präsentiert werden. Außerdem konnte durch die intensive Kommunikation mit dem Firmenrepräsentantinnen auch einige Missverständnisse, welche in den Stellungnahmen zu den QGS aufgetaucht waren, ausgeräumt werden.

### 2.2.3 Die Erstellung der Shortlist

Auswahl von 16 Produkten

Zusammenfassung in einer Shortlist

Aus den auf dem Markt befindlichen Angeboten wurden durch die oben dargestellte Vorgehensweise 16 Produkte ausgewählt und zu einer Shortlist zusammengefasst. Innerhalb dieser Liste wurde jedoch keine Reihung vorgenommen.

Der Verzicht auf ein detailliertes Ranking in der Shortlist

Unser Verzicht auf ein detailliertes Ranking hat mehrere Gründe:

- Das QGS-Verfahren liefert nicht immer eindeutige Ergebnisse. Zwar lässt sich sehr gut eine Gruppierung vornehmen, ein definitives Ranking zwischen einzelnen Produkten ist aber in einigen Fällen nur durch einen intensiven Vergleich der beiden Produkte möglich und auch dann nicht immer schlüssig.
- Es wurde uns seitens einiger Firmen untersagt, ein definitives Ranking zu veröffentlichen. Zwar dürfen wir darüber informieren, ob das betreffende Produkt die Top 16 erreicht oder nicht erreicht hat; welchen Rang es dabei aber insgesamt einnimmt, diese differenzierte Aussage dürfen wir nicht publizieren.

Für die Zwecke unserer Untersuchung war diese Einschränkung aber weniger störend als es auf den ersten Blick erscheinen mag, denn:

- In der zweiten Phase werden die Top 16 weiter eingegrenzt (Top 5).
- Die Gewichtung der Kriterien ist bei jeder Untersuchung - entsprechend den jeweiligen Wünschen und Zielen der betroffenen Organisation - vorzunehmen und beansprucht keine objektive Gültigkeit.

Formular zur Bewertung

Im Anhang finden Sie das Formular, welches wir zur Bewertung der Lernplattformen entwickelt und eingesetzt haben. Die Bewertungen für die Plattformen A, B und C haben wir im Formular beispielhaft eingesetzt.

Die Namen der Lernplattformen, welche sowohl die Mindestkriterien als auch jene der Qualitativen Gewichtung und Summierung gut erfüllt haben, veröffentlichen wir im Anschluss.

### 2.2.4 Die Ergebnisse

Aufgrund unserer Definition wird die Grundgesamtheit der untersuchten Produkte eingeschränkt

Von etwa 130 Produkten,die sich bei unserer ersten internetbasierten Recherche selbst als Lernplattformen bezeichneten und daher unsere Ausgangsmenge von zu untersuchenden Produkten darstellten, konnten bei einer ersten Sichtung entsprechend unserer Definition (siehe Seite 57) nur 90 tatsächlich als Lernplattform bezeichnet werden.

Diese 90 Produkte bildeten daher die Grundgesamtheit für unsere weitere Untersuchung. Davon haben rund 40 Produkte die Mindestkriterien erfüllt.

Die nachfolgende Reihung innerhalb der Listen ist alphabetisch und stellt keine Wertung dar.

#### a) Kriterien gut erfüllt, das Produkt ist jedoch nicht deutschsprachig

Nicht deutschsprachige Produkte

Diese Lernplattformen würden in der Shortlist vertreten sein, denn sowohl die Mindestkriterien als auch jene der QGS werden gut erfüllt. Jedoch sind die Produkte nicht deutschsprachig und können daher in der von uns durchgeführten Studie nicht weiter berücksichtigt werden.

| | Produkt: | Firma: |
|---|---|---|
| 1 | eCollege | eCollege |
| 2 | Nebo | Learnframe |

#### b) Die Shortlist

Diese Lernplattformen stellen die Shortlist dar. Er sind dies jene 16 Produkte, welche die Kriterien der QGS am besten der Gewichtung des Expertinnenteams entsprechend erfüllen. Diese Produkte werden im nachfolgendem Kapitel ausführlich beschrieben und in ihrer Funktionalität mit Bildschirmausdrucken („screenshots“) dokumentiert.

Produkte, welche die Kriterien gut erfüllt haben

= alphabetische Shortlist

| | Produkt: | Firma: |
|---|---|---|
| 1 | Blackboard | Blackboard |
| 2 | Clix | imc G.m.b.H |
| 3 | DLS | ets G.m.b.H |
| 4 | Docent | Docent Inc. |
| 5 | eLS | Hyperwave AG |
| 6 | IBT Server | Time4You GmbH |
| 7 | iLearning | Oracle |
| 8 | Ilf | M.I.T. newssystems G.m.b.H. |
| 9 | Ilias | Universität Köln |
| 10 | Learning Space | Lotus (IBM) |
| 11 | Enterprise Learning Platform | Sun Microsystems |
| 12 | Saba Learning Enterprise | Saba |
| 13 | Sitos | Bitmedia |
| 14 | Thinktanx | Viviance |
| 15 | Top Class | WBT Systems |
| 16 | WebCT | WebCT |

Wie bereits ausgeführt, stellt die Reihung der Shortlist keine Wertung dar, sondern ist bloß eine nach Produktnamen alphabetisch geordnete Liste.

### c) Add-on Produkte

Virtual Classroom Produkte
Assessment Tools

Darüber hinaus führen wir nachfolgend noch die Add-on Produkte (Virtual-Classroom Produkte und Assessment Tools) an, welche sich an der Evaluation beteiligt hatten, da sie die Lernplattformen in Teilbereichen sinnvoll ergänzen. Wir hatten die jeweiligen Hersteller- bzw. Vertriebsfirmen davon in Kenntnis gesetzt, dass die Evaluanden dieses Projektes ausschließlich asynchrone Lernplattformen sind, weshalb ihre Produkte in der Shortlist keine Erwähnung finden können.

## d) Synchrone Lernplattformen

Synchrone Lernplattformen

Eine zusätzliche Gruppe bilden die synchronen Lernplattformen (Virtual-Classroom-Tools), die ebenfalls die Mindestkriterien erfüllt haben und im Rahmen dieser Studie als Add-On-Produkte zu den oben angeführten Learning-Management-Systemen zu sehen sind.

Virtual-Classroom-Tools unterstützen das synchrone Lernen mit Funktionen wie Whiteboard, Application-Sharing, Ad-Hoc-Fragen, gemeinsames Surfen, File-Sharing, etc. für 1:1 und 1:n Verbindungen. Über Schnittstellen können die Produkte auch in die in der Shortlist vertretenen asynchronen Lernplattformen integriert werden.

| | Produkt: | Firma: |
|---|---|---|
| 1 | Centra Symposium | Centra Inc. |
| 2 | Interwise ECP | Interwise |
| 3 | Learnlinc | Mentergy |

## e) Assessment Tools

Assessment Tools

Assessment Tools erlauben das Erstellen und Verwalten von Quizzes, Tests und Befragungen über das Internet. Über Schnittstellen können die Produkte auch in Lernplattformen integriert werden, die selbst nicht über ein entsprechendes Tool verfügen.

| | Produkt: | Firma: |
|---|---|---|
| 1 | Perception | Question Mark |
| 2 | Cyberline | Tertia Edusoft |

Diese Ergebnisse stellen den Abschluss der ersten Evaluationsphase dar. Im Anschluss gehen wir kurz auf die zweite Phase der Evaluation ein.

## B) Phase 2

Projektstufen der zweiten Phase:

Die zweite Phase zeichnet sich vor allem durch den verstärkten Praxisbezug aus. Diesen stellen wir (wie oben beschrieben) durch ein mehrstufiges Vorgehen sicher.

- Praxistest der Produkte aus der „Top-16"-Liste durch das Evaluationsteam
- Usability-Testung
  - Befragung von Referenzpartnerinnen
  - Befragung von Anwenderinnen

Ergebnis ist eine detaillierte Beschreibung der Anwendungserfordernisse und Nutzungserfahrungen.

Im Anschluss finden Sie zur leichteren Orientierung eine Abbildung des geplanten Ablaufes für die zweite Phase.

Abb. 27:

Der Ablauf der zweiten Projektphase

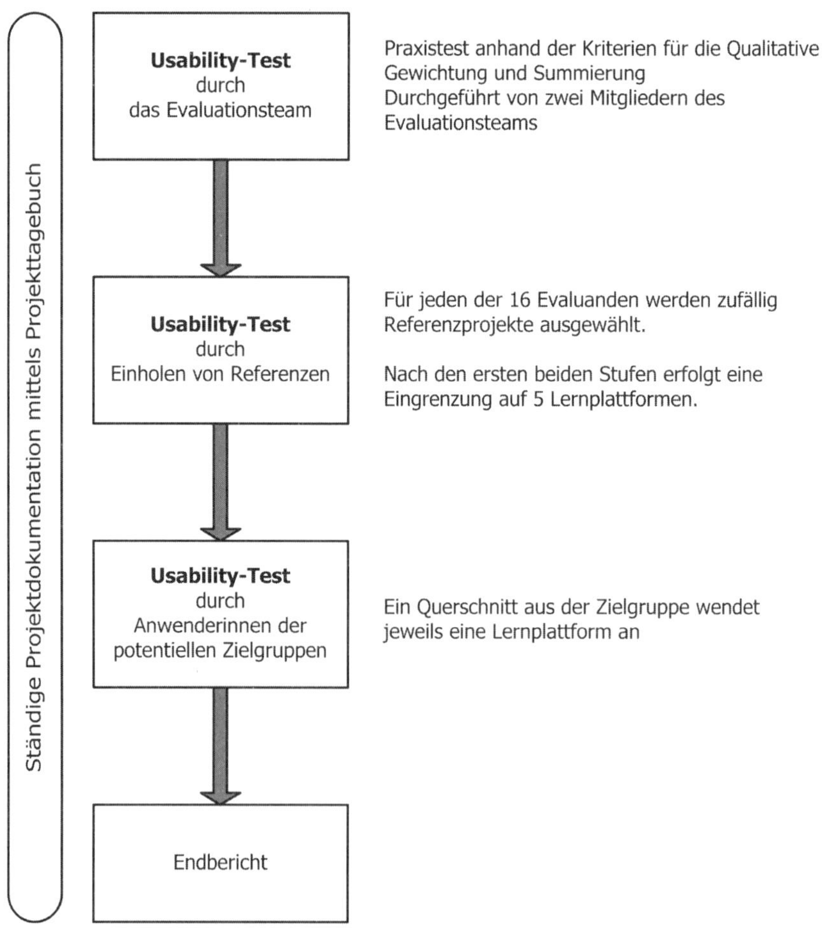

### 2.2.5 Detaillierter Vergleich der Produkte Erstellung der Liste der Top 5

Die untersuchten Systeme werden von mindestens zwei Mitgliedern des Evaluationsteams einem Praxistest unterzogen, welcher sich auf die Kriterienliste der Qualitativen Gewichtung und Summierung stützt. (= Usability-Testung durch das Evaluationsteam)

### 2.2.6 Usability-Testung

Nachdem wir - gemeinsam mit den Herstellerfirmen - eine für alle Plattformen gleiche Sammlung von didaktischen Interaktionen für die jeweilige Lernplattform implementieren, verwenden wir das oben beschriebene Verfahren der Vergleichsgruppen.

Jeweils 20 Personen, die einen repräsentativen Querschnitt der jeweiligen Zielgruppe bilden, nutzen eine der 5 ausgewählten Lernplattformen (siehe Projektplan).

Mit gezielten Interviews und einer schriftlichen Erhebung bei Firmen, welche uns durch Hersteller der Lernplattformen als Referenzpartner genannt wurden, werden systematisch Nutzungserfahrungen erfasst und für einen Abschlußbericht aufbereitet.

Zwischenergebnisse auf der Community-Website

www.virtual-learning.at/community

Endergebnis im Spätherbst 2002

Die abschließende Zusammenfassung wird etwa im Spätherbst 2002 vorliegen.

Die laufenden Zwischenergebnisse können jederzeit auf unserer Community-Website abgerufen werden.

## Zusammenfassung

Obwohl von den vier hier beschriebenen Verfahren keines ideal ist, lässt sich durch eine geschickte Kombination der einzelnen Methoden während des längerfristig angelegten Evaluierungsprozesses unserer Meinung nach ein qualitativ hochwertiges Ergebnis erzielen, das auch dem Kriterien der Reliabilität (Zuverlässigkeit: gleiche Ausgangsbedingungen führen zu gleichem Ergebnis) genügt.

Obwohl das Verfahren der Qualitativen Gewichtung und Summierung (QGS) relativ komplex und aufwendig ist, hat sich gezeigt, dass es auch für reale Situationen außerhalb eines universitären Umfelds durchaus praktikabel ist. Vorbedingung ist allerdings die Bildung eines Expertinnen-Gremiums, das (gemeinsam mit den Evaluationsexpertinnen) die Kriterien erstellt, gewichtet sowie den gesamten Prozess der Evaluierung begleitet.

Weiters hat sich gezeigt, dass neben der eigentlichen Evaluierungstätigkeit (Prüfen und Bewerten der Evaluanden an Hand der Kriterienlisten) ein hoher Kommunikationsbedarf besteht . Damit werden nicht nur mögliche Missverständnisse bereinigt, sondern auch die Vertreterinnen der zu evaluierenden Produkte in den Evaluierungsprozess mit einbezogen. Besonders in Beispielen wie dem unseren, in dem es keine einheitliche internationale Agentur gibt, die eine für alle Firmenvertreter verbindliche gemeinsame Evaluierung durchführt, ist ein ständiger Kommunikationsfluss notwendig.

Allerdings hat sich auch gezeigt, dass Firmen ein mündliches Gespräch gegenüber öffentlichen Aussagen (z. B. über Webseiten, auf denen wir Firmen zu Stellungnahmen eingeladen haben) vorziehen.

Es bleibt zu hoffen, dass unsere Methode breite Akzeptanz findet und mithilft ein Umdenken bezüglich der Beteiligung an dem Evaluierungsverfahren auch bei den „big players" einzuleiten.

Insbesondere dann, wenn klar wird, dass sowohl die aufgestellten Kriterien als auch ihre Gewichtung durchaus subjektiven Charakter haben, für jede Untersuchung und Interessengruppierung neu erstellt werden müssen und es daher keine „objektiv und ewig wahren Ergebnisse" gibt.

Außerdem ist der Markt einer ständigen Bewegung unterworfen (neue Produkte, neue Versionen bestehender Produkte), sodass solch eine Evaluierung nur eine Momentaufnahme darstellen kann. Allerdings planen wir den während der Studie hergestellten guten Kontakt mit den Firmenvertreterinnen zu nutzen, um ständige Aktualisierungen unserer Ergebnisse vorzunehmen.

Kapitel V

# 16 Learning Management Systeme: Detaillierte Beschreibung

Aufbau des Kapitels:

- Firmen-informationen
- Weiterführende Produktionformationen inkl. Screen-shots

für 16 Plattformen

Die Texte sind von den Verantwortlichen autorisiert und zum Teil auch kommentiert

In diesem Kapitel folgen

- Firmeninformationen sowie
- unter dem Punkt „Weiterführende Informationen"eine detaillierte Beschreibung

von 16 Plattformen, welche in der Shortlist (oben unter Kapitel III) aufgelistet sind.

Die Screenshots zu den Produkten sind anlässlich der Usability-Testung durch das Evaluationsteam entstanden.

Wir haben sowohl die Beschreibungen als auch die Screenshots den Herstellerfirmen und / oder Vertriebspartnern vorgelegt und deren schriftliche Autorisierung zum Abdruck eingeholt.

Gleichzeitig haben wir die Firmen auch um Kommentare und Anmerkungen zum Produkt gebeten. Diese haben wir übernommen und im Text als „Kommentar des Herstellers" kenntlich gemacht.

# A. Firmenprofil

<table>
<tr><td rowspan="1">Blackboard Inc.</td><td colspan="3">Bb Blackboard www.blackboard.com</td></tr>
<tr><td rowspan="2">Unternehmensdaten:</td><td>Gründungs-datum</td><td>Mitarbeiter-Innen</td><td>Umsatz</td></tr>
<tr><td>1997</td><td>430</td><td>2001:<br>46 Millionen US$</td></tr>
<tr><td>Produkt, Versionsnummer</td><td colspan="3">Blackboard 5.6</td></tr>
<tr><td>Tätigkeits-Schwerpunkte:</td><td colspan="3">Blackboard bietet ein umfangreiches Spektrum an Softwareprodukten, Komplettlösungen und Dienstleistungen an, die eine umfassende „e-Education Infrastruktur“ für Hochschulen, Schulen, und andere Lerneinrichtungen ermöglicht. Dies beinhaltet auch Training, Consulting, Kurskonversion, und Systemanpassung an Kundenbedürfnisse.</td></tr>
<tr><td>Produkt-Kurzbeschreibung:</td><td colspan="3">Blackboard's Kernprodukt heißt Learning System™ und ist eine Lehr- und Lernumgebung, die die 4 wichtigen Funktionen<br>▪ Inhaltsmanagement<br>▪ Kommunikation<br>▪ Test & Assessment<br>▪ Evaluation<br>beinhaltet.<br><br>Ein besonderer Aspekt des Learning Systems ist das Building Blocks Programm (http://buildingblocks.blackboard.com), das Kunden Zugang zu einer offenen Rechnerarchitektur und zu bereits entwickelten Schnittstellen zu anderen Applikationen und Systemen bietet. Diese Initiative unterstützt unter anderem auch die kundeneigene Entwicklung von Schnittstellen und erlaubt somit die Integration von eigen entwickelten und kommerziellen Applikationen und Systemen. Ferner wurde auch das Building Blocks Developers Network ins Leben gerufen, innerhalb dessen sich weltweit alle Entwickler der Blackboard lizenzierenden Lehreinrichtungen austauschen und ge-</td></tr>
</table>

| | |
|---|---|
| | meinsam weitere Entwicklungen vorantreiben.<br><br>Die Möglichkeit der Integration eines Informationssystems und anderer administrativer Systeme, z. B. Studentenverwaltung und Authentifizierung, sind weiterhin wichtiger Bestandteil des Blackboard Angebots.<br><br>Das Blackboard 5 **Community Portal System™** erlaubt die nahtlose Zusammenfügung von Lehrenden und Studierenden, Communities und von administrativen Webangeboten in einem integrierten und anpassungsfähigen Portal.<br><br>Das Blackboard 5 **Transaction System™** bietet eine zuverlässige und leistungsfähige Applikation zur Abwicklung von Geschäfts- und Zugangstransaktionen an Lerneinrichtungen.<br><br>Aktuelle und zusätzliche Informationen zu Blackboard's Angeboten finden Sie unter<br><br>www.blackboard.com. |
| Kontakt:<br><br><br><br>Tel.:<br>Fax:<br>Mobile:<br>URL: | Blackboard International<br>Professor-Berberich-Str. 8<br>D-82239 Alling<br><br>+49-8141-52592-0<br>+49-8141-52592-8<br>+49-170-9667452<br>www.blackboard.com |
| Ansprechpartner:<br>E-Mail: | Katja Kolinke<br>kkolinke@blackboard.com |
| Vertrieb im deutschsprachigen Raum: | Siehe oben |

# B. Weiterführende Produktinformationen

Blackboard 5 ist in **mehreren Lizenzvarianten** (Licence Models) erhältlich und bietet ein umfangreiches Spektrum an Softwareprodukten – die e-Education Enterprise Suite-, Komplettlösungen, und Dienstleistungen an, die eine umfassende „e-Education Infrastruktur" für Hochschulen und andere Lerneinrichtungen ermöglicht:

Das **Learning System** umfasst die Funktionen: Kursentwicklung und Management, Contentmanagement, Kommunikation- & Kollaboration, Assessment, Evaluation, System-Management; eine offene System Architektur zur individuellen Anpassung des Systems an lokale Anforderungen und Systemintegration; Erweiterbarkeit durch diverse bestehende und neu hinzukommende Schnittstellen; ein erweiterbares Design, das Integration von ERP- und Verwaltungssystemen wie HIS und I3V und Sicherheitssystemen wie LDAP ermöglicht; Real-Time und Snapshot Daten Integration.

Das Learning System kann mit einem **Community Portal System** erweitert werden, das folgende Funktionen umfasst, um eine gesamte Institution innerhalb einer e-Education Infrastruktur zu organisieren und zu erfassen: Communities, mit institutionsweiten Diskussionsforen und Organisationen; Institutionsweite Links und Ressourcen; Akademische Web Ressourcen; Institutionsweite Web Services.

Ferner kann das System mit einem **Commerce und Access System** erweitert werden, über das Zugangs- und Geschäftstransaktionen abwickelt werden.

Für Kunden, die das Learning System in kleineren Pilotprojekten testen möchten, bietet Blackboard das **Basic Learning System** an, das die Kernfunktionen Kursentwicklung und Management, Contentmanagement, Kommunikation- & Kollaboration, Assessment, Evaluation, System-Management umfasst, aber keine Kollaborationsmöglichkeiten bietet.

Blackboard Learning System ist derzeit auf Englisch verfügbar und wird von Institutionen im deutschsprachigen Raum in Deutschland, Österreich und der Schweiz genutzt. Eine internationale Version, anfänglich in Deutsch, Japanisch, Französisch, Chinesisch, und Spanisch, wird voraussichtlich ab dem 3. Quartal 2002 erhältlich sein. Diese Version wird auf Unicode und Doublebyte basieren. Die Wahl der Sprachoberfläche wird auf Administratoren-, Kursverwaltungs-, und Nutzerebene möglich sein.

## Lizenzkosten:

Die Lizenzgebühren für das Learning System, das Community Portal System, und das Commerce und Access System richten sich nach der Anzahl der möglichen Nutzerinnen:

Full Time Enrollment (FTE) – Studenten; FTE – Teilzeitstudenten; FTE – Lehrkörper; FTE – Andere

Für Preisangaben und Angebote wenden Sie sich bitte direkt an Blackboard.

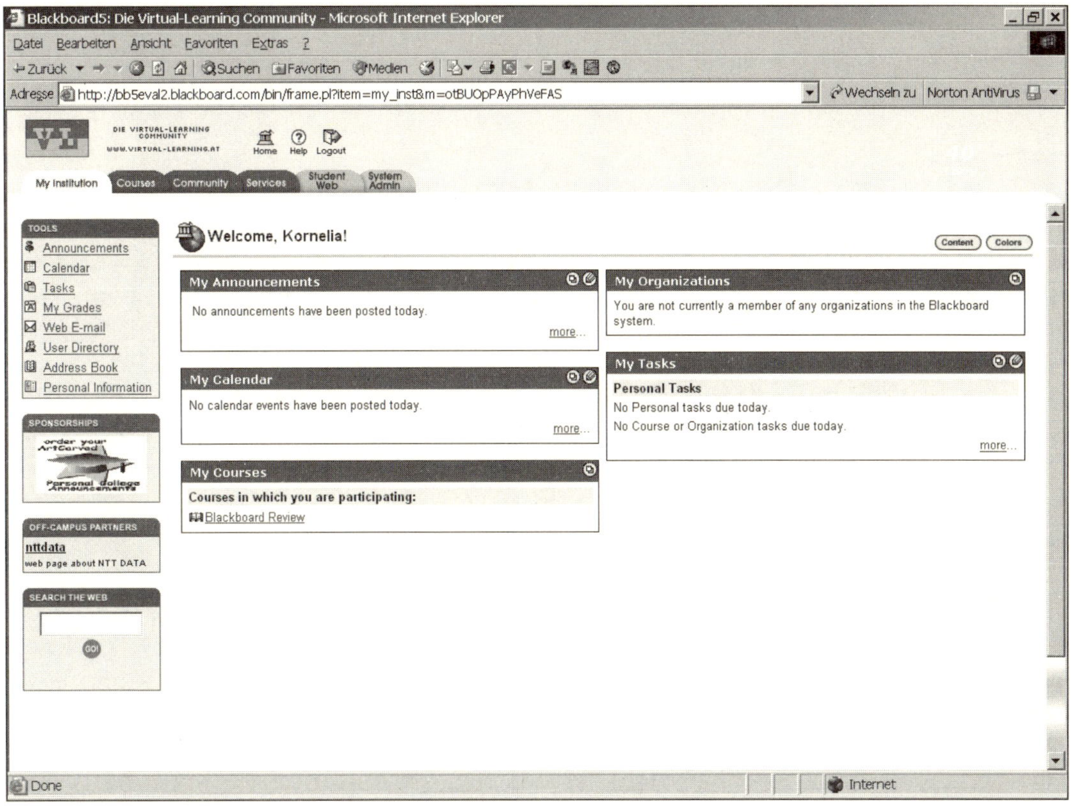


Die Startseite nach dem Einloggen.

Nach dem Einloggen werden den Lernenden individuelle Nachrichten wie Testergebnisse, Ankündigungen, gebuchte Kurse, etc. auf der Startseite präsentiert. Das individuelle Freischalten von Funktionen ist über das rollenbasierte Rechtemanagement möglich. Weiters kann die Startseite „My Institution" von den Lernenden durch die Farbgebung und zusätzliche Module individuell gestaltet werden.

## 1. Kommunikation, Kooperation & Kollaboration:

### 1.1 Synchron:

Das folgende synchrone Kommunikationstool ist in Blackboard integriert:

- Virtual Classroom mit Chat und Whiteboard

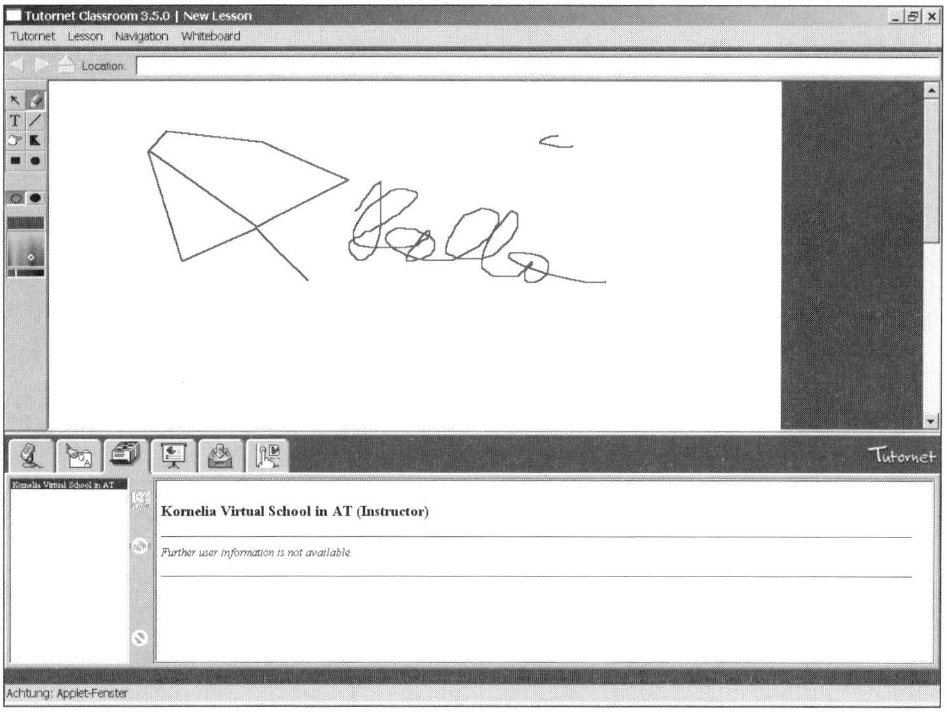


Der Virtual Classroom basiert auf Java und benötigt daher keine Installation eines Clients.

Für die nahtlose Integration von externen synchronen Kommunikationstools, wie z.B. Horizon Live™, Microsoft Netmeeting™, Bantu Messaging™, etc. existieren bereits bzw. befinden sich dokumentierte Schnittstellen in der Entwicklung.

## 1.2 Asynchron:

Die folgenden asynchronen Kommunikationstools sind in Blackboard integriert:

- Diskussionsforen
- Internes Mailsystem
- File-Sharing

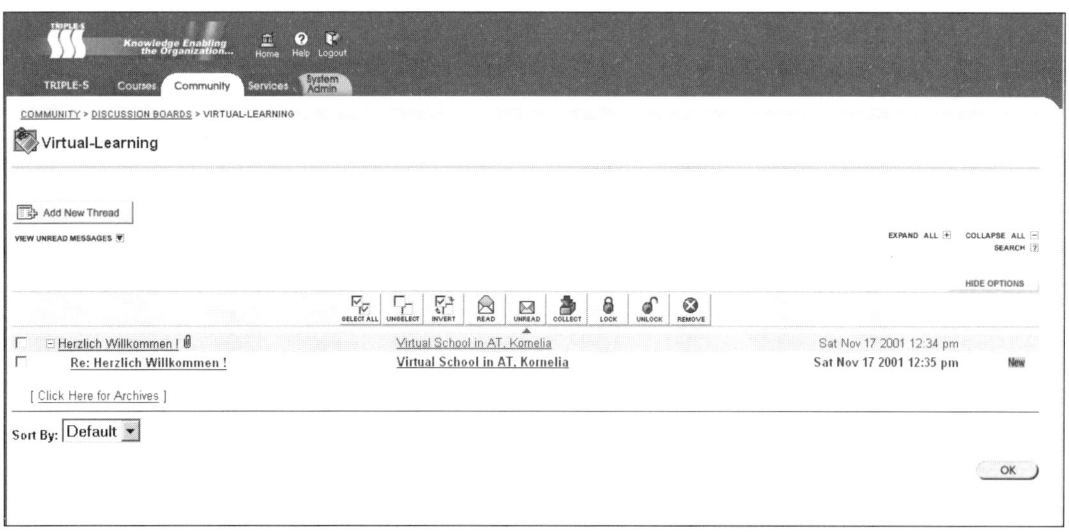


Das Diskussionsforum in der Baumansicht: die Funktionsvielfalt ist vorbildlich.

Für die nahtlose Integration mit externen asynchronen Kommunikationstools, wie z. B. Polaris™ (Threaded Discussion Forum Tool der Universität Maastricht) oder Microsoft Exchange™, existieren bereits bzw. befinden sich dokumentierte Schnittstellen in der Entwicklung.

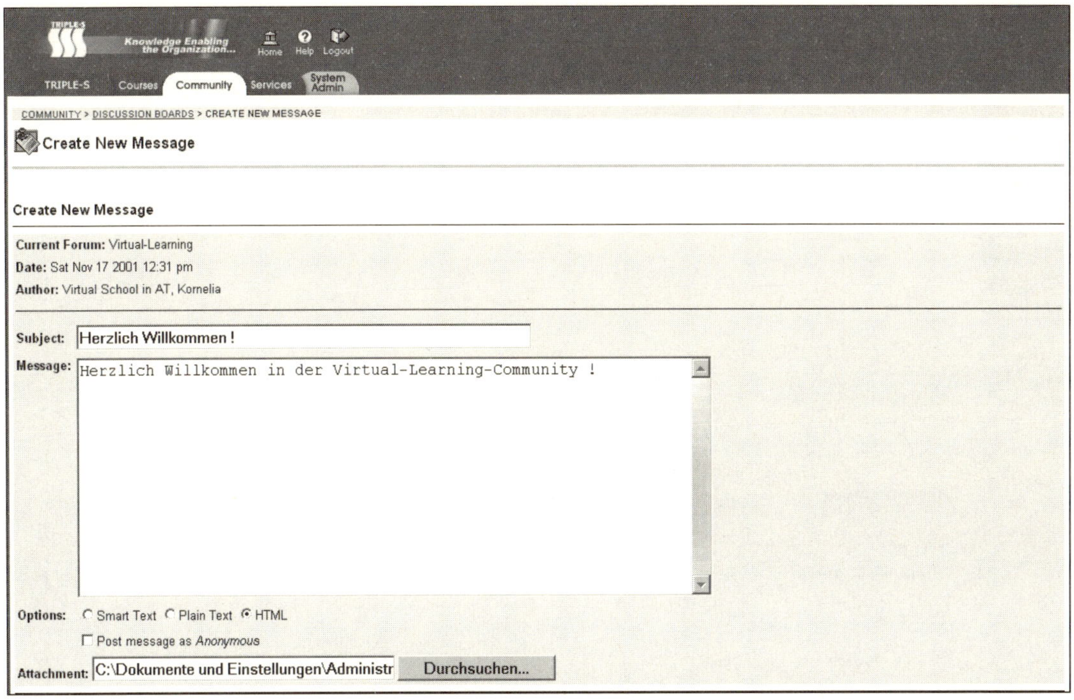


Das Erstellen einer neuen Nachricht im Diskussionsforum.
Attachments können angefügt werden.

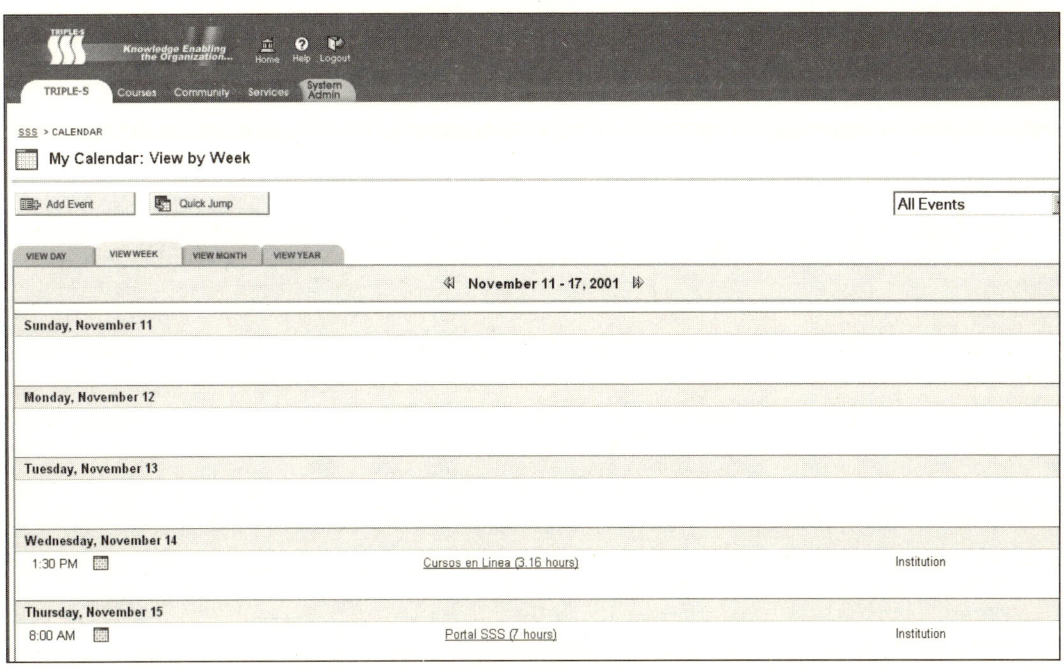


Die Kalenderfunktion.
Eigene Einträge können problemlos angelegt werden.

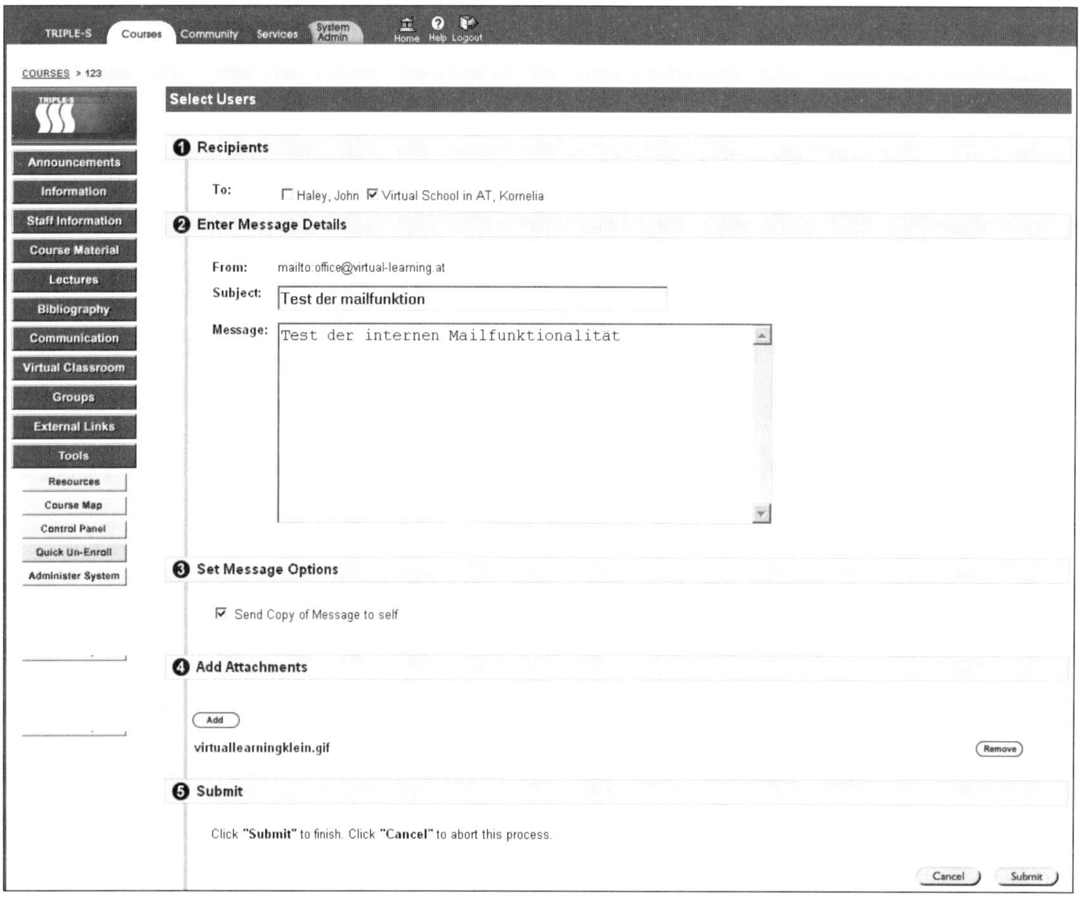


Das interne Mailsystem.

## Anmerkung des Herstellers:

*Das Blackboard Mailsystem basiert auf dem Zusatzprodukt Mailspinner™, das lizenzierten Kunden erlaubt, verschiedene POP oder IMAP basierte Emailviewer zusammenzuführen und alle Email Accounts von einem Portal aus zugänglich zu machen.*

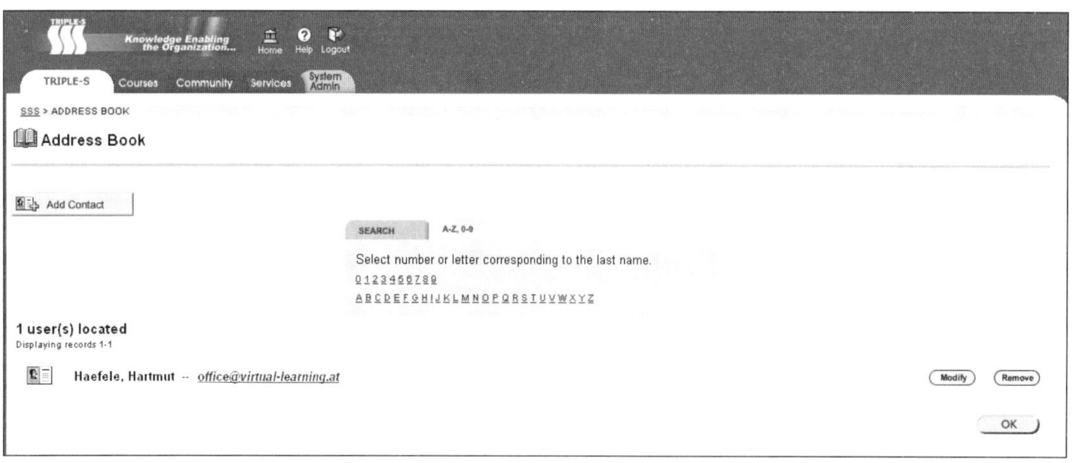


Das Adressbuch.
Eigene Eintragungen können leicht angelegt und verwaltet werden.

## 1.3 Annotationen:

**Anmerkung des Herstellers:**
*Annotationen sind möglich, wenn*

- *der Content diese Funktion integriert hat;*
- *die Digital Drop Box genutzt wird; Inhalte heruntergeladen und bearbeitet werden;*
- *ein Content Management Systems mit Blackboard integriert wird, das diese Möglichkeit bietet.*

## 1.4 Gruppenbildung durch Rollen:

Blackboard arbeitet mit einem rollenbasierten Rechtekonzept. Die folgenden Rollen sind auf der Systemebene standardmäßig definiert und bestimmen den Zugang zu den diversen Portal-Modulen:

- Alle
- Alumni
- Fakultät
- Gäste
- Andere
- zukünftige Studentinnen
- Mitarbeiterinnen
- Studentinnen

Die Kursbasierten User-Rollen bestimmen den Zugang zu den individuellen kursbezogenen Kontrollpanels:

- Instruktorin
- Lehr-Assistentin
- Kurs-Kreator
- Benoter
- Studentin

## 1.5 Externe Kommunikationstools integrierbar:

Externe Kommunikationstools sind gut integrierbar.

**Kommentar des Herstellers:**
*Eine Vielzahl an externen synchronen und asynchronen Kommunikationstools kann mit dem System leicht integriert werden. Standardisierte Schnittstellen zu anderen Systemen, z. B. Polaris™ (Threaded Discussion Forum Tool der Universität Maastricht) oder Microsoft Outlook Exchange™, existieren bereits oder befinden sich in der Entwicklung. Lizenznehmer können selbst Schnittstellen zu Blackboard für eigene oder kommerzielle Systeme entwickeln oder auf bestehende Schnittstellen und Systeme über das Blackboard Building Blocks Programm zugreifen.*

# 2. Didaktik:

## 2.1 Lässt verschiedene Lehr- und Lernmodelle zu:

Waren frühere Versionen von Blackboard eher noch auf das lehrerinnenzentrierte Lernen ausgerichtet, sind jetzt aufgrund des vergleichsweise flexibleren Rechtekonzepts und aufgrund der integrierten synchronen und asynchronen Kommunikationstools auch andere Lehr- und Lernformen abbildbar.

### Kommentar des Herstellers:

*Blackboard unterstützt alle pädagogischen Ansätze.*

## 2.2 Übungen:

Übungen sind aufgrund der Möglichkeit, Studentinnen zu Gruppen zusammenzufassen und diese zu spezifischen kollaborativen Kommunikationstools sowie Content und Assessments zuzuordnen, möglich. Jeder Gruppe steht ein eigenes Virtuelles Klassenzimmer, Diskussionsforum, Email, und Dokumentenaustausch Tool zur Verfügung.

## 2.3 Tests:

Die Testfunktionalität ist seit jeher eine gut ausgebaute Funktion von Blackboard. Über den Assessment-Manager können Umfragen, Tests und Quizzes generiert werden. Dabei werden die folgenden Fragentypen unterstützt:

- Single Choice
- Multiple Choice
- Multiple Answer
- Richtig / Falsch
- Zuordnungsaufgaben
- Lückentext
- Sortieraufgaben
- Kurztext
- Essay

Multimedia-Objekte und Attachments können in Tests integriert werden. Des weiteren können ganze Fragen-Pools erstellt bzw. bereits erstellte Pools wieder verwendet werden, die für verschiedene Kurse genutzt werden können. Die Tests können zeitabhängig automatisch frei geschaltet werden.

Eine weitere Möglichkeit ist, ein externes Test und Assessment Tools, z. B. Questionmark, über Building Blocks in Blackboard zu integrieren.

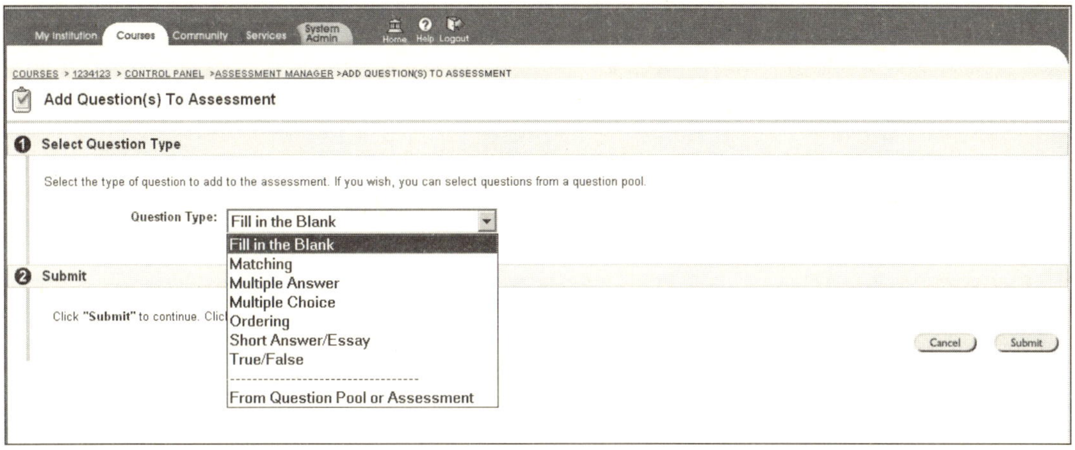


Das Erstellen eines Quizzes ist, da sequentiell geführt, sehr einfach.

## 2.4 Modularisierung von Lehr- und Lerninhalten:

Eine entsprechende Modularisierung von Lehr- und Lerninhalten wird durch die Einhaltung aller gängigen Standards sichergestellt (z.B. IMS, SCORM, XML, etc.; siehe auch das Kriterium Standards).

## 2.5 Feedback zum Lernfortschritt und Protokollierung des Lernfortschrittes:

Diverse Feedbackmechanismen sind über den Assessment-Manager in die Lerneinheiten integrierbar.

### Kommentar des Herstellers:

*Diese bestätigen Erfolge der Lernenden oder führen sie durch konstruktive Anweisungen zurück zum Lernmaterial. Alle Lernergebnisse werden innerhalb des Systems gespeichert und sind individuell für die Lernenden und in ihrer Gesamtheit für die Lehrenden abrufbar.*

## 2.6 Autorenfunktionen:

Blackboard bietet die Möglichkeit, einzelne Dokumente, ganze Dokumenteinheiten, didaktische Lerneinheiten sowie bereits erstellte Module in die Lehr- und Lernumgebung zu übernehmen. Über 50 Dokumentenformate sind hierbei erlaubt, einschließlich vieler Grafikformate.

### Anmerkung des Herstellers:

*Blackboard selbst hat keine Autoren Tools integriert, erlaubt Kunden jedoch derartige Systeme aus einer Anzahl von Produkten von Partnern, wie z. B. Trivantis und Tegrity, auszuwählen und mit Blackboard über das Building Blocks Programm zu integrieren.*

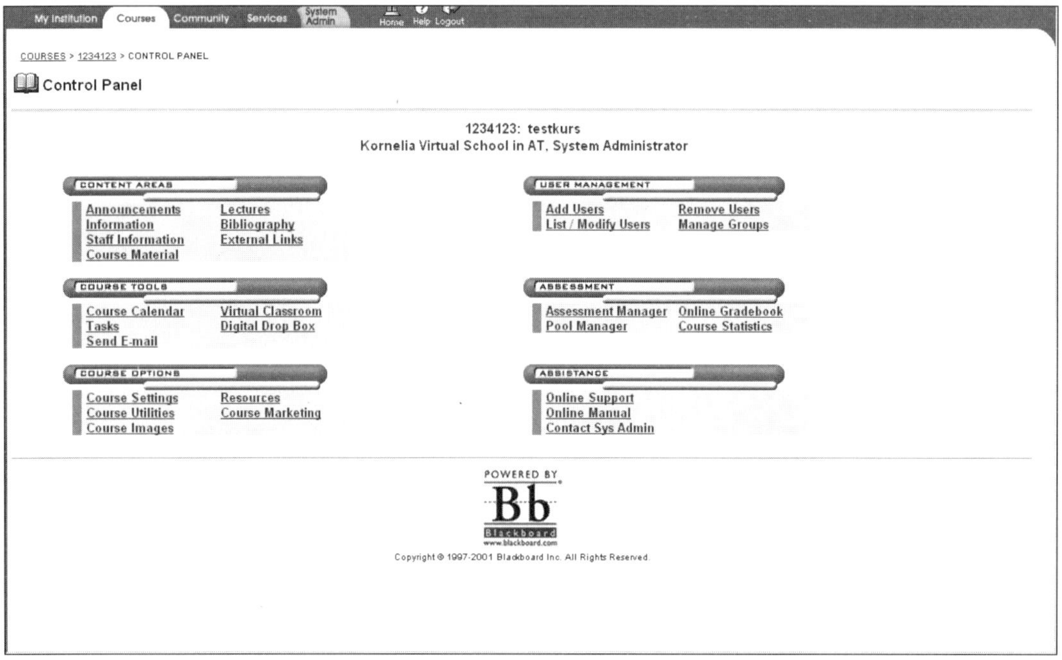


Das Control-Panel für einen spezifischen Kurs.

### Anmerkung des Herstellers:

*Über das Kontrollpanel werden die einzelnen Kurse erstellt und verwaltet. Hierbei spielt genau wie für die Lernenden, die einfache und intuitive Handhabung des Systems in jeder Hinsicht eine erhebliche Rolle.*

## 2.7 Learning-flow-Management:

Ein Content-Bookmarking ist nicht möglich. Blackboard erlaubt jedoch das Definieren von sequentiellen Lehrpfaden. Weitere diesbezügliche Funktionen sollen Angaben des Herstellers zufolge im nächsten Release integriert werden.

### Anmerkung des Herstellers:

*Ferner kann diese Funktionalität bereits jetzt durch die Integration mit einem Content Management System, das diese Möglichkeit bietet, eingebunden werden.*

*Durch das Blackboard Building Blocks Programms ist „Blackboard To Go" verfügbar, eine Anwendung, die die Synchronisation von Blackboard Kursdaten, z. B. Kursmaterialien und Assessments mit einem Handheld Device ermöglicht.*

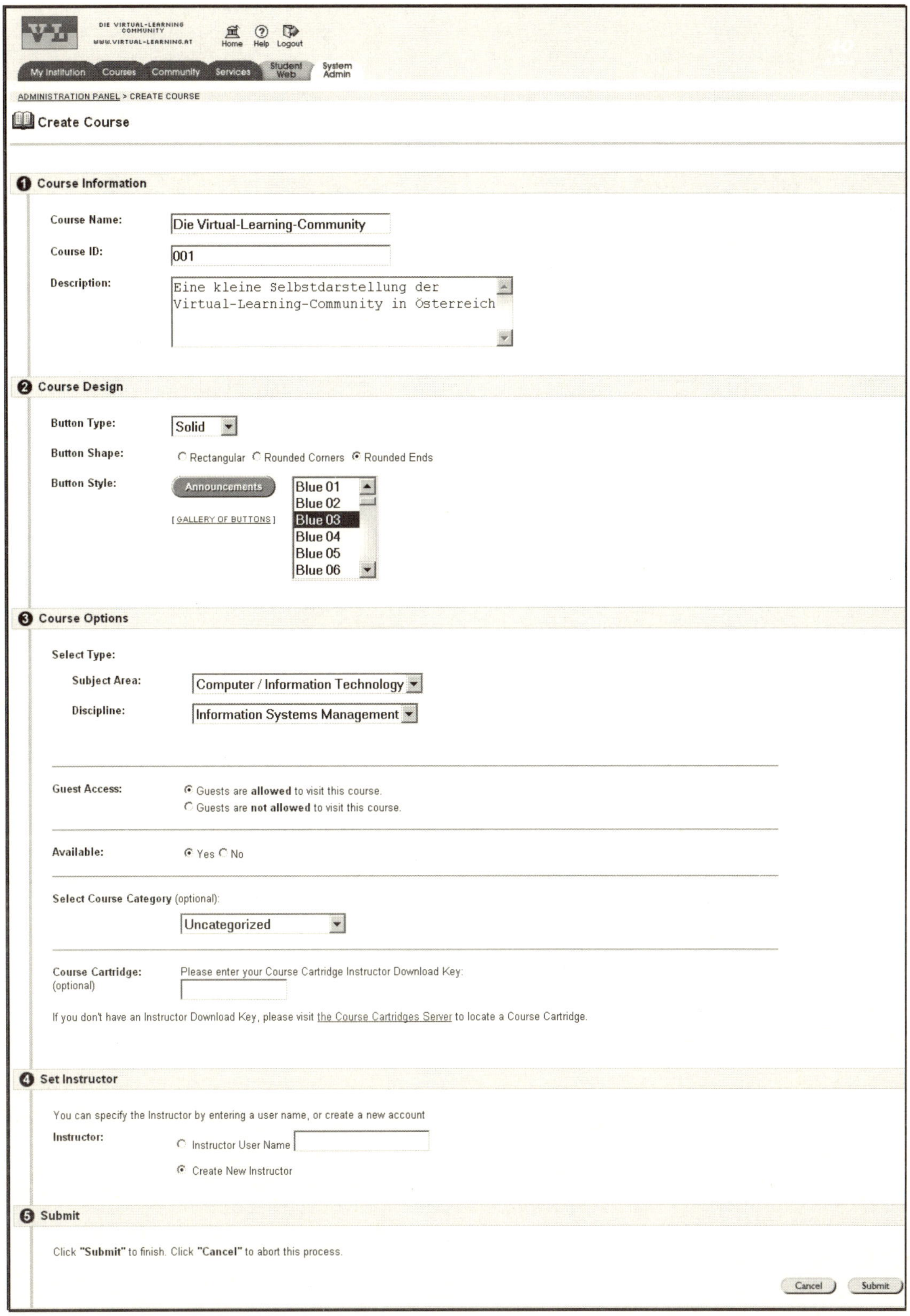


Das Neuerstellen eines Kurses

# 3. Administration:

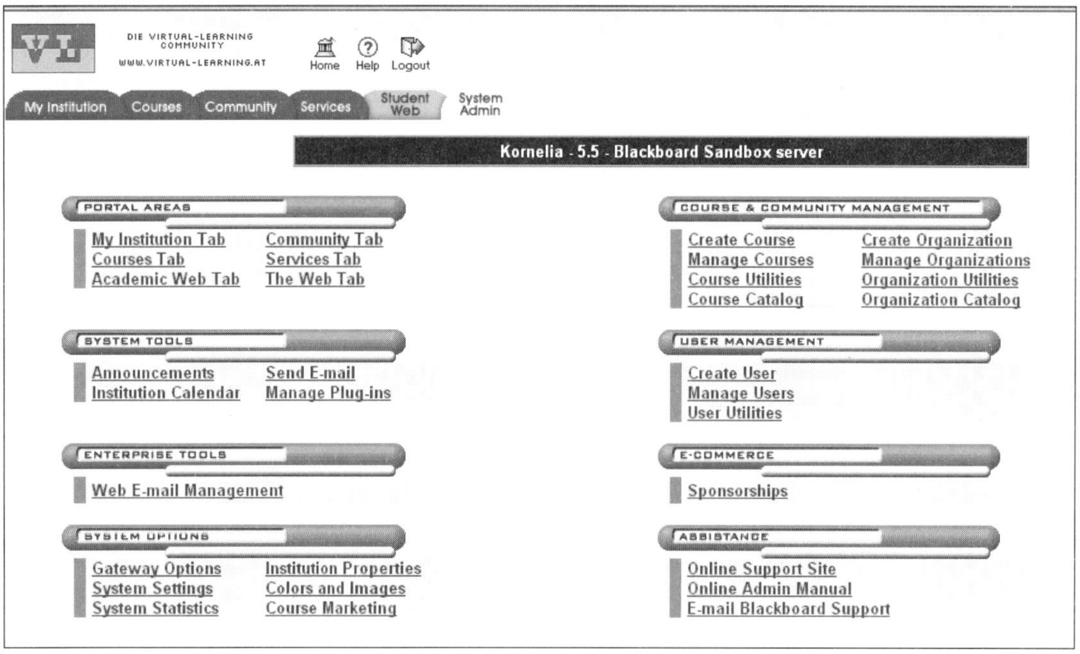


Die System-Administrator-Übersichtsseite

## 3.1 Tracking von Usern:

Blackboard stellt Kursstatistiken für die folgenden Bereiche zur Verfügung, die von den Anwenderinnen kommentiert werden können:

- Gesamtüberblick über die Verwendung eines Kurses
- Main Content Areas Report
- Communication Areas Report
- Group Areas Report
- Student Areas Report

Systemreporte sind für die folgenden Bereiche abrufbar:

- Gesamtüberblick der Verwendung einzelner Funktionen
- Anwenderstatistiken
- Kurs- und Organisationsstatistiken
- Site Hits

***Kommentar des Herstellers:***
*Diese Statistiken geben Aufschluss über die Nutzung des Systems, erzielte Lernerfolge, und erlauben Rückschlüsse über die Annahme der didaktischen Konzeption von Kursen durch die Lernenden.*

## 3.2 Rechnungsverwaltung:

Funktionen zur Rechnungsverwaltung sind derzeit nicht in Blackboard integriert.

### Kommentar des Herstellers:

*Schnittstellen zu Studenten Informations- und ERP-Systemen, wie z. B. SCT™, Peoplesoft™, HIS™, etc. sind bereits bzw. werden zukünftig standardmäßig implementiert. Eine Anbindung von SAP/R3™ und ähnlichen Systemen ist im Rahmen eines Customizings ebenfalls möglich. Blackboard kann mit allen bestehenden Authentifizierungssystemen integriert werden. Die LDAP Schnittstelle wird „out-of-the-box" geliefert.*

## 3.3 Personalisierung:

Nach dem Einloggen werden den Lernenden individuelle Nachrichten wie Testergebnisse, Ankündigungen, gebuchte Kurse, etc. auf der Startseite präsentiert. Das individuelle Freischalten von Funktionen ist über das rollenbasierte Rechtemanagement möglich.

### Anmerkung des Herstellers:

*Des Weiteren kann die Startseite „My Institution" von den Lernenden durch Farben und zusätzliche Module individuell gestaltet werden.*

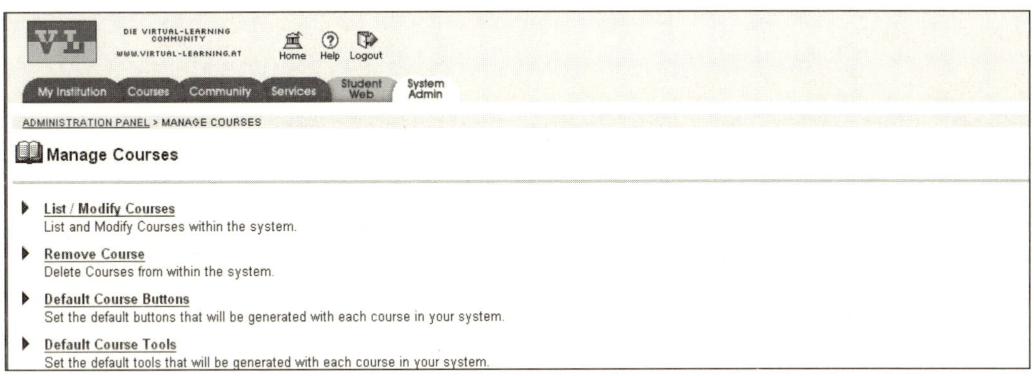


Das Kursmanagement

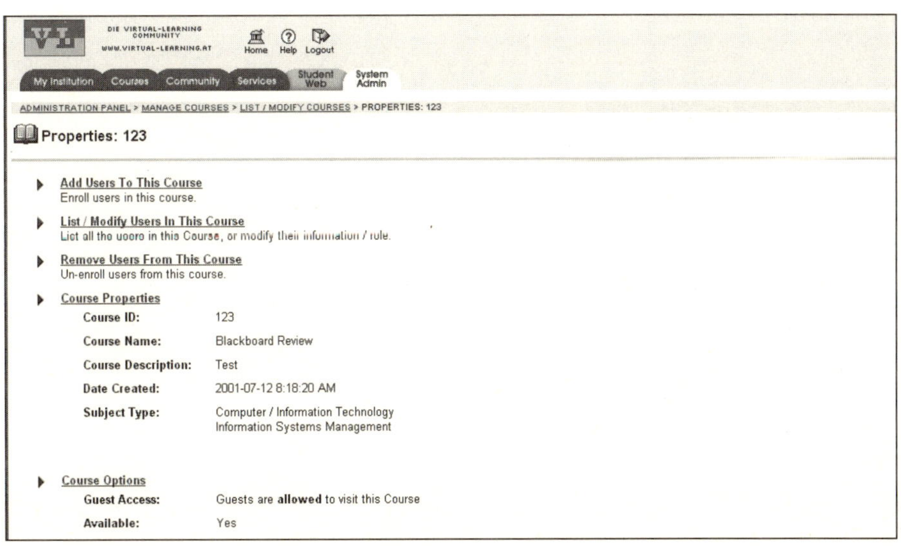


Die Properties eines spezifischen Kurses

# 4. Technik:

## 4.1 Anpassbarkeit:

Eine Anpassung des Layouts (Farben, Schaltflächen, Logos, ...) an eine CI ist auch für Laien problemlos möglich.

## 4.2 Erweiterbarkeit:

Das System verfügt über zahlreiche dokumentierte API´s, über die Erweiterungen in Form von Plug-Ins, Add-On Tools, Interfaces, System-Services, etc. eingebunden werden können, ohne eine Code-Modifikation vornehmen zu müssen.

**Anmerkung des Herstellers:**
*Ferner wird die Entwicklung von weiteren API's zu eigen entwickelten und kommerziellen Systemen im Rahmen des neu etablierten Building Blocks Programms (http://building blocks.blackboard.com) ermöglicht und gefördert. Innerhalb des Building Blocks Developers Network treffen sich Entwickler aller Blackboard lizenzierenden Kunden weltweit, um Erfahrungen auszutauschen und Entwicklungen gemeinsam voranzutreiben.*

## 4.3 Skalierbarkeit:

Das System ist sehr gut skalierbar. Der Hersteller kann auf mehrere gut dokumentierte Referenzinstallationen mit sehr großen Usermengen verweisen.

**Anmerkung des Herstellers:**
*Blackboard arbeitet innerhalb des gesamten Systems mit objekt-relationalen Datenbanksystemen.*

## 4.4 Distributierbarkeit:

Die Userdatenbank und das LMS können auf mehreren Servern verteilt werden.

## 4.5 Entspricht Standards:

Das Blackboard Learning System unterstützt alle international anerkannten Standards, z. B. IMS, IMS Content & Packaging, sowie SCORM. Wichtige neue internationale Standards werden nach Abschluss der Spezifikationsphase berücksichtigt und implementiert.

## 4.6 Unterstützte Serverbetriebssysteme:

- Windows NT™4.0
- Windows 2000™
- Sun Solaris™ 2.8
- Red Hat Linux™ 6.2

**Kommentar des Herstellers:**
*Blackboard wird auch in der Zukunft alle marktführenden Plattformen - Linux™, Solaris™, und Microsoft-Produkte - unterstützen.*

## 4.7 Support:

Alle gängigen Support-Levels werden unterstützt. Ein Vor-Ort Service für Österreich ist noch nicht vorhanden. Support ist derzeit nur in englischer Sprache möglich, mit Erscheinen der deutschen Version im dritten Quartal 2002 soll ein deutschsprachiger Support-Standort aufgebaut werden.

***Kommentar des Herstellers:***
*Consulting: Blackboard bietet eine große Anzahl an zusätzlichen Dienstleistungen in den Bereichen technische Lösungen und Customization, Training und didaktische Lösungen, und Kurskonversionen an.*

## 4.8 Systemanforderungen / Ressourcenbedarf:

| | Systemanforderungen für **Unix-Server/Solaris 2.8:** | Systemanforderungen für **Linux-Server/Red Hat Linux 6.2:** | Systemanforderungen für **Windows NT 4.0 SP6, Windows 2000 Server, Advanced Server, Data Center Server mit SP 1:** |
|---|---|---|---|
| **Weniger als 3000 aktive Nutzer** | 1 Server Konfiguration<br>2-Ultrasparc II 450 MHz;<br>2 GB RAM;<br>10/100 Network Card;<br>MySQL inklusive mit Blackboard 5 Level 1<br>Oracle 8i Version 8.1.6 für Level 2 und höher;<br>Apache Web Server inclusive; | 1 Server Konfiguration<br>2-Pentium III 800 MHz oder höher ;<br>2 GB RAM ;<br>10/100 Network Card;<br>MySQL inklusive mit Blackboard 5 Level 1<br>Oracle 8i Version 8.1.6 für Level 2 und höher;<br>Apache Web Server inc. | 1 Server Konfiguration<br>2-Pentium III 800 MHz oder höher;<br>2 GB RAM;<br>10/100 Network Card;<br>SQL Server 2000 oder SQL Server 7 mit SP 2;<br>Microsoft Internet Information Server (IIS) 4/5 (nicht inklusive); |
| Mehr als 3000, aber **weniger als 6000 aktive Nutzer** | 1 Server Konfiguration<br>4-Ultrasparc II 450 MHz;<br>4 GB RAM;<br>10/100 Network Card;<br>MySQL inklusive mit Blackboard 5 Level 1<br>Oracle 8i Version 8.1.6 für Level 2 und höher;<br>Apache Web Server inclusive; | 1 Server Konfiguration<br>4-Pentium III 800 MHz oder höher;<br>4 GB RAM;<br>10/100 Network Card;<br>MySQL inklusive mit Blackboard 5 Level 1<br>Oracle 8i Version 8.1.6 für Level 2 und höher;<br>Apache Web Server inc. | 1 Server Konfiguration<br>4-Pentium III 800 MHz oder höher;<br>4 GB RAM;<br>10/100 Network Card;<br>SQL Server 2000 oder SQL Server 7 mit SP 2;<br>Microsoft Internet Information Server (IIS) 4/5 (nicht inklusive); |
| Mehr als 6000, aber **weniger als 12.000 aktive Nutzer** | 2 Server Konfiguration<br>*#1 - Applikations Server*<br>4-Ultrasparc II 450 MHz ;<br>4 GB RAM ;<br>10/100 Network Card;<br>Apache Web Server inclusive;<br><br>*#2 – Datenbank Server*<br>4-Ultrasparc II 450 MHz ;<br>4 GB RAM;<br>10/100 Network Card;<br>Oracle8i Version 8.1.6 | 2 Server Konfiguration<br>*#1 - Applikations Server*<br>4-Pentium III 800 MHz oder höher;<br>4 GB RAM ;<br>10/100 Network Card;<br>Apache Web Server inclusive;<br><br>*#2 – Datenbank Server*<br>4-Pentium III 800 MHz oder höher;<br>4 GB RAM;<br>10/100 Network Card;<br>Oracle8i Version 8.1.6 | 2 Server Konfiguration<br>*#1 - Applikations Server*<br>4-Pentium III 800 MHz oder höher; 4 GB RAM ;<br>10/100 Network Card;<br>Microsoft Internet Information Server (IIS) 4/5 (nicht inklusive);<br><br>*#2 – Datenbank Server*<br>4-Pentium III 800 MHz oder höher; 4 GB RAM;<br>10/100 Network Card;<br>SQL Server 2000 oder SQL Server 7 mit SP2 |

*Kommentar des Herstellers:*
*Für eine Installation mit über 12.000 Anfragen pro Minute, wenden Sie sich bitte an Blackboard's Technical Solution Team zur Unterstützung beim Design und der Implementation einer load-balanced, Mehrserver Konfiguration.*

*Diese Empfehlungen basieren auf der Anzahl von gleichzeitig aktiven Nutzern. Blackboard Tests haben ergeben, dass die meisten Nutzer eine Anfrage pro Minute an den Server senden. Deshalb ist die Anzahl der Nutzer gleich der Anzahl der Serveranfragen pro Minute.*

## 4.9 Deutschsprachiger Vertriebspartner:

Siehe das Firmenprofil.

## 4.10 Dokumentation:

Sämtliche Dokumentationen stehen derzeit nur in Englisch zur Verfügung, werden jedoch im Zuge der Internationalisierung übersetzt. Es existieren umfangreiche User-Manuals für die einzelnen Zielgruppen (Lernerinnen, Instruktoren, Administratoren). Weiters sind WBT´s verfügbar. Auf der Support-Website von Blackboard werden zahlreiche Foren gehostet, auf denen internationale Anwenderinnen Erfahrungen austauschen können.

Die Funktion „Online-Hilfe" führt direkt zum Support-Forum und ist nicht kontextsensitiv.

## 4.11 Sicherheit bei Datentransfer:

### Kommentar des Herstellers:
*Blackboard hat durch sein Consulting Team eine weitreichende Erfahrung mit der Integration aller Authentifizierungsmechanismen, wie z. B. Active Directory™, Novell Directory™, und NDS™ und unterstützt Sicherungsmechanismen, wie z. B. SSL, Kerberos und LDAP. Die LDAP Schnittstelle wird mit dem Learning System „out-of-the-box" geliefert.*

## 4.12 Unterstützung von Standardobjekttypen und -formaten:

Alle MIME-Types werden unterstützt.

# A. Firmenprofil

<table>
<tr><td colspan="1">ibis acam Partner AG</td><td colspan="3">ibis acam</td></tr>
<tr><td rowspan="2">Unternehmensdaten:</td><td>Gründungs-datum</td><td>Mitarbeiter-innen</td><td>Umsatz</td></tr>
<tr><td>1987, umgewandelt in AG 1999</td><td>18</td><td>k. A.</td></tr>
<tr><td>Produkt, Versionsnummer:</td><td colspan="3">Campus2000 online</td></tr>
<tr><td>Tätigkeits-Schwerpunkte:</td><td colspan="3">▪ LernManagementSystem<br>▪ ASP-Lösungen<br>▪ Online Trainings<br>▪ WBTs<br>▪ Individualentwicklungen und<br>▪ Consulting</td></tr>
<tr><td>Produkt-Kurzbeschreibung:</td><td colspan="3">LernManagementSystem Campus2000 online.<br><br>Über Campus2000 online von ibis acam partner hat der Kursteilnehmer jederzeit Zugriff auf die Lerninhalte und Kommunikationsmedien (Messageboards, Diskussionsforen, Chat). Die Kursteilnehmer haben die Möglichkeit, Dokumente in einer Dokumentendatenbank abzulegen und zugänglich zu machen. Bei Fragen ist der Tutor per Tutormail direkt aus dem LernManagementSystem (LMS) erreichbar.<br><br>Mit dem Assessment-Tool, einem Werkzeug zur Evaluation der Lernfortschritte, besteht die Möglichkeit, online Tests zu generieren und durchzuführen.<br><br>Das LMS ermöglicht Online-Ausbildungen, individuelle Pilotprojekte für Unternehmen und geschlossene Online-Akademien für Kunden im Rahmen eines Application Service Providing (ASP). Die gemeinsame Bearbeitung von Dokumenten, Voice-over-Internet und eine Whiteboard Application im virtuellen Klassenraum steht ebenso zur Verfügung.</td></tr>
</table>

| | |
|---|---|
| Referenz-Projekte: | ▪ Lenze GmbH<br>▪ ifis GmbH<br>▪ Ministerium für Schule, Wissenschaft und Forschung NRW (Deutschland)<br>▪ Victoria Versicherung AG Düsseldorf |
| Kontakt:<br><br><br><br><br>Tel.:<br>Fax:<br>URL: | *Vertrieb Österreich*<br>ibis acam partner<br>Edisonstrasse 2<br>A-4600 Wels<br><br>++43-7242-79956-20<br>++43-7242-79956-23<br>www.ibisacam-partner.com |
| Kontaktperson:<br>E-Mail: | MMag. Bettina Schneebauer<br>Bettina.Schneebauer@ibisacam.at |
| Vertrieb im deutschsprachigen Raum: | **Vertrieb Österreich/Schweiz siehe oben**<br>**Vertrieb Deutschland**<br><br>Ibis acam partner AG<br>Ringstrasse 33<br>D-65346 Eltville |

# B. Weiterführende Produktinformationen

Die Lernplattform Campus 2000 basiert auf der Version 5.1 des IBT-Servers der time4you GmbH. Ibis acam beschäftigt eigene Entwickler, die die Customization des IBT-Servers vornehmen. Zusätzlich zum IBT-Basissystem wurden die Module Authoring, Assessment, Curriculum & Skillmanagement sowie die Search-Engine lizensiert. Das externe Autorentool **Tutorial Maker™ 2.5** ist eine Eigenentwicklung.

Die einzelnen Kriterien entsprechen jenen der IBT Server eLearning Suite und werden im entsprechenden Abschnitt dieses Buches genauer beschrieben.

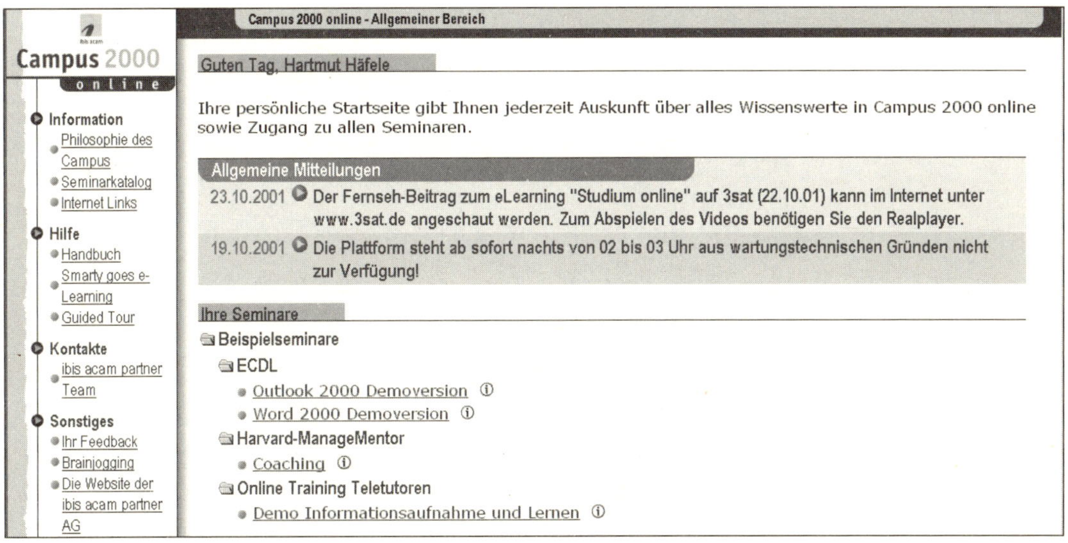


Der Startbildschirm

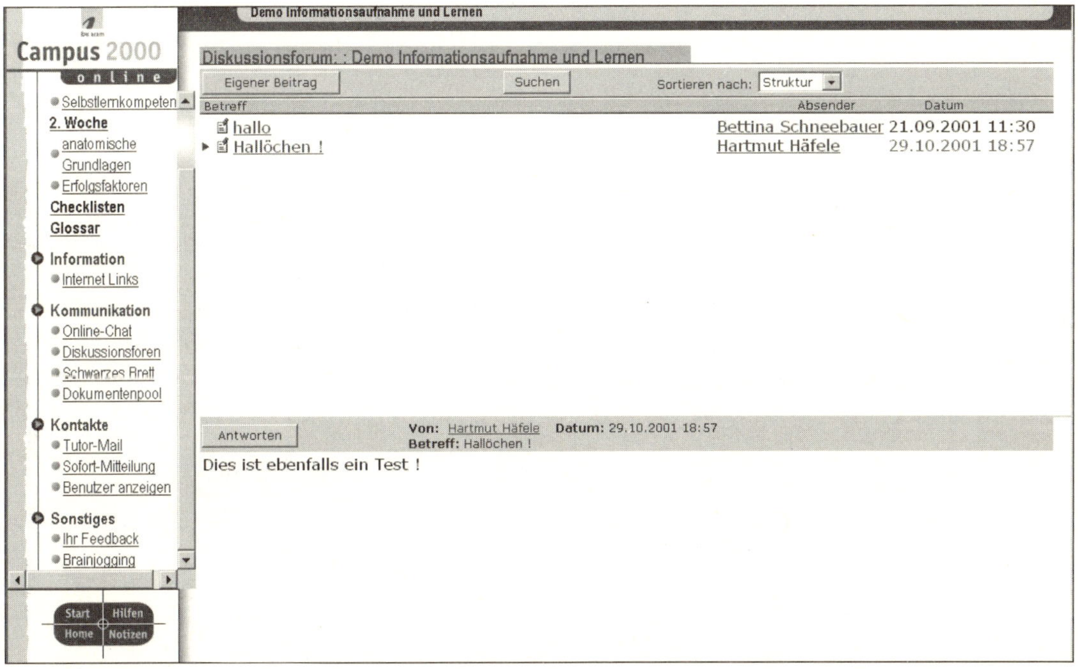


Das Diskussionsforum

Das externe Authoringtool – **Tutorial-Maker 2.5**:

Der Tutorial Maker ist ein Autorentool zur Erstellung von Lernprogrammen speziell für Softwareapplikationen. Autorinnen benötigen bei der Umsetzung der Lerninhalte keinerlei Programmierkenntnisse, da alle notwendigen Funktionen für die Implementierung von Animationen, Interaktionen, etc. standardmäßig zur Verfügung gestellt werden.

Durch die integrierte Screenshot-Funktion werden Bilder des Originalprogramms automatisch auf eine definierte Größe gesetzt und platziert. Auf diese Weise wird ohne zusätzliche Bildbearbeitung die Basis für die Simulation des Lernobjektes geschaffen.

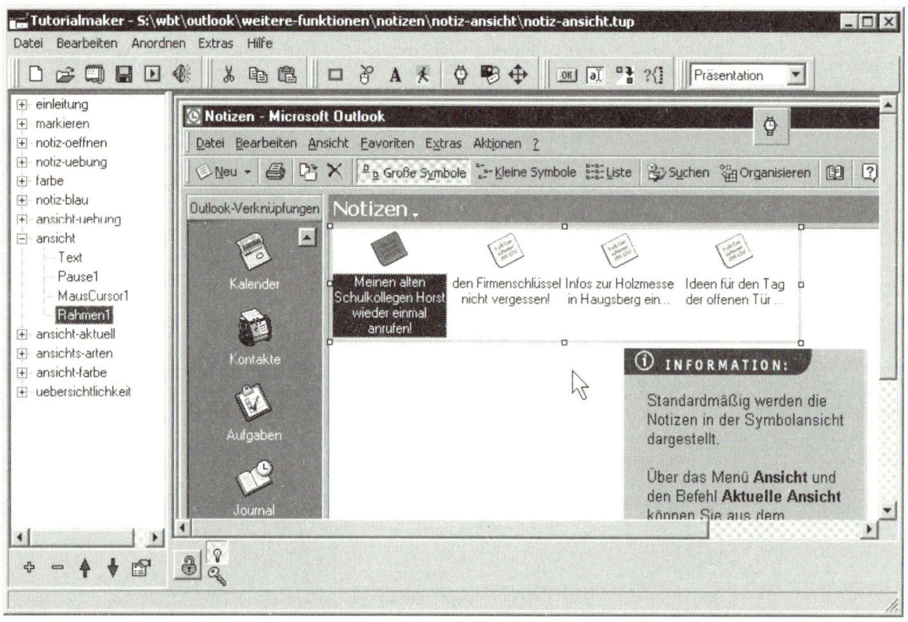


Durch das Einbinden mehrerer Screens, Schaltflächen und Mausbewegungen können Animationen erstellt werden.

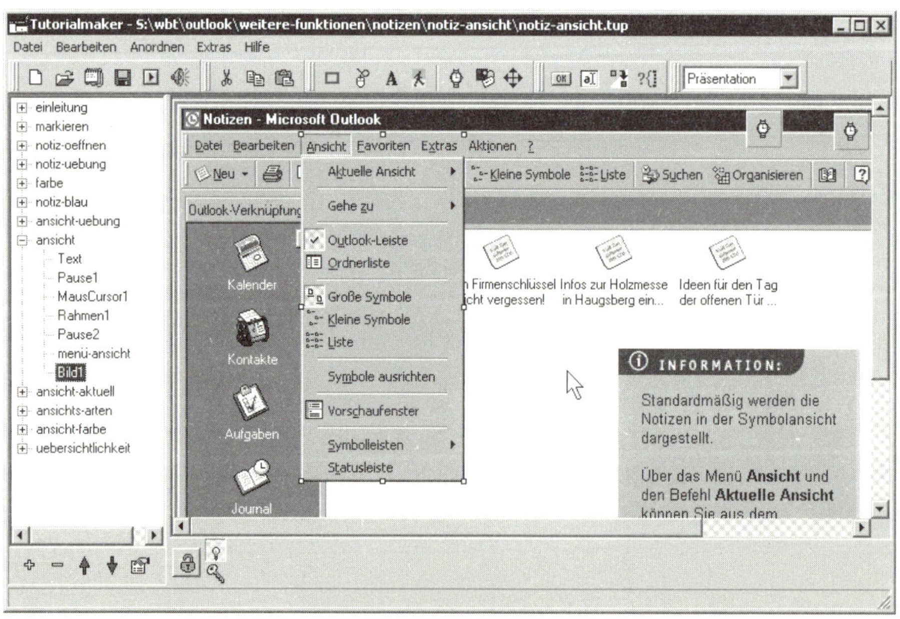


Die erstellten Lernschritte, die sowohl die Präsentation als auch die Übung enthalten können, werden mit der Projektverwaltung verknüpft.

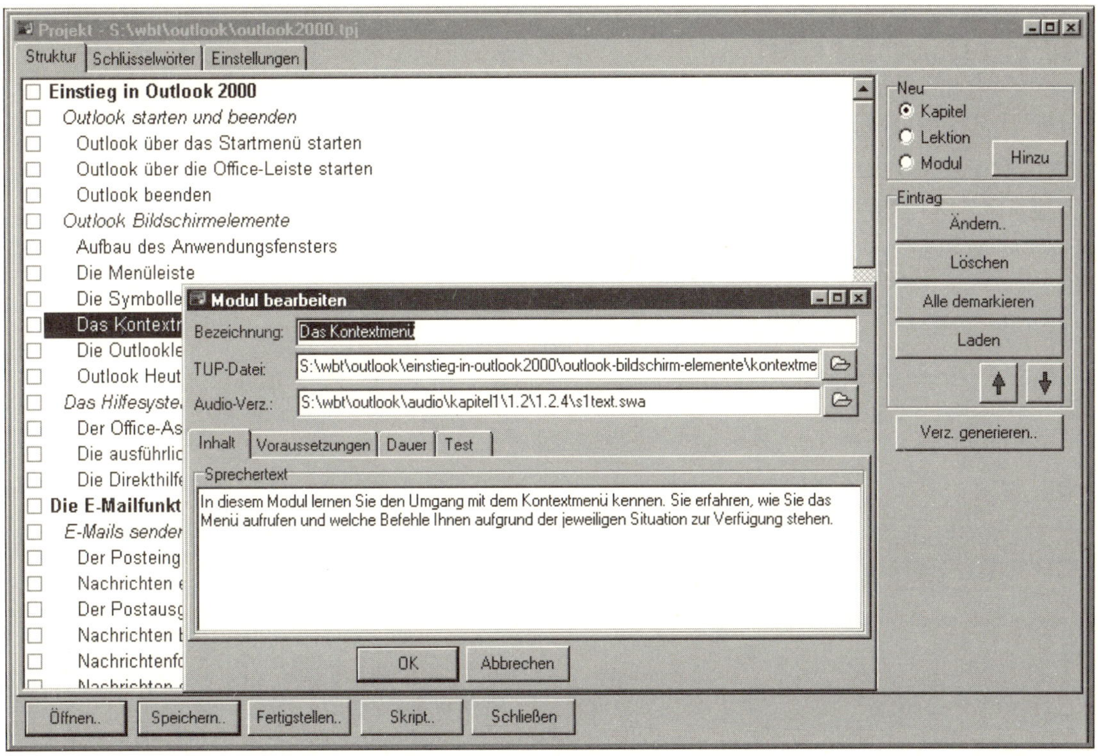


Sind die Lernmodule realisiert und über die Projektverwaltung mit der Gliederung verknüpft, wird das Lernprogramm via Knopfdruck automatisch fertiggestellt.
Dies wahlweise als offline oder online - Variante.

# A. Firmenprofil

**imc information multimedia communication AG**

**Unternehmensdaten:**

| Gründungsdatum | MitarbeiterInnen | Umsatz |
|---|---|---|
| 1997 | 135 | 8,8 Mio Euro |

**Produkt, Versionsnummer:**

CLIX 3.0
(Corporate Learning and Information eXchange)

**Tätigkeits-Schwerpunkte:**

Die imc AG zählt zu den führenden europäischen eLearning Full Service Providern. Die imc entwickelt und vertreibt Produkte und Dienstleistungen für eLearning an Hochschulen, in Unternehmen und für Bildungsanbieter – von der Content Creation über das Content Delivery bis hin zur Realisierung von Bildungsmarktplätzen und „Education Brokerage"-Modellen.

Tätigkeitsschwerpunkte der imc sind

- Produkte und Services für den Aufbau und die Realisierung von Lernplattformen,
- Beratung von Hochschulen, Unternehmen und Bildungsinstitutionen bei der organisatorischen Gestaltung eLearning-gestützter Prozesse und der Realisierung virtueller Lernwelten (virtuelle Studiengänge und Weiterbildungsangebote, Corporate Universities, online-Akademien, Bildungsmarktplätze),
- Entwicklung von multimedialen Inhalten (auftragsorientiert, standardisiert); Bereitstellung von Plattformen und Autorentools für die Erzeugung von Content (Content Creation Frameworks; Electronic Notetaking mit imc-Lecturnity® Suite).

Die imc AG betreibt Geschäftsstellen in Berlin und Freiburg i. Br.; 2001 wurde die imc Schweiz AG als Tochterunternehmen gegründet. Die imc AG unterhält zahlreiche Forschungs- und Entwicklungskooperationen sowie Content- und Consulting-Partnerschaften mit namhaften For-

| | |
|---|---|
| | schungseinrichtungen, Hochschulen und Unternehmen. |
| **Produkt-Kurzbeschreibung** | CLIX® ist die softwaretechnische Lösung zur Realisierung eines personalisierten und rollenbasierten Lern-, Informations- und Wissensportals. Als Learning Management und Learning Content Management System zeichnet sich CLIX® durch eine offene Server- und Datenhaltungsstruktur aus: Dezentrale Datenverwaltung und Inhaltserstellung auf verteilten Servern ist möglich.<br>Durch die Verwendung von JAVA als Basistechnologie ist CLIX unter allen gängigen Betriebssystemen einsetzbar.<br><br>Die offene und plattformneutrale Architektur ermöglicht die Integration in vorhandene Infrastrukturen und organisationsinterne Prozesse an Hochschulen und in Unternehmen. CLIX® ist in der Lage, Lehr-/Lernprozesse organisations- und anforderungsgerecht abzubilden bzw. zu modellieren – von der Teilnehmerregistrierung und Kursbuchung über das Erstellen von Curricula und dem Autorenmanagement bis hin zur Bereitstellung von Bildungsprodukten (Kurse, Communities, Veranstaltungen) und der begleitenden tutoriellen Betreuung bzw. lernergesteuerten Evaluation. CLIX® bietet umfangreiche Instrumente zum Bildungsmanagement: Bildungscontrolling, Data Mining und detaillierte statistische Auswertungen werden vom System unterstützt.<br><br>CLIX® ist beliebig skalierbar und voll mandantenfähig.<br><br>CLIX® wird in drei Produktvarianten realisiert –<br>▪ als CLIX® Campus für Hochschulen,<br>▪ als CLIX® Enterprise für den Unternehmenssektor und<br>▪ als CLIX® Marketplace für Portallösungen und Brokermodelle. |
| **Referenz-Projekte:** | ▪ „Campus Online", Universität Freiburg i. Br. (CLIX® Campus)<br>▪ „cme continuous medical education", Universitäten München und Tübingen (http://cme.lrz-muenchen.de/portalframeset.jsp) (CLIX® Campus) |

| | |
|---|---|
| | ▪ „DaimlerChrysler Corporate University", DaimlerChrysler AG, Stuttgart/Auburn Hills (CLIX® Enterprise)<br>▪ „IHK Online-Akademie", Deutscher Industrie- und Handelstag, Bonn (http://www.ihk-online-akademie.de/) (CLIX® Marketplace)<br>▪ „E.ON-Academy", E.ON AG, Düsseldorf (CLIX® Enterprise)<br>▪ „Festo Virtual Academy", Festo AG & Co., Esslingen (CLIX® Enterprise) |
| **Kontakt:**<br><br><br><br><br>**Tel.:**<br>**Fax:**<br>**URL:** | imc information multimedia communication AG<br>Altenkesseler Str. 17,<br>Geb. B2<br>D-66115 Saarbrücken<br><br>++49-681-97 62 227<br>++49-681-97 62 530<br>www.im-c.de |
| **Ansprechpartner:**<br>**E-Mail:** | Dr. Tilman Küchler<br>tilman.kuechler@im-c.de |
| **Vertrieb im deutschsprachigen Raum:** | imc information multimedia communication AG<br>Altenkesseler Str. 17,<br>Geb. B2<br>D-66115 Saarbrücken<br><br>0049-681-97 62 227<br>0049-681-97 62 530<br>www.im-c.de |

# B. Weiterführende Produktinformationen

CLIX® ist die softwaretechnische Lösung zur Realisierung eines personalisierten und rollenbasierten Lern-, Informations- und Wissensportals. Als Learning Management und Learning Content Management System zeichnet sich CLIX® durch eine offene Server- und Datenhaltungsstruktur aus: Dezentrale Datenverwaltung und Inhaltserstellung auf verteilten Servern ist möglich.

Durch die Verwendung von JAVA als Basistechnologie ist CLIX unter allen gängigen Betriebssystemen einsetzbar.

Die offene und plattformneutrale Architektur ermöglicht die Integration in vorhandene Infrastrukturen und organisationsinterne Prozesse an Hochschulen und in Unternehmen. CLIX® ist in der Lage, Lehr-/Lernprozesse organisations- und anforderungsgerecht abzubilden bzw. zu modellieren – von der Teilnehmerregistrierung und Kursbuchung über das Erstellen von Curricula und dem Autorenmanagement bis hin zur Bereitstellung von Bildungsprodukten (Kurse, Communities, Veranstaltungen) und der begleitenden tutoriellen Betreuung bzw. lernergesteuerten Evaluation. CLIX® bietet umfangreiche Instrumente zum Bildungsmanagement: Bildungscontrolling, Data Mining und detaillierte statistische Auswertungen werden vom System unterstützt.

CLIX® ist beliebig skalierbar und voll mandantenfähig.

CLIX® wird in drei Produktvarianten realisiert

- als CLIX® Campus für Hochschulen,
- als CLIX® Enterprise für den Unternehmenssektor und
- als CLIX® Marketplace für Portallösungen und Brokermodelle.

### Die CLIX Produktvarianten:

**CLIX® Campus:**
Mit CLIX® Campus bietet die imc AG die softwaretechnische Lösung für den Betrieb und die Adminstration von medien- und netzbasierter Lehre und Forschung an. CLIX® Campus dient hierbei zur Realisierung von Virtueller Lehre und Online Lehrangeboten.

**CLIX® Enterprise:**
Im Unternehmenssektor steht mit CLIX® Enterprise ein Produkt zum Aufbau und Betrieb von unternehmensinternen Weiterbildungsmaßnahmen zur verfügung. CLIX® Enterprise kann in die bestehenden Personalwirtschaftsprozesse eingebunden werden, um eine ganzheitliche Betreuung und ein zielgerichtetes Bildungsmanagement für die Mitarbeiterinnen zu gewährleisten.

**CLIX® Marketplace:**
Für Bildungsanbieter und öffentliche Anbieter bietet CLIX® Marketplace eine Lösung für die Erstellung, Publikation und Steuerung von Bildungsangeboten im Privatkundenbereich.

Die folgende Abbildung visualisiert den Zusammenhang der verschiedenen Produktvarianten im Bildungsmarkt und verdeutlicht den imc Business Framework.

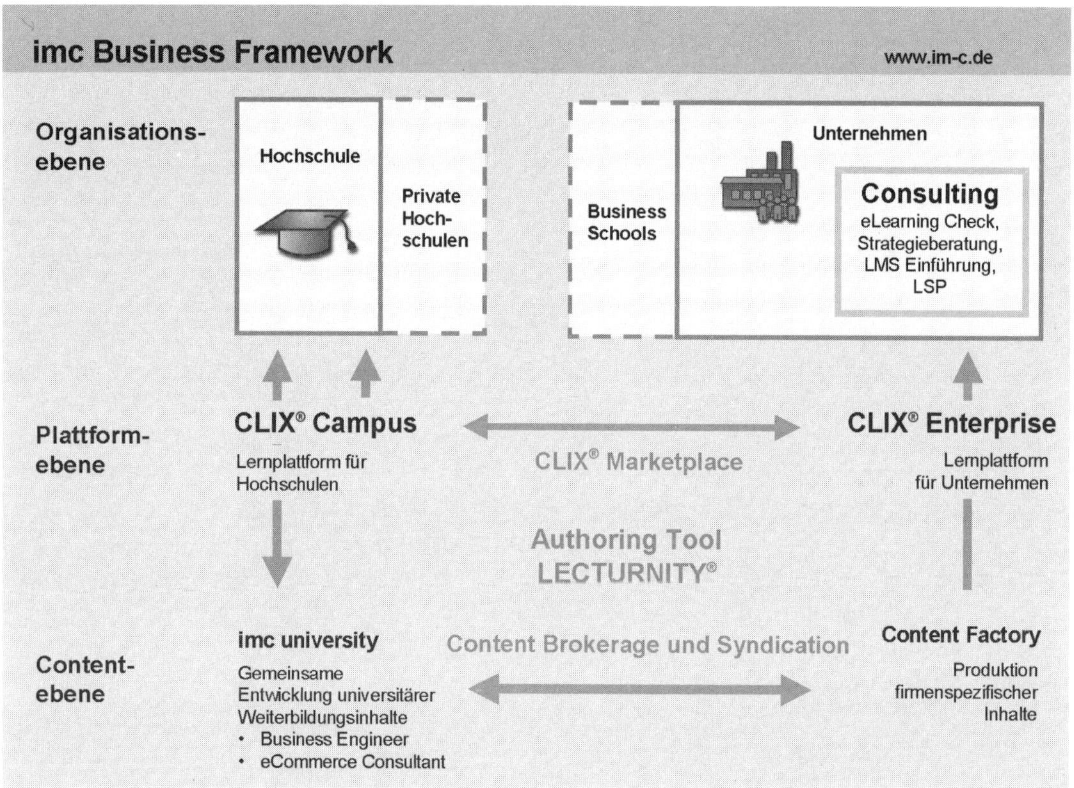


Als Basis für den Betrieb der verschiedenen Produktvarianten steht mit CLIX® eine Standardsoftware zur Verfügung, die es ermöglicht in Abhängigkeit der Produktvariante ein kundenspezifisches Customizing zu ermöglichen.

Hierfür stehen auf verschiedenen Ebenen Funktionalitäten und Konfigurationsmöglichkeiten zur Verfügung, wie sie in der folgenden Abbildung dargestellt werden.

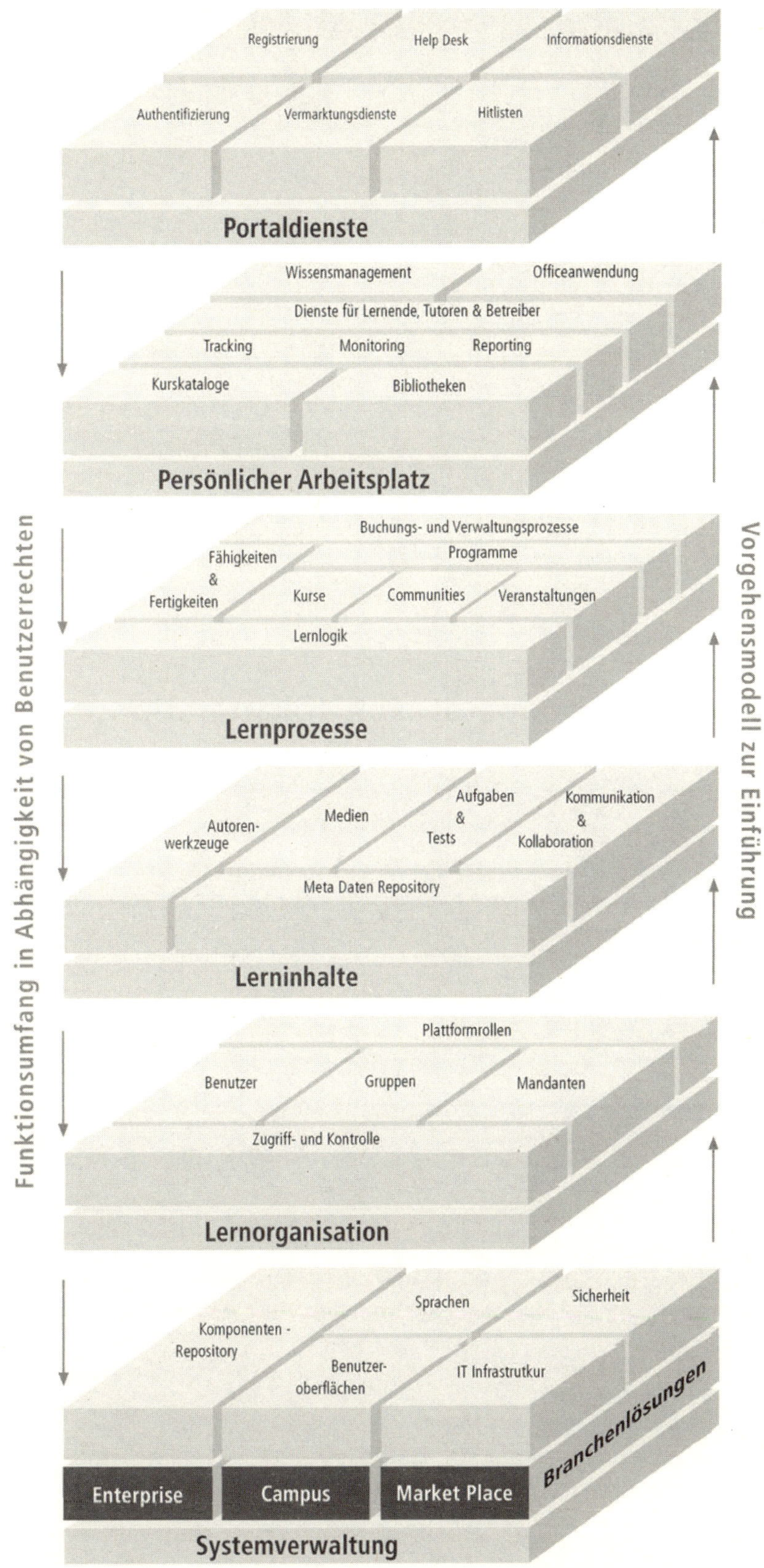


Die CLIX® Anwendungsarchitektur

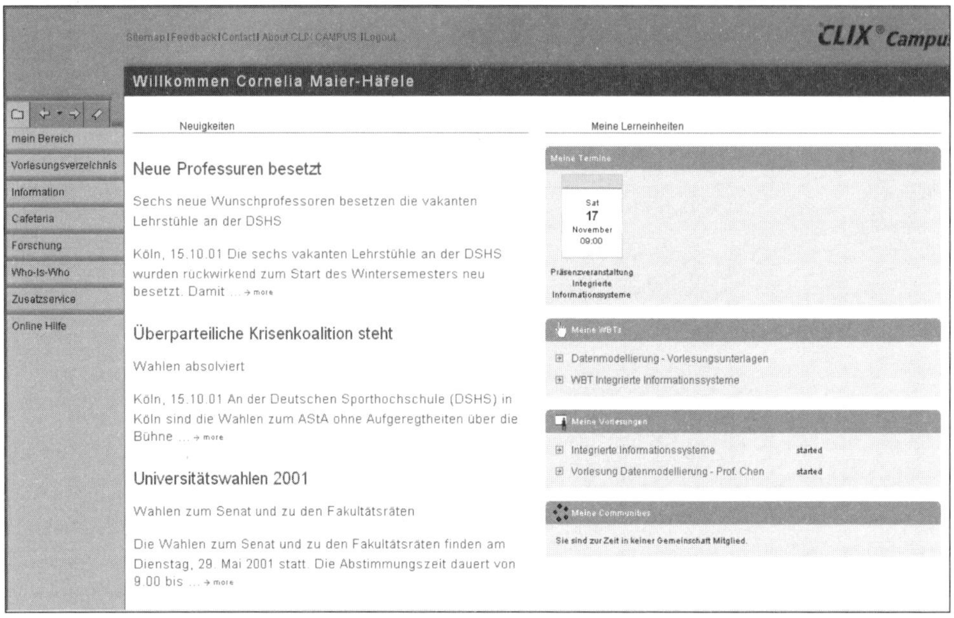


Die Startseite von CLIX Campus

# 1. Kommunikation, Kooperation & Kollaboration:

## 1.1 Synchron:

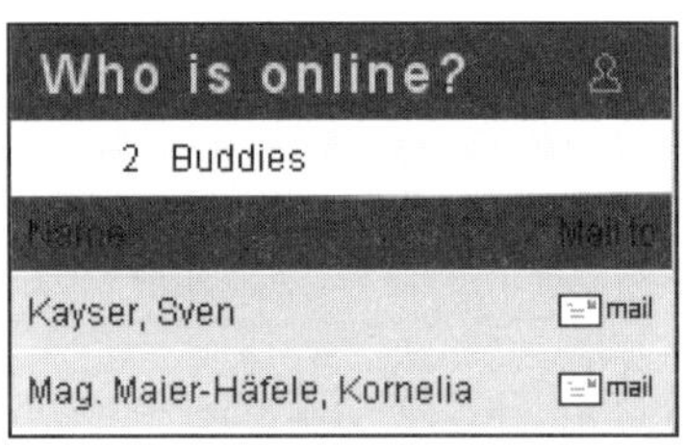


CLIX bietet in der Standardversion eine Chat- sowie eine „Who is online"-Funktion. Über eine Schnittstelle können die Virtual-Classroom-Funktionalitäten von Interwise integriert werden.

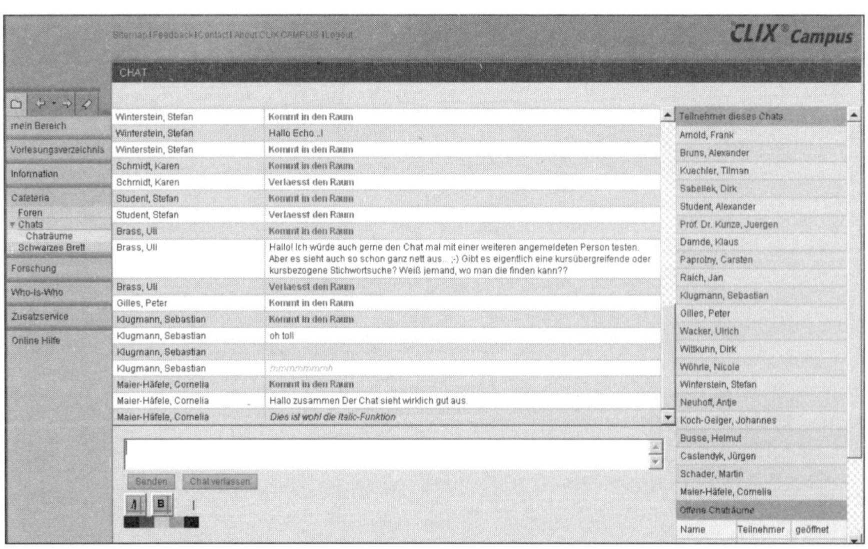


Die Chatfunktion: User können die Schriftfarbe frei wählen.
Die Chatteilnehmer werden in Listenform angezeigt.

### 1.2 Asynchron:

FAQ, Foren und Blackboards sind integriert. Im Rahmen von Learning Communities ist auch gemeinsames Dokumentenmanagement sowie File-Up- und Download-Funktionalität gegeben. Die User haben die Möglichkeit, ein persönliches Adressbuch zu führen.

### 1.3 Annotationen:

Das freie Setzen von Bookmarks durch Lernende und Autoren ist möglich. Diese können auch annotiert werden.

Es können auch Blackboards in Kurse eingebaut werden. Mit deren Hilfe können User persönliche Anmerkungen zu den Inhalten ablegen. Eine weitere Möglichkeit bilden dabei kursinterne Foren. Die Blackboards sind auch von anderen Teilnehmern einsehbar. Anonyme Anmerkungen sind in Form von Feedbackmechanismen möglich. Annotationen zu einzelnen Kursbestandteilen sind im Release 3.0 (erscheint im zweiten Quartal 2002) implementiert.

### 1.4 Gruppenbildung durch Rollen:

CLIX besitzt ein frei konfigurierbares, flexibles Rollen- und Gruppenkonzept. Die Nutzer der Plattform können beliebig fein nach Organisationseinheiten und/oder Aufgabenbereichen differenziert und klassifiziert werden (Lehrende, Lernende, Tutorinnen usw.). Sämtliche Nutzerinformationen lassen sich im demografischen und dem Kontaktprofil hinterlegen. Damit ist auch eine Weiterverarbeitung z. B. für Korrespondenz möglich.

### 1.5 Externe Kommunikationstools integrierbar:

Schnittstellen zu Mailing-Systemen wie Microsoft Outlook™ und Lotus Notes™ sind möglich. Darüber hinaus sind Virtual-Classroom-Tools wie die Produkte von Interwise und Centra über eine vorkonfigurierte Schnittstelle integrierbar.

## 2. Didaktik

### 2.1 Lässt verschiedene Lehr- und Lernmodelle zu:

Konzeptionelle Basis bei der Entwicklung von CLIX war der „Cognitive Apprenticeship"-Ansatz. Es lassen sich aber mittels der Standard-Funktionen verschiedene Lehr- und Lernmodelle wie beispielsweise Behaviorismus, Instruktionalismus oder Kognitivismus umsetzen. So lässt sich sowohl ein Curriculum in Form von Drill-and-Practice als auch in Form von kollaborativen Learning-Szenarien durch Einbeziehung der Learning Communities abbilden.

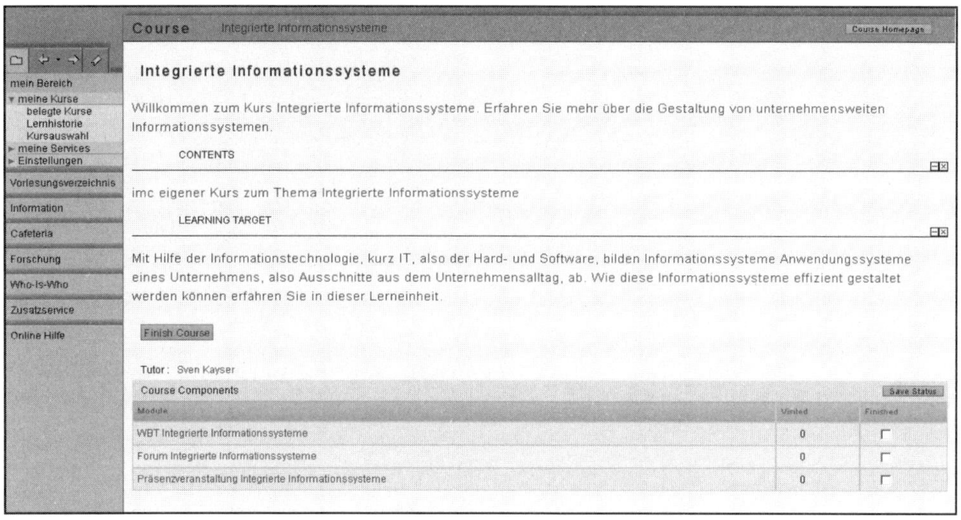


Die Kurskomponenten des Kurses „Integrierte Informationssysteme".

## 2.2 Übungen:

Sind durch die synchronen und asynchronen Kommunikationstools problemlos integrierbar. Folgende Aufgabentypen werden unterstützt:

- Multiple Choice
- Single Choice
- Lückentexte
- Zuordnungsaufgaben
- Freitext

## 2.3 Tests:

Ein eigenes Testmanagement ist integriert, mit dem die Erstellung von Aufgaben und die Generierung von Tests ermöglicht wird.

## 2.4 Modularisierung von Lehr- und Lerninhalten:

Die Lerninhalte lassen sich beliebig fein modularisieren und mit Hilfe des Contentmanagements zu Kursen zusammenstellten. Dabei lassen sich verschiedene Medien (WBT´s, Präsentationen, etc.) mit diversen Services (Seminaren, Chats, Foren) zu Kursen kombinieren. Die Beschreibung der Lernmodule erfolgt dabei über Metadaten.

## 2.5 Feedback zum Lernfortschritt und Protokollierung des Lernfortschritts:

Sowohl die Lernenden als auch die Tutoren können den Lernfortschritt beobachten. Die Protokollierung erfolgt dabei automatisch. Daneben werden die durch den AICC-Standard vorgegebenen User Tracking-Funktionalitäten unterstützt.

## 2.6 Autorenfunktion:

CLIX bietet kein eigenes, webbasiertes Autorenwerkzeug zur Erstellung von WBT´s an. Webbasierte Autorenfunktionalitäten für die Erzeugung von FAQ´s, Glossaren, Linklisten, Online-Tests, Feedback-Fragebögen sind jedoch integriert. Kurse mit eigenem Curriculum auf Basis von mit CLIX oder externen Tools erzeugten Lernmedien, die in CLIX eingebunden werden, können generiert werden.

*Anmerkung des Herstellers:*
*Mit dem Zusatzprodukt CLIX® Content Converter bietet imc ein Autorentool an, mit dem Fachautoren, Trainer und Tutoren ohne jegliche Programmierkenntnisse hypertextuelle Lernbausteine erstellen können. Auf einfache und kostengünstige Weise können bereits vorhandene Inhalte auf Basis von Dokumenten in ein webfähiges, hypertextbasiertes Format überführt werden. Das Ergebnis kann beliebig nacheditiert werden, was eine kontinuierliche Ausweitung des Multimedialitätsgrades der Inhalte ermöglicht. Mit dem CLIX Content Converter erweitert die imc ihr Learning Management System CLIX® um ein einfach zu bedienendes, komfortables und voll in die Lernumgebung integrierbares Autorenwerkzeug.*

Weiterhin sind Redaktionstools für News, Kataloge und das Portalmanagement integriert.

Das Autorensystem **Lecturnity® Suite** dient zur schnellen Erzeugung von Online-Content („Create your content on the fly"). Dabei werden webfähige, multimediale Dokumente (Audio, Video, Text, Grafiken) auf Basis bestehender Präsentationen oder Lerninhalte erzeugt. Dieses wird sowohl mit CLIX vollständig integriert oder als Stand-alone Tool angeboten.

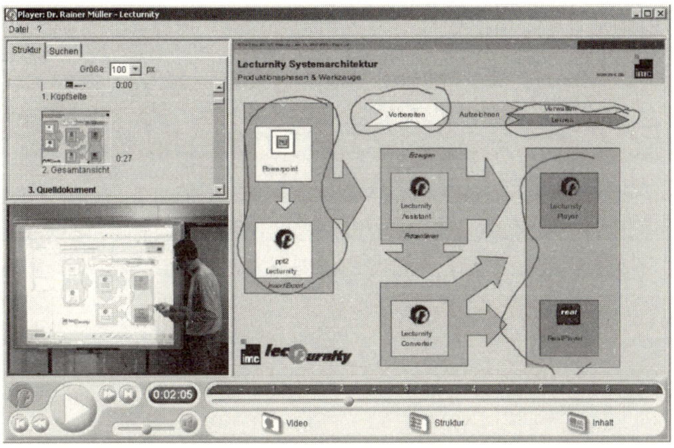


Der Player der Lecturnity® Suite

## 2.7 Learning-flow-Management:

Mit dem integrierten Curriculummanagement lassen sich beliebige Learning-Flows generieren. Das Release 3 bietet eine Lernlogik-Funktionalität mit der Möglichkeit der flexiblen Verknüpfung und der Erstellung von Abhängigkeiten zwischen Lernmodulen. Daneben ist im Rahmen der Unterstützung des Standards AICC auch das Setzen von Bookmarks in Content-Elementen möglich.

# 3. Administration

## 3.1 Tracking von Usern:

Tutoren können sich über das Feedbacksystem über den Lernfortschritt der Lernenden informieren, andererseits sind diverse Standard-Reports z. B. zur Contentnutzung implementiert.

Über die generierten Logfiles können mit Spezialtools von Drittherstellern auch Tracing-Auswertungen für einzelne Nutzer oder Nutzergruppen angefertigt werden.

## 3.2 Rechnungsverwaltung:

Die Kosten werden über das Contentmanagement verwaltet. Es können zudem entsprechende Auswertungen als Basis für Abrechnungen generiert werden. Die entsprechende Fakturierung erfolgt durch Drittsysteme. Dafür stehen Schnittstellen zu entsprechenden ERP-Systemen wie beispielsweise SAP FI/CO zur Verfügung.

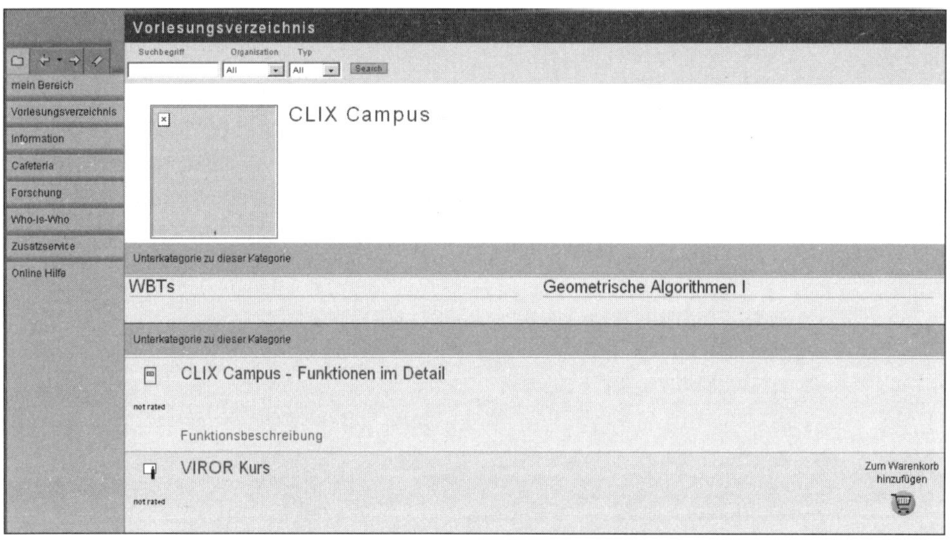


Das Buchen eines Kurses über das Warenkorbsystem

## 3.3 Personalisierung:

CLIX basiert auf einem personalisierten und rollenbasierten Portalansatz, so dass Medien, Angebote etc. für einzelne Benutzer oder bestimmte Benutzergruppen oder -rollen gefiltert werden können. Durch den personalisierten Ansatz wird ein individueller Zugang zu relevantem Wissen auf Basis eines Nutzerprofils möglich.

# 4. Technik

## 4.1 Anpassbarkeit:

CLIX® ist eine Standardsoftware, für die entsprechend den Kundenanforderungen ein Customizing durch die Herstellerfirma durchgeführt wird. Dabei werden neben dem Design vor allem Zugriffsberechtigungen, Bereitstellung der Funktionalitäten, Datenstrukturen, Auswahl von Prozess- und Sprachvarianten und das Wording an die Kundenvorgaben angepasst. Umfassendere Änderungen bedürfen einer Spezifikation seitens des Auftraggebers.

Das Erscheinungsbild von CLIX wird im Rahmen des Einführungsprojektes entsprechend dem CI des Kunden angepasst. Das Design kann danach durch den Kunden nur in begrenztem Maße angepasst werden, da das Design teilweise mit Funktionalitäten innerhalb von CLIX verknüpft ist.

### 4.2 Erweiterbarkeit:

Die offene Architektur, die auf JSP (= Java Server Page) beruht, ermöglicht eine beliebige Erweiterbarkeit der Lernplattform. Dabei ist es möglich, Schnittstellen zu eigenen oder zu externen Drittsystemen einzurichten. Für die Nutzung der Lernplattform werden weder Plug-ins noch Applets benötigt.

Es ist jedoch keine dokumentierte Standard-API vorhanden.

### 4.3 Skalierbarkeit:

Durch die offene bzw. dreistufige Systemarchitektur (Datenhaltung und Applikationsbetrieb sind getrennt) kann CLIX beliebig skaliert werden:

- Ausweitung der Applikationsserver innerhalb von Clusterlösungen.
- Verteilung der Datenbanken.
- Einsatz eigener Content- / Medienserver zur Verwaltung der Lerninhalte/Medien.

### 4. 4 Systemanforderungen / Ressourcenbedarf:

keine Angaben.

### 4.5 Distributierbarkeit:

Der komplett webbasierte Ansatz ermöglicht es, die Lerninhalte, das Berichtswesen und die Administrationswerkzeuge von jedem Standard-Web-Browser abzurufen.

Die Userdatenbank und die Applikation können getrennt betrieben werden. Weiters besteht die Möglichkeit, für das Usermanagement auf externe ERP-Systeme (z. B. SAP R/3) zuzugreifen, die auf einem separaten Server laufen.

### 4.6 Standards:

Folgende eLearning Industrie-Standards werden unterstützt:

- AICC
- IMS
- IEEE
- SCORM

### 4.7 Unterstützte Serverbetriebssysteme:

Folgende Betriebssysteme werden unterstützt:

- Unix™
- Windows NT™
- Windows 2000™
- Linux™

### 4.8 Support:

Die imc GmbH bietet Support- und Wartungsverträge mit definierten Levels (auf Wunsch First, Second und/oder Third Level) und entsprechenden Responsezeiten an.

### 4.9 Deutschsprachige Vertriebspartner:

Es besteht noch keine Vertriebspartnerschaft in Österreich. Die deutschsprachigen Länder werden von Regional Managern in Deutschland betreut.

### 4.10 Dokumentation:

Benutzerhandbücher und Hilfetexte werden sowohl in gedruckter als auch elektronischer Version ausgeliefert. Schulungsunterlagen sind Bestandteile der von der imc GmbH angebotenen Schulungen.

### 4.11 Sicherheit bei Datentransfer:

Eine SSL-Verschlüsselung bei der Datenübertragung ist möglich.

### 4.12 Unterstützung von Standardobjekttypen und –formaten:

CLIX® unterstützt alle digitalen Objektformate wie HTML, Office-Dokumente, Bilder, Audio, Video und PDF-Files, etc.

# A. Firmenprofil

<table>
<tr><td colspan="1">ets. GmbH Verlag für didaktische Medien</td><td colspan="3"></td></tr>
<tr><td rowspan="2">Unternehmensdaten:</td><td>Gründungs-datum</td><td>Mitarbeiter-innen</td><td>Umsatz</td></tr>
<tr><td>1982</td><td>Ca. 60</td><td>k. A.</td></tr>
<tr><td>Produkt, Versions-nummer:</td><td colspan="3">DLS Distance Learning System® V6</td></tr>
<tr><td>Tätigkeits-Schwerpunkte:</td><td colspan="3">Full-Service Anbieter in den Bereichen<br>▪ Lernmanagementsystem,<br>▪ Autorenwerkzeug,<br>▪ Contentverlag,<br>▪ Contententwicklung,<br>▪ Schulung und Beratung</td></tr>
<tr><td>Produkt-Kurzbeschreibung:</td><td colspan="3">Adaptierbare Standardlösung mit umfassendem, vollständigem Funktionsumfang, insbesondere Unterstützung aller methodischen Möglichkeiten des Online-Learnings.</td></tr>
<tr><td>Referenz-Projekte:</td><td colspan="3">▪ Zentralstelle für Weiterbildung im Handwerk e.V. (>40 DLS-Mandanten)<br>▪ Zentralstelle für Berufsbildung im Einzelhandel e.V.<br>▪ Festo<br>▪ Siemens SBS<br>▪ BASF<br>▪ Deutsche Versicherungsakademie<br>uvm.</td></tr>
</table>

| | |
|---|---|
| **Kontakt:**<br><br><br>**Tel.:**<br>**Fax:**<br>**URL:** | ets. GmbH Verlag für didaktische Medien<br>Kirchstr. 3<br>D-87642 Halblech<br>++49-8368-9104-0<br>++49-8368-9104-10<br>www.ets-online.de |
| **Ansprechpartner:**<br>**E-Mail:** | Dr. Bernd Dreier<br>Head of Division Sales & Consulting<br>bdreier@ets-online.de |
| **Vertrieb im deutsch-sprachigen Raum:** | Vertrieb in Deutschland und Österreich direkt, in weiteren Ländern über Partner. |

# B. Weiterführende Produktinformationen

## Die DLS-Funktionsbereiche:

### Die Startseite:

Die Startseite von DLS bietet eine Übersicht der möglichen Seminare, Mandanten und Kurse, wobei Übersicht, Information, Anmeldung und Zugang über die und zu den Seminaren über diese Seite erfolgen.

### Die Mandantenverwaltung:

In der Mandantenverwaltung werden für die Portalfunktionen die einzelnen Mandanten mit ihren jeweiligen Einträgen definiert. Das bedeutet, dass sich Teilnehmer mandantenspezifisch aber auch mandantenübergreifend anmelden können.

### Die Systemverwaltung:

Durch die Systemverwaltung erhält der Bildungsanbieter die Möglichkeit, den Organisationsablauf zu strukturieren. Es können Präsenzorte, Abteilungen, Zertifikate etc. voreingestellt werden.

### Die Ressourcenverwaltung:

Die Ressourcenverwaltung dient der Einstellung kleinster verwaltbarer Einheiten. Dies können z. B. einzelne HTML-Seiten, komplette CBT-Einheiten oder Teleteacheinheiten, Präsenztage, Synchronstunden etc. sein.

Die so eingestellten Ressourcen bilden die Grundlage für die Zusammenstellung von Qualifizierungen, die innerhalb der Bildungsinstitution angeboten werden.

### Die Qualifizierungsverwaltung:

In der Qualifizierungsverwaltung werden auf Basis der eingestellten Ressourcen sinnvolle Einheiten, d. h. Qualifizierungen bzw. Kurse, zusammengestellt. Diese werden als Qualifizierungsangebot ausgereicht und über die Seminarverwaltung mit Tutoren und Teilnehmern belegt.

### Die Teilnehmer bzw. Tutoren- und Seminarverwaltung:

Teilnehmer- und Tutorendaten werden durch den Administrator über entsprechende Import-Funktionen oder über die selbständige Anmeldung der Teilnehmer erfasst. Je nach Berechtigungslevel können Administratoren und Tutoren gezielt auf Teilnehmer- bzw. Tutorendaten zugreifen und so eine optimale Begleitung der Lernprozesse sicherstellen.

Der Startbildschirm

# 1. Kommunikation, Kooperation, Kollaboration:

## 1.1 Synchron:

Die folgenden synchronen Kommunikationstools sind in DLS implementiert:

- Die Videoleinwand im Lernstudio zeigt den Teilnehmerinnen, welche Personen aus einem Seminar zum aktuellen Zeitpunkt online sind und ermöglicht den Zugriff auf verschiedene asynchrone und synchrone Kommunikationsmöglichkeiten.
- Die Kommunikation mehrerer Teilnehmerinnen über Bild und Ton sowie Application-Sharing ist im Multipoint-Konferenzraum der Lernplattform über Add-On Produkte wie z. B. Microsoft NetMeeting™, Centra Symposium™ o. Ä. möglich. Dabei stehen standardisierte Schnittstellen zur Integration dieser Produkte zur Verfügung.
- Chat

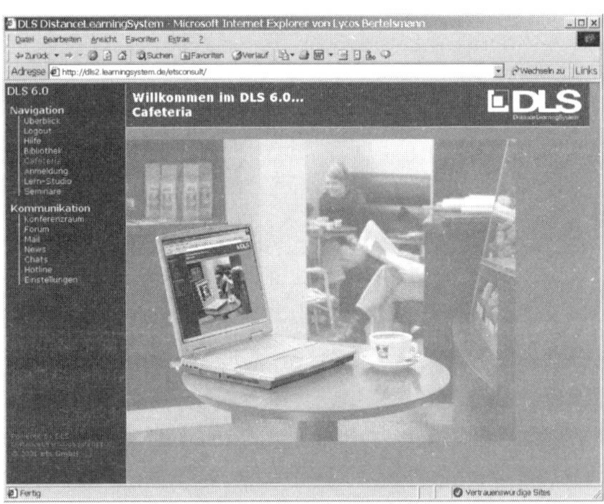


Die Cafeteria mit der Möglichkeit einen Chatraum zu betreten.

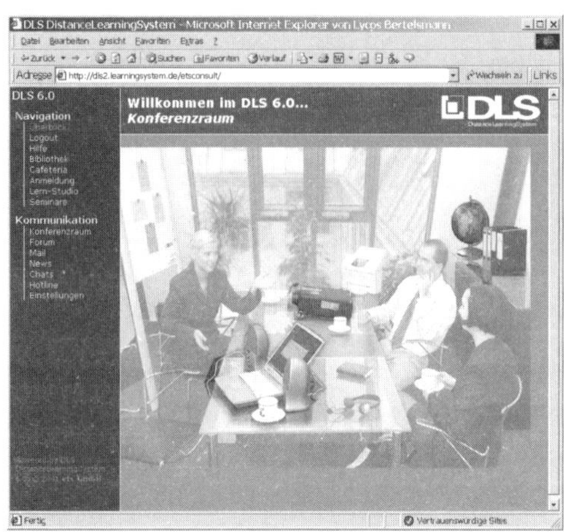


Der Konferenzraum.

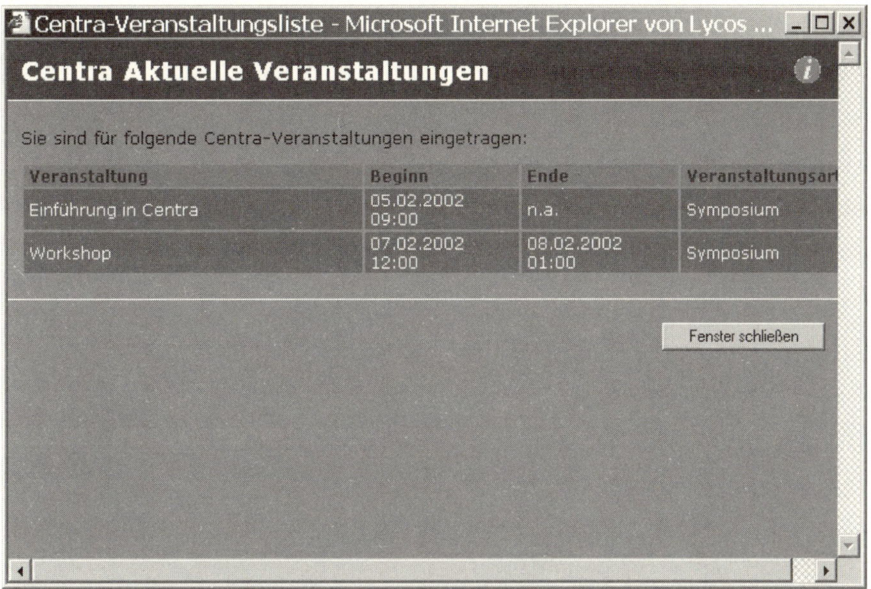


Die für den jeweiligen Teilnehmer vorgesehenen Konferenzen werden angezeigt und können direkt betreten werden.

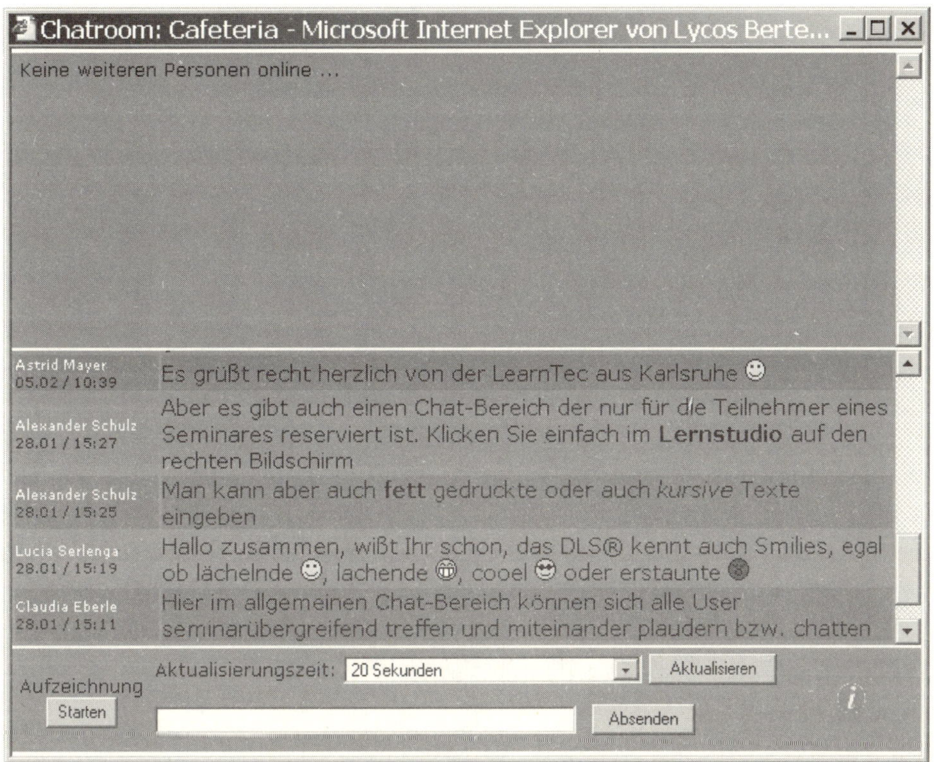


Die einfach gehaltene Chat-Funktion.

## 1.2 Asynchron:

Die folgenden asynchronen Kommunikationstools sind in DLS implementiert:

- Ein internes Mailsystem ermöglicht die schriftliche Kommunikation innerhalb einer Lerngruppe. Die Ansteuerung handelsüblicher Mailprogramme ist ebenfalls möglich. Seminarspezifische und seminarübergreifende Diskussionsforen

können gebildet werden, in denen Teilnehmerinnen und Tutoren schriftlich miteinander diskutieren können. In den Foren werden „bad words" automatisch ausgefiltert, Smilies aus Textstrings generiert und Files können attached werden.
- Newsboards erfüllen die Funktion eines Schwarzen Brettes.
- File und Dokumenten-Sharing
- FAQ-Listen

### 1.3 Annotationen:

Anmerkungen können nur angelegt werden, wenn der Content dies auch unterstützt.

### 1.4 Gruppenbildung durch Rollen:

In der Lernplattform erfolgt eine Gruppenbildung durch Rollen, die durch die Anlage der Zugriffsrechte definiert sind.

Standardmäßig sind
- Teilnehmer,
- Tutoren,
- Fachtutoren,
- leitende Tutoren und
- Administratoren angelegt.

Die Gruppenbildung erfolgt durch die Zuordnung von Teilnehmern, verschiedenen Tutoren zu Lerngruppen. Bestehende Lerngruppen können zu Qualifizierungen und Ergänzungen sowie zu den im System angelegten Seminaren zugeordnet werden. Einzelne Lerner werden so zu Gruppen, die gemeinsam oder einzeln an Übungen und Tests teilnehmen können. Der Tutor begleitet die ihm zugeordneten Seminare und Teilnehmer. Dafür stehen ihm die integrierten Statistikfunktionen, wie die Lernfortschrittsanzeige und die Anzeige der Onlinelernzeiten, zur Verfügung. Mittels Tests und Übungen kann er das Wissen der Lerner abprüfen und Zertifizierungen erteilen.

### 1.5 Externe Kommunikationstools integrierbar:

Externe Kommunikationstools wie die Produkte der Hersteller Centra o. ä. sind über dokumentierte und genormte Schnittstellen gut integrierbar.

## 2. Didaktik:

### 2.1 Lässt verschiedene Lehr- und Lernmodelle zu:

Die Tutorinnen können bei der Kursplanung und -durchführung selbst entscheiden, wie stark eingegriffen und tutoriell unterstützt werden soll. Freie Chats, Foren und E-

Mail mit internen Mailinglisten ermöglichen den Lernenden einen tutorenunabhängigen Austausch mit den Mitlernenden. Durch die Überprüfung des eigenen Lernstandes im DLS und die im Content integrierten Selbsttests mit Feedback etc. kann der Lerner in vielen Bereichen selbstständig und tutorunabhängig agieren und lernen.

Funktionalitäten wie der automatische Aufgaben- und Korrekturversand zwischen Tutor und Lerner, sowie diverse Statistikfunktionen und die Möglichkeiten der zusätzlichen synchronen Kommunikation (virtueller Klassenraum u. a.) bieten dem Tutor und dem Lerner zusätzliche Lernhilfen.

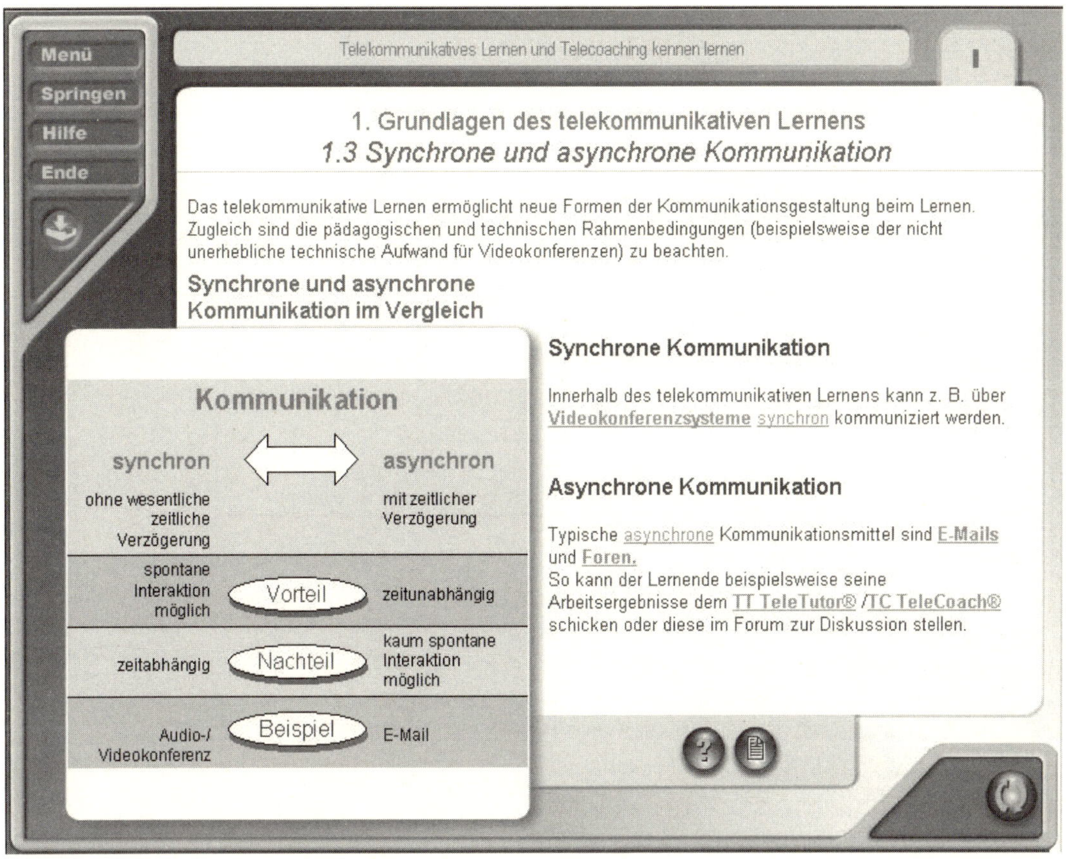


Ein Kapitel der Kurseinheit „TeleCoach".

## 2.2 Tests:

Ein Tool für die Online-Erstellung von Tests ist nicht integriert. Mit dem externen Autorentool CFW CoursefactoryWeb® können Tests offline erstellt und dann via Internet in das System eingespielt werden, da die CFW die entsprechenden AICC Richtlinien einhält. Dabei werden die folgenden Fragentypen unterstützt:

- Drag and Drop mit (beliebig vielen) Textelementen auf einer Grafik.
- Drag and Drop mit grafischen Elementen.
- Markieren von Elementen (Hotspots) in einem Bild. Dabei können beliebig viele Hotspots als „richtig" bzw. „falsch" gewertet werden. Die Hotspots werden bei Mouseover hervorgehoben. Falsch markierte Hotspots werden rot eingerahmt, richtig markierte Hotspots werden grün eingerahmt, nicht markierte, aber richtige Hotspots werden gelb eingerahmt.

- Text in einer Grafik (eine Grafik mit x Text-Eingabefeldern, die frei positionierbar sind)
- Verbindungen herstellen: Eine Grafik mit x markierten Punkten; die Punkte sollen jeweils paarweise verbunden werden.
- Single-Choice
- Multiple Choice

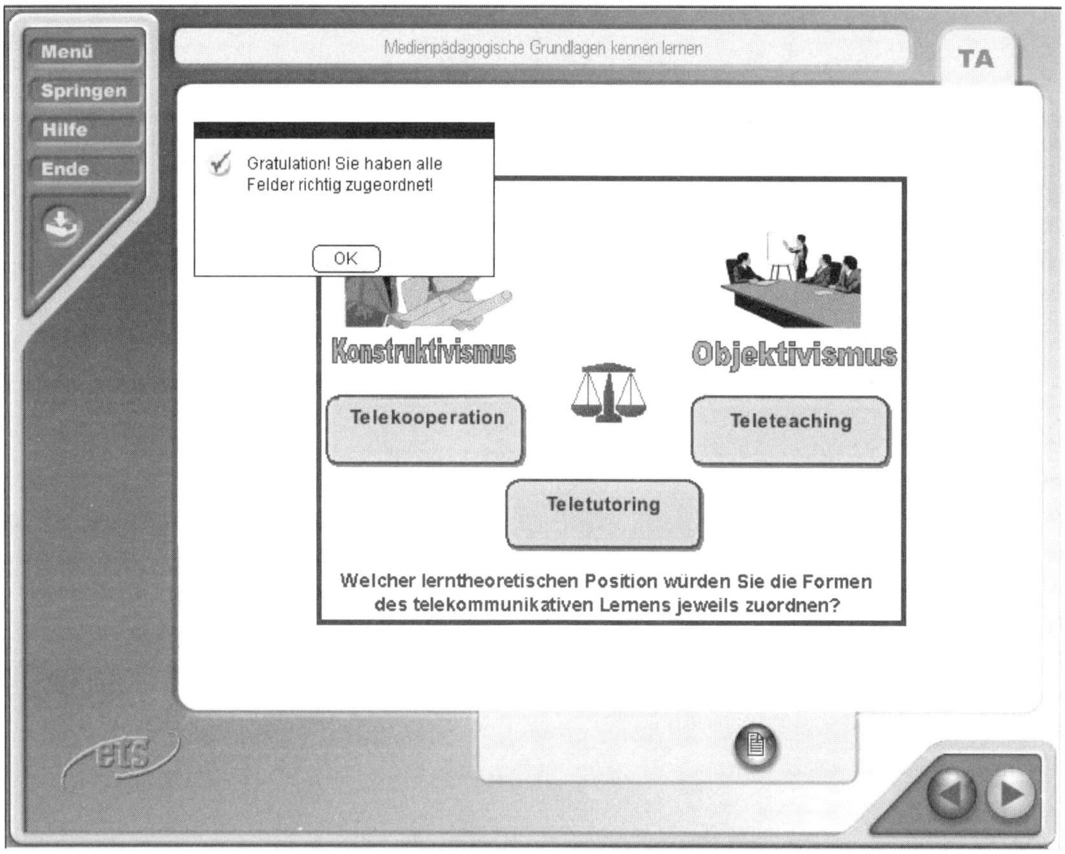


Eine mit dem Autorentool „Course Factory Web" erstellte „Text in Grafik" –Frage.

## 2.3 Übungen:

Übungen sind durch die Integration der synchronen und asynchronen Kommunikationstools leicht integrierbar.

## 2.4 Modularisierung von Lehr- und Lerninhalten:

Die Modularisierung wird durch die Einhaltung des AICC-Standards sichergestellt.

## 2.5 Feedback zum Lernfortschritt und Protokollierung der Lernfortschrittes:

Der Lernfortschritt innerhalb des Lernpfades einer Lerngruppe wird innerhalb der Gruppe anonym veröffentlicht, so dass der Einzelne sein Voranschreiten relativ zu seinen Kolleginnen sehen kann. Überfällige Aufgaben werden bei vorgegebenen Meilensteinen im Lehrpfad dem Lernenden entsprechend angezeigt.

Feedback zum Lernfortschritt erfolgt auch beim Bearbeiten der Tests durch Distraktoren bei den einzelnen Aufgaben und durch die Auswertung mit entsprechenden Feedbacks zum zu wiederholenden Baustein.

## 2.6 Autorenfunktionen:

Mit dem externen Autorentool CFW CourseFactoryWeb® können Lerneinheiten und Tests ohne HTML-Kenntnisse offline erstellt werden.

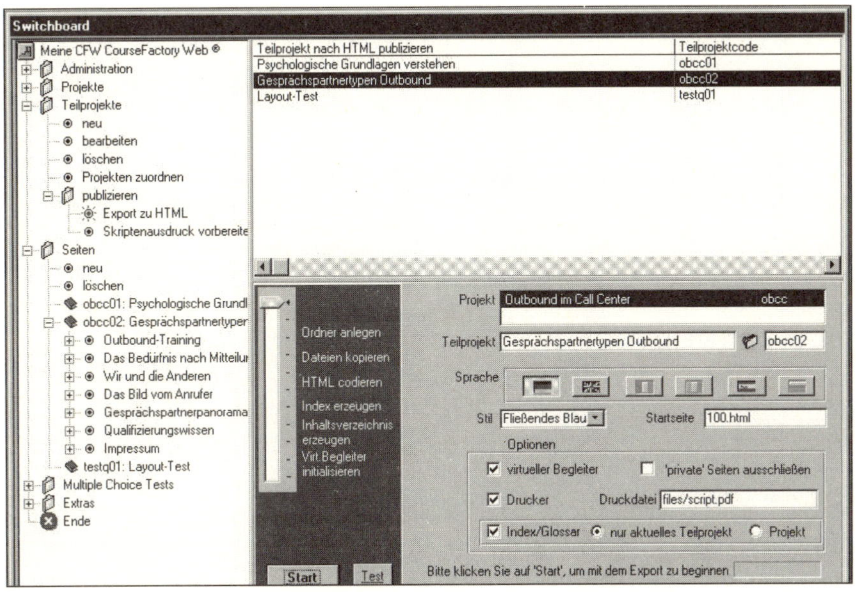


Das externe Autorentool „Course Factory Web".

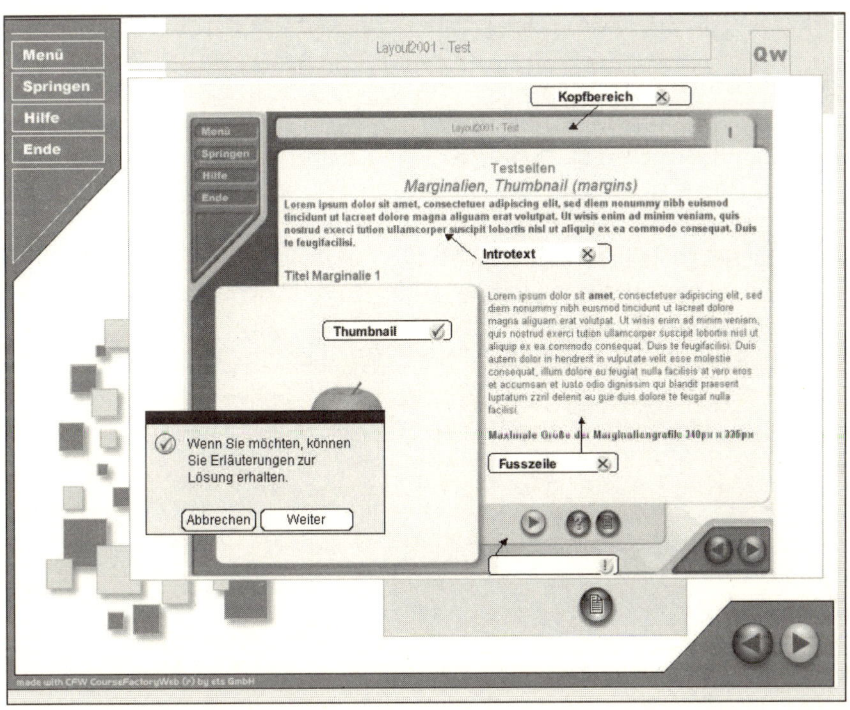


Ein vorgefertigtes Template für das einfache Erstellen von Learning-Content.

### 2.7 Learning-flow-Management:

Das automatische und manuelle Bookmarking für Lernende wird durch die Lernplattform über die AICC-Konformität sichergestellt. Die Zusammenstellung von Lernpfaden über verschiedene Module und Medien hinweg ist ebenfalls möglich.

## 3. Administration:

### 3.1 Tracking von Usern:

Nutzungsart und Nutzungsgrad durch die Benutzer werden vom System protokolliert und für die Auswertung bereitgestellt. Ein Statistik-Modul gestattet die Konfiguration der Auswerte-Methoden und über Schnittstellen die grafische Darstellung der Resultate.

### 3.2 Rechnungsverwaltung:

Ein Shopsystem ist sowohl im DLS mit Suchen/Warenkorb und Buchen, als auch auf der Ebene des DLS Internetportals (Mehrere Anbieter können Online und Präsenzschulung gemeinsam im Internet bewerben und vertreiben) vorhanden. Die Buchung kann über standardisierte Schnittstellen an bestehende Abrechnungssysteme angebunden werden. Standardmäßig ist die Buchungsmitteilung und/oder Abrechnung über Kreditkarte enthalten.

### 3.3 Personalisierung:

Nach dem Login sieht der Lerner seine persönlichen Kurse. Der Lernstand seit dem letzten Login ist gespeichert worden, sofern der Lerner die Daten via AICC übertragen hat. Im Postfach befinden sich die persönlichen Nachrichten, wie Konferenztermine und Aufgaben-Korrekturen des Tutors. Zu den belegten Seminaren können themenbezogene Foren eingesehen und Beiträge verfasst werden. Es besteht die Möglichkeit, die eigenen Teilnehmerdaten nachzuadministrieren (beispielsweise Telefonummer, Adresse, etc. ändern). In der Teilnehmeradministration können die Lerner auch ihre gewünschte Systemsprache (englisch oder deutsch) selbst einstellen.

## 4. Technik:

### 4.1 Anpassbarkeit:

Da das System durchgängig auf Stylesheets basiert, ist eine flexible Anpassung des Designs gut möglich.

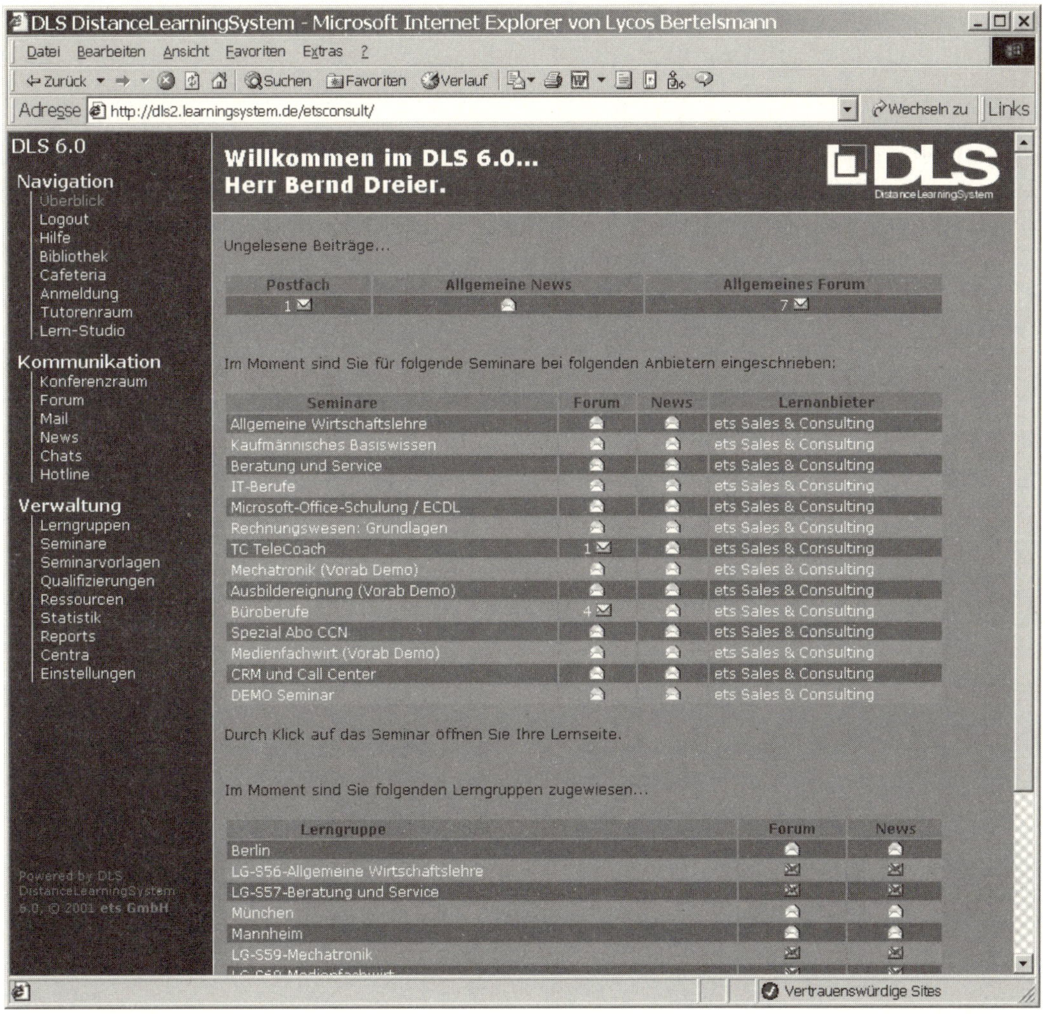


Die Startseite nach dem Login.

## 4.2 Erweiterbarkeit:

Das System ist modular aufgebaut. Weitere Module können über die entsprechenden Schnittstellen hinzugefügt werden.

## 4.3 Skalierbarkeit:

Das System ist gut skalierbar. Zusätzliche Applikationsserver können im laufenden Betrieb implementiert werden.

Der Hersteller nennt zahlreiche Installationen sowohl mit hohen Nutzerzahlen (10.000) als auch mit Rund-um-die-Uhr-Verfügbarkeit (nationale und internationale Nutzung). Eine verteilte Installation / Konfiguration mit Load Balancing - Unterstützung ist Bestandteil des Standard-Lieferumfangs.

## 4.4 Distributierbarkeit:

Das LMS und die User-Datenbank können auf verschiedenen Servern betrieben werden. Da der Datenbankserver dann auch zugriffsgeschützt in einem eigenen vom Internet getrennten Netzwerk betrieben werden kann, wird dies auch vom Hersteller als Standardkonfiguration empfohlen.

### 4.5 Entspricht Standards:

Die Plattform ist AICC-zertifiziert und entspricht dem IMS Metadatenstandard. SCORM wurde in der Entwicklung bereits berücksichtigt. Nach Herstellerangaben wird mit der Zertifizierung nach Bekanntgabe des Zertifizierungsverfahrens durch die ADL begonnen.

### 4.6 Unterstützte Serverbetriebssysteme:

- Windows NT 4.0™
- Windows 2000™
- Verschiedene Linux™-Distributionen
- Sun Solaris™ und andere Unixderivate

### 4.7 Support:

Support wird in Deutsch und Englisch angeboten. Die Erreichbarkeitszeiten liegen zwischen 8 und 18 Uhr (MESZ). Die Response-Zeiten sind vom gewählten Modell abhängig, vor Ort Service ist bei dringenden Fällen innerhalb von 48 Stunden gegeben.

### 4.8 Dokumentation:

Deutschsprachige Dokumentationen und Schulungsunterlagen sind vorhanden. Eine umfangreiche, kontextsensitive Hilfefunktion ist in DLS integriert.

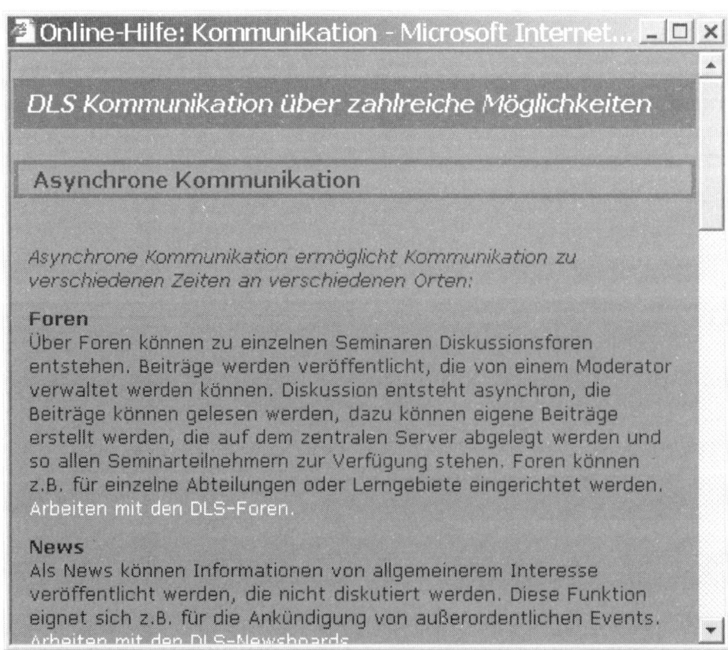


Die kontextsensitive Hilfe.

### 4.9 Sicherheit bei Datentransfer:

SSL wird unterstützt. Im System sind unterschiedliche Sicherheitsstufen vorgesehen:

- Authentifizierung
- Passwort-Verschlüsselung
- Code-Verschlüsselung
- Datei-Verschlüsselung und
- Firewalling.

### 4.10 Systemanforderungen / Ressourcenbedarf:

Den Angaben in den vom Hersteller zur Verfügung gestellten Datenblättern zufolge ist der Ressourcenbedarf als moderat zu bezeichnen.

### 4.11 Deutschsprachiger Vertriebspartner:

Siehe das Firmenprofil. Durch die grenznahe Lage des Hauptsitzes der ets GmbH (Halblech bei Füssen) ist kein eigener Vertriebspartner in Österreich von Seiten des Herstellers vorgesehen. Der Hersteller kann bereits auf Referenzinstallationen in Österreich, wie bspw. das Zukunftszentrum in Tirol verweisen.

### 4.12 Unterstützung von Standardobjekttypen und -formaten:

Sämtliche MIME-Datentypen werden unterstützt.

# A. Firmenprofile

## a) Hersteller

<table>
<tr><td>DOCENT, INC.</td><td colspan="4"></td></tr>
<tr><td rowspan="2">Unternehmensdaten:</td><td>Gründungs-datum</td><td>Mitarbeiter-innen</td><td>Umsatz</td><td>NASDAQ</td></tr>
<tr><td>1997</td><td>220</td><td>k.A.</td><td>DCNT</td></tr>
<tr><td>Produkt, Versionsnummer:</td><td colspan="4">▪ Docent Enterprise<br>▪ Docent Learnig Management Server (LMS)<br>▪ Docent Outliner<br>▪ Docent Content Delivery Server (CDS)<br>▪ Docent Mobile</td></tr>
<tr><td>Tätigkeits-Schwerpunkte:</td><td colspan="4">Entwicklung, Technologie</td></tr>
<tr><td>Produkt-Kurzbeschreibung:</td><td colspan="4">Enterprise ist ein Gesamtsystem, welches aus vier Modulen besteht:<br><br>▪ Docent Learnig Management Server (LMS)<br>Der Lernserver selbst, der die Verwaltung der Studenten übernimmt und alle entsprechenden Aufzeichnungen durchführt.<br><br>▪ Docent Outliner<br>Das System, mit welchem bestehende Inhalte (z. B. Word oder Powerpoint) in das LMS-System integriert werden können.<br><br>▪ Docent Content Delivery Server (CDS)<br>Hier wird der Content gespeichert. Ein System kann aus einer beliebigen Anzahl von CDS bestehen. Damit ist eine weiträumige Aufteilung der Inhalte möglich.<br><br>▪ Docent Mobile<br>Damit werden die Inhalte auf z.B. Notebooks der Studenten geladen und der Student kann ohne mit dem System in Verbindung zu stehen, die entsprechenden Aufgaben erledigen. Etwaige Resultate, die vom Lernprogramm erstellt werden, werden bei der nächsten Netzanbin-</td></tr>
</table>

| | |
|---|---|
| | dung (via Netzwerk oder Modem etc.) übermittelt. |
| Referenz-Projekte: | ▪ Deutsche Bank<br>▪ Schweizerische Post<br>▪ Siemens Frankreich<br>▪ Shell Learning, Holland<br>▪ Brauunion Österreich |
| Kontakt:<br><br><br><br>Tel.:<br>URL: | Docent Germany GmbH<br>Hauptstrasse 29<br>D-69117 Heidelberg<br><br>Tel: +49 (0) 6221 13826 0<br>Fax: +49 (0) 6221 13826 79<br>www.docent.com |
| Ansprechpartner:<br>E-Mail: | D. Weigand<br>Dweigand@Docent.com |
| Vertriebspartner: | siehe b) Vertriebspartner |

## b) Vertriebspartner

Diese Studie wurde durch die nachfolgenden Integrationspartner betreut:

| | LearnChamp |
|---|---|
| Produkte: | ▪ Interwise<br>▪ Docent |
| Kurzbeschreibung: | LearnChamp bietet Organisationen ganzheitliche eLearning Lösungen. Neben einem breiten Dienstleistungsangebot als Beratungsunternehmen implementieren wir Learning Management und Live eLearning Systeme, vertreiben Autorenwerkzeuge, Standard Online Kurse und erstellen kundenindividuelle Inhalte. |
| Kontakt:<br><br>Tel.:<br>Fax:<br>URL: | LearnChamp Consulting GmbH<br>Inkustraße 1-7, Stg. 5<br>A-3400 Klosterneuburg<br><br>02243-26845 0<br>02243-26845 29<br>www.learnchamp.com |
| Kontaktperson:<br>E-Mail: | Mag. Stefan Reicher<br>sreicher@learnchamp.com |

| Hewlett-Packard | hp invent | | | |
|---|---|---|---|---|
| Unternehmensdaten: | Gründungsdatum | Mitarbeiterinnen | Umsatz | WKN[1] |
| | 1939 | 88.000 | 45,2 Mrd. USD | 851301 |
| Produkt, Versionsnummer: | Docent Enterprise | | | |
| Tätigkeits-Schwerpunkte: | HP ist ein weltweit führender Anbieter von Produkten, Lösungen und Dienstleistungen rund um die Bereiche Informations- und Bildverarbeitung. | | | |

[1] Wertpapierkennnummer. Nur für börsennotierte Unternehmen.

| | |
|---|---|
| Referenz-Projekte: | ▪ Schweizer Post<br>▪ B&Q<br>▪ La Mondial |
| Kontakt: | Hewlett-Packard GmbH<br>HP Education Services Österreich<br>Lieblgasse 1<br>A-1220 Wien |
| Tel.:<br>Fax:<br>URL: | ++43-1-25000-0<br>++43-1-25000-6444<br>www.hp.com/at/hpeducation |
| Ansprechpartnerin:<br>E-Mail: | Iris Kunrath<br>iris_kunrath@hp.com |

Weitere Integrationspartner in alphabetischer Reihenfolge:

| | |
|---|---|
| | accenture |
| Kontakt: | Maximilianstr. 35<br>80539 München |
| Tel.:<br>Fax:<br>URL: | 089 93081 68535<br>089 93081 1<br>www.accenture.com |

| | |
|---|---|
| | BZS www.bzs.net |
| Kontakt: | IBM Konferenz & Bildungszentrum Süd GmbH<br>Seering 8<br>A-8141 Unterpremstätten/Graz |
| Tel.:<br>Fax:<br>URL: | +43 316 8098 – 0<br>+43 316 8098 – 1122<br>www.bzs.net |

| | CAP GEMINI ERNST & YOUNG |
|---|---|
| Kontakt: | Cap Gemini Ernst und Young (Schweiz) AG<br>Leutschenbachstr. 95<br>8050 Zürich (Schweiz) |
| Tel.:<br>Fax:<br>URL: | +41 1 560 24 00<br>+41 1 560 25 00<br>www.cgey.com |

| | Deloitte Consulting |
|---|---|
| Kontakt: | Deloitte Consulting<br>Neuer Zollhof 3<br>40221 Düsseldorf |
| Tel.:<br>Fax:<br>URL: | 0211 62 11 110<br>0211 62 11 111<br>http://www.dc.com |

| | Raytheon Professional Services |
|---|---|
| Kontakt: | Raytheon Training International GmbH<br>Ferdinand-Stuttmann-Str. 15<br>D-65428 Rüsselsheim |
| Tel.:<br>Fax:<br>URL: | +49-(06142) 917-0<br>+49 (06142) 917178<br>www.rps.com |

# B. Weiterführende Produktinformationen

## Die Docent-Enterprise-Einzelkomponenten:

- Der **Docent Learning Management Server** (LMS) ermöglicht das Durchsuchen des Katalogs, die Prüfung persönlicher Lernpläne und Kursvoraussetzungen, die Anmeldung und Bezahlung aller Kurse.

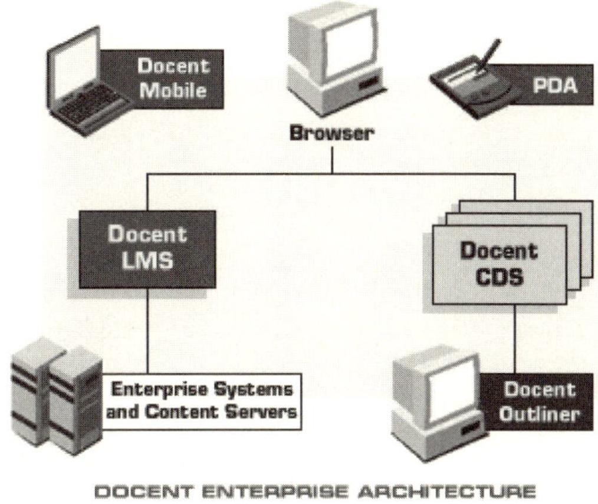


- Der **Docent Content Delivery Server** (CDS) stellt Kurse und Einstufungsbewertungen bereit, erfasst die Benutzeraktivitäten für ein individuelles Lernerlebnis und die spätere Auswertung, aktualisiert Kursergebnisse im Lernplan auf dem Learning Management Server.

- **Docent Mobile** bietet die Möglichkeit, den Kurs offline zu bearbeiten, während man unterwegs ist, und die Option, sich nach der Rückkehr ins Büro wieder mit dem Learning Management Server zu synchronisieren.

- **Docent Desktop** bietet den Entwicklern die Möglichkeit, Lerninhalte zusammenzustellen und auf einem beliebigen Content Delivery Server zu publizieren.

## Lizenzkosten:

auf Anfrage bzw. projekt- und umfangspezifisch.

Unten stehende Ausführungen beziehen sich auf alle Komponenten mit Ausnahme von Docent Mobile.

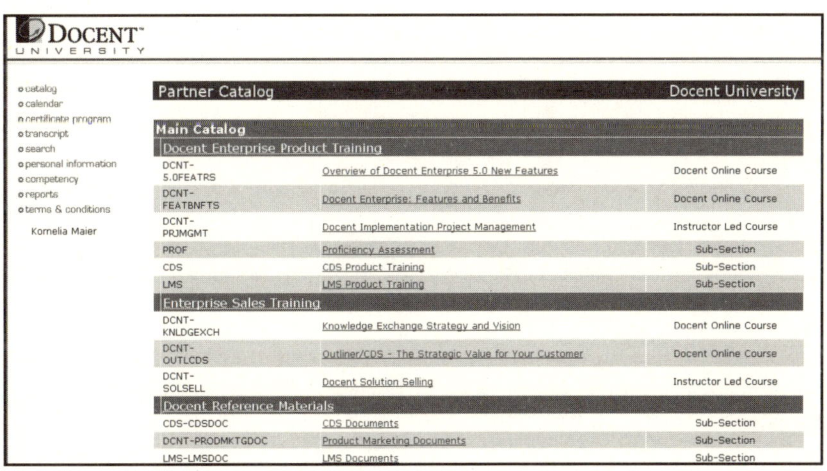


Der Startbildschirm: die Kursanmeldung erfolgt über den „enroll"-Button; die Anmeldebestätigung erfolgt zusätzlich per Email.

# 1. Kommunikation, Kooperation und Kollaboration

## 1.1 Synchron:

In der Standard-Installation sind keine synchronen Kommunikationstools implementiert, können aber aufgrund der offenen Systemarchitektur leicht integriert werden.

## 1.2 Asynchron:

Asynchrone Lerneinheiten können über den Docent Content Delivery Server erstellt werden, es können aber auch asynchrone Lerneinheiten von Drittanbietern in die Docent Enterprise Lernplattform eingebunden werden. Die meisten Anbieter sind bereits standardmäßig in die Lernplattform integriert, Beispiele hierfür sind die Lerneinheiten von NETg, SkillSoft, etc.

Das System ermöglicht die Integration von verschiedenen asynchronen Kommunikationstools, wie z. B. Diskussionsforen. Es gibt jedoch keine standardmäßigen Vorinstallationen von bestimmten Kommunikationstools, da der Hersteller die Philosophie verfolgt, dass der Kunde bereits im Unternehmen vorhandene, asynchrone Kommunikationstools weiterverwenden können soll.

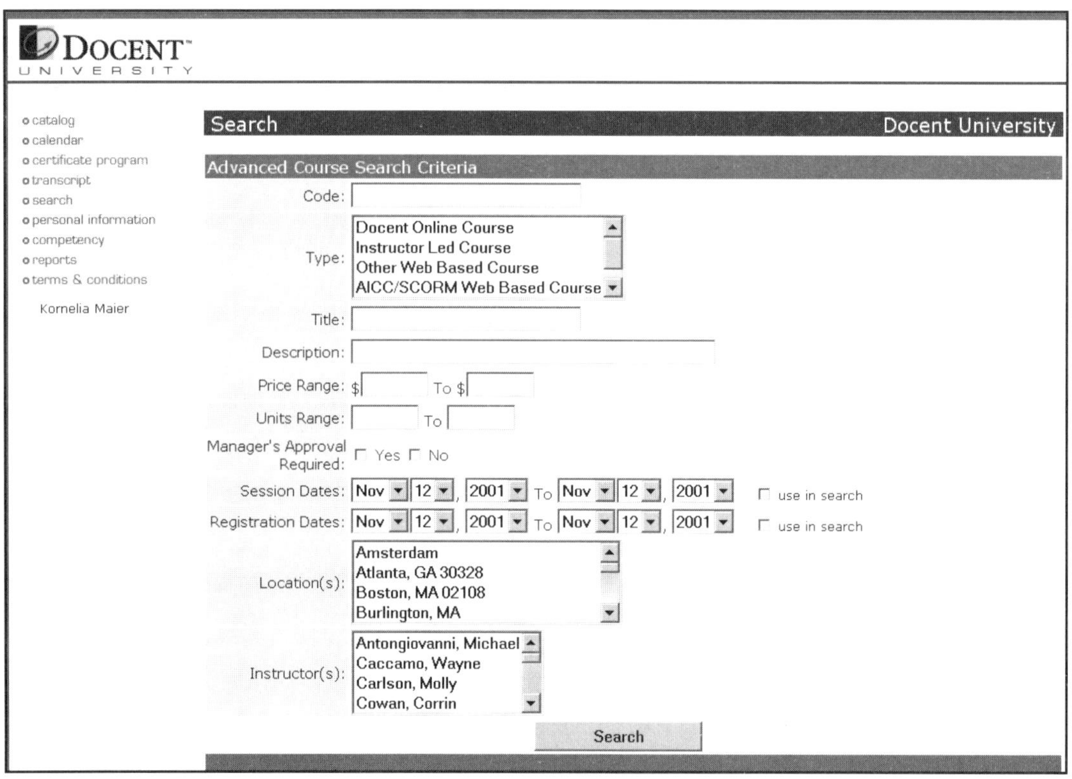


Die komfortable Suchfunktion

## 1.3 Annotationen:

Annotationen können contentbezogen angelegt werden.

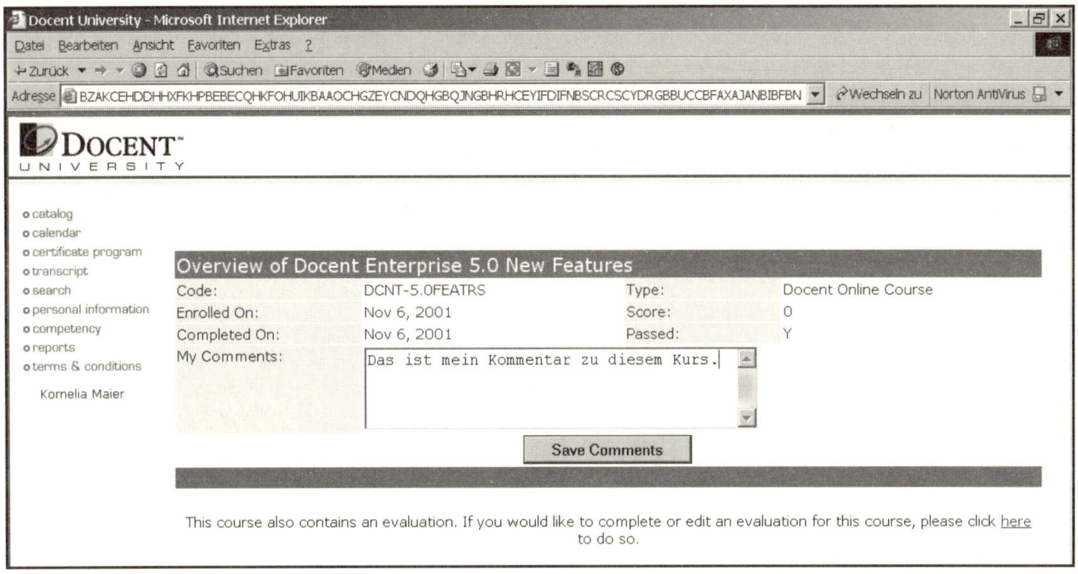


## 1.4 Gruppenbildung durch Rollen:

Standardmäßig sind folgende Rollen angelegt:

- Administrator
- Manager
- Training Coordinator
- Instructor
- Student
- anonymer Benutzer

Es können verschiedene Rollen für eine Person angelegt werden.

*Administratoren* können Rollen erstellen bzw. Berechtigungen zuweisen, Benutzerkonten anlegen, den Zugang zu LMS Funktionen steuern, Veranstaltungsorte von Seminaren eintragen, etc.

*Studenten* haben unter anderem die Möglichkeit, sich für synchrone und asynchrone Lerneinheiten zu registrieren, an diesen teilzunehmen und sich ihre Ergebnisse anzusehen.

*Manager* haben die Möglichkeit, die Lernaktivitäten der Lernenden zu überprüfen und zu bestätigen. In dieser Rolle können Manager Lernaufgaben zuteilen und Ergebnisse überprüfen.

*Manager* sind immer für eine Gruppe von Studenten verantwortlich, die ihnen direkt zugeordnet ist.

Die Rolle des *Instructors* betrifft jene Benutzer, die in synchronen Lerneinheiten (Live e-Learning und traditionelle Aus- und Weiterbildung) unterrichten. Instructors haben die Möglichkeit, ihre Lerneinheiten und deren Teilnehmer aufzulisten, teilnehmende Studenten zu beurteilen und Lerneinheiten als abgeschlossen zu markieren.

*Training Coordinators* verwalten die Anmeldungen zu Lerneinheiten von Studenten und darüber hinaus die Lernpfade auf der Docent Enterprise Lernplattform. *Instructors* können Kataloge organisieren, Termine für Lerneinheiten festlegen, Zertifizierungsprogramme entwerfen und die Kursabrechnungsmethoden verwalten.

*Anonyme Benutzer* können Kurskataloge und –voraussetzungen, sowie Zertifizierungs-Programme einsehen, müssen sich aber registrieren, wenn sie sich für einen Kurs anmelden wollen.

### 1.5 Externe Kommunikationstools integrierbar:

Diverse externe Kommunikationstools können integriert werden. So kann ein externes Mailsystem, wie z. B. Microsoft Outlook™ in die Lernplattform eingebunden werden. Weiters können externe Chat-Applikationen, sowie Tele- und Videokonferenzsysteme und Live e-Learning Systeme in das System implementiert werden. Für die Virtual-Classroom Produkte von Interwise, Centra und HP besteht eine vorkonfigurierte Schnittstelle, die eine direkte Administration sogenannter Live-Sessions als auch aufgezeichneter V.C.s ermöglicht.

## 2. Didaktik

### 2.1 Lässt verschiedene Lehr- und Lernmodelle zu:

Lernpläne verwalten das Lernen der Studenten sowohl auf individueller als auch auf Gruppenbasis, indem für die Studenten ein Kurs- und Veranstaltungspfad bereitgestellt wird, um das Lernen zu erleichtern.

Individuelle Lernpläne beruhen auf Daten des Benutzerprofils, speziellen Bewertungen, 360 Grad-Bewertungen oder auf Wissenslücken-Analysen. Andere Indikatoren von Kompetenz sind ebenfalls leicht zu erstellen.

Studenten können sich basierend auf ihrem Lernplan für bestimmte Kurse anmelden, die Resultate aufnehmen lassen und ihr personalisiertes Lernprofil in Echtzeit abändern.

Gruppenlernpläne sind über Kurscurricula oder Zertifizierungsprogramme erhältlich, die entwickelt wurden, um den Studenten eine miteinander verbundene Serie von Kursen anzubieten. Dies hängt von dem jeweiligen Datenprofil des Studenten ab, wie z. B. Berufsbezeichnung, Rolle, Angestelltenstatus, Anforderungen an die Durchführung etc.

Die Personalisierung der Lernpläne kann vom Berufstyp abhängen, sowie vom Benutzerprofil, dem Angestelltenstatus, den Ergebnissen von Tests, den Beurteilungen von Vorgesetzten, von Kompetenzmodellierung oder von jedem anderen Kriterium, das das Unternehmen wünscht.

Mit dem Lernplan eines Studenten wird der Lernerfolg verfolgt und aufgezeichnet.

### 2.2 Tests:

Der Docent Outliner ermöglicht die Erstellung von interaktiven Tests und Quizzes. Dabei können unter anderem Zeitlimits und Feedback-Optionen für die Prüfungen festgelegt werden. Die Prüfungsergebnisse werden an den Learning Management Server geschickt und können entweder nach Gesamtergebnis eines Benutzers oder als Einzelergebnis auf eine bestimmte Prüfung eingesehen werden.

Folgende Fragentypen werden unterstützt:

- Entscheidungsfragen
- Multiple Choice
- Single Choice
- Freitext
- Lückentext
- Imagemap-Grafiken

### 2.3 Übungen:

Autoren können interaktive Fragen und Antworten sowie verschiedene Quizzes in die einzelnen Lernmodule mit Hilfe von Docent Outliner einarbeiten.

Der Docent Outliner ermöglicht eine schnelle und einfache Entwicklung von Kursen. Learning Consultants und Content-Entwickler bereiten ihre Schulungen vor, indem sie die relevanten Unterrichtseinheiten mit Drag und Drop konfigurieren. Danach können sie je nach Wunsch Inhalte einfügen, neu entwickeln oder eine Verknüpfung herstellen.

Zusätzlich zum Entwickeln der Kursstruktur bildet der Docent Desktop automatisch alle erforderlichen Links zu den Kursseiten. Der Docent Desktop verwendet keine Nicht-Standard Skriptsprachen und erfordert keine Plug-ins, um die Kurse anzusehen. Die Besonderheiten des Docent Desktop schließen mit ein:

(1) Automatisches Starten von jedem externen HTML-Editor, um HTML Kursinhalte zu erstellen. Entwickler können auch weiterhin ihren bevorzugten HTML-Editor verwenden, um Inhalte zu erstellen.

(2) Drag-and-drop von Inhalten aus jeder Quelle in den Kursentwurf

(3) Benutzerfreundliches Erstellen von Kursen und Wiederverwenden von existierendem Material durch die Möglichkeit, HTML und Textdateien in die Kursobjekte einzufügen.

(4) Automatisches Einbetten von Nicht-HTML-Dateien, die in ein Kursobjekt eingefügt werden.

(5) Unterstützung von jedwedem webfähigen Multimedia-Material. Dies schließt Ton, Video, Animation, dynamisches HTML, JavaScript oder Java mit ein. Das bedeutet, dass Entwickler in ihrer Wahl der webfähigen Technologien nicht eingeschränkt sind – die Verwendung von Plug-ins bleibt dem Ermessen des Entwicklers überlassen.

(6) Hilfreiches Authoring – Docent integriert mit Quellcode-Kontrollsystemen, um Sorgfalt zu garantieren, wenn verschiedene Contentautoren miteinander kombiniert werden.

## 2.4 Modularisierung:

Docent unterscheidet verschiedene Formen einer sogenannten „Content-Klassifizierung":

- AICC:
  Docent ist der erste Global LMS Anbieter, der die AICC Zertifizierung AICC AGR 010 (The AICC Guideline for Web Based Computer Managed Instruction Systems – CMI) im Februar 2000 durch ein unabhängiges Testlabor erhielt. Docent verwendet den HACP 2.2,3.0.3 Level 1 und Level 3b API für AICC Kurse. Das Docent LMS kann AICC kompatible Kurse ohne zusätzliche Anpassung einbinden, verwalten und distribuieren. Der Import von AICC Kursen in Docent LMS erfolgt automatisch und ist mittels weniger Mausklicks sehr einfach zu bedienen.

- SCORM:
  Docent ist einer der führenden LMS Anbieter von SCORM-Support und unterstützt seit mehr als einem Jahr diesen Standard (mittlerweile SCORM 1.1). Docent verwendet eine JavaScript API für SCORM kompatible Kurse.

***Anmerkung des Herstellers:***
*Alle Kurse, die im Web durch eine URL zugänglich sind, können ohne Aufwand in den Docent LMS Kurskatalog eingebunden und von den Lernern gestartet werden; jedoch werden keine Rückgabewerte geliefert.*

*Darüber hinaus verfügt das Docent LMS über eine Integration der marktführenden Content-Anbieter wie z. B. M2S Prokoda, SmartForce, NETg, McGraw-Hill, etc.*

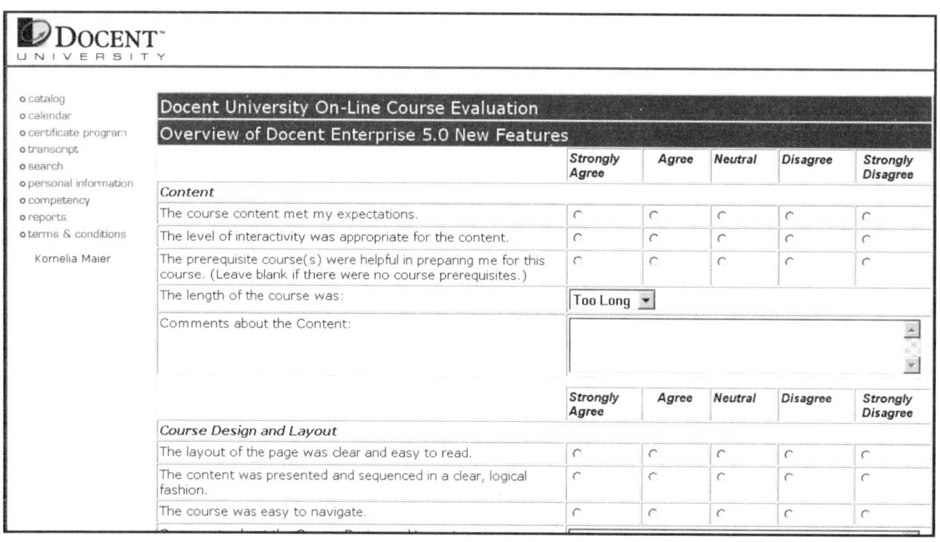


Nach jedem bearbeiteten Kurs kann ein Fragebogen zur Kursbeurteilung ausgefüllt werden.

## 2.5 Feedback zum Lernfortschritt:

Feedback kann entweder direkt vom System, aber auch von den Instructors, Managern und von anderen Studenten gegeben werden (360 Grad Feedback-Schleifen).

Folgende Feedbackfunktionalitäten sind implementiert:

- Persönliche und systemgestützte Beurteilung der Leistungen.
- Ermitteln von Abweichungen zwischen den Leistungen des Lernenden und den Anforderungen seiner Position (Skill Gap Analyse).
- Persönliche Lehrpläne zum Aufarbeiten individueller Wissenslücken.
- Finden geeigneter Personen für Stellen durch Darstellung der Kenntnisse des Einzelnen.

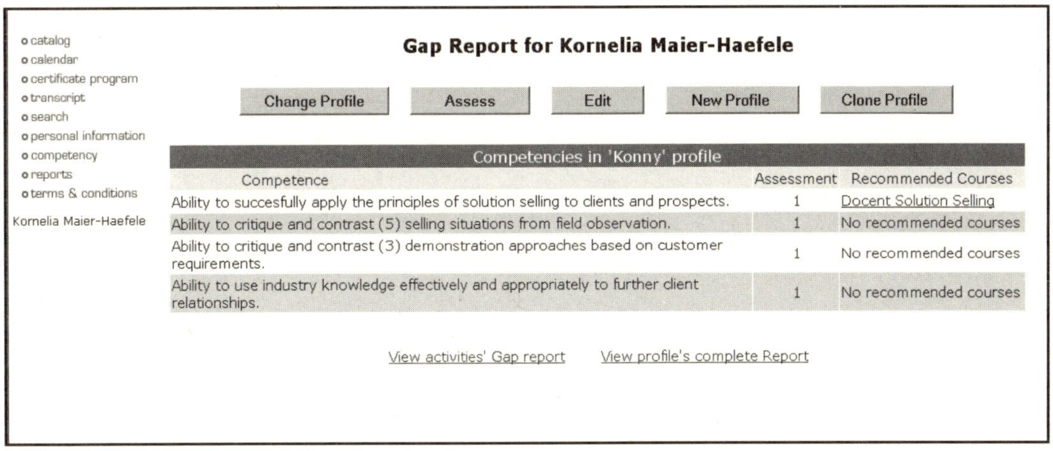


Der Gap-Report ist Teil des Self-Assessments, auf dessen Basis Kursvorschläge gemacht werden.

## 2.6 Autorenfunktionen:

Autorinnen können mit dem „Outliner" Lernmodulstrukturen erstellen (z. B. Kurse aus einer Serie von Lernobjekten) und Inhalte aus beliebigen Quellen per Mausklick in die neue Modulstruktur einbetten. Sobald der Outliner der Lernobjektstruktur Navigationsfunktionen hinzugefügt hat, kann diese während des Unterrichts, ausgehend von der Leistungseinstufung des Lernenden oder anderem Feedback, dynamisch an die individuellen Bedürfnisse angepasst werden.

Weitere Funktionalitäten des Outliners:

- Nutzung vorgegebener oder selbst erstellter Vorlagen und visueller Themen zur Festlegung von Elementen für die Präsentation der Lernmodule.
- Verwaltung des Lebenszyklus der Lernmodule von der anfänglichen Entwicklung der Inhalte über die Bereitstellung im Internet, laufende Versionskontrollen, bis zum Ausscheiden des Moduls und der Archivierung der Ergebnisse.
- Integration und Start beliebiger HTML/XML/Flash-Editoren.
- Unterstützung für IMS Metadaten.

- Schaffung eines individuellen Lernpfades durch die bedingte Navigation innerhalb verschachtelter Inhaltsstrukturen durch die vom Autor definierte Verzweigungslogik.
- Erstellen von Quizzes und Tests (Datenbank-gestützter Fragenbestand, Auslassungen, Zufallsreihenfolge, Fragen mit Zeitlimit und automatischem Weiterspringen).
- Erstellen anpassungsfähiger Beurteilungen mittels Kontrolle des Fragenniveaus ausgehend von Schwellenwerten, Feedback auf Tipps und Erklärungen sowie Wiederholungsversuchen.

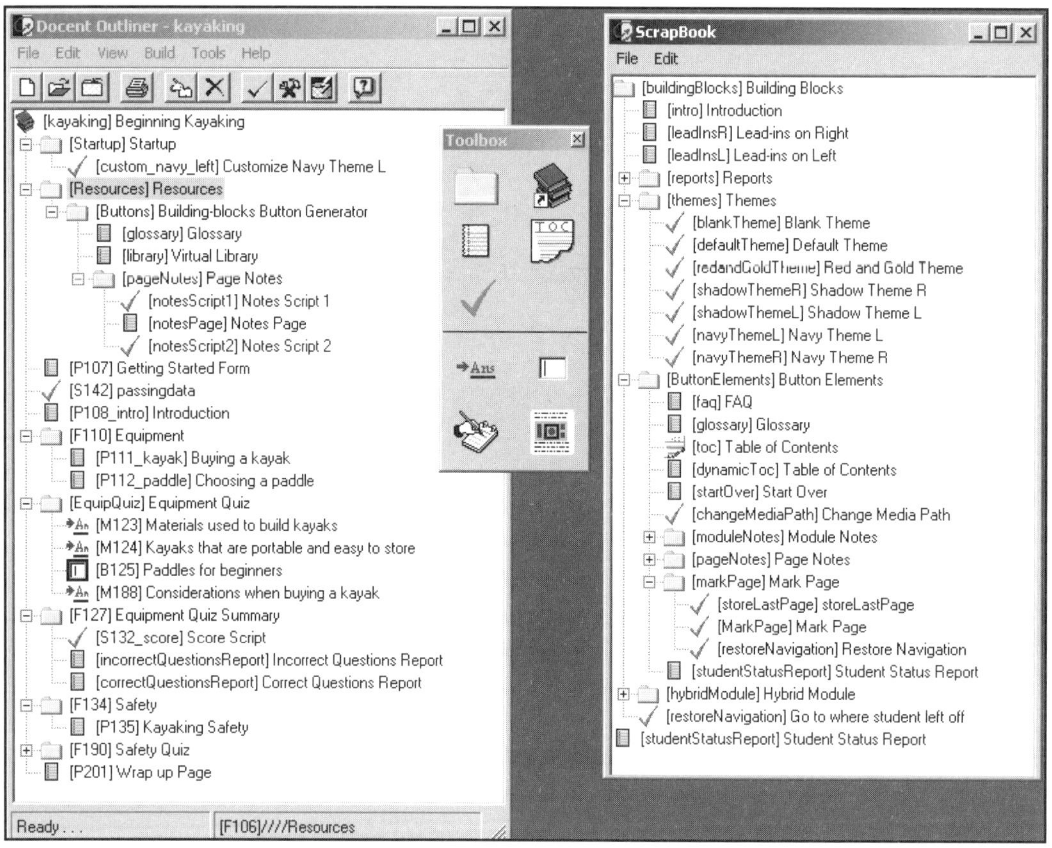


Der Outliner: Bearbeitet wird der Kurs „Kayaking". Im Scrapbook sind Vorlagen und vorgefertigte Befehle enthalten, die in den Kursverlauf eingefügt werden können.

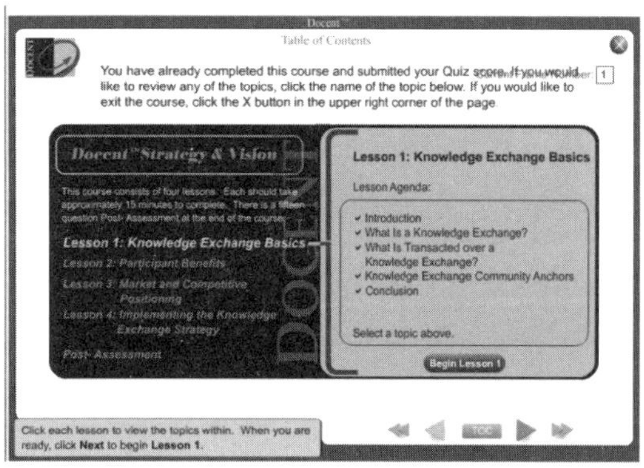


Ein mit dem Outliner fertiggestellter Kurs

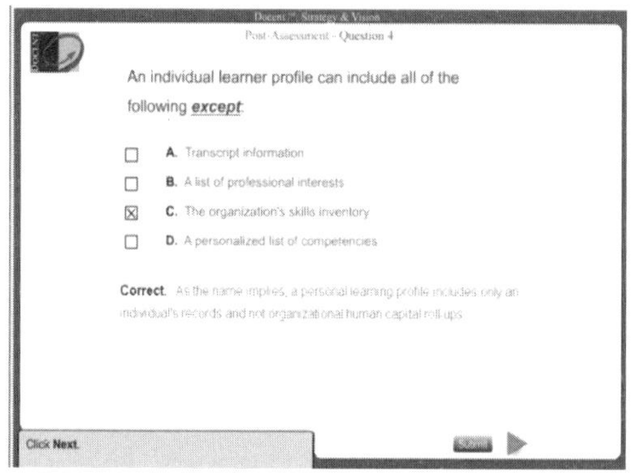


Ein mit dem Outliner erstellter Test

### 2.7 Learning-Flow-Management:

Sämtliche Lerninhalte können in verschiedenen Formen (z. B. Zertifizierungsprogramme, Kombination von 2 Lerneinheiten in einer neuen Lerneinheit, usw.) zusammengefasst werden. Somit ist es möglich, je nach den verschiedenen Rollen und Funktionen der registrierten Benutzer, Lern- bzw. Karrierepfade zu erstellen.

Bookmarking von Lerninhalten wird unterstützt: einerseits kann bei der Erstellung von Inhalten mit dem Outliner die Bookmark-Funktionalität integriert werden, andererseits kann das System gesetzte Bookmarks aus Kursen von Drittanbietern speichern und abbilden.

## 3. Administration:

### 3.1 Tracking von Usern:

Die Lernenden können jederzeit auf ihre Lernhistorie zugreifen, die Informationen über sämtliche absolvierte Lerneinheiten beinhaltet. So können z. B. Anfangs- und Enddatum, Dauer, Ergebnisse und Gültigkeit von Zertifikaten eingesehen werden. Zusätzlich werden Informationen zu aktuellen Lerneinheiten aufgezeichnet, wie z. B. der aktuelle Lernstatus und weitere gebuchte Kurse.

Ein Manager kann auch auf die Daten seiner Mitarbeiter zugreifen. Dies umfasst unter anderem folgende Informationen:

- Lernstatus der Mitarbeiter
- Abweichungen vom Lernpfad der Mitarbeiter
- Jobprofile der Mitarbeiter
- Wissensstand der Mitarbeiter
- Status der Anmeldungen pro Lerneinheit
- Anfragen für außerordentliche Kursanmeldungen
- Ergebnisse der Self-Assessment Tests
- Ergebnisse des 360 Grad Feedbacks
- Ressourcenlisten und –konflikte
- Ressourceneinsatz, -kosten und –standort

Im Bereich des Berichtwesens können entweder standardmäßig ausgelieferte Berichte modifiziert oder neue Berichte erstellt werden. Die Erstellung von Berichten kann entweder unter Verwendung der in Docent integrierten Werkzeuge oder mittels Drittprodukten (z.B. Crystal Reports™) geschehen.

### 3.2 Rechnungsverwaltung:

Die integrierte Rechnungsverwaltung unterstützt verschiedene Währungen und ermöglicht Trainingskoordinatoren die Abrechnung von kostenpflichtigen Lerneinheiten. Die Bezahlung kann entweder über Kreditkarte oder Scheck erfolgen, es ist aber auch die Buchung auf Kostenstellen möglich.

Wenn ein Benutzer eine kostenpflichtige Lerneinheit bucht, erstellt das System automatisch ein individuelles Verrechnungskonto für den Benutzer. Dieses zeichnet sämtliche Transaktionen des Benutzers auf und ermöglicht somit eine aufwandorientierte Bezahlung von Lernaktivitäten. Die CyberCash Technologie wird unterstützt, mit der die Echtzeit-Autorisierung für Kreditkarten und Schecks über Internet ermöglicht wird.

Docent gewährleistet eine Zwei-Wege-Integration mit führenden CRM und ERP-Systemen, um Just-in-time-Informationen über das Docent API sicherzustellen. Docent kann derzeit mit Siebel, Vantive, PeopleSoft und SAP integrieren. Daten, die im Docent LMS gesammelt werden, können ebenso wieder in ein CRM- und ERP-System integriert werden.

Das Ansprechen der Schnittstellen zu einem individualisierten ERP / HR / CRM System setzt installationsspezifische Anpassungen voraus, da o. g. Softwaresysteme in der Regel auf die unternehmensspezifischen Geschäftsprozesse und -Strukturen angepasst (=customized) sind.

### 3.3 Personalisierung:

Das System ermöglicht mehrere personalisierte Ansichten pro registriertem Benutzer in Abhängigkeit von Rollen (Student, Instructor, usw.) und Funktionen (Projekt Manager, System Engineer, etc.).

Folgende Bereiche können personalisiert werden:

- Benutzeroberfläche
- Sprache
- Katalog der Lerneinheiten
- Neuigkeiten

## 4. Technik:

### 4.1 Anpassbarkeit:

Die Benutzeroberfläche kann mittels Standard-HTML-Editoren an das „Look and Feel" einer Institution angepasst werden. Zusätzlich können Firmen-Logos, Farben, Grafiken, Schriftarten, Templates und kundenspezifische Datenfelder durch den Administrator in die Docent Enterprise Lernplattform integriert werden.

### 4.2 Erweiterbarkeit:

Das System ist modulartig aufgebaut und besteht aus Komponenten, die je nach Bedarf installiert und eingesetzt werden können. Das System ist über die sogenannten Application Files beliebig erweiterbar. Dies umfasst auch die Einbindung von Makros und PlugIns.

### 4.3 Skalierbarkeit:

***Anmerkung des Herstellers:***
*Docent Enterprise ist bei über 250 Kunden im aktiven Einsatz (aktuelle Projekte vor Produktivstart nicht mitgerechnet) hierbei werden verschiedene Industriebereiche wie Finanzwirtschaft, Consulting, Software, Telekommunikation, Automotive, Aerospace, Energie, Dienstleistungen, Pharma/Chemie, Hochschulen, Training, Handel und öffentlicher Dienst adressiert. Die Anzahl der Installationen in den 500 weltweit größten Unternehmen beträgt derzeit über 50.*

Beispiel für einen typischen Setup:

Nutzer-/Lerneranzahl entsprechend den Szenariodaten – erwartete Anzahl von gleichzeitigen Lernern auf dem System = zwischen 5 und 20%. Ausgehend von ca. 20 (Docent-)Kursen mit einer durchschnittlichen Kursgröße von 50 MB. Dies betrifft jedoch nur die Größe der Datenbank auf der Festplatte und nicht die CPU Leistung. Die benötigte Bandbreite ist vom Kursinhalt sowie der Anzahl der Nutzer und dem angestrebtem Servicelevel abhängig. Nimmt man die Dateigröße der größten Datei eines Kurses, kann man berechnen, wie lange für die Datenübertragung zu dem Benutzer (=Lerner) benötigt wird. Reicht dieser Wert aus, ist die Bandbreite in Ordnung, sollen die Dateien schneller ausgeliefert werden, muss entsprechend der Anzahl der „concurrent user" aufgestockt werden.

*Scenario 2.000 Lerner :*

| | |
|---|---|
| ▪ Anzahl der Lerner | 2.000 |
| ▪ Concurrent Users | 250 |
| ▪ % of Anzahl der Lerner | 12,5 % |

Software

| | |
|---|---|
| ▪ OS | Windows 2000 ™ |
| ▪ Datenbank | Oracle/SQL ™ |
| ▪ Webserver | IIS™ |

Hardware Umfang

| | |
|---|---|
| ▪ LMS Maschinen | 1 |
| ▪ Prozessoren | 2 |
| ▪ MHz processor | 900 |
| ▪ MB RAM | 1000 |
| ▪ CDS Maschinen | *nicht notwendig, da auf gleicher Maschine wie der LMS Server* |
| ▪ Festplattenkapazität für Datenbank | 500 MB |
| ▪ Festpl.kap. für Inhalte in | 1.500 MB |

### 4.4 Distributierbarkeit:

Die Userdatenbank und das LMS können auf getrennten Servern laufen. Zusätzlich wird eine Multi-Server Architektur unterstützt (Verwendung von mehreren Docent Servern auf mehreren Webservern unter der Verwendung von multiplen Datenbank-Servern).

Mit der verteilten Multi-Server-Architektur von Docent können sowohl der Learning Management Server als auch der Content Delivery Server an unterschiedlichen Orten verstreut stehen, um eine schnellere Reaktionszeit für spezielle Studentencluster zu gewähren.

### 4.5 Entspricht Standards:

Die folgenden Industrie-Standards werden unterstützt (siehe auch den Punkt Modularisierung):

- AICC
- SCORM

### 4.6 Unterstützte Serverbetriebssysteme:

- Windows NT™
- Unix™
- HP Unix□
- Sun Solaris 8□

### 4.7 Support:

Docent bietet einen sogenannten 24/7-Support, hierbei steht technisches Supportpersonal via Email, Fax oder am Telefon zur Verfügung.

### 4.8 Dokumentation:

Die Dokumentation liegt sowohl in Form von Handbüchern als auch im HTML Format vor.

### 4.9 Sicherheit bei Datenweiterreichung:

Die Sicherheit beim Datentransfer ist durch eine SSL (Secure Socket Layer) Technologie gewährleistet. Diese kann bei monetären Transaktionen und bei sensiblen Kursdaten auf eine Secure Server Technologie ausgebaut werden.

## 4.10 Systemanforderungen / Ressourcenbedarf:

| | Systemanforderungen für **Unix-Server:** | Systemanforderungen für **Windows NT- und 2000-Server:** |
|---|---|---|
| Durchschnittliche Installation (**weniger als 15.000 User-Accounts**) | [für LMS & CDS]<br><br>1* PIII 900 (oder gleichwertig)<br>1000 MB Ram<br>+<br>1 Datenbank Server mit gleicher Ausstattung | dto. |
| Grosse Installation (**mehr als 15.000 User-Accounts, in folgendem Beispiel für 100.000 User**) | [für LMS]<br><br>4* PIII 900 (oder gleichwertig)<br>je 1000 MB Ram<br><br>+<br>[für CDS = optional !]<br>1 * PIII 900 (oder gleichw.)<br>ggf. MPU-fähig<br>1000 MB RAM<br><br>+<br>1 MPU-fähiger Datenbank Server mit 4-8 Prozessoren, z.B. PIII 900 | dto. |

***Kommentar des Herstellers:***
*Nicht im Umfang der Docent Enterprise Lizenz enthalten sind:*
- *[Server-]Betriebssystem*
- *Datenbank*
- *Web-Server*

## 4.11 Deutschsprachiger Vertriebspartner:

Siehe den Punkt Referenzpartner.

## 4.12 Unterstützt Standard-Objekttypen und –formate:

Sämtliche Autorenwerkzeuge (Authorware™, Toolbook™, Medi8tor™, etc.) und alle gängigen Standardobjekttypen und –formate werden unterstützt.

# A. Firmenprofil

<table>
<tr><td>Sun Microsystems GmbH<br>Educational Services</td><td></td></tr>
<tr><td>Unternehmensdaten:</td><td><table><tr><th>Gründungs-datum</th><th>Mitarbeiter-innen</th><th>Umsatz</th><th>NASDAQ</th></tr><tr><td>1982</td><td>43.000 weltweit</td><td>18,3 Mrd. US-$</td><td>SUNW</td></tr></table></td></tr>
<tr><td>Produkt, Versionsnummer:</td><td>Enterprise Learning Platform, Release 3.0</td></tr>
<tr><td>Tätigkeits-Schwerpunkte:</td><td>▪ Strategieberatung<br>▪ Business-Analyse<br>▪ ChangeManagement<br>▪ Lernmanagementsystem<br>▪ Implementierung<br>▪ Content Entwicklung</td></tr>
<tr><td>Produkt-Kurzbeschreibung:</td><td>Mit Enterprise Learning Platform können Schulungsabteilungen in Unternehmen einzelne Ausbildungsprojekte sowie das komplette Schulungsmanagement per Internet eigenständig durchführen und verwalten.<br><br>Die administrative Struktur von Enterprise Learning Platform lässt sich an jede bestehende Struktur innerhalb der Schulungsabteilung eines Unternehmens anpassen. Mit Hilfe der Software kann der Administrator Kursangebote, Kataloge und Schulungspläne verwalten. Außerdem kann er die Nutzung der verschiedenen Schulungsformen durch die Schulungsteilnehmer verfolgen und zu Berichtszwecken auswerten.<br><br>Weitere Funktionen sind Schulungsmanagement wie beispielsweise Trainer-Zuteilung zu Kursen, Klassenraumverwaltung, Registrierung zu Prüfungen oder Kostenerfassung für Schulungen.</td></tr>
</table>

| | |
|---|---|
| Referenz-Projekte: | ▪ Landegg International University<br>▪ Swiss Virtual Business School<br><br>www.sun.com/service/about/success/recent/landegg.html<br><br>▪ BCE Nexxia, Inc.,Canadian Telco Company<br><br>www.sun.com/service/about/success/recent/bellcanada.html |
| Kontakt:<br><br><br><br>Tel.:<br>Fax:<br>URL: | Sun Microsystems GmbH<br>Educational Services<br>Sonnenstraße 1<br>D-85551 Kirch-Heimstetten<br><br>++49-89-460 08-2788<br>++49-89-460 08-2789<br>www.sun.de/schulung/ECS |
| Ansprechpartner:<br>E-Mail: | Alexander Kempe<br>alexander.kempe@sun.com |

# B. weiterführende Produktinformationen

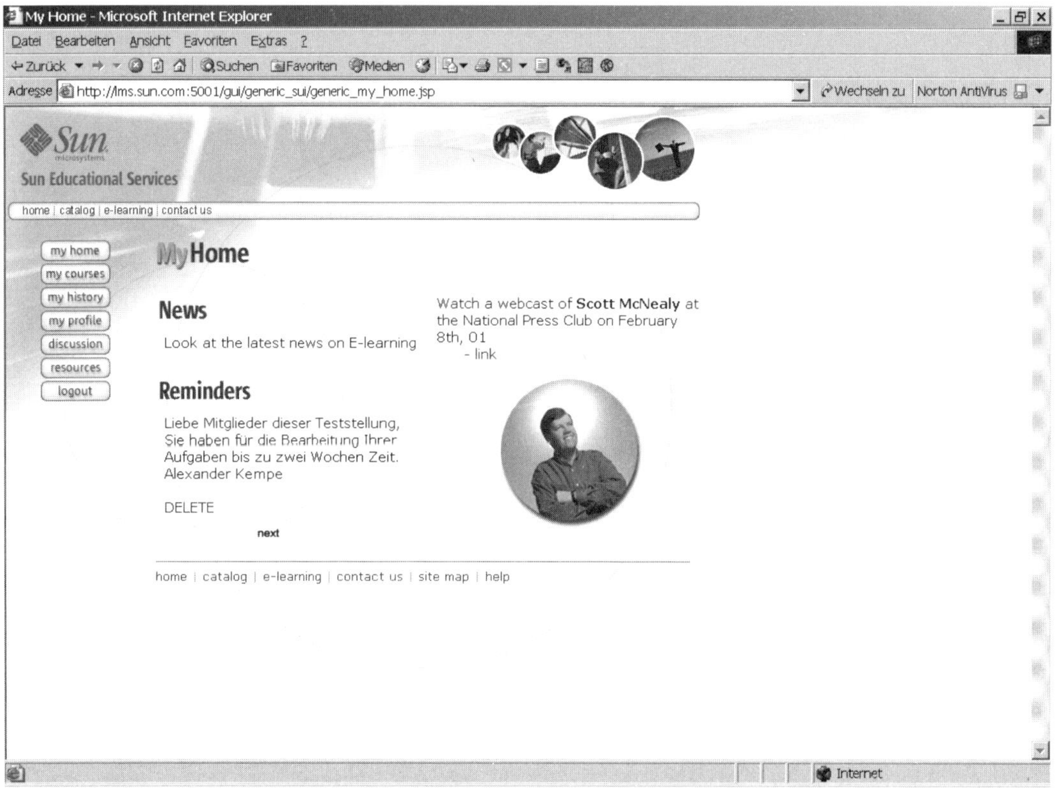


Die Startseite nach dem Einloggen

## 1. Kommunikation, Kooperation & Kollaboration:

### 1.1 Synchron:

Synchrone Kommunikationstools sind in Enterprise Learning Platform nicht integriert.

### 1.2 Asynchron:

Das System unterstützt vier verschiedene Mitteilungsschemata:

- Nachrichten
- Erinnerungen
- Mitteilungen per e-Mail oder Fax
- Diskussionsforen

**Die Funktion Nachrichten** ermöglicht es den Administratoren, Mitteilungen an alle bzw. an ausgewählte Kursteilnehmerinnen zu verschicken.

**Über die Funktion Erinnerungen** kann ein Administrator eine Mitteilung an einen bestimmten Teilnehmer bzw. eine Gruppe von Kursteilnehmerinnen versenden. Vom System erstellte Erinnerungen wie z. B. eine Erinnerung an eine bevorstehende Synchron-Veranstaltung werden automatisch an die Kursteilnehmerinnen gesendet. Nachrichten und Erinnerungen werden auf der Homepage des Kursteilnehmers angezeigt, sobald dieser sich in das System eingeloggt hat.

**Eine Mitteilung per e-Mail** ist für die Funktionen: Bestätigungen von Eintragungen, provisorische Eintragungen, Wartelisten für Kurse, Beginn von Kursen, Stornierung von Kursen oder Abschluss von Kursen möglich. Das System verfügt über die Option, Kursteilnehmerinnen in e-Mail- bzw. Fax-Verteilerlisten aufzunehmen bzw. zu löschen.

Die Kursteilnehmerinnen können sich **Diskussionsgruppen** für spezielle Kursangebote oder allgemeinen Diskussionsgruppen zu verschiedenen Themen anschließen.

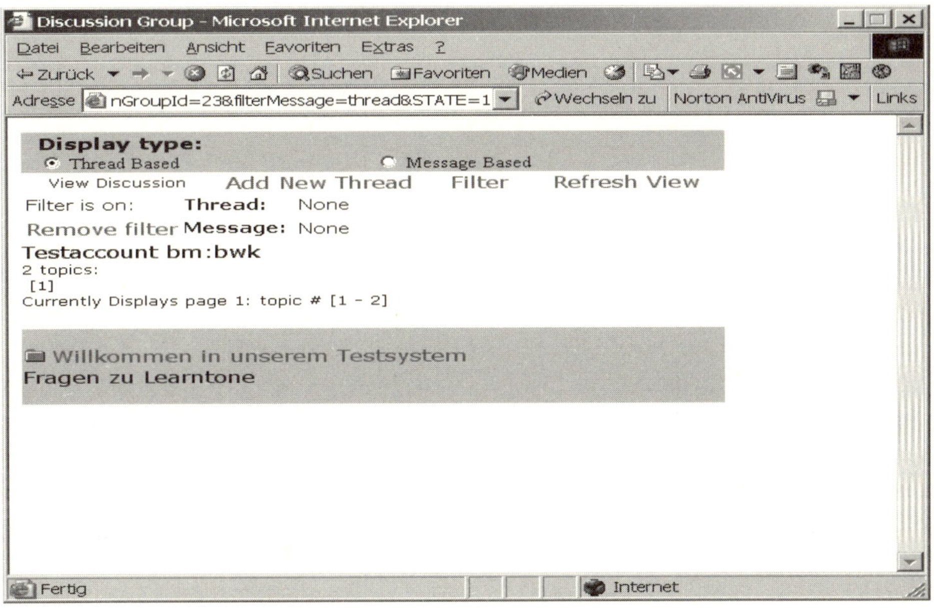


Das Diskussionsforum ist schnell und einfach zu bedienen.
Anhänge an Nachrichten sind jedoch nicht möglich.
Sehr praktisch ist die Filterfunktion zur Anzeige von Nachrichten.

## 1.3 Annotationen:

Annotationen werden vom System nicht unterstützt, sind jedoch Angaben des Herstellers zufolge im Rahmen eines Customizings implementierbar.

## 1.4 Gruppenbildung durch Rollen:

Dies ist aufgrund des integrierten Rechtesystems möglich.

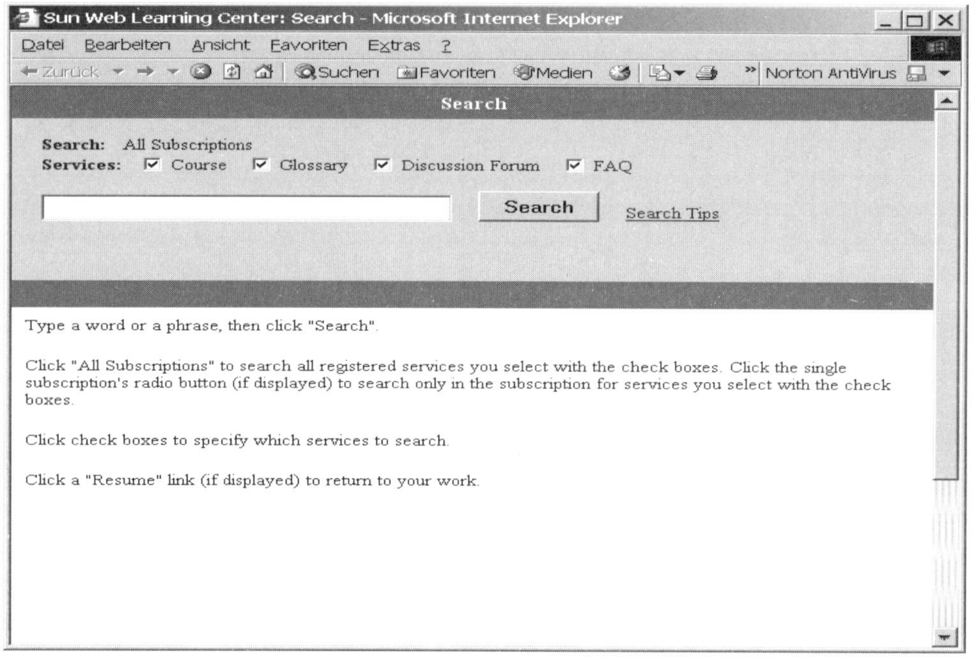


Die komfortable Suchfunktion

## 1.5 Externe Kommunikationstools integrierbar:

Aufgrund der offenen Architektur von Enterprise Learning Platform lassen sich alle gängigen Applikationen integrieren, sofern diese selbst die entsprechenden Schnittstellen bereitstellen, bzw. auf offenen Standards wie z. B. T.120 und H.323 basieren. Spezielle Schnittstellen (mit der Option des Austausches von Userdaten) zu den Produkten der Marktführer (Interwise, Centra) sind nicht in das System integriert.

# 2. Didaktik:

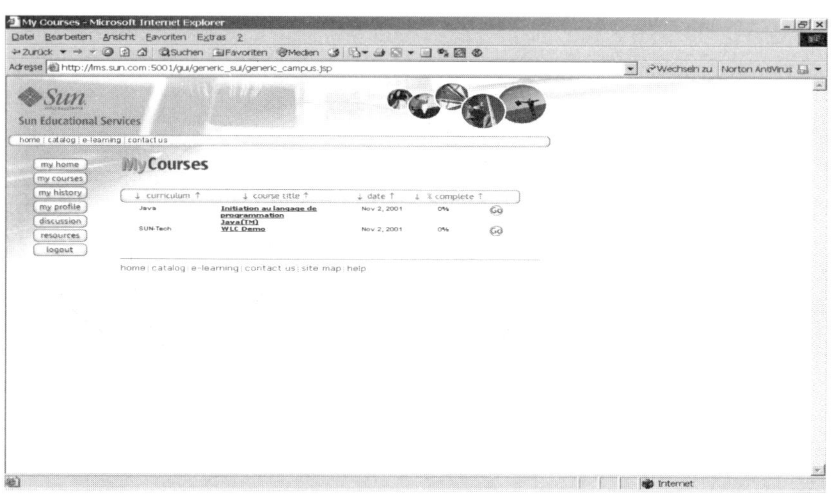


Die Kursübersicht

## 2.1 Lässt verschiedene Lehr- und Lernmodelle zu:

Dies wird durch die integrierten asynchronen Kommunikationstools sowie durch das flexible Rechtesystem ermöglicht.

## 2.2 Übungen und Tests:

Das Erstellen von Übungen und Tests mit unterschiedlichen Fragentypen wird nur durch die Integration von Add-on Produkten ermöglicht. Der Hersteller empfiehlt als Enwicklungswerkzeug die Software „Perception" der Fa. Question Mark, die vollständig in die Enterprise Learning Platform integriert werden kann.

Mit diesem Tool erstellte Pre- und Postassessments können unabhängig von Kursen zu Testkatalogen gebündelt werden. Über die Ergebnisse von Auswertungen können Auswertungsreports erstellt werden. Die Bewertungsergebnisse können vom Administrator mitverfolgt werden.

## 2.3 Modularisierung:

Dies wird durch die Einhaltung gängiger Standards (siehe das Kriterium: entspricht Standards) ermöglicht.

## 2.4 Feedback zum Lernfortschritt:

In das System ist eine Skill-Gap-Analyse implementiert. Die Kursteilnehmerinnen können eine Online-Einschätzung ihrer Skills abgeben. Diese Einschätzungen können mit Kursangeboten und Lehrplänen verbunden werden. Weiters können die Kursteilnehmerinnen die Skill-Niveaus bestimmen, die für ihre Jobfunktion erforderlich sind.

Auf der Basis dieser Einschätzungen und der Ermittlung von Skill-Gaps schlägt das System Kursangebote oder Lehrpläne vor.

Der Kursablauf, -fortschritt und -abschluss wird vom System mitprotokolliert und den Kursteilnehmerinnen auf ihrer Lern-Homepage angezeigt. Optional können diese Lernprotokolle automatisch per e-Mail dem Kursteilnehmer-Manager zugestellt werden.

## 2.5 Autorenfunktionen:

Es sind keinerlei Autorenfunktionen in Enterprise Learning Platform integriert.

## 2.6 Learning Flow Management:

Die Kursteilnehmer können in jedem Kurs ein Lesezeichen setzen, das anzeigt, wo sie zuletzt aufgehört haben, damit der Kurs später an dieser Stelle fortgesetzt werden kann. Die Kursangebote können in Form eines Lernpfades organisiert werden. Ein solcher Lernpfad kann mit einer Zertifizierungsprüfung oder der Vergabe eines

Zeugnisses enden. Die Kursangebote innerhalb eines Lernpfades können verschiedene Modalitäten umfassen: synchron, asynchron, etc. Die Kursangebote innerhalb des Lernpfades können Vorbedingungen enthalten oder in einer vordefinierten Reihenfolge bereitstehen.

Die Kursteilnehmer können auch je nach Lehrplan und Abteilung im voraus in angebotene Kurse eingetragen werden, wodurch der Prozess der Selbsteintragung wegfällt.

## 3. Administration:

### 3.1 Tracking von Usern:

Tracking- und Reporting-Funktionen sind in das System integriert. Diese werden auch unter dem Kriterium Feedback zum Lernfortschritt beschrieben.

### 3.2 Rechnungsverwaltung:

Enterprise Learning Platform verfügt über ein Warenkorb-System für die Buchung und Abrechnung von Kursen. Landesbezogene Konnektoren für die Implementierung einer bidirektionalen Schnittstelle mit SAP- und PeopleSoft ERP-Anwendungen sowie Clarify, Ventive und Siebel CRM-Anwendungen sind integriert. Zusätzlich ist eine allgemeine Business-to-Business-XML-Engine implementiert, mit der das Produkt mit anderen Unternehmensanwendungen eine Schnittstelle bilden kann.

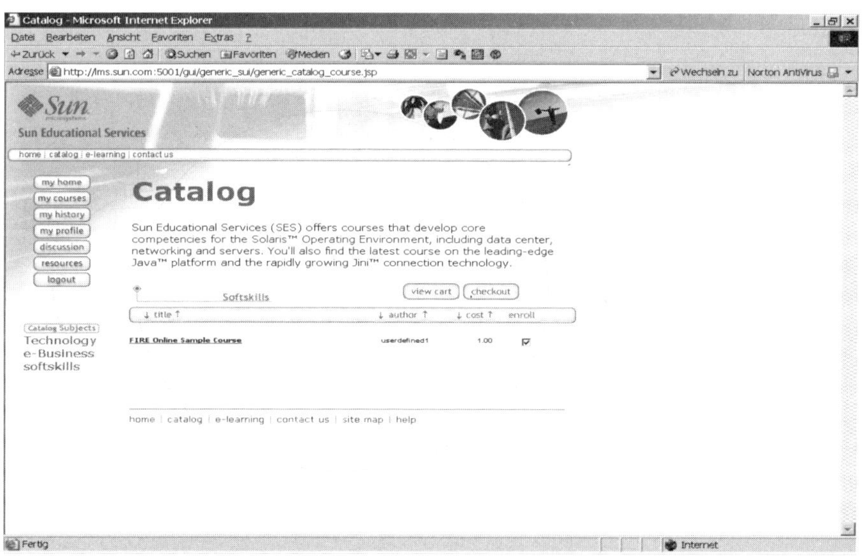


Das Auswählen von Kursen aus dem Angebot erfolgt per Warenkorbsystem.

### 3.3 Personalisierung:

Die Kursteilnehmer können nur für sie bestimmte Mitteilungen vom Lernadministrator oder vom Lernsystem selbst erhalten und einsehen. Dies umfasst z. B. Mitteilungen über Aktualisierungen, „Erinnerungen" an verpasste oder dringende Termine etc. Diese Nachrichten werden auf der Homepage nach dem Einloggen dargestellt.

Eine Personalisierung des Lernprozesses ist wie unter den Kriterien: Feedback und Learning-flow beschrieben, möglich.

Eine Personalisierung der Lernumgebung in Bezug auf Design bzw. Layout ist nur auf Gruppenebene möglich.

Eine Personalisierung der Lernumgebung in Bezug auf weitere Funktionalitäten ist aufgrund der offenen Architektur von Enterprise Learning Platform möglich, benötigt aber zusätzlichen Planungs- und Entwicklungsaufwand und ist nur im Rahmen eines Customizings durchführbar.

## 4. Technik:

### 4.1 Anpassbarkeit:

Die Anpassung des CI wird in der Regel durch den Hersteller oder eine Partnerfirma über eine vollständig auf JSP[1] basierende API durchgeführt. Mit den entsprechenden JSP-Kenntnissen kann auch ein eigenes Entwicklerteam diese Anpassungen durchführen.

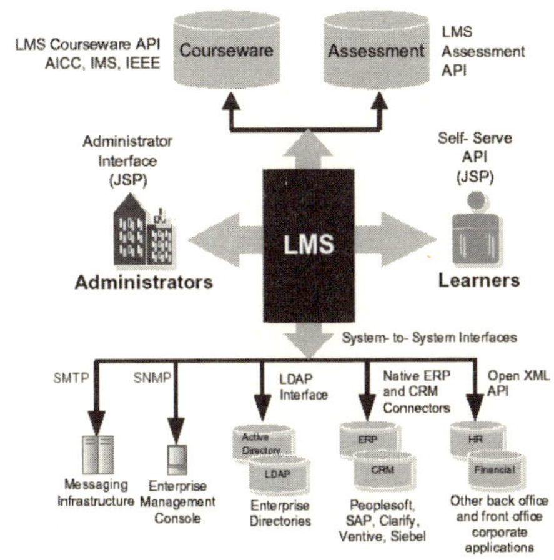


### 4.2 Erweiterbarkeit:

Sämtliche Schnittstellen zu Standardsoftware-Produkten, zu Benutzeroberflächen und zu Inhalten sind dokumentiert und über offene APIs verwendbar bzw. erweiterbar.

### 4.3 Skalierbarkeit:

Aufgrund der offenen 3-Tier[2] Systemarchitektur ist Enterprise Learning Platform sehr gut skalierbar.

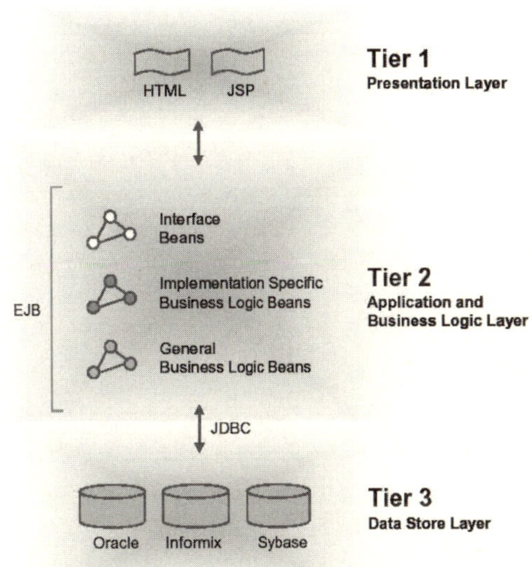


### 4.4 Distributierbarkeit:

Die gesamte Enterprise Learning Plaform lässt sich beliebig auf verschiedenen Servern verteilen.

[1] JSP = Java Server Pages

[2] Tier = Schicht

## 4.5 Entspricht Standards:

Das System unterstützt die folgenden Standards:

- AICC
- IEEE
- SCORM

Tracking-Funktionalitäten von entsprechendem Content wird unterstützt. Eine AICC-Zertifizierung wird nach Angaben des Herstellers angestrebt.

## 4.6 Unterstützte Serverbetriebssysteme:

Das System baut auf den offenen Internet-Standards JSP, EJB[3] und J2EE[4] auf und ist damit auf allen Betriebssystemen lauffähig.

## 4.7 Support:

Der Support erfolgt über Deutschland und ist in verschiedenen Service-Levels möglich.

## 4.8 Dokumentation:

Handbücher sowie eine umfangreiche Online-Hilfe sind verfügbar.

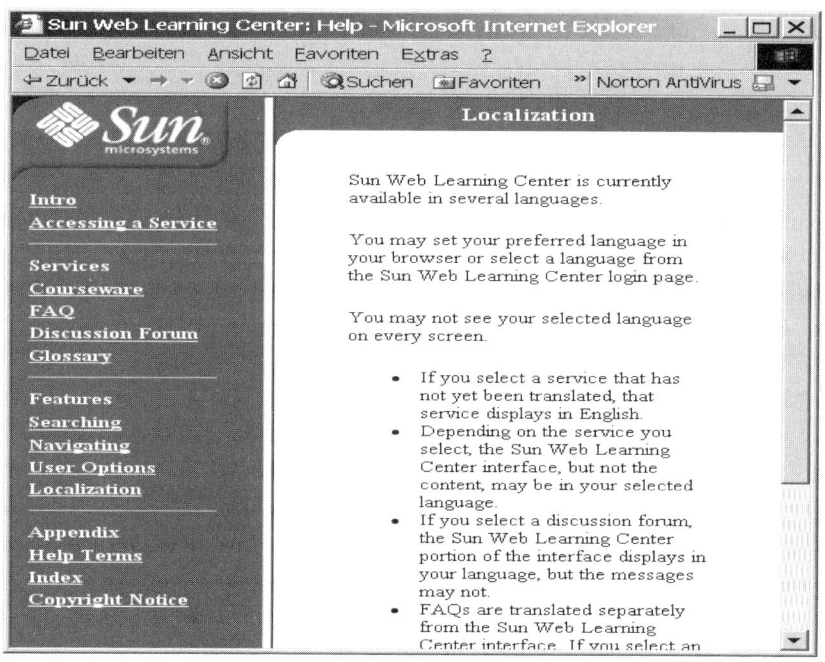


Die Hilfefunktion ist nicht kontextsensitiv

---

[3] EJB = Enterprise Java Beans.

[4] J2EE = Java 2 Enterprise Edition.

## 4.9 Sicherheit bei Datenweiterreichung:

Das System bietet ein umfassendes Sicherheitsmodell. Auf dem Transport Level wird SSL verwendet. Zur Verschlüsselung von Zugriffen durch Lernende oder Administratoren wird die X.509v3 Public Key Certificate Infrastruktur verwendet.

## 4.10 Systemanforderungen / Ressourcenbedarf:

Keine Angaben seitens des Herstellers.

## 4.11 Deutschsprachiger Vertriebspartner:

Ein österreichischer Vertriebspartner ist nicht vorhanden. Der Vertrieb erfolgt über Sun Educational Services Deutschland.

## 4.12 Unterstützt Standard- Objekttypen und -formate:

Alle MIME-Types werden unterstützt.

# A. Firmenprofil

<table>
<tr><td>Hyperwave AG</td><td colspan="3">HYPERWAVE<br>The Power of Wisdom</td></tr>
<tr><td rowspan="2">Unternehmensdaten:</td><td>Gründungs-datum</td><td>Mitarbeiter-Innen</td><td>Umsatz 2001</td></tr>
<tr><td>1997</td><td>200</td><td>:21,6 Mio. Euro</td></tr>
<tr><td>Produkt, Versions-nummer:</td><td colspan="3">Hyperwave eLearning Suite (eLS) 1.3</td></tr>
<tr><td>Tätigkeits-Schwerpunkte:</td><td colspan="3">Hyperwave bietet mit der eKnowledge Infrastructure eine ganzheitliche Wissensmanagement-Lösung, welche Applikationen wie Content- und Dokumentenmanagement, Enterprise Information Portal, Information Retrieval, Workflow, Collaboration und e-Learning integriert.<br><br>Diese Struktur unterstützt Unternehmen dabei, unstrukturierte Informationen in Wissen zu verwandeln.<br><br>Dies beginnt bei der Sammlung, Erstellung und Organisation von Informationen, geht über deren Präsentation in einer benutzerfreundlichen Form und endet damit, dass die einzelnen Mitarbeiter auf strukturierte Informationen zugreifen können. Zusätzlich können diese Informationen verwendet werden, um die Mitarbeiter unternehmensintern weiterzubilden.<br><br>Jeder einzelne Mitarbeiter kann seinen Beitrag zur Erweiterung des Unternehmenswissens im Sinne des „Collaborative Knowledge" leisten.<br><br>Hyperwave bietet dafür mit der Hyperwave eKnowledge Infrastructure drei Hauptprodukte:<br><br>▪ die eKnowledge Suite,<br>▪ das eKnowledge Portal und<br>▪ die eLearning Suite.<br><br>Die einzeln und in Kombination einsetzbaren Applikationen bauen auf der Plattform des Hyperwave IS/6 auf. Sie greifen modular ineinander und lassen sich so auf die Anforderungen in Unternehmen abstimmen.</td></tr>
</table>

| | |
|---|---|
| Produkt-Kurzbeschreibung: | Die Hyperwave eLearning Suite (eLS) ist die erste Lösung, bei der Weiterbildung mit Wissensmanagement kombiniert wird. Dies soll einen konstanten und gezielten Transfer von Informationen und Know-how zwischen Mitarbeitern gewährleisten. Lösung für<br>▪ Web Based Training<br>▪ Distance Learning<br>▪ Computer Based Training |
| Referenz-Projekte: | ▪ Webacad<br>▪ Telekom Austria (Jet2Web)<br>▪ Siemens ICN VD<br>weitere Referenz-Projekte auch zu den anderen Produkten der Hyperwave eKnowledge Infrastructure finden Sie unter www.hyperwave.de/d/references/index.html |
| Kontakt:<br><br><br>Tel.:<br>Fax:<br>URL: | Hyperwave AG<br>Humboldtstr. 10<br>D-85609 München-Dornach<br>++49-89-94 30 4 0<br>++49-89-94 30 4 199<br>www.hyperwave.com |
| Ansprechpartner:<br>E-Mail: | info@hyperwave.de |
| Vertrieb im deutschsprachigen Raum: | München und Frankfurt |

# B. Weiterführende Produktinformationen

## Lizenzkosten:

### *Kommentar des Herstellers:*

*Das Lizenzmodell setzt sich aus einer Serverlizenz und einer von der Anzahl der Named User abhängigen Komponente zusammen, zzgl. optionaler Module.*

*Die Lizenzgebühren sind einmalig zu entrichten; die Lizenz ist zeitlich unbefristet gültig. An laufenden Kosten fallen nur die Gebühren für Support und Wartung an.*
*Preise projektbezogen auf Anfrage.*

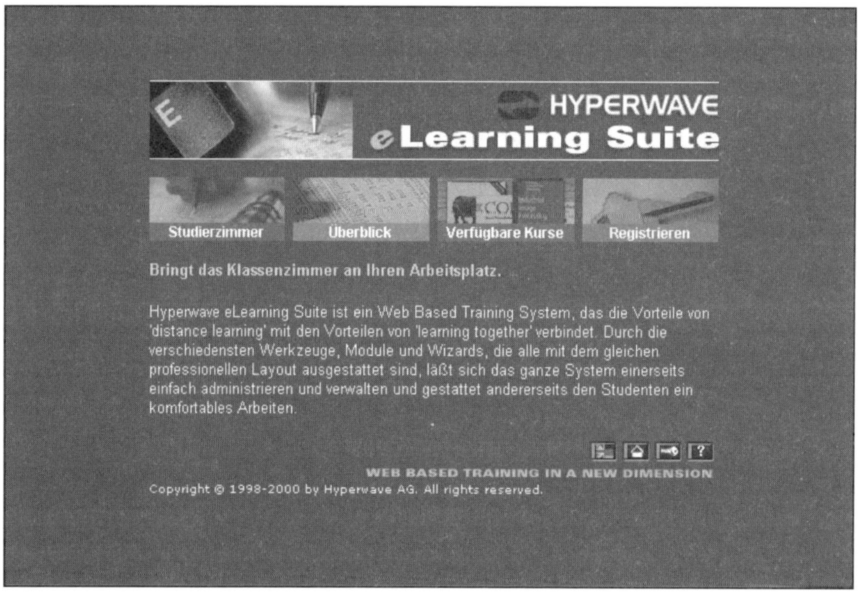


Die Startseite der eLearning Suite

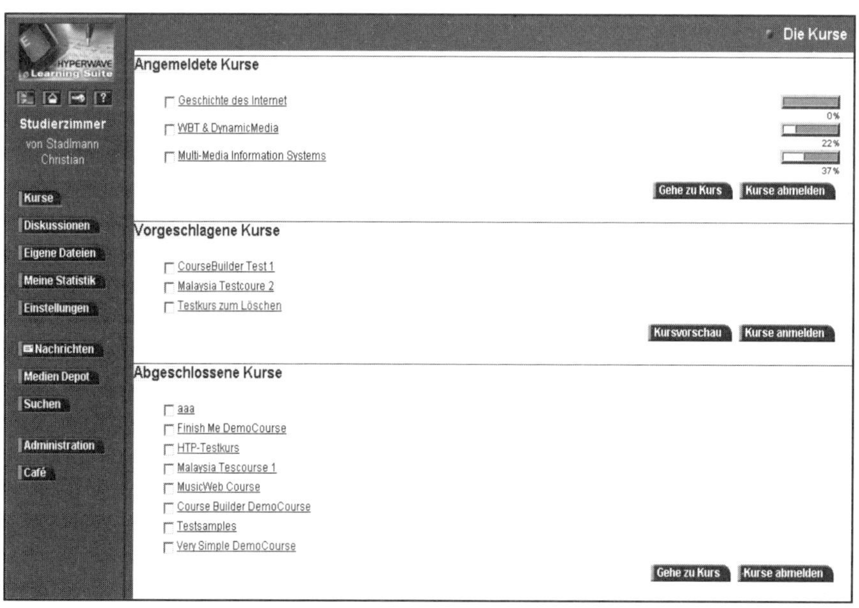


Der Studienraum ist der zentrale, personalisierte Startpunkt für die LernerInnen und bietet: Zugang zu den Kursen, eine Liste der Kurse abhängig vom Userprofil, Kursan- und abmeldung, Zugang zu allen anderen Räumen, Überblick über den persönlichen Lernfortschritt.

# 1. Kommunikation, Kooperation & Kollaboration:

## 1.1 Synchron:

Das System bietet die Funktion Chat in den Ausprägungen privater, öffentlicher Chat sowie virtuelle Sprechstunde. Das System ist offen für die Einbindung weiterer Tools wie beispielsweise Microsoft Netmeeting™ oder Centra Symposium™ um Funktionalitäten wie Whiteboard, Application Sharing und Audio- / Videokonferenzen abzudecken.

## 1.2 Asynchron:

Folgende Kommunikationsformen werden unterstützt:

- e-Mail-Nachrichten
- Notizen (öffentliche, private und Team-Notizen, Fragen, Bewertungen)
- Diskussionsforen (kursbezogen oder allgemein)
- Infoboard
- Aktive Dokumente: Aktive Dokumente sind lernende Dokumente/Inhalte. Die Trainees verknüpfen ihre Fragen mit dem Dokument, die der Trainer oder die Kollegen regelmäßig beantworten. Neue Fragen vergleicht das System zunächst mit vorhandenen ähnlichen Frage- und Antwortpaaren; sind entsprechende vorhanden, liefert das System die gewünschte Erklärung. Ist keine passende Antwort vorhanden, wird die Frage an den entsprechenden Experten weitergeleitet. Laut Hyperwave soll diese Funktion mit der Zeit die Präsenz der Autoren weitgehend überflüssig machen.
- Up- und Download von Dateien
- FAQ-Listen
- Austausch von Dokumenten als Attachment zu Nachrichten oder Notizen.
- Suchfunktion, mit der alle Inhalte (auch Notizen, Diskussionen, Chats etc.) durchsucht werden können.

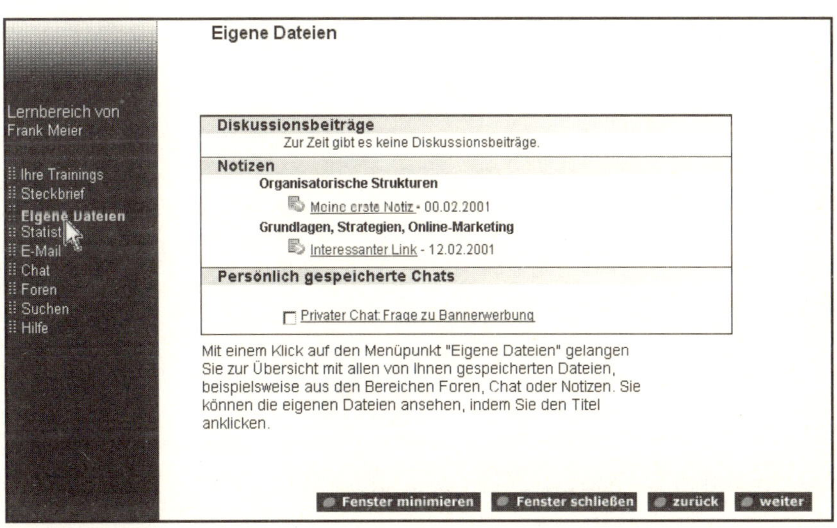


Der Bereich „Eigene Dateien" liefert eine Übersicht der angelegten Beiträge in den Bereichen: Diskussionsforen, Annotationen, Chat.

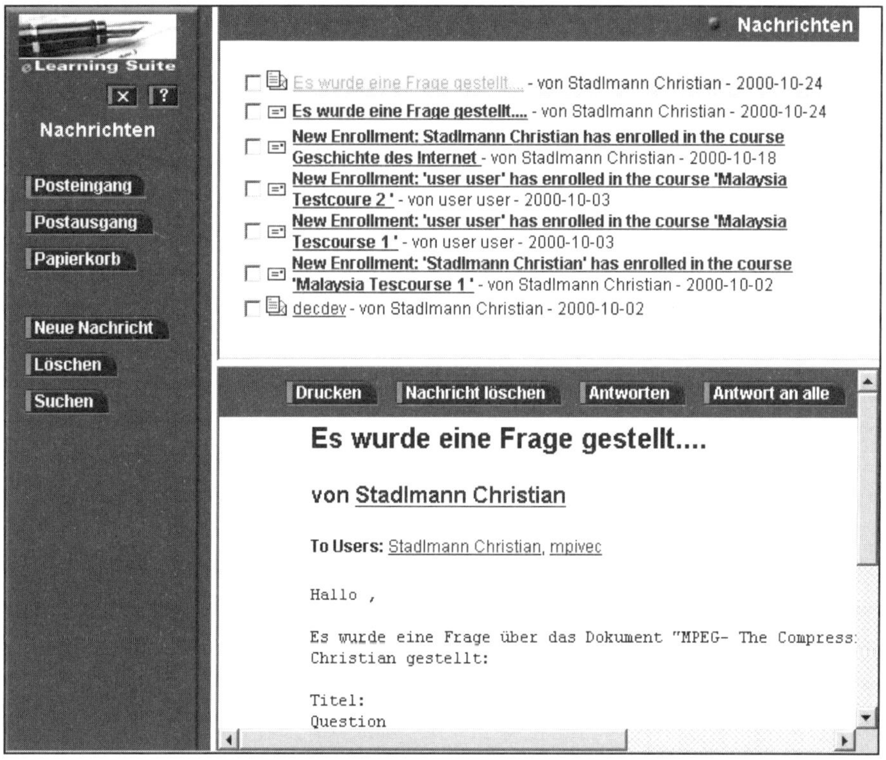


Das Nachrichtenfenster

## 1.3 Annotationen:

Zu den Inhalten können an jeder beliebigen Stelle Anmerkungen gemacht werden. Diese können als private oder öffentliche Notizen gekennzeichnet werden. Sie können weiters die Ausprägungen Anmerkung, Frage, Antwort, Zustimmung oder Ablehnung haben.

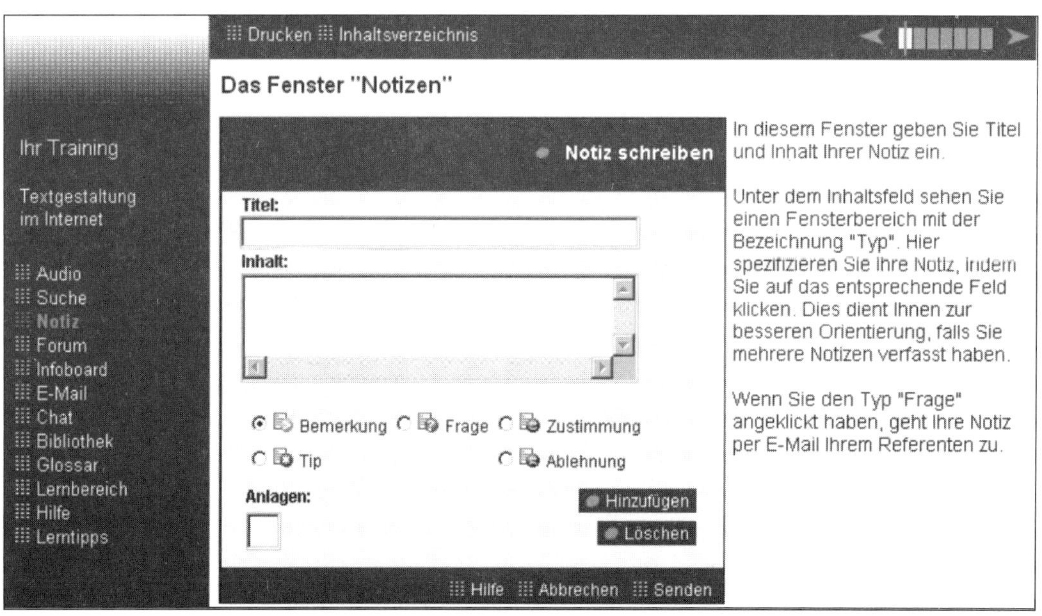


Die Notizfunktion mit der Möglichkeit der Kategorisierung des Inhalts.

### 1.4 Gruppenbildung durch Rollen:

Standardmäßig sind im System nachfolgend aufgeführte Rollen vordefiniert:

- Trainer
- Autor
- Trainee
- Administrator

Darüber hinaus können Teams bzw. Arbeitsgruppen sowohl von der Tutorin als auch von den Lernenden selbst gebildet werden.

Ein Team ist eine Gruppe von Benutzerinnen, welche die gleichen Interessen - zum Beispiel bezüglich eines Kurses, einer Arbeitsgruppe oder eines gemeinsamen Projektes - haben. Benutzerinnen, die Mitglieder eines Teams sind, können alle am gleichen teamspezifischen Diskussionsforum teilnehmen. Teams können auch dazu verwendet werden, Zugriffsrechte auf Notizen und Beiträge in anderen Diskussionsarten zu beschränken. So kann beispielsweise ein Mitglied des Teams "Projektgruppe Multimedia", die Leserechte einer Notiz beschränken, so dass sich nur die Mitglieder dieses Teams die Notiz ansehen können.

### 1.5 Externe Kommunikationstools integrierbar:

Die internen Kommunikationsmedien können durch externe Tools ersetzt oder ergänzt werden (z. B. Virtual-Classroom-Produkte: Microsoft Netmeeting™, Centra Symposium™. Mailsysteme: Microsoft Exchange™, Lotus Notes™)

## 2. Didaktik:

### 2.1 Lässt verschiedene Lehr- und Lernmodelle zu:

Die Flexibilität des Systems lässt verschiedene Lernmodelle zu, wobei diese nicht zuletzt auch über die Gestaltung der Lerninhalte bestimmt werden. Das System unterstützt die verschiedenen Lernmodelle über das Rechtekonzept sowie über die Kommunikationstools. Weiterhin besteht die Möglichkeit, die Freigabe bzw. das Angebot vom Bestehen bestimmter Tests und Einstufungen abhängig zu machen. Ebenso sind sowohl eine automatische, eine halbautomatische bzw. eine manuelle Einschreibweise für Kurse möglich.

- Lehrerinnenzentriert:
  Es ist beispielsweise möglich, den Zugriff auf nachfolgende Kapitel oder Kurse von der Freigabe durch die Lehrerin oder das Bestehen von bestimmten Tests abhängig zu machen, und somit einen exakten Lernweg vorzugeben.

- Lernerinnenzentriert:
  Die Aufgabe könnte beispielsweise darin bestehen, ein Thema vorzugeben, die Lernenden aufzufordern, einen Aufsatz zu schreiben und diesen anschlie-

ßend zu publizieren. Der weitere Lernprozess kann dann als moderierte Diskussion gestaltet werden, in dessen Verlauf die Artikel überarbeitet werden.

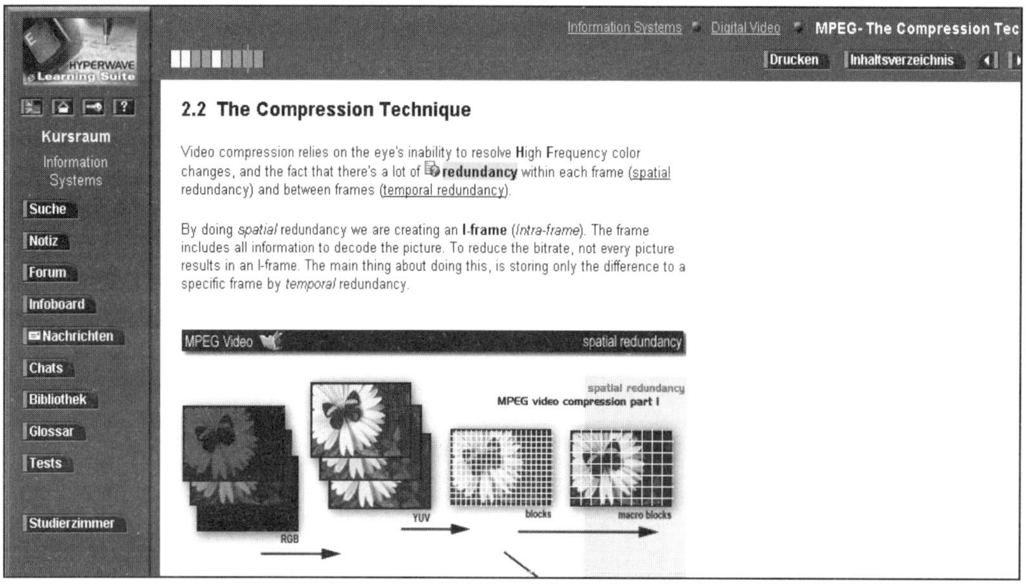


Der Kursraum mit einem Kurs zum MPEG-Standard.

## 2.2 Interaktive Übungen und Test:

Kursbegleitend können den Lernenden nach Abschluss einzelner Kapitel oder Lernbereiche zur Erfolgskontrolle Übungen bzw. Tests angeboten werden. Das externe Autorentool „Dynamic Powertrainer™" unterstützt dabei die Erstellung von Abfragen in der Form von:

- Multiple Choice
- Single Choice
- Lückentexten
- Reihungen
- Zuordnungen (Drag und Drop)
- Tabellentest (=Überprüfung ob Aussagen richtig oder falsch sind)

Die Auswertung der Übungen kann dabei sowohl automatisch, als auch durch die Lehrerin erfolgen. Einzel- und Gruppenübungen können unter Nutzung der integrierten Kommunikations- und Kollaborationsmöglichkeiten durchgeführt werden. Hierzu bietet Hyperwave ergänzend das Modul „Teamworkspace" an (Kalender, Mitglieder, Tasks, Dokumente).

## 2.3 Modularisierung von Lehr- und Lerninhalten:

Das Einstellen von AICC-konformen Kursen ist möglich. Alle publizierten Kurse bzw. darin enthaltenen Objekte werden mit Metadaten versehen (Rechte, Kategorien, auch frei definierbar...). Kursbausteine können dabei in die (Medien-) Bibliothek und das Glossar eingestellt und wieder verwendet werden.

Die Lerninhalte selbst können über eine einfache Gliederungsfunktion frei organisiert werden. Bei der Kurserstellung können beliebige Formate in einer beliebigen Reihenfolge (zeitgesteuert) kombiniert werden.

Als Inhalte können alle im Webbrowser darstellbaren Inhalte und Informationsobjekte dienen (PowerPoint, Flash, Shockwave, PDF, Word, HTML, XML, etc.). Es können aber auch einzelne Dokumente als Kurs definiert werden. (z. B. ein Worddokument als Rundschreiben). Die Zuweisung von Kursen zu Usern erfolgt über Profile (wer soll was studieren).

## 2.4 Feedback zum Lernfortschritt und Protokollierung des Lernfortschrittes:

Umfangreiche statistische Auswertungen sind in der Standardinstallation bereits enthalten und können individuell angepasst werden:

- welche Kapitel wurden aufgerufen
- wie lange wurde sich dort aufgehalten
- wann wurden sie aufgerufen
- von wem wurden sie aufgerufen
- welche Testergebnisse wurden erreicht
- welcher Fortschritt wurde im Durchschnitt erreicht
- welche Abweichungen gibt es, etc.

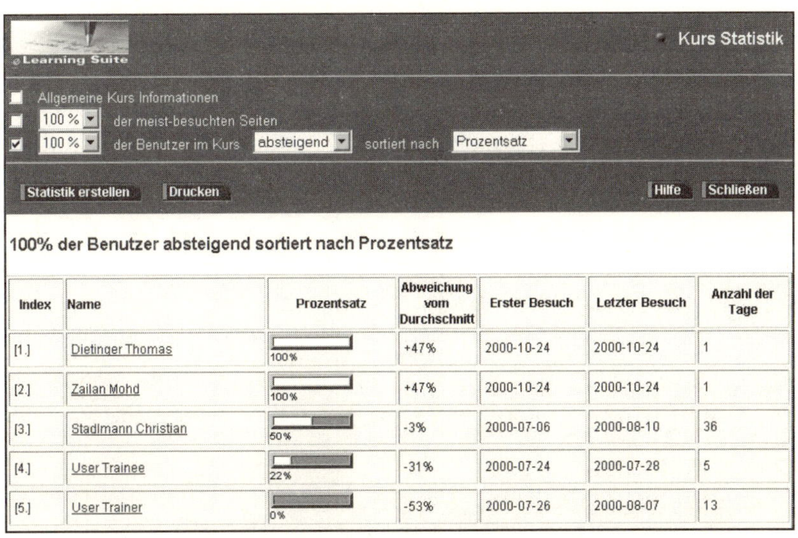


Die Kursstatistik mit Informationen für die Benutzergruppen:
**Trainees** (Lernerfolg, Vergleich mit anderen, Lerngruppen finden).
**Trainerin** (Statistik zum Kurs: durchschnittlicher Fortschritt, individueller Fortschritt). **Autorin** (Nutzung des Kursmaterials).
**Administratoren** (Informationen über Zugriffszeiten).

## 2.5 Autorenfunktionen:

Die Erstellung der gesamten Kursstruktur ist über einen Wizard möglich. Das Einstellen von Kursmaterialien, die mit externen Tools erstellt wurden oder in Office-Formaten vorliegen, kann per „Drag & Drop" via „JavaVirtualFolders" erfolgen. Inhalte im Office-Format können automatisch nach PDF oder HTML konvertiert werden.

Mit dem externen, über Hyperwave lizenzierbaren Autorentool „Dynamic Powertrainer™", liegt ein Autorenwerkzeug vor, mit dem ohne Programmier- bzw. HTML-Kenntnisse AICC-konforme WBT´s, Tests und e-Learning Kurse erstellt werden können. Als Output-Optionen stehen zur Verfügung:

- AICC-konformer Kurs
- für die eLS optimierter Kurs
- HTML-Seiten (MPEG-3 für die Audio- und Videoanteile)
- SMIL-Format (= Synchronized Multimedia Integration Language. Die Skript-Sprache erlaubt den Entwicklern die Gestaltung bzw. Einbindung von Sound-, Text-, Grafik-Animationen und Video in Web-Sites.)

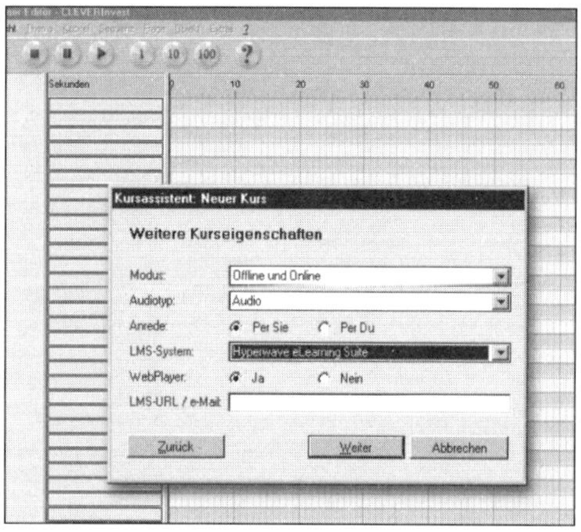


Dynamic Powertrainer™: der Kursassistent

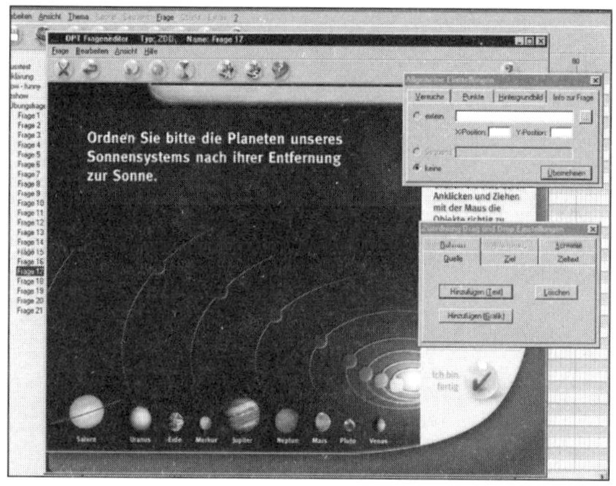


Erstellen einer Drag and Drop – Frage

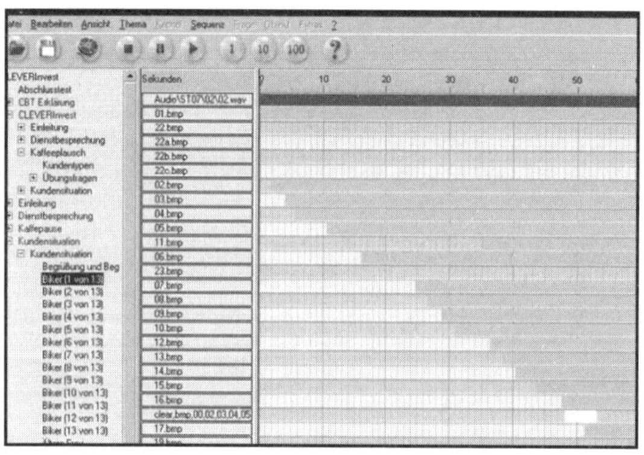

Die Timeline eines fertig gestellten Kurses

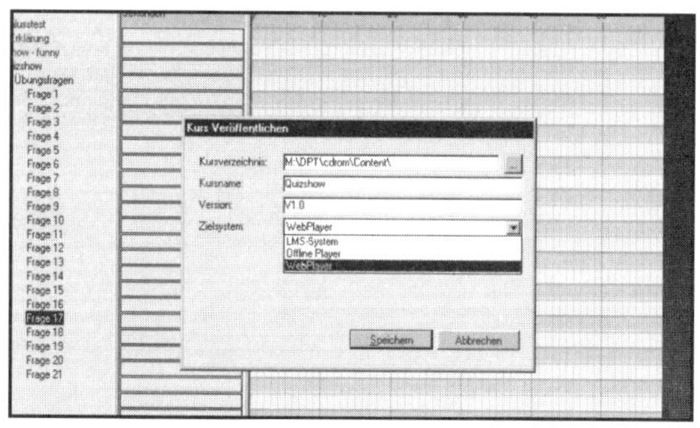


Veröffentlichen eines Kurses

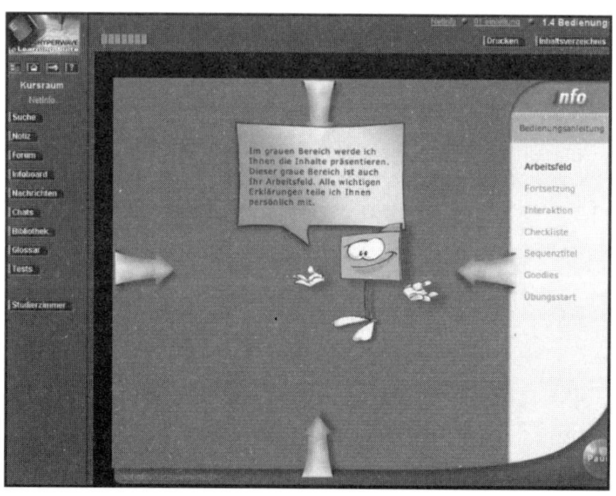


Der fertig gestellte Kurs in der eLS

## 2.6 Learning-flow-Management:

Das Management des Lernprozesses erfolgt unter Nutzung der aufgeführten Möglichkeiten:

- individuelle Kursangebote nach Profil bzw. Lernfortschritt
- statistische Auswertung des Lernfortschritts
- Teambildung
- Übungen und Tests

Es erfolgt standardmäßig ein automatisches „Bookmarking" d. h., der Kurs wird an der Stelle fortgesetzt, die zuletzt besucht wurde.

Es besteht die Möglichkeit, „Lehrpfade" aus unterschiedlichen Modulen zusammenzustellen:

- über die Profile lassen sich mehrere (kleinere) Kurse zu einem Lernprofil (Curriculum) zusammenstellen (Beispiel: zum Kurs Mathematik gehören die (Teil-) Kurse Statistik, Lineare Algebra, Differentialrechnung etc.).
- über die Medienbibliothek lassen sich Lerneinheiten (Module) verwalten, die mit vorgegebener Reihenfolge zu neuen Kursen zusammengestellt werden können.
- das externe Autorentool Dynamic Powertrainer™ ermöglicht eine Zusammenstellung von Sequenzen aus unterschiedlichen Inhalten.

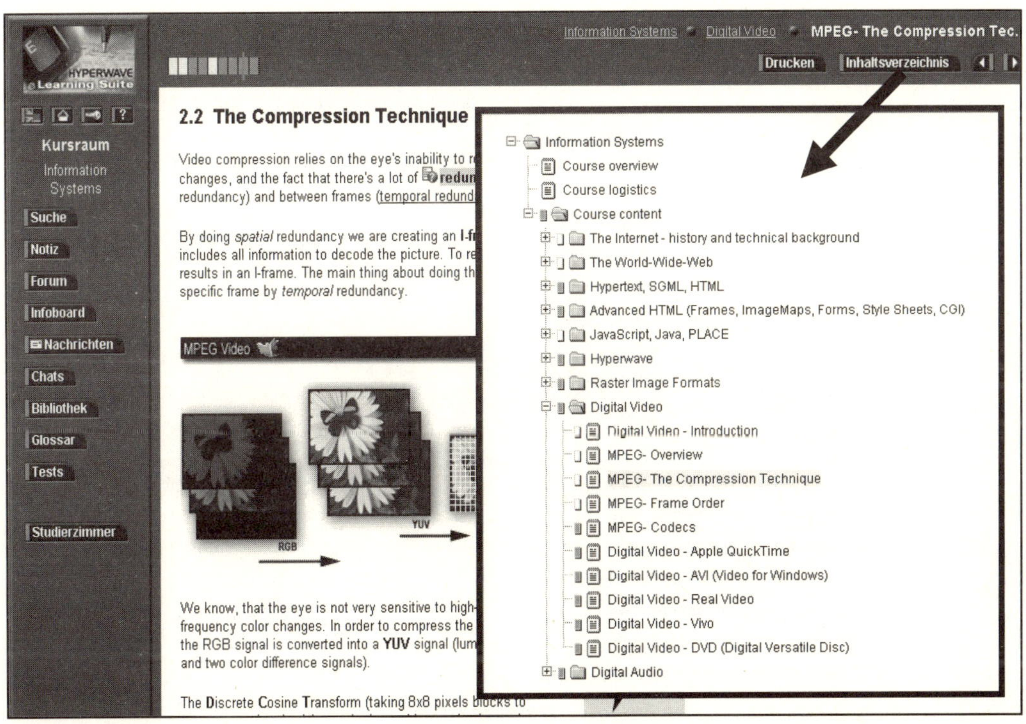


Das Inhaltsverzeichnis des Kurses „Digital-Video" mit der Anzeige der vollständig bearbeiteten Kursteile (weißes Rechteck).

# 3. Administration:

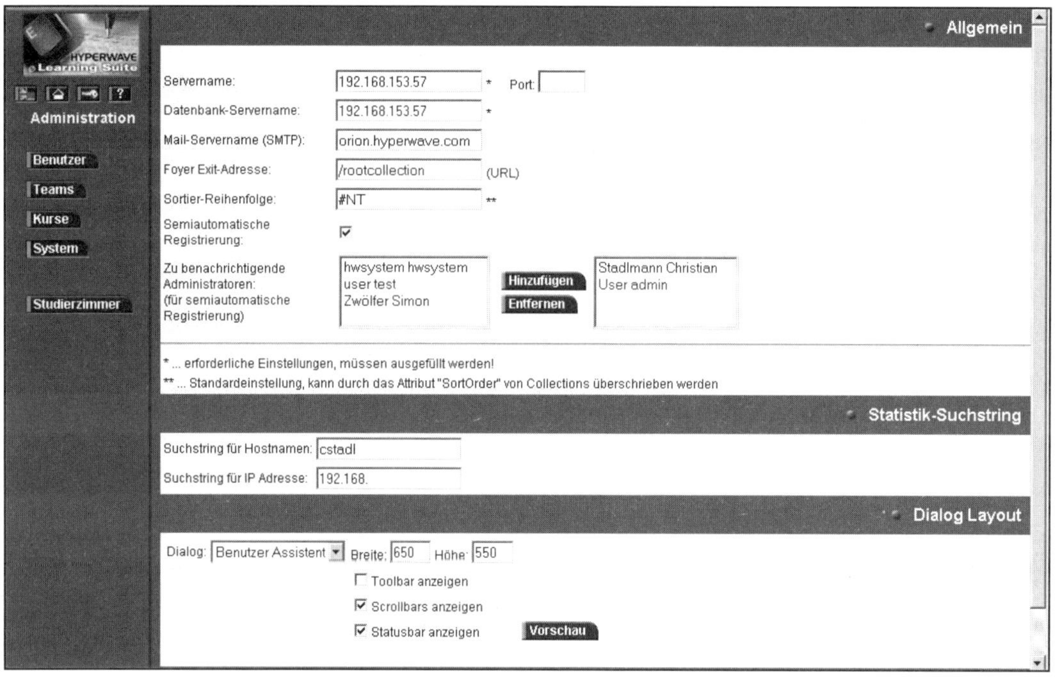


Die Administrations-Optionen:

**Benutzerin** (User-Profile können erstellt und bearbeitet werden, Kurse können vorgeschlagen werden, Erstellen von Statistiken).
**Teams** (Teams können erstellt und bearbeitet bzw. gelöscht werden, Userinnen können hinzugefügt werden).
**Kurse** (Erstellen, Bearbeiten und Veröffentlichen von Kursen).
**System** (Konfiguration des Systems).

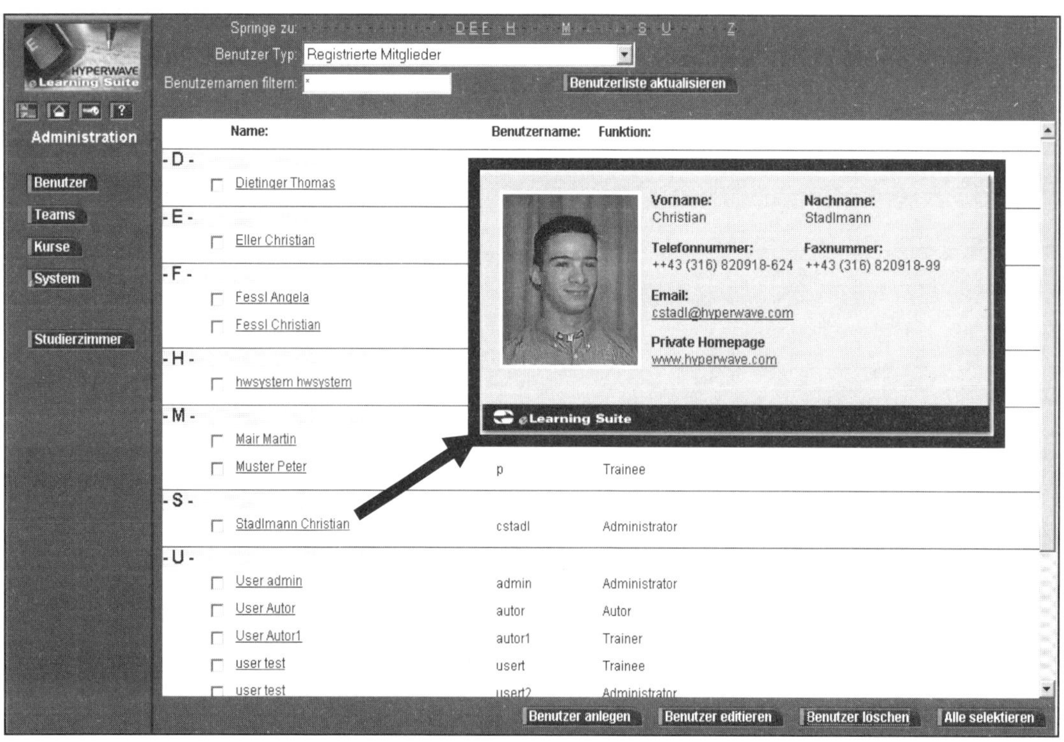


Die Administration der BenutzerInnen.

### 3.1 Tracking von Usern:

Dies ist durch die AICC-Konformität gegeben. Siehe hierzu auch das Kriterium Lernfortschritt.

### 3.2 Rechnungsverwaltung:

Eine Rechnungsverwaltung ist nicht integriert. Eine Schnittstelle zu SAP-Produkten ist jedoch vorhanden („SAP-Connect") und zu Peoplesoft HRMS™ geplant. Anbindungen an unterschiedliche Abrechnungssysteme wurden Hyperwave zufolge bereits realisiert (www.webacad.de, www.webdozent.de)

### 3.3 Personalisierung:

Über das Rechte- und Rollenkonzept ist eine weitgehende Personalisierung von Inhalten, bis hin zu individuellen Angeboten, möglich (wem werden welche Kurse oder Kapitel angeboten, mögliche Abhängigkeit von Profilen oder Testergebnissen).

## 4. Technik

### 4.1 Anpassbarkeit:

Das System ist in weitem Umfang unter Nutzung von Standard-Internettechnologien (HTML, Javascript, XML, XSL, DTD´s...) customisierbar. Auf Wunsch lässt sich das gesamte Userinterface bzw. Layout durch die Hyperwave AG oder durch autorisierte Hyperwave-Partner individuell gestalten (auch unterschiedliche Layouts mit unterschiedlichem Funktionalitätsumfang für unterschiedliche Usergruppen sind möglich).

### 4.2 Erweiterbarkeit:

Das System ist aus mehreren Teilprozessen aufgebaut. Dabei ist der Einsatz sowohl als Teil einer e-Knowledge Management Plattform, wie auch als ein separates e-Learning-System möglich. Standard Internet-Technologien erlauben funktionelle Anpassungen mittels Java bzw. Javascript (sog. Dokumentenklassen). Die eLS verfügt darüber hinaus über eine eigene API und ist über das Software Development Kit (SDK) funktionell erweiterbar. Dabei können diverse Technologien (COM-Objekte in C++, Visual Basic, Java, Javascript) eingesetzt werden. Weitere Zusatzmodule sind verfügbar (LDAP-Gateway, SSL-Verschlüsselung, CD-Publisher zur Erzeugung von Offline-Versionen, SAP-Connect, PDF-/HTML Konverter etc. Externe Produkte sind integrierbar.

## 4.3 Skalierbarkeit:

Eine hohe Skalierbarkeit ist durch das Systemdesign gegeben. Laut Hyperwave erfordert eine Installation mit mehreren tausend Usern allerdings ein individuelles Systemdesign unter Nutzung der Skalierungsmöglichkeiten der Hyperwave-Architektur (mehrere Wavemaster bzw. Kombination mehrerer Hyperwave-Server zum Serverpool). Ein solches Systemdesign erfolgt Hyperwave zufolge anhand einer näheren Beleuchtung der Gegebenheiten in einem mehrtägigen Workshop.

## 4.4 Ressourcenbedarf:

Das System ist ausgelegt für große und sehr große Benutzerzahlen. Entsprechende Lösungen erfordern allerdings ein individuelles Design und Tuning. Als Referenz für die diesbezüglichen Möglichkeiten wird von Hyperwave das Projekt „Webacad" des Management Circle (www.webacad.de) genannt. Die Systemperformance lässt sich über eine geeignete Customization erheblich beeinflussen. Eine gute Performance ist z.B. über „schlanke" Templates und eine geeignete Software-/Serverarchitektur zu erreichen.

Die Hyperwave AG nennt folgende Konfigurationsbeispiele:

| | 10.000 named Users: | 3000 named Users: |
|---|---|---|
| Datenbankserver: | 8 Xeon-CPU's ab 700 MHz, 4 GB RAM, 5 HDD's | 4 Xeon-CPU's ab 700 MHz, 2 GB RAM, 3 HDD's |
| Applikations-/ Frontend-Server: | 5x je 2 CPU Pentium III ab 900 MHz, 2 GB RAM, 2 HDD | 3x je 2 CPU Pentium III ab 900 MHz, 1 GB RAM, 2 HDD |

## 4.5 Distributierbarkeit:

Das System ist komplett web-basiert. Die Auslagerung von Teilprozessen auf separate Server (Datenbank, Suchmaschine, Applikationsserver), sowie mehrere parallele Frontends (mit Load Balancing) ist möglich.

Im Falle der Nutzung eines LDAP-Servers zur zentralen Benutzerverwaltung entfällt die Benutzerverwaltung durch den Hyperwave-Server. Der Hyperwave-Server greift dabei über ein Gateway auf den LDAP-Server zu, wobei sich beide Systeme auf unterschiedlichen Rechnersystemen befinden.

Der Hyperwave-Server kann dabei selbst wieder auf mehrere physikalische Server verteilt werden (ein oder mehrere ausgelagerte Applikationsserver [Wavemaster], ausgelagerte Suchmaschine [FT-Server], ausgelagerte Datenbank [Wavestore]). Auch kann ein Pool aus mehreren Hyperwave-Servern zum Einsatz kommen.

## 4.6 Entspricht Standards:

AICC-Kurse können verwaltet und über die Hyperwave Plattform angeboten werden. Eine SCORM-Zertifizierung ist für das nächste Release (3. Quartal 2002) vorgesehen.

## 4.7 Unterstützte Serverbetriebssysteme:

- Linux™
- Windows NT 4.0™
- Windows 2000™
- Sun Solaris™
- HP-UX™
- IBM AIX™

## 4.8 Support:

Es sind unterschiedliche Supportlevels mit unterschiedlichen Response- Zeiten und Erreichbarkeiten möglich: ab 4 h Reaktionszeit, Erreichbarkeit 8-20 Uhr MEZ Mo - Fr, 7 x 24-Support. Vor-Ort Support ist durch eigenes Personal (Support-Level Premium) bzw. über Partner möglich. Der Support ist in deutscher Sprache (bei 7 x 24 wird der Support außerhalb der Zeiten von 8 - 20 Uhr MEZ teilweise englisch sein).

## 4.9 Deutschsprachige Vertriebspartner:

Die Hyperwave AG unterhält ein Partnernetzwerk (Consulting, Implementierungs-, Content-, Customization- und Trainingspartner) in Österreich:

- Unisys
- Dynamic Media
- Infonova

Der Vertrieb für den deutschsprachigen Raum erfolgt von München aus. Als Unternehmen mit der Entwicklung in Graz stehen Unterstützungsmöglichkeiten und Ressourcen in Österreich zur Verfügung.

## 4.10 Dokumentation:

Eine Dokumentation zum System wird mitgeliefert. Ein WBT zur Plattform wie auch ein Benutzerhandbuch müsste in Abhängigkeit vom Umfang der Customization individuell erstellt werden.

## 4.11 Sicherheit bei Datentransfer:

Eine SSL-Verschlüsselung (V3, 128 Bit) ist möglich.

## 4.12 Unterstützung von Standardobjekttypen und –formaten:

Es werden ca. 300 Formate unterstützt, darunter alle gängigen Web- und Office-Formate.

# A. Firmenprofil

<table>
<tr><td>time4you GmbH communication & learning</td><td colspan="3">time4you</td></tr>
<tr><td rowspan="2">Unternehmensdaten:</td><td>Gründungsdatum</td><td>Mitarbeiterinnen</td><td>Umsatz</td></tr>
<tr><td>1999</td><td>25</td><td>k.A.</td></tr>
<tr><td>Produkt, Versionsnummer:</td><td colspan="3">IBT® SERVER eLearning suite v6</td></tr>
<tr><td>Tätigkeits-Schwerpunkte:</td><td colspan="3">Die time4you GmbH communication & learning ist Anbieter für E-Learning, E-Collaboration und Wissensmanagement.<br><br>Das Karlsruher Unternehmen bietet als Dienstleister und Software-Hersteller seinen nationalen wie internationalen Kunden maßgeschneiderte schlüsselfertige High-End-Lösungen an. Das Dienstleistungsspektrum der time4you GmbH umfasst alle relevanten Aspekte der Planung und Einführung:<br>▪ Analyse und Beratung (strategisch, didaktisch-methodisch, prozessual, technisch)<br>▪ Software-Entwicklung, Content-Entwicklung, Campus-Entwicklung<br>▪ Service und Support<br>▪ Qualifizierung und Coaching<br>▪ Hosting und Application Service Providing</td></tr>
<tr><td>Produkt-Kurzbeschreibung:</td><td colspan="3">Die IBT® SERVER eLearning suite bietet alle Funktionen, mit deren Hilfe Lern-, Informations- und Wissensprozesse in einem Unternehmen gesteuert und abgewickelt werden.<br><br>Die IBT® SERVER eLearning suite ist plattform- und datenbankunabhängig und deshalb ideal für den Einsatz in einer heterogenen DV-Infrastruktur geeignet. Die Implementation internationaler Standards und Schnittstellen garantieren Kompatibilität und Konformität zu anderen Geschäftsapplikationen.<br><br>Aktuell lieferbar sind die Sprachen Deutsch, Englisch, Spanisch und Französisch.</td></tr>
</table>

| | |
|---|---|
| **Referenz-Projekte:** | ▪ Bertelsmann- Stiftung<br>▪ Carl-Duisberg-Gesellschaft<br>▪ DaimlerChrysler AG<br>▪ Deutsche Stiftung für Internationale Entwicklung<br>▪ Deutsche Sparkassenakademie<br>▪ Energieagentur Nordrhein-Westfalen<br>▪ Fraunhofer Gesellschaft<br>▪ HUK-COBURG<br>▪ ibis acam AG<br>▪ IC eLearning AG<br>▪ Manor AG<br>▪ SAS Institute AG<br>▪ Schenker AG (Stinnes AG)<br>▪ Siemens AG<br>▪ TOP GmbH<br>▪ Universität Freiburg<br>▪ Universität Tübingen<br>▪ Universität Zürich |
| **Kontakt:**<br><br><br><br>**Tel.:**<br>**Fax:**<br>**URL:** | time4you GmbH communication & learning<br>Maximilianstr. 4<br>D-76133 Karlsruhe<br><br>++49-721-83 016-0<br>++49-721-83 016 16<br>www.time4you.de |
| **Ansprechpartner:**<br>**E-Mail:** | Achim Vogt<br>vogt@time4you.de |
| **Vertrieb im deutschsprachigen Raum:** | Direkt über die time4you GmbH oder einen der assoziierten Partner.<br><br>Business Partner<br>ERM Lahmeyer International GmbH<br>IC eLearning AG<br>Wissma Training GmbH<br><br>Certified IBT® SERVER Solution Partner<br>Saxonia Systems AG |

# B. Weiterführende Produktinformationen

## Die Architektur der IBT-Server eLearning suite:

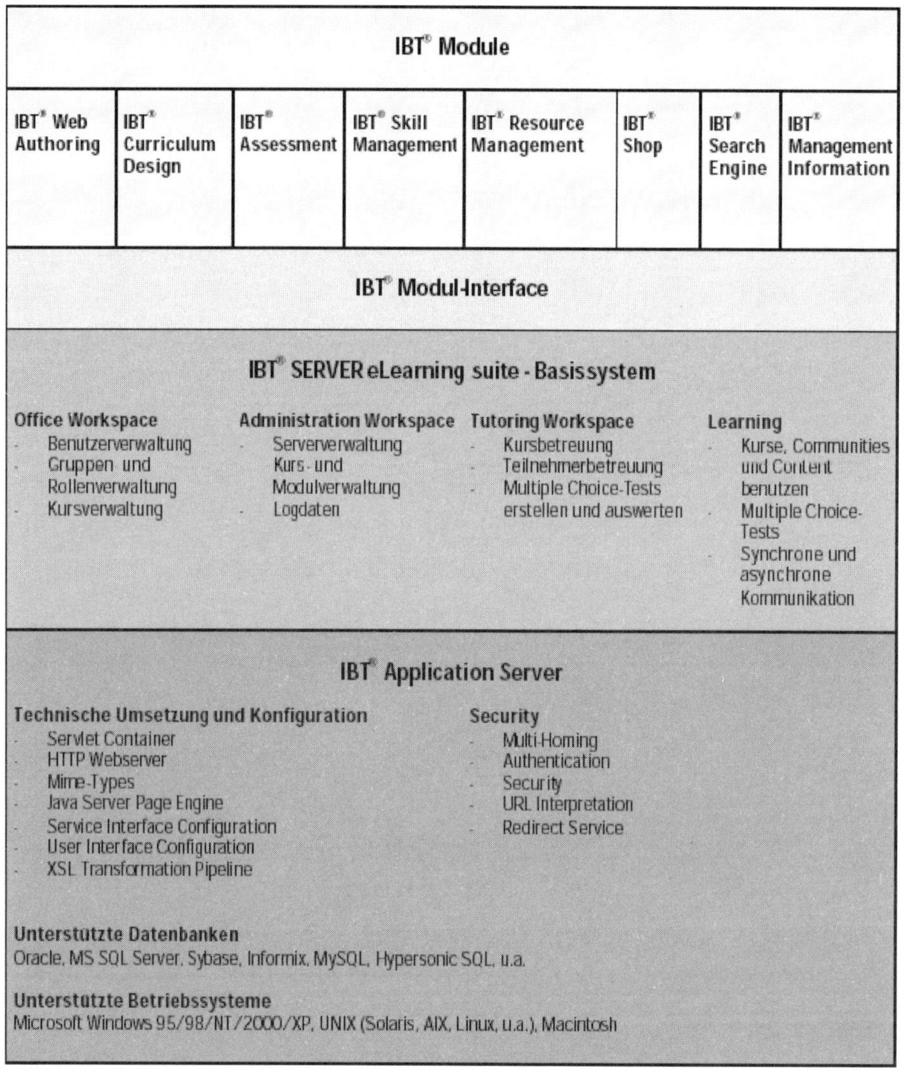


## Die IBT-Module:

A) Lernen & Trainieren:

**IBT® Assessment:** Erstellung und Verwaltung komplexer Übungen und Tests

- Fragebögen pflegen
- Diverse Aufgabentypen
- Testdurchführung
- Ablaufsteuerung
- Ergebnisauswertung
- XML / XSL-Visualisierung

**IBT ® Skill Management:** Lernprozesssteuerung gemäß AICC

- Persönliche Lernwege
- Lernstatistik
- Statusanzeigen
- Betreuung/Moderation
- Skill Scheduling
- Active Tutoring
- Automatische Lernweg-Steuerung

B) Erstellen von Inhalten und Lernwegen:

**IBT® Web Authoring:** Produktion und Publikation von Informations- und Lerneinheiten

- Browser basiertes UI
- WYSISWYG
- HTML-Editoren
- Autorenberechtigung
- Content Assistent
- File Upload
- Simulationsgenerator
- individuell erweiterbar

**IBT® Curriculum Design:** Webbasierte Erstellung von dynamischen Lernwegen

- Lernwege planen, erstellen, pflegen
- Lernwegeberatung
- XML / XSL-Visualisierung
- Verknüpfung mit Katalog

C) Information:

**IBT® Search Engine:** Vollindizierte Suche für E-Learning und E-Collaboration

- Suchen in Text, HTML, PDF, MS Word-Dateien, ...
- Indizieren
- Fortlaufende Suchoptimierung durch automatisches Erzeugen einer DB

**IBT® Management Information:** Überblick über alle Lern- und IT-Prozesse und –Daten

- Realtime-Monitoring
- Offline-Analyse
- Report Generator

- Filterfunktionen
- Bewertungsregeln
- GUI, MIB
- Monitoring Agents
- Event Flow
- Standard Reports

D) Für Business- Anforderungen:

**IBT® Resource Management:** Webbasierte Resourcenverwaltung und Disposition

- Umfassende Verwaltung von Online-Training und Präsenztraining
- Ressourcenplanung
- Seminarverwaltung
- Kundenverwaltung
- Katalogpflege
- Abrechnung
- Kursabwicklung
- Kursauswertung

**IBT® Shop:** Webbasiertes Shop-System mit Warenkorb, Booking und Billing

- Warenkorb
- Angebotspflege
- Buchung
- Registrierung

Die unten stehende Beschreibung bezieht sich auf das IBT-Basissystem und sämtliche Module.

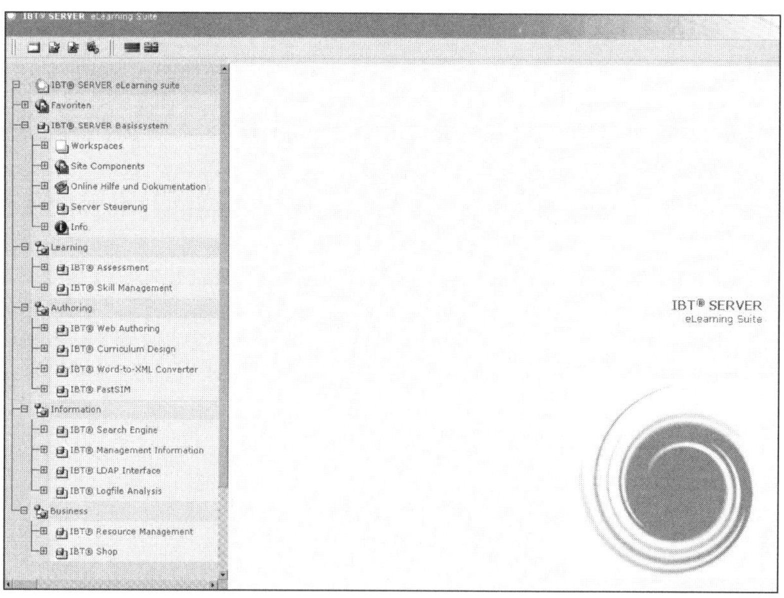


Der Startbildschirm mit der Zugriffsmöglichkeit auf die einzelnen Module.

# 1. Kommunikation, Kooperation & Kollaboration:

## 1.1 Synchron:

Die folgenden synchronen Kommunikationstools sind in das System integriert:

- Instant Messaging
- Chat
- Interaktives Whiteboard

Audio- und Videokonferenzen sind über das Einbinden von externen Produkten möglich.

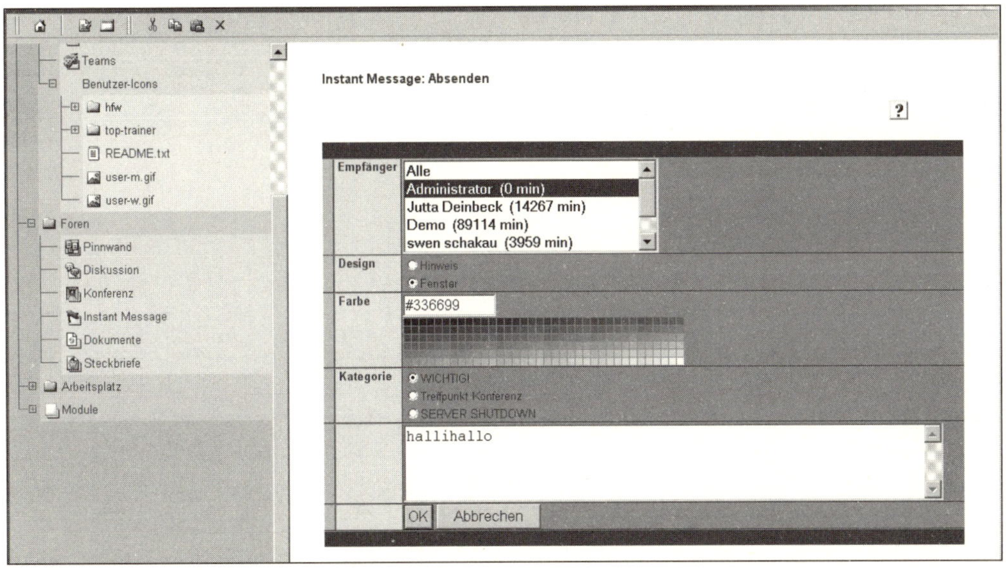


Instant Messaging

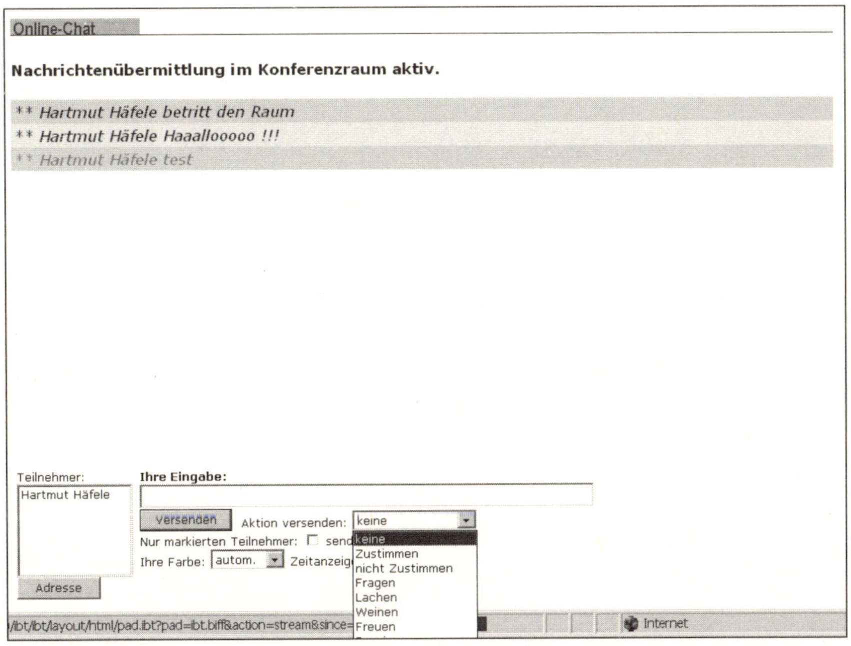


Die komfortable Chat-Funktion

## 1.2 Asynchron:

Die folgenden asynchronen Kommunikationstools sind in das System integriert:

- Pinnwand
- Mail-System (ergänzend zum externen Mail-System)
- Konferenzraum mit und ohne Archivfunktion
- Benutzergalerie
- Document Sharing
- Diskussionsforen
- Teamräume

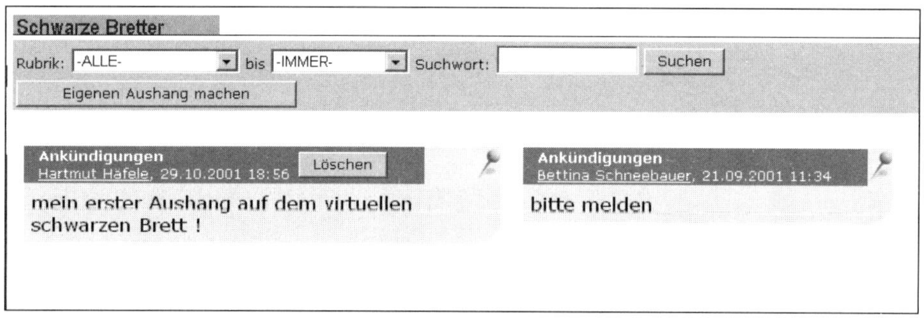


Das schwarze Brett (Pinnwand)

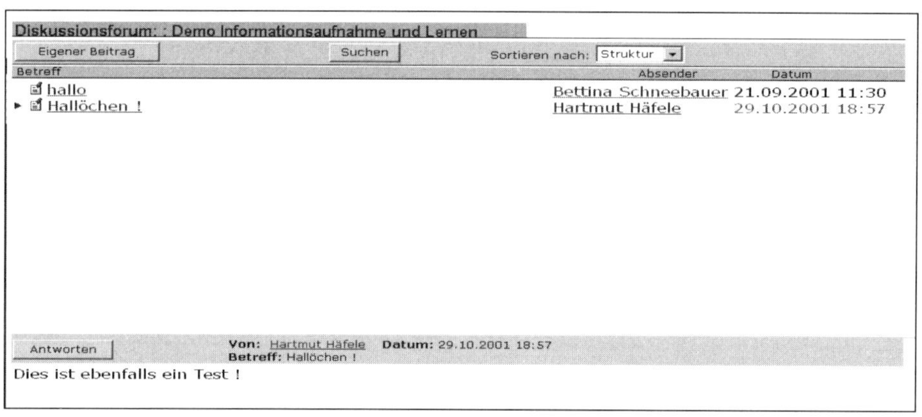


Das Diskussionsforum

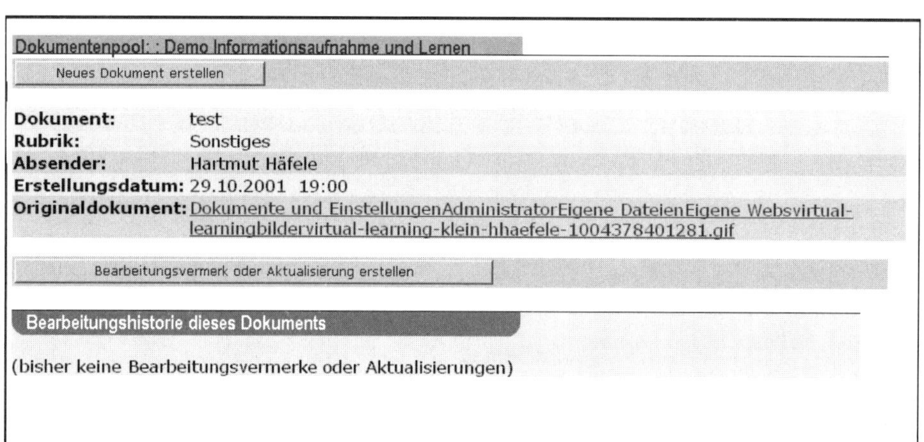


Der Dokumentenpool

## 1.3 Annotationen:

Anmerkungen zu Content sind möglich. Annotationen können öffentlich und für spezifische Teilnehmergruppen (Teams, Rollen) einsehbar sein oder contentspezifisch (modulspezifisch, kapitelspezifisch, lektionsspezifisch) sein.

## 1.4 Gruppenbildung durch Rollen:

Dies ist durch das integrierte Rechtemanagement möglich. Teams können hierarchisch gegliedert werden. Alle Ressourcen (auch Teams) sind über die hierarchische Struktur im Navigationsbaum grafisch visualisierbar. Teams können per Mausklick erstellt, kopiert, und verknüpft werden. Folgende Berechtigungen sind auf allen Hierarchiestufen möglich: Leserecht, Schreibrecht, Löschrecht, Lookup-Recht, Ausführungsrecht, Bind-Recht, Unbind-Recht.

Durch eine geeignete Zusammenstellung von Berechtigungen können Rollen spezifiziert werden:

- Administratoren
- Tutoren
- Team-spezifische Tutoren
- Modul-Autoren
- Campus-Redakteure
- Teilnehmer mit oder ohne Sonderprivilegien
- etc.

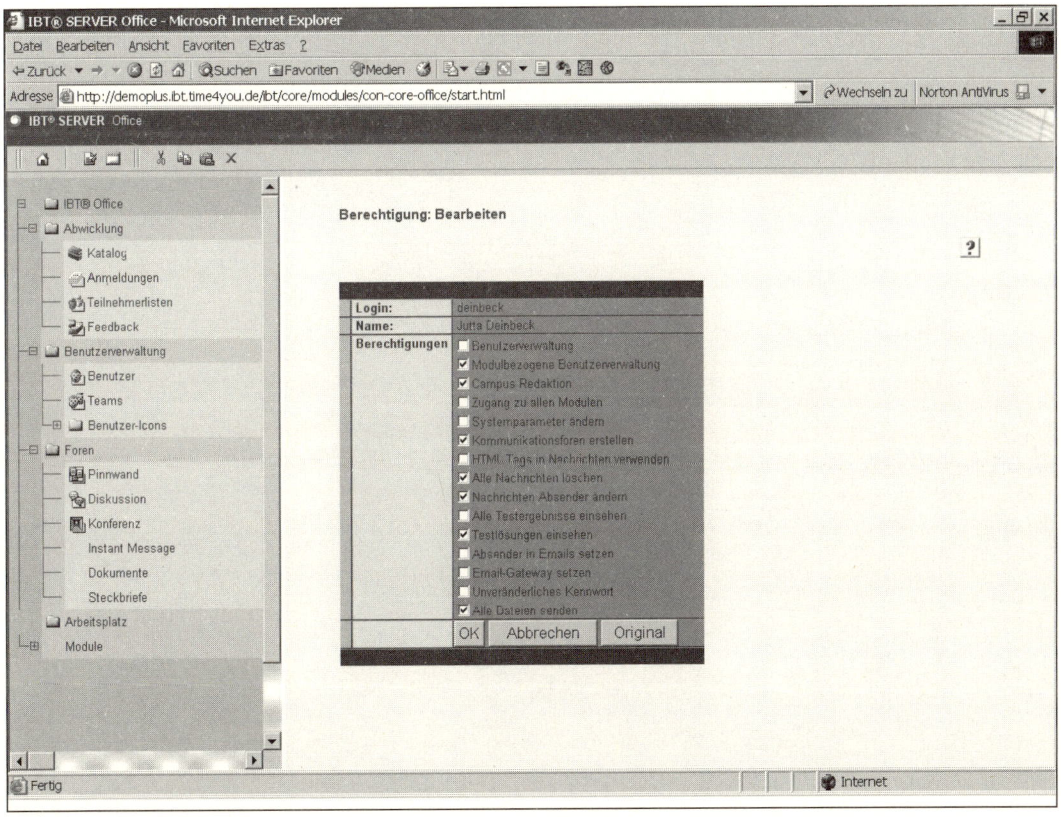


Das Setzen von Benutzer-Berechtigungen

### 1.5 Externe Kommunikationstools integrierbar:

Externe Kommunikationstools wie die Produkte der Marktführer (Interwise, Centra) können integriert werden. Die Anbindung erfolgt dabei nahtlos, sodass sich die Anwenderinnen nicht erneut für die Benutzung des Virtual-Classrooms anmelden müssen (Single-Logon).

## 2. Didaktik:

### 2.1 Lässt verschiedene Lehr- und Lernmodelle zu:

Die verschiedenen Lehr- und Lernmodelle werden durch die integrierten synchronen und asynchronen Tools sowie durch das flexible Rechtesystem unterstützt.

### 2.2 Übungen:

Übungen sind sowohl einzeln auch im Team durchführbar.

### 2.3 Tests:

Einfache Tests sind im Basissystem möglich, komplexere Anwendungen werden durch das Modul Assessment abgedeckt. Dabei werden die folgenden Fragentypen unterstützt:

- Ja / Nein
- Wahr / Falsch
- Single Choice
- Multiple Choice
- Freitext
- Auswahl aus einem Menü
- Zuordnung
- Sortieren
- Drag & Drop

Zertifikate können vergeben werden.

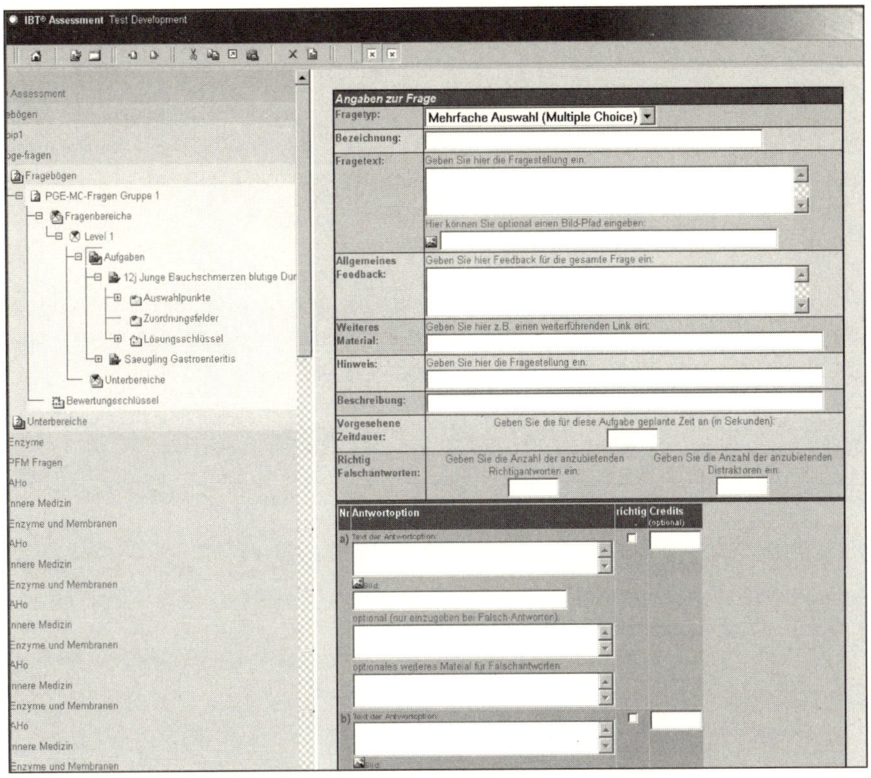


Das Assessment Center zum Erstellen von Tests.

## 2.4 Modularisierung von Lehr- und Lerninhalten:

Die Modularisierung von Lehr- und Lerninhalten wird durch die Einhaltung aller gängigen Standards (siehe das entsprechende Kriterium) ermöglicht.

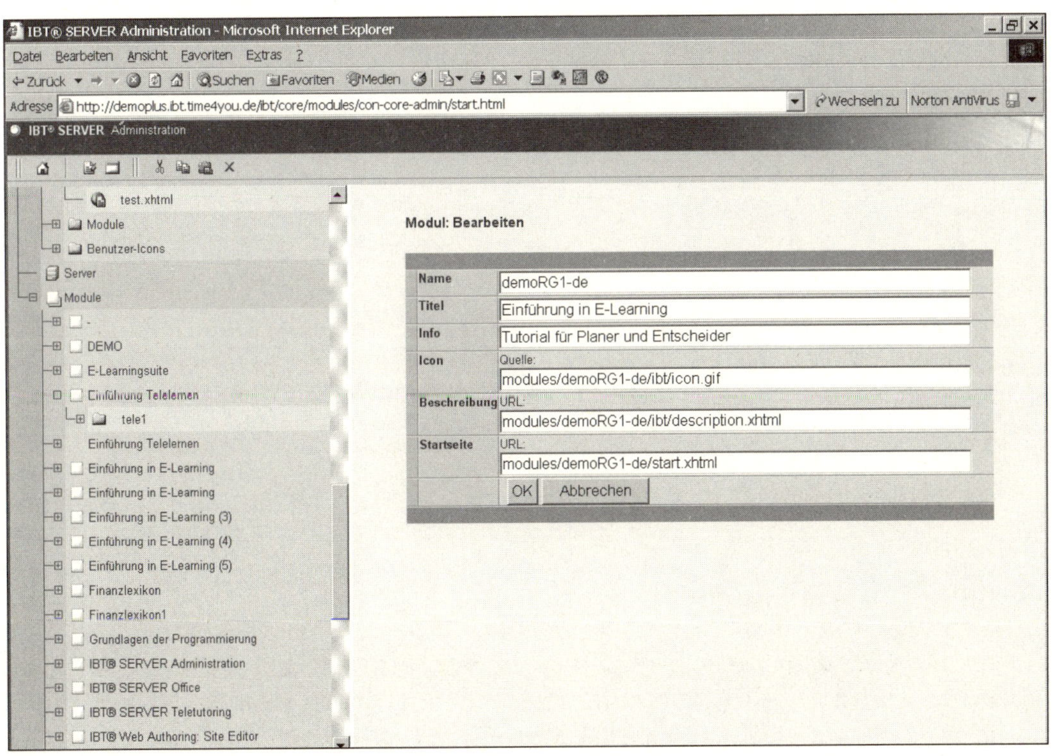


Einzelne Lernmodule

## 2.5 Feedback zum und Protokollierung des Lernfortschrittes:

Dies wird durch das Modul „Management Information" ermöglicht. Die Lernerfolgskontrolle erfolgt nach dem AICC Level 3 Evaluation Data – Standard.

## 2.6 Autorenfunktionen:

Mit dem Modul „Authoring" kann Content ohne HTML-Kenntnisse online und offline erstellt werden. Mit der Funktion „Rapid Development" kann Content Template-basiert erstellt werden.

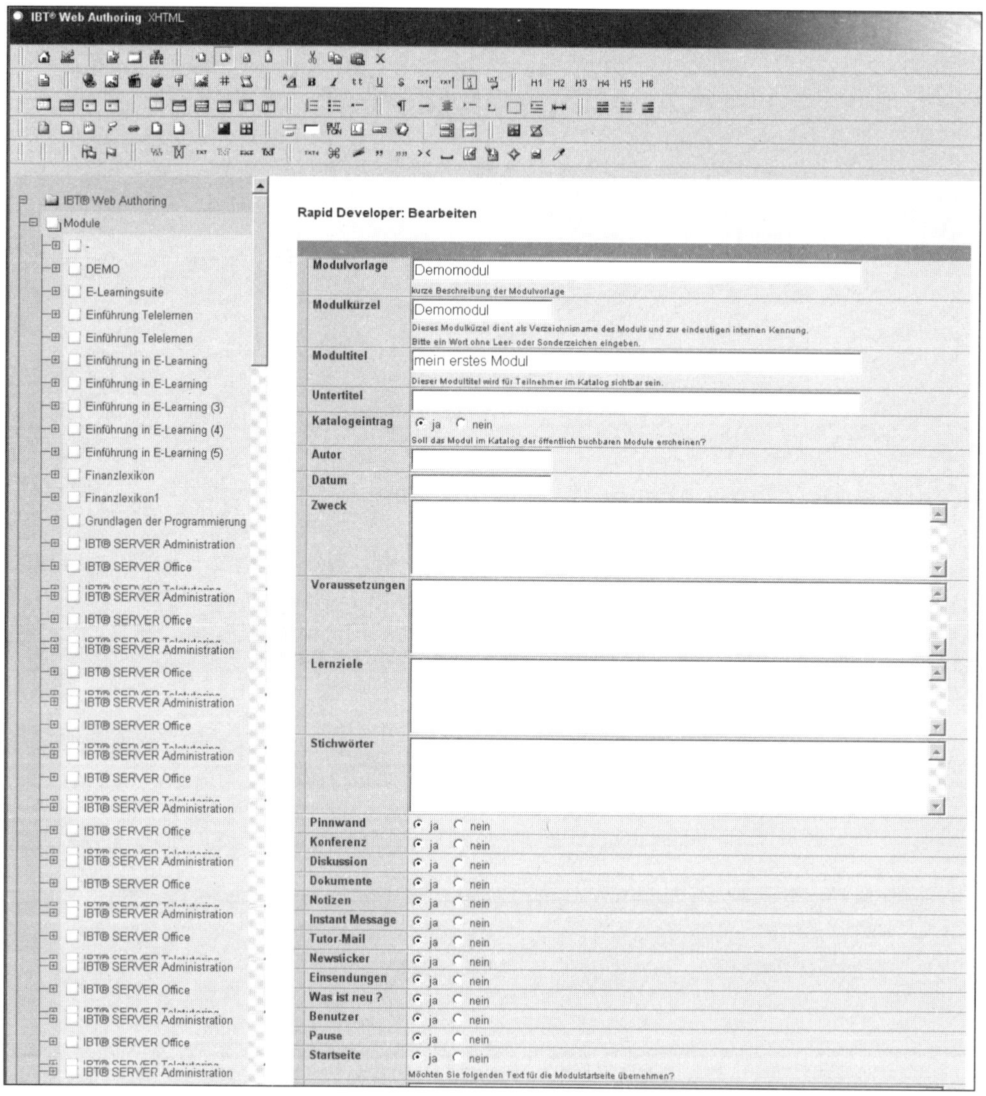


Der Rapid Developer, zum schnellen Generieren von Content.

## 2.7 Learning-flow-Management:

Curriculare und benutzerspezifische Lernpfade können manuell (Curriculum Design) oder automatisch (über Skill Management, AICC) zusammengestellt werden. Die Anwenderinnen haben individuelle History- und Bookmarkingfunktionen, um den eigenen Lernfortschritt zu kontrollieren. Skill Manager und Tutoren können bei Bedarf den Lernfortschritt einzelner Teilnehmer verfolgen.

# 3. Administration:

## 3.1 Tracking von Usern:

Sämtliche Vorgänge auf dem IBT SERVER werden archiviert und können statistisch aufbereitet werden.

## 3.2 Rechnungsverwaltung:

Dies ist über das Modul „Shop" per Warenkorb inklusive Booking- und Billing- Funktionalität möglich. Die folgenden Funktionen werden unterstützt:

- Artikelverwaltung
- Artikelstammdatenpflege
- Anmeldung für Online-Training und Präsenztraining via Shop-Funktionen
- Angebotspflege
- Auslastungsstatus / Buchungsstatus
- Warenkorb
- Buchung und Bestellung
- Registrierung

Das Modul bietet keine Fakturierung.

## 3.3 Personalisierung:

Das System kann über verschiedene Mechanismen benutzerspezifische Daten erfassen, speichern und daraus Lernempfehlungen ableiten (Pfad-Funktion, AICC Evaluation Data).

Über aussagenlogische Regeln lassen sich automatisierte Zugriffsmöglichkeiten auf Lerneinheiten abhängig vom Lernstatus definieren (Preconditions). Anwenderinnen können nach dem Einloggen auf der persönlichen Startseite personalisierte Mitteilungen sowie die gebuchten Seminare einsehen.

# 4. Technik:

## 4.1 Anpassbarkeit:

Das CI kann über XSL-Stylesheets angepasst werden.

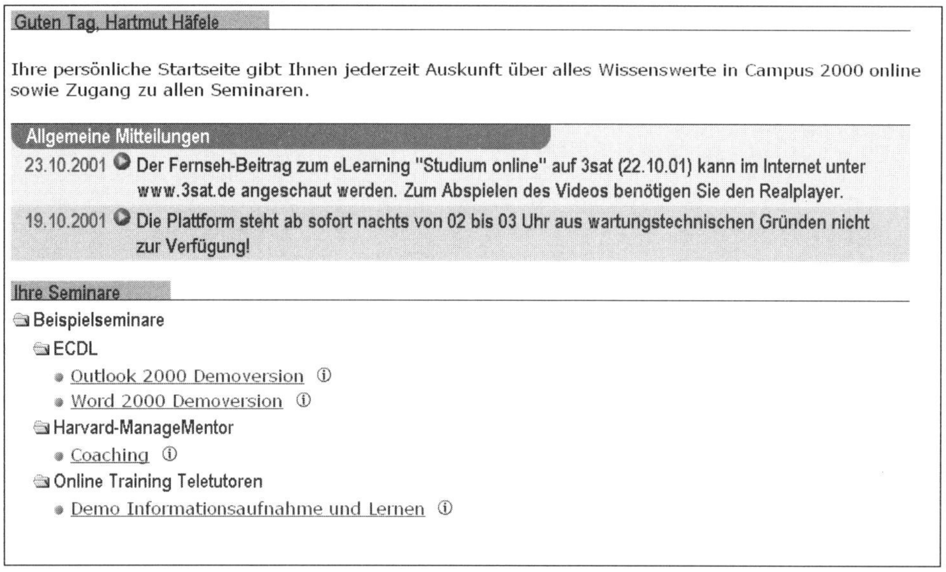


Die persönliche Startseite

## 4.2 Erweiterbarkeit:

Da das System auf einer offenen Architektur beruht und komplett modular aufgebaut ist, können Erweiterungen gut implementiert werden.

## 4.3 Skalierbarkeit:

Aufgrund seiner offenen Architektur ist das System sehr gut skalierbar. Dies wird durch mehrere Referenzinstallationen durch den Hersteller dokumentiert.

## 4.4 Systemanforderungen / Ressourcenbedarf:

| | Systemanforderungen für **Unix-Server**: | Systemanforderungen für **Windows NT™- und 2000™-Server:** |
|---|---|---|
| Durchschnittliche Installation (**weniger als 15.000 User-Accounts**) | PIII 550 (oder gleichwertig)<br>256 MB Ram | PIII 550 (oder gleichwertig)<br>512 MB Ram<br>dual CPU |
| Grosse Installation (**mehr als 15.000 User-Accounts**) | dual PIII 550 (oder gleichwertig)<br>512 MB Ram | dual PIII 550 (oder gleichwertig)<br>1 GB Ram<br>quad CPU |

***Kommentar des Herstellers:***
*Die IBT(R)SERVER eLearning suite enthält die Freeware-Datenbank MySQL. Diese kann bei Bedarf problemlos durch eine andere SQL-Datenbank ersetzt werden.*

## 4.5 Distributierbarkeit:

Die Userdatenbank und das LMS können auf mehreren Servern verteilt werden.

### 4.6 Entspricht Standards:

Die folgenden Standards werden unterstützt:

- AICC Level 3
- IMS / LOM
- XML

### 4.7 Unterstützte Serverbetriebssysteme:

- UNIX (Solaris™, Linux™, IRIX™, HP-UX™, AIX™)
- Windows NT™
- Windows 2000™
- MacOS™

### 4.8 Support:

Die folgenden Support-Level werden vom Hersteller angeboten:

- *First Level Support:*
  Telefonischer Support bzw. Fax-/E-Mail-Support auf Anfrage. Rückruf erfolgt spätestens zwei Stunden nach Benachrichtigung bei Benachrichtigung von Montag bis Freitag bis 12 Uhr; bei späterer Benachrichtigung erfolgt der Rückruf am folgenden Werktag. Informationsfluss und Rückmeldung erfolgt via Telefon-/E-Mail/Fax.

- *Second Level Support:*
  Telefonischer Support bzw. Fax-/E-Mail-Support bei Problemen, die innerhalb einer Stunde First Level Support nicht gelöst werden. Informationsfluss und Rückmeldung erfolgt via Telefon-/E-Mail/Fax.

- *Third Level Support:*
  Support vor Ort bei Problemen, die innerhalb von sechs Stunden Second Level Support nicht gelöst werden können, oder auf Wunsch des Kunden. Reise- bzw. Fahrtkosten sowie etwaige Übernachtungskosten werden nach Beleg abgerechnet.

Supportsprachen: Deutsch und Englisch.

### 4.9 Deutschsprachige Vertriebspartner:

- Ibis acam partner, Edisonstrasse 2, 4600 Wels
- ERM Lahmeyer International GmbH
- IC eLearning AG
- Wissma Training GmbH
- Saxonia Systems AG.

## 4.10 Dokumentation:

Das System wird mit einer vollständigen Dokumentation inklusive Referenz der Funktionen und deren Parameter ausgeliefert (Gedruckt und auf CD-ROM). Die Dokumentation ist anwendungsorientiert aufgebaut und kann auch als Schulungsunterlage verwendet werden. Für die einzelnen Module werden separate Dokumentationen geliefert. Im System ist eine Online-Hilfe verfügbar. Vom Hersteller werden Trainings für die verschiedenen Usergruppen angeboten.

## 4.11 Sicherheit bei Datentransfer:

Der Zugang zu Content, Daten, Kommunikationsforen, die Ausführbarkeit von Serverfunktionen und der Umfang der Ergebnismeldungen hängen ab von den Privilegien, die man den Nutzern gewährt. Der Zugang zu nicht-öffentlichen Bereichen ist passwortgeschützt, wobei diverse Authentifizierungs und Verschlüsselungsverfahren eingesetzt werden: http Basic Authentication, Radius Authentification, DES, HTTPS.

## 4.12 Unterstützung von Standardobjekttypen und -formaten:

Alle gängigen Text- und Grafikformate werden unterstützt.

# A. Firmenprofil

<table>
<tr><td>Oracle Corporation</td><td colspan="4">ORACLE</td></tr>
<tr><td rowspan="2">Unternehmensdaten:</td><td>Gründungs-datum</td><td>Mitarbeiter-innen</td><td>Umsatz</td><td>NASDAQ</td></tr>
<tr><td>1977</td><td>42000</td><td>10,9 Mrd USD</td><td>ORCL</td></tr>
<tr><td>Produkt, Versionsnummer:</td><td colspan="4">iLearning V4.0</td></tr>
<tr><td>Tätigkeits-Schwerpunkte:</td><td colspan="4">▪ Datenbanken<br>▪ Applikation Server<br>▪ Entwicklungswerkzeuge<br>▪ BI/DWH<br>▪ ganzheitliche Unternehmenssoftware (CRM, ERP, Marktplätze, ...)<br>▪ Consulting, Support und Schulung</td></tr>
<tr><td>Produkt-Kurzbeschreibung:</td><td colspan="4">iLearning ist ein Learning-Management-System, das wahlweise als Service (ASP-Lösung) angeboten wird oder als installierbares Produkt lizensiert werden kann.<br><br>ILearning ist von Grund auf designed, um beliebig skalierbar zu sein und unterstützt die relevanten Industrie-Standards.</td></tr>
<tr><td>Referenz-Projekte:</td><td colspan="4">▪ Oracle Learning Network (OLN) – mehr als 75.000 User<br>▪ Vodafone – mehr als 50.000 User<br>▪ Apokedjen AS (Norway) – mehr als 1.000 User</td></tr>
<tr><td>Kontakt:<br><br>Tel.:<br>Fax:<br>URL:</td><td colspan="4">ORACLE GmbH<br>Brigittenauer Lände 50-54<br>A-1210 Wien<br><br>++43-1-33 777 0<br>++43-1-33 777 199<br>www.oracle.com</td></tr>
</table>

| | |
|---|---|
| **Ansprechpartner:**<br>**E-Mail:** | Olaf Peters<br>olaf.peters@oracle.com |
| **Vertrieb im deutschsprachigen Raum:** | Oracle GmbH (Österreich)<br>Oracle Deutschland GmbH (Deutschland)<br>Oracle Software GmbH (Schweiz) |

# B. Weiterführende Produktinformationen

## Lizenzkosten:

Kosten nach Useranzahl für 12 Monate:

| Useranzahl | Version |
|---|---|
| 1-2500 | 30 USD/Trainee |
| 2501-4000 | 27 USD/Trainee |
| 4001-8000 | 25,5 USD/Trainee |
| 8001-15000 | 24 USD/Trainee |
| 15001-25000 | 24 USD/Trainee |

ASP Lizenzen nach Useranzahl für 12 Monate:

| Useranzahl | jährlich |
|---|---|
| 101-250 | 48 USD / Trainee |
| 251-500 | 48 USD / Trainee |
| 501-1000 | 45,6 USD /Trainee |

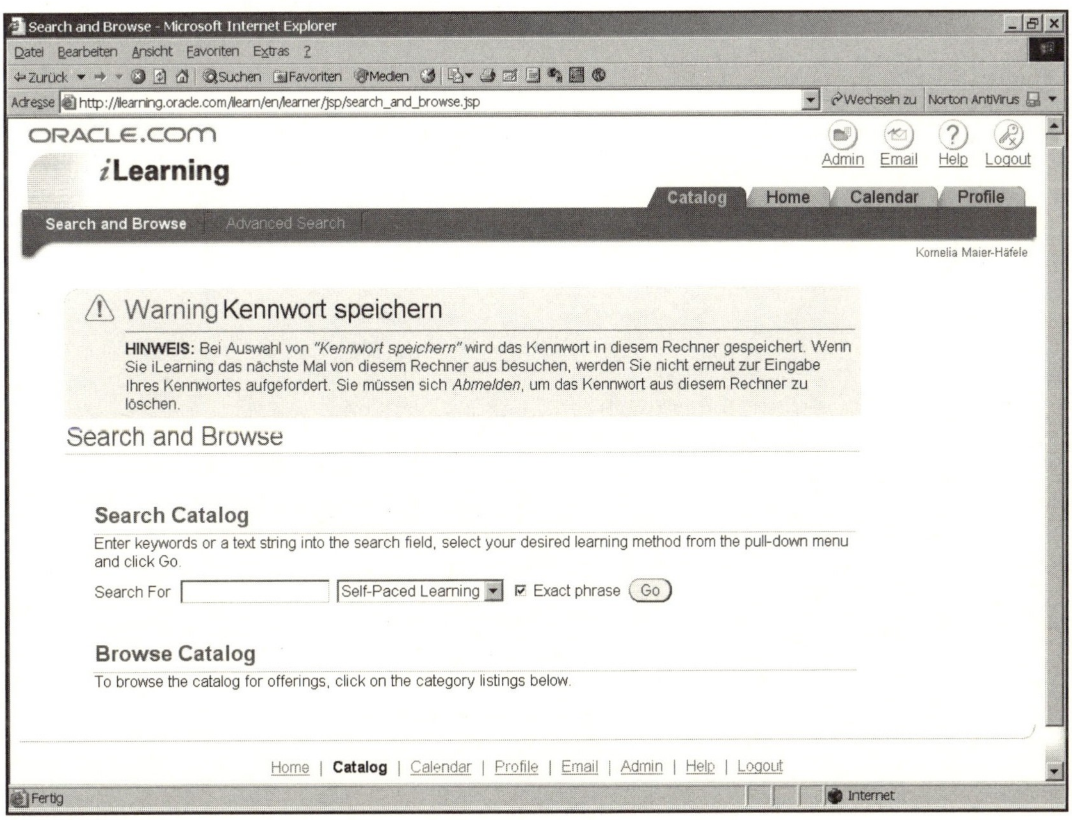


Der Startbildschirm

# 1. Kommunikation, Kooperation & Kollaboration:

## 1.1 Synchron:

Derzeit ist nur eine Chat-Funktion direkt in Oracle iLearning (OiL) implementiert - Software (von externen Anbietern) für Application Sharing, Audio und Videoconferenzing kann in OiL eingebunden werden. In OiL ist ein Kalender integriert, der es ermöglicht, synchrone Ereignisse zu planen und entsprechend den Teilnehmern zu kommunizieren. Diese geplanten Ereignisse werden dann auf der Homepage der Lernenden in der Rubrik „Scheduled Events" angezeigt.

## 1.2 Asynchron:

Folgende asynchrone Kommunikationstools sind integriert:

- Diskussionsforum
- Mailing Listen
- FAQ-Listen
- Persönliche Nachrichten
- Dokumenten-Sharing
- Up- und Download

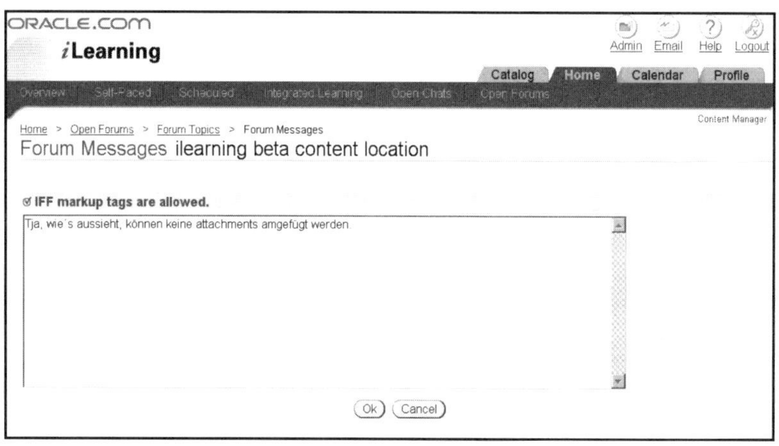


Das Diskussionsforum: Attachments werden nicht unterstützt.

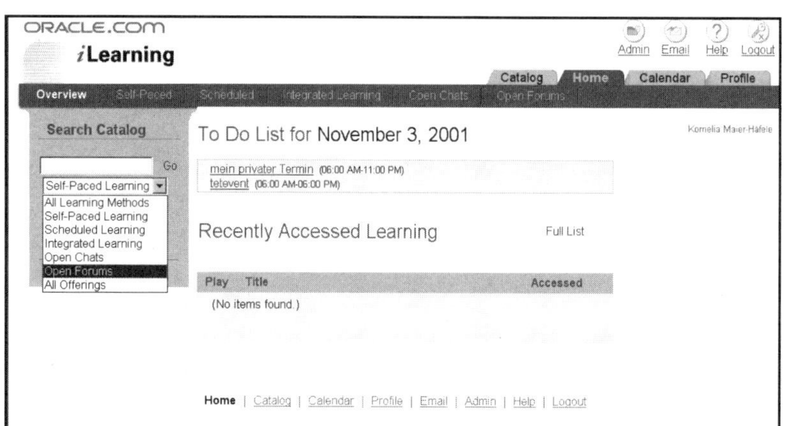


Die Suchfunktion ermöglicht das Durchsuchen sämtlicher Content-Bereiche.

### 1.3 Annotationen:

Das Anlegen von Annotationen ist nur über in den Content integrierte Funktionalität möglich.

### 1.4 Gruppenbildung durch Rollen:

Das System verfügt über ein ausgefeiltes Rollenkonzept. Es erlaubt die Abbildung (hierarchischer) Organisationsstrukturen und auch - quer über die Äste der Organisationshierarchie hinweg, - die Definition von Rollen. Hierbei können wiederum Rollen in Rollen eingebunden werden. Eine ähnliche Struktur kann auch über die Inhalte gelegt werden. Alle Privilegien (Systemprivilegien, Kursberechtigungen, ...) können auf Organisationsebene, auf Rollenebene, oder auf Individuenebene für Curricula, Kurse, Kapitel, Lernschritte, etc. zugeteilt werden.

Als Systemprivilegien (bzw. System-Rollen) gibt es den Site-Administrator, Content-Developer, Content-Constructor, Trainer, Student - wobei diese Rollen virtuelle Rollen sind und sich durch einzelne Systemprivilegien ergeben und in beliebiger Kombination einem Benutzer zugeteilt werden können.

### 1.5 Externe Kommunikationstools integrierbar:

Externe Kommunikationstools sind integrierbar, vordefinierte Schnittstellen für gängige Virtual-Classroom-Produkte existieren jedoch noch nicht.

***Kommentar des Herstellers:***
*Oracle iLearning hat eine definierte XML-Schnittstelle, über die Informationen importiert, exportiert und auch abgeglichen werden können. Über die integrierte Parameterübergabe ist die Einbindung praktisch aller webbasierenden Kommunikationswerkzeuge möglich.*

## 2. Didaktik:

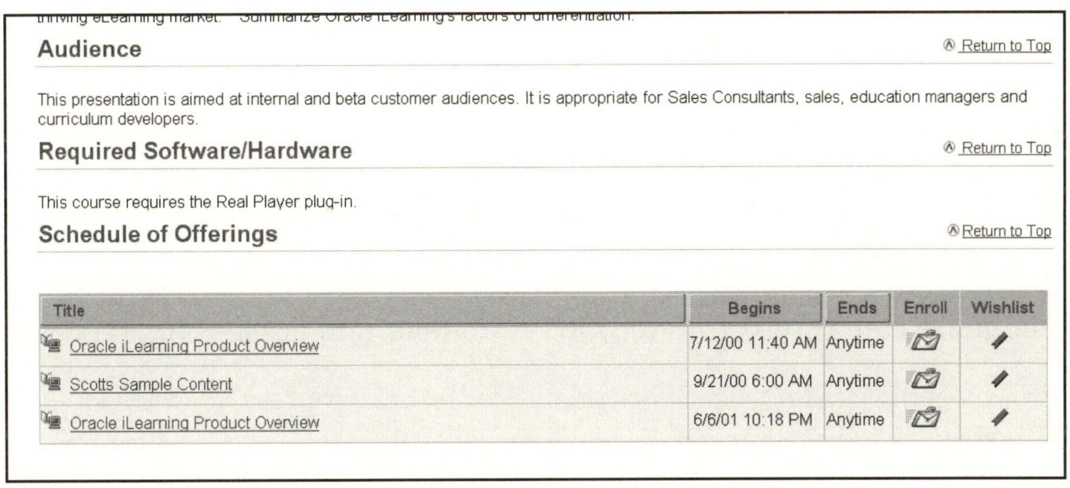


Die Kursanmeldung kann direkt über den Kurskatalog erfolgen.

## 2.1 Lässt verschiedene Lehr- und Lernmodelle zu:

Die Unterstützung verschiedener Lehr- und Lernmodelle wird durch die Integration von synchronen und asynchronen Kommunikationstools in das Kursdesign sowie durch das flexible Rechtemanagement ermöglicht.

## 2.2 Übungen:

Übungen sind durch die integrierten asynchronen Kommunikationstools sowie durch das Quiz-Modul möglich.

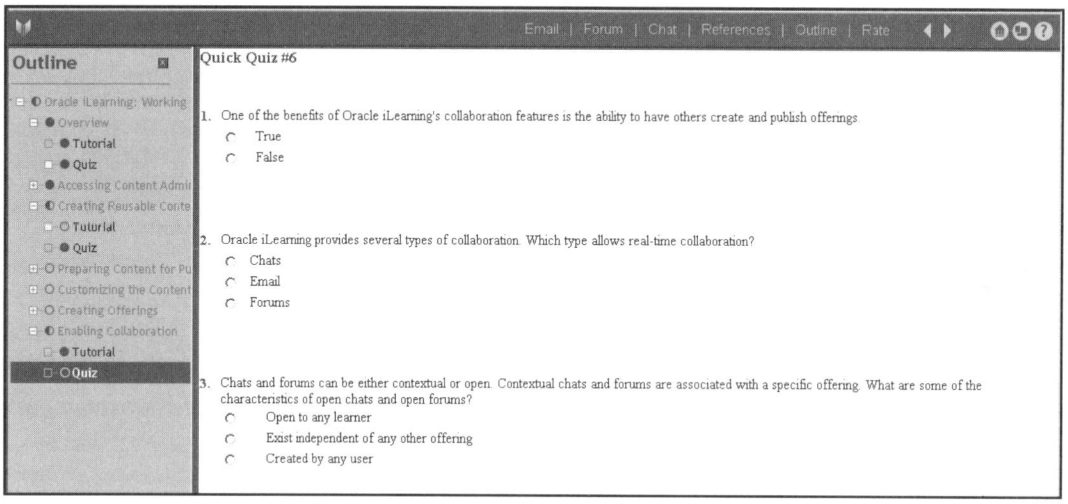


Ein Quiz

## 2.3 Tests:

Tests sind nur über die in Content implementierte Funktionalität möglich.

***Kommentar des Herstellers:***
*Das integrierte Quiz-Tool lässt das Anlegen von Multiple Choice Tests zu.*

## 2.4 Modularisierung von Lehr- und Lerninhalten:

Die Modularisierung und die Wiederverwendbarkeit von Lerninhalten wird durch die Einhaltung der Standards AICC, SCORM und IMS sichergestellt.

## 2.5 Feedback zum Lernfortschritt und Protokollierung des Lernfortschrittes :

Sämtliche Feedbackdaten (Feedback durch Tutoren, Content, etc.) werden in der Datenbank gespeichert und sind über Reports auswertbar.

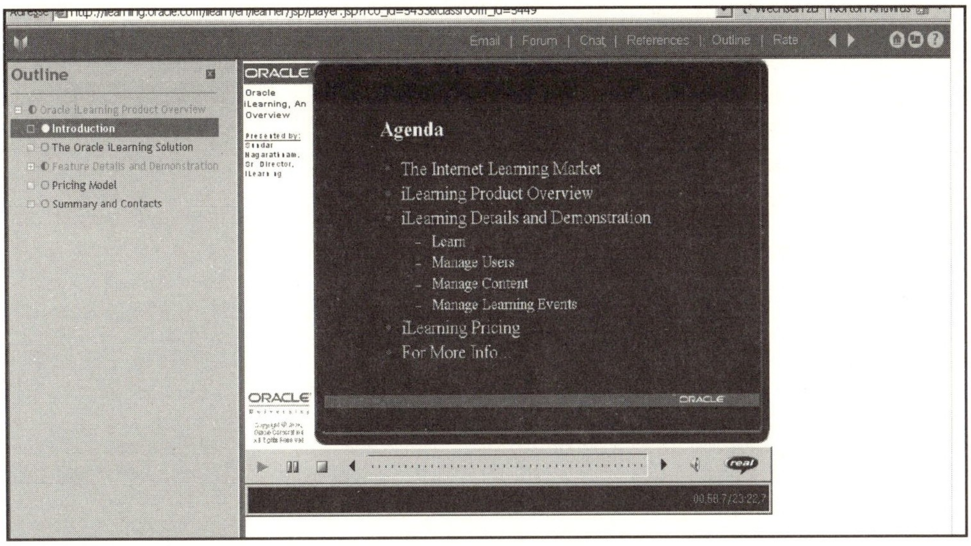


Die Lernumgebung eines Kurses. In der Navigationsstruktur kann man anhand des Füllungsgrades der Kreise den Bearbeitungsstatus erkennen.

## 2.6 Autorenfunktionen:

Außer der Erstellung von Quizzes ist keinerlei Autorenfunktionalität in OiL implementiert.

***Kommentar des Herstellers:***
*Oracle iLearning kann praktisch jeden Inhalt, der über einen Internetbrowser dargestellt werden kann, abspielen. Damit ist eine maximale Freiheit bei der Wahl des Autorenwerkzeuges gewährleistet.*

## 2.7 Learning-flow-Management:

Das System kann über die Contentverwaltung administrieren, welche Inhalte parallel bearbeitet werden können (voneinander unabhängig sind) und welche voneinander abhängig und somit in einer bestimmten Reihenfolge zu absolvieren sind. Automatisches Bookmarking wird ebenfalls unterstützt (für jeden Kurs merkt sich OiL, wo der/die Teilnehmerin stehen geblieben ist und setzt beim nächsten Aufruf automatisch an dieser Stelle fort).

***Kommentar des Herstellers:***
*Die Abhängigkeiten können in beide Richtungen definiert werden. Ein Lernschritt ist von einem anderen abhängig und kann daher erst danach absolviert werden. Es kann aber auch der Abschluss einer Lerneinheit automatisch andere Lerneinheiten als absolviert markieren.*

# 3. Administration:

## 3.1 Tracking von Usern:

Jeder Benutzer muss sich via Username und Passwort anmelden. Die Anmeldung selbst, sowie die Aktionen, welche Inhalte (Kurse, ...) und welche Quizzes mit welchem Erfolg abgelegt wurden, werden mitprotokolliert.

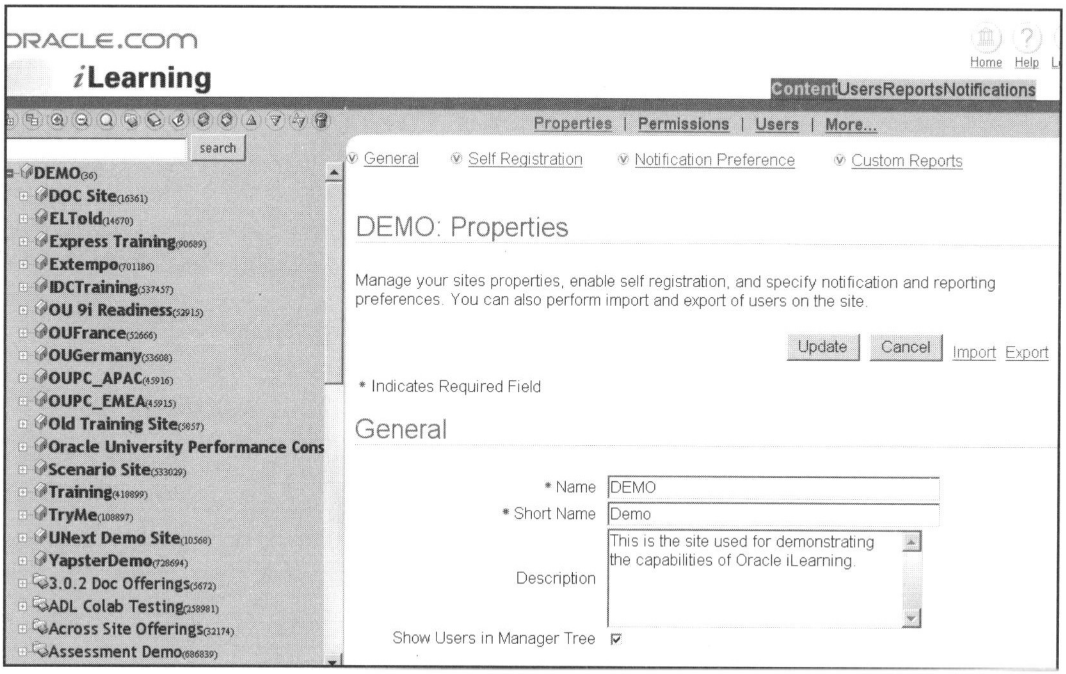


Die Seite für Administratoren bietet eine sehr umfangreiche Funktionalität.

### 3.2 Rechnungsverwaltung:

Eine Rechnungsverwaltung ist derzeit nicht integriert. Es gibt keine spezielle Schnittstelle für die Integration mit ERP-Systemen. Die einzige Schnittstelle nach außen ist eine XML-Schnittstelle, über die sowohl die Benutzerdaten als auch die Content-Daten importiert und abgeglichen werden können. In der nächsten Version ist eine Integration in die Oracle E-Business Suite geplant.

### 3.3 Personalisierung:

Neben gewissen Konfigurationsmöglichkeiten über den Menüpunkt „Profile" sowie den unter „Didaktik" beschriebenen Möglichkeiten des personalisierten Lernens sind keine Funktionalitäten implementiert, die eine umfassende Personalisierung ermöglichen.

## 4. Technik:

### 4.1 Anpassbarkeit:

Logos, Fonts, Farben, Grafiken können angepasst werden. Auch die integrierten Templates können verändert werden.

### 4.2 Erweiterbarkeit:

Da OiL eine ASP-Lösung ist, können Systemerweiterungen nur von Oracle selbst vorgenommen werden.

### 4.3 Skalierbarkeit:

Die Skalierbarkeit ist aufgrund der zugrunde liegenden Datenbank von Oracle (Oracle9i™) sehr gut. Das LMS kann auf beliebig vielen Application-Servern laufen. Die Skalierbarkeit kann durch zahlreiche Referenzinstallationen des Herstellers belegt werden.

### 4.4 Systemanforderungen / Ressourcenbedarf:

| | Systemanforderungen für **Unix-Server**: | Systemanforderungen für **Windows NT- und 2000-Server**: |
|---|---|---|
| Durchschnittliche Installation (**weniger als 15.000 User-Accounts**) | 2 Application Server: 4 x Sun Sparc 450 MHz 2 GB RAM<br>1 Database Server 4 x Sun Sparc 450 MHz 2 GB RA | Noch nicht auf Windows portiert |
| Grosse Installation (**mehr als 15.000 User-Accounts**) | 4 Application Server: 4 x Sun Sparc 450 MHz 4 GB RAM<br>1 Database Server 4 x Sun Sparc 450 MHz 12 GB RAM | |

***Kommentar des Herstellers:***

*Alle notwendigen Oracle-Lizenzen für Datenbank, Applikationsserver, etc. sind in den Lizenzgebühren für Oracle iLearning enthalten.*

### 4.5 Distribuierbarkeit:

OiL ist 100% webbasiert. Die Datenbank und das LMS kann auf getrennten Servern betrieben werden. Dabei können beliebig viele LMS-Server zum Einsatz kommen.

### 4.6 Entspricht Standards:

Derzeit werden die Standards:

- IMS
- AICC
- SCORM

unterstützt.

### 4.7 Unterstützte Serverbetriebssysteme:

- Sun Solaris™

***Kommentar des Herstellers:***
*OiL basiert auf portabler Technologie (Oracle Datenbank, iAS, und JAVA). Oracle arbeitet an der Freigabe für andere Plattformen (Linux, ...).*

## 4.8 Support:

Auf Englisch rund um die Uhr (24x7x365). Deutschsprachiger Support wird während der üblichen Bürozeiten geleistet.

## 4.9 Deutschsprachiger Vertriebspartner:

Oracle GmbH, Brigittenauer Lände 50-54, 1203 Wien.

## 4.10 Dokumentation:

Gedruckte Dokumentationen sowie WBT´s sind verfügbar. Weiters steht eine umfangreiche Online-Hilfe zur Verfügung.

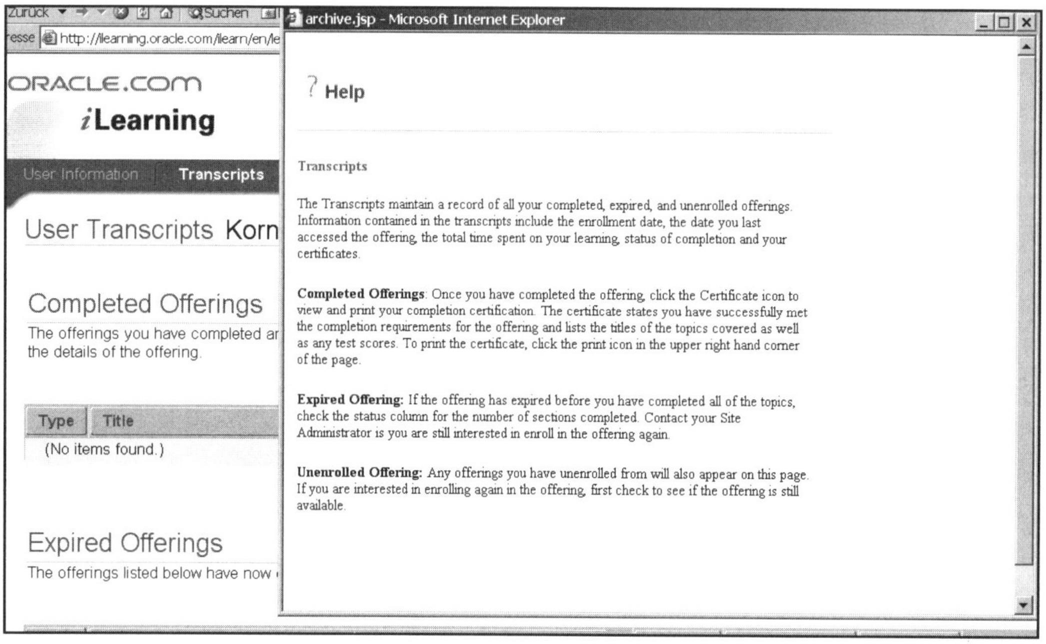


Die kontextsensitive Online-Hilfe.

## 4.11 Sicherheit bei Datentransfer:

Hierzu liegen noch keine Angaben vor.

## 4.12 Unterstützung von Standardobjekttypen und -formaten:

Alle MIME-Types (siehe dazu das Kapitel der e-Learning Fachbegriffe) werden unterstützt.

# A. Firmenprofil

<table>
<tr><td>Universität zu Köln,<br>ILIAS open source</td><td>(Produktlogo) (Projektlogo)</td></tr>
<tr><td>Unternehmensdaten:</td><td><table><tr><th>Gründungsdatum</th><th>Mitarbeiterinnen</th><th>Umsatz</th></tr><tr><td>01. 01. 2000</td><td>9</td><td>nicht kommerzielles Projekt</td></tr></table></td></tr>
<tr><td>Produkt, Versionsnummer:</td><td>ILIAS 2.1<br>(Integriertes Lern-, Informations- und ArbeitskooperationsSystem)</td></tr>
<tr><td>Tätigkeits-Schwerpunkte:</td><td>▪ Eigene Entwicklung der Software und Koordination der gesamten Softwareentwicklung im Rahmen des Open-Source-Projektes;<br>▪ Systemkernmanagement;<br>▪ Fehlermanagement;<br>▪ Koordination der Kommunikation in der ILIAS-Community (Forum)</td></tr>
<tr><td>Produkt-Kurzbeschreibung:</td><td>ILIAS ist eine webbasierte Lern- und Arbeitsumgebung für Hochschulen, Schulen und Weiterbildungseinrichtungen. Sie umfasst Bereiche für das Lehren und Lernen, für Kommunikation und Information, für kooperatives Arbeiten und das Erstellen von Inhalten.<br><br>ILIAS ist ein Open-Source-Produkt und unterliegt der GNU General Public Licence. Jeder Interessent kann ILIAS kostenlos installieren und nutzen. Durch den offenliegenden Quellcode der Software kann im Prinzip jeder Nutzer die Software modifizieren und weiterentwickeln.<br><br>ILIAS ist eine Client-Server-Lösung, basierend auf PHP und MySQL. Empfohlen wird die Installation auf Linux- oder Unix-Servern. Der Einsatz unter Windows NT/2000 ist möglich.</td></tr>
</table>

| | |
|---|---|
| **Referenz-Projekte:** | ▪ Universität der Bundeswehr Hamburg<br>▪ Pädagogische Hochschule Zürich<br>▪ Technische Universität Ilmenau<br>▪ Universität Trier, FB 4<br>▪ Forstwissenschaftliche Fakultät der Universität Freiburg<br>▪ Technische Universität Berlin, Inst. für Psychologie und Arbeitswissenschaft<br>▪ Royal Danish Defence Academy, Kopenhagen, Dänemark<br>▪ Inter Act A.S., Halden, Norwegen<br>und andere |
| **Kontakt:**<br><br><br><br><br>**Tel.:**<br>**Fax:**<br>**URL:**<br>**Englischsprachig:** | ILIAS open source<br>Projektmanagement am Seminar für Politikwissenschaft<br>Gottfried-Keller-Str. 6<br>D-50931 Köln<br><br>+49-221-9402565<br>+49-221-9402565<br>www.ilias.uni-koeln.de<br>www.ilias.uni-koeln.de/ios/index-e.html |
| **Ansprechpartner:**<br>**E-Mail:** | Matthias Kunkel<br>m.kunkel@uni-koeln.de |
| **Vertrieb im deutschsprachigen Raum:** | Kostenloser Vertrieb der Software weltweit über Internet:<br>▪ ILIAS open source: http://www.ilias.uni-koeln.de/ios/source.html<br>▪ Sourceforge: http://sourceforge.net/<br>▪ Open Source Directory: http://www.opensourcedirectory.org/<br>▪ Freshmeat: http://freshmeat.net/<br><br>Zusätzliche Supportleistungen über:<br>▪ Qualitus GmbH (http://www.qualitus.de) für Schulungen, Trainings, Workshops, strukturierte Anforderungserhebungen bei Weiterentwicklungen<br>▪ Euroversity (http://www.euroversity.org) für Installationen und Schulungen<br>▪ Databay AG (http://www.databay.de) für Hosting (ASP) und kommerzielle Softwareentwicklung |

# B. Weiterführende Produktinformationen

Die Online-Lernplattform ILIAS (Integriertes Lern-, Informations- und Arbeitskooperations -System) steht als **open source** Software unter der General Public Licence (GPL) zur Verfügung. Damit können Hochschulen, Bildungseinrichtungen und andere Interessenten das System kostenlos nutzen und nach eigenen Vorstellungen weiterentwickeln.

ILIAS wurde im Rahmen des VIRTUS-Projekts an der Wirtschafts- und Sozialwissenschaftlichen Fakultät der Universität zu Köln entwickelt. Mittels eines Client-Server-Systems ermöglicht ILIAS das Erstellen, Bearbeiten und Darstellen von Lehrmaterialien in einer Umgebung.

Bei einem Open-Source-Projekt stellt sich generell die Frage nach der Zukunftsfähigkeit des Produktes: nach Angaben der Leitung des ILIAS-Projekts ist die Finanzierung und damit die Weiterentwicklung in Köln bis Ende 2003 gesichert.

Außerdem beteiligen sich mittlerweile auch andere Hochschulen und Institutionen an der Weiterentwicklung (vor allem Projekte, die im Rahmen der bundesdeutschen Ausschreibung „Neue Medien in der Bildung" finanziert werden). Damit kommen in den nächsten zwei Jahren weitere Mittel in die Entwicklung. Nach 2003 ist bei etwas Optimismus anzunehmen, dass das System weiterentwickelt wird, da die kritische Masse der Anwender inzwischen erreicht sein sollte und damit der Open-Source-Prozess wahrscheinlich lebensfähig ist.

Mittlerweile hat sich um ILIAS eine Zahl von freien Entwicklern und Firmen gebildet, die Anpassungsleistungen für Kunden vornehmen. Die Tagessätze liegen zwischen 300 und 700 Euro. Auch Beratungsleistungen und die komplette Installation vor Ort ist käuflich. Prinzipiell kann aber auch auf andere Programmierer zurückgegriffen werden, die über Kenntnisse in PHP und MySQL verfügen. Die für Anpassungsleistungen benötigten Dokumentationen stehen zur Verfügung.

Zudem werden von den Projektleitern mit Entwicklern und Anwendern QFD-Workshops organisiert, bei denen Anregungen und Anforderungen verschiedener Interessenten kanalisiert und in die Weiterentwicklung implementiert werden.

## 1. Kommunikation, Kooperation & Kollaboration

### 1.1 Synchron:

Der bisherige Chat wurde wegen zu hoher Serverlast entfernt und wird Mitte 2002 durch einen neuen ersetzt. Systemeigene Whiteboard- und Application-Sharing-Funktionalitäten werden nicht angeboten. Entsprechende Schnittstellen, um aus ILIAS z. B. Microsoft Netmeeting™ zu starten, sind jedoch implementierbar. Dies gilt auch für Video- und Audio-Conferencing.

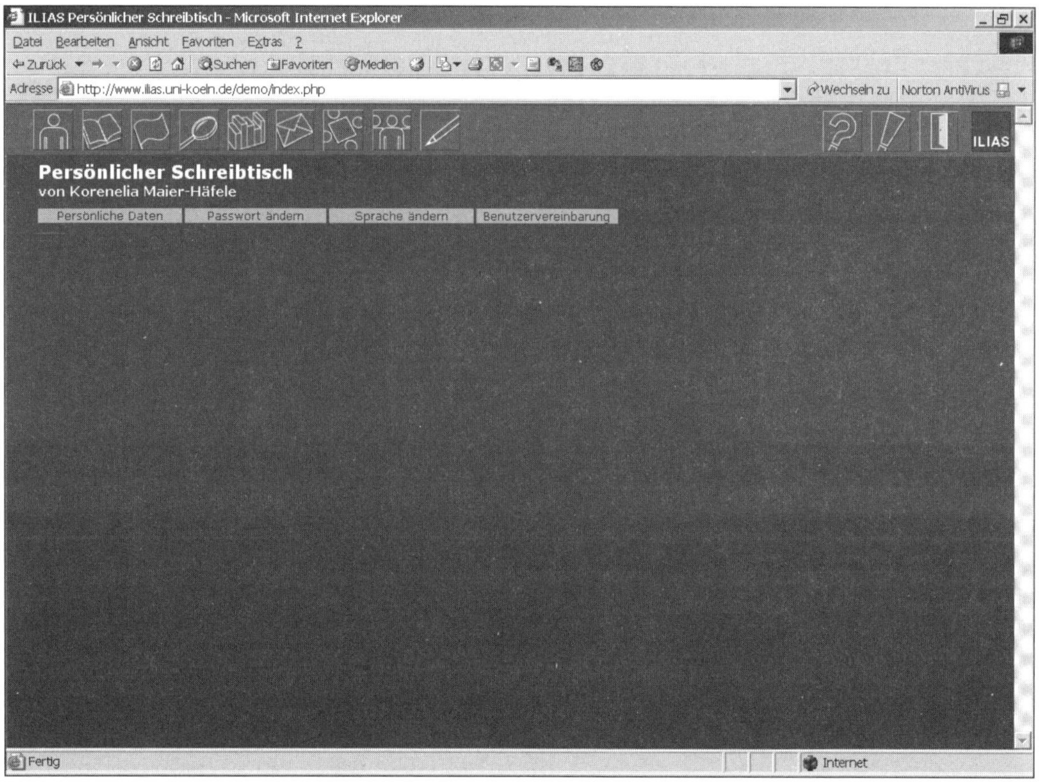


Die Startseite nach dem Einloggen: der persönliche Schreibtisch.

## 1.2 Asynchron:

Die folgenden asynchronen Kommunikationstools sind in ILIAS implementiert:

- Foren
- Mailinglisten
- FAQ-Listen
- Persönliche Nachrichten
- Austausch von Dokumenten per Container Modul
- Up- und Download von Dokumenten per Container Modul

Die Suchfunktion

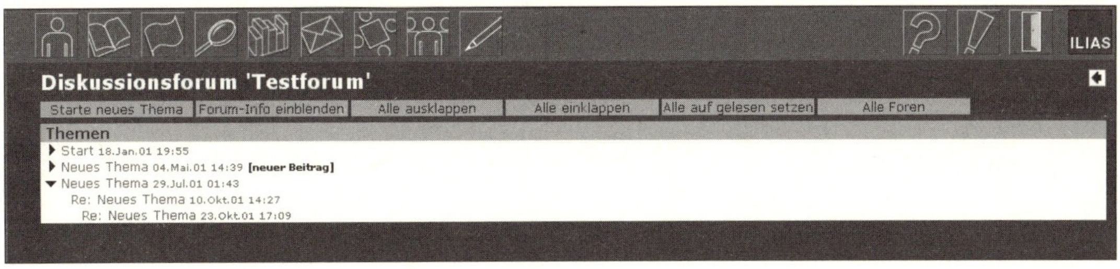


Das Diskussionsforum

### 1.3 Annotationen:

Annotationen sind auf jeder Seite einer Lerneinheit möglich und können sowohl mit als auch ohne den Inhalt der Seite ausgedruckt werden.

### 1.4 Gruppenbildung durch Rollen:

Das Gruppensystem unterstützt sowohl Systemgruppen als auch Usergruppen. Es ist damit z. B. auch möglich, eine Gruppe zur Bearbeitung einer Lerneinheit zu gründen, in der Lehrende und Lernende als Autoren zusammenarbeiten. Dabei können unterschiedliche Rechtestati zugeordnet werden (Veröffentlichung nur durch Besitzer der Gruppe, Aufnahme von neuen Mitgliedern nur durch Administrator(en) der Gruppe, etc...).

***Kommentar des Herstellers:***
*Voraussichtlich ab Mai 2002 steht ein komplett überarbeitetes Rechtesystem zur Verfügung, dass strikt rollenbasiert ist (Role Based Access Control) und die Gestaltung beliebiger Rollen in einer Gruppe erlaubt.*

### 1.5 Externe Kommunikationstools integrierbar:

Dies ist prinzipiell möglich, erfordert jedoch zusätzlichen Entwicklungsaufwand. Spezielle Schnittstellen zu gängigen Virtual-Classroom-Produkten existieren nicht.

## 2. Didaktik:

### 2.1 Lässt verschiedene Lehr- und Lernmodelle zu:

Die Lernplattform orientiert sich didaktisch an einem gemäßigten Konstruktivismus. Das System lässt sowohl Formen geführten Lernens als auch selbstgesteuertes Lernen zu. Durch die offene Gestaltung der Lernumgebung wären aber auch andere didaktische Modelle bzw. Mischformen umsetzbar.

### 2.2 Interaktive Übungen:

Übungen sind über die asynchronen Kommunikationstools integrierbar.

### *Kommentar des Herstellers:*

*Mehrere ILIAS-Anwender konzipieren zur Zeit eine AICC-Schnittstelle, mit der eine in Director erstellte Übung Ergebnisse und Trackingdaten an ILIAS zurückgeben und dort für weitere Prozesse (z. B. den Zugang zu neuen Lerneinheiten) nutzbar machen kann.*

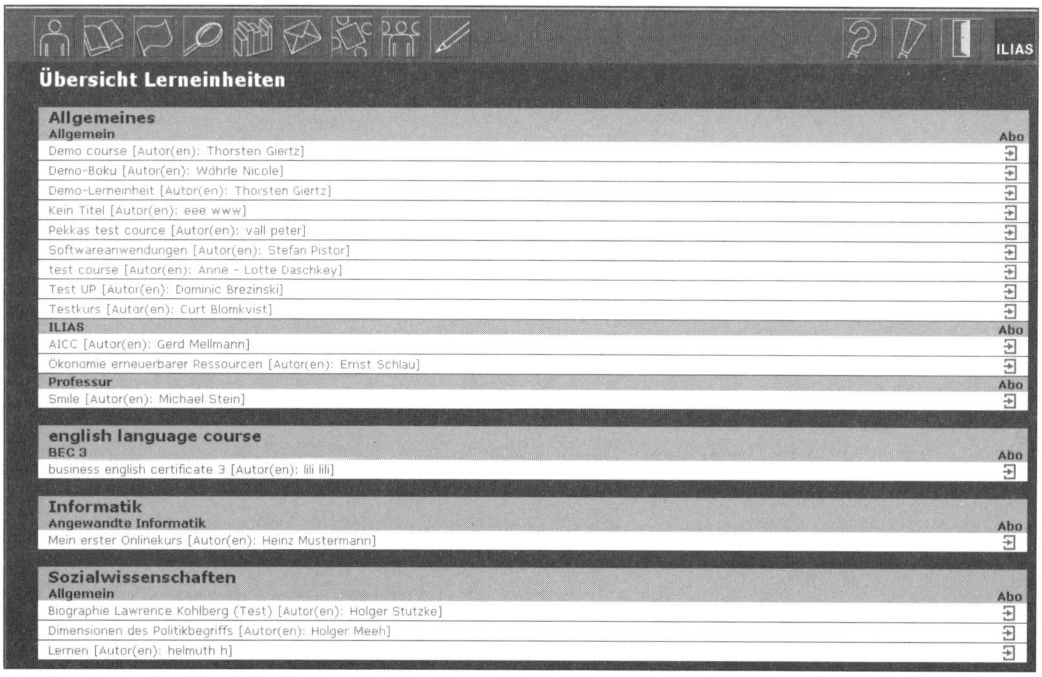


Übersicht der Lerneinheiten

## 2.3 Interaktive Tests:

ILIAS unterstützt die Fragentypen „Richtig/Falsch", „Ja/Nein" und „flexible Zahl" (beliebig viele Antworten zu einer Frage). Der Typ kann bei jeder Frage individuell gewählt werden. Außerdem kann der Autor entscheiden, ob er a) die Anzahl richtiger Antworten angibt, b) den Hinweis, dass eventuell mehrere Antworten richtig sein können, gibt oder c) keinen Hinweis gibt. Zu jeder Frage kann ein Lösungshinweis-Link gegeben werden, also eine Verknüpfung zu der Seite, auf der man Informationen bekommt, um die Frage zu beantworten. Zu jeder Frage kann eine Bearbeitungszeit festgelegt werden (min. / sek.).

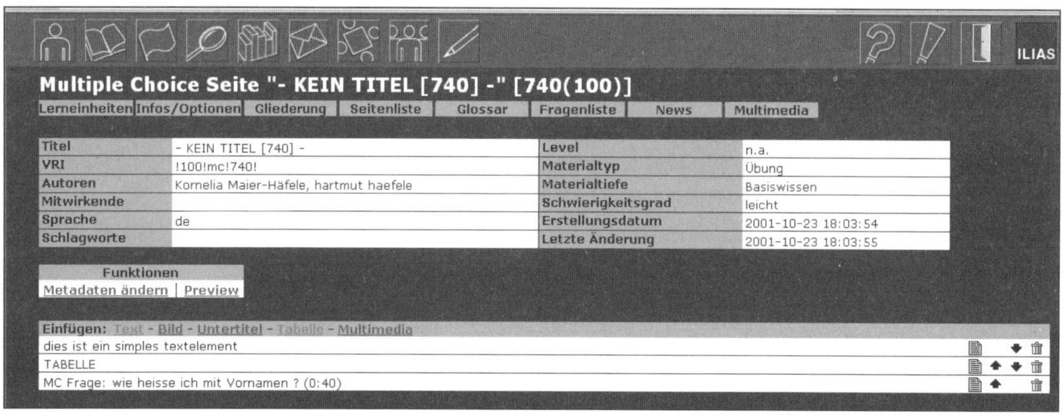


Eine Lerneinheit wird mit Textelementen, Tabellen und Fragen bestückt.

## 2.4 Modularisierung von Lehr- und Lerninhalten:

Lehr- und Lernmaterialien (in ILIAS Lerneinheiten genannt), die mit dem Editor erstellt wurden, liegen als Strukturen, Seiten und Inhaltselemente aufgeteilt in der Datenbank vor. Darüber hinaus sind Dokumente bzw. Dateien integrierbar, die außerhalb von ILIAS erstellt und genutzt werden können. Der gesamte Lehr- und Lerninhalt bis hinunter auf Elementebene (Bild, Textblock, Animation, etc.) kann in ILIAS mit Metadaten versehen werden. Die Metadaten orientieren sich dabei an den Standards von IMS und Ariadne. Durch die Datenbankarchitektur ist es darüber hinaus möglich, einzelne Elemente, Seiten oder Struktureinheiten (Kapitel/Unterkapitel) mehrfach zu verwenden, ohne dafür diese Inhalte erneut einzugeben. Der Reuse wird durch ein Administrationstool (IBO-Tool) unterstützt.

## 2.5 Feedback zum und Protokollierung des Lernfortschrittes:

Eine extensive Feedback-Funktionalität ist derzeit nicht in das System implementiert. Den Angaben der Entwickler zufolge wäre dies aber leicht implementierbar, da die dazu nötigen Userdaten teilweise bereits für das zuschaltbare Usertracking erhoben werden.

***Kommentar des Herstellers:***
*Die Multiple-Choice-Tests werden in der Praxis für die Lernerfolgskontrolle eingesetzt. Allerdings erhält nur der User selbst Informationen über seinen Stand. Außerdem entwickeln zur Zeit mehrere ILIAS-Anwender eine AICC-Schnittstelle (siehe „Interaktive Übungen"), um mit extern erstellten Übungen einen Lernfortschritt am Ende einer Lerneinheit abprüfen und Ergebnisse rückmelden zu können. Eine rein quantitative Protokollierung der aufgerufenen Seiten ist zwar leicht realisierbar, erscheint aber in ihrer Aussagekraft wenig brauchbar. Das neue Kursverwaltungssystem erlaubt zudem eine bessere tutorielle Betreuung der Lerner - und damit auch eine Möglichkeit des Feedbacks.*

## 2.6 Autorenfunktionen:

ILIAS bietet eine eigene Autorenumgebung, welche die vollständige Erstellung webbasierter Lehr- und Lernmaterialien ermöglicht. Das Interface ist so gestaltet, dass Autoren keine HTML-Kenntnisse benötigen, um Inhalte einzustellen. Tools zur Erstellung von Tabellen und Image-Maps sind ebenfalls implementiert. Die Integration von Multimedia-Objekten ist ebenfalls möglich. Nach Angaben der Entwickler werden Importwerkzeuge für HTML und XML im zweiten Quartal 2002 fertig gestellt sein.

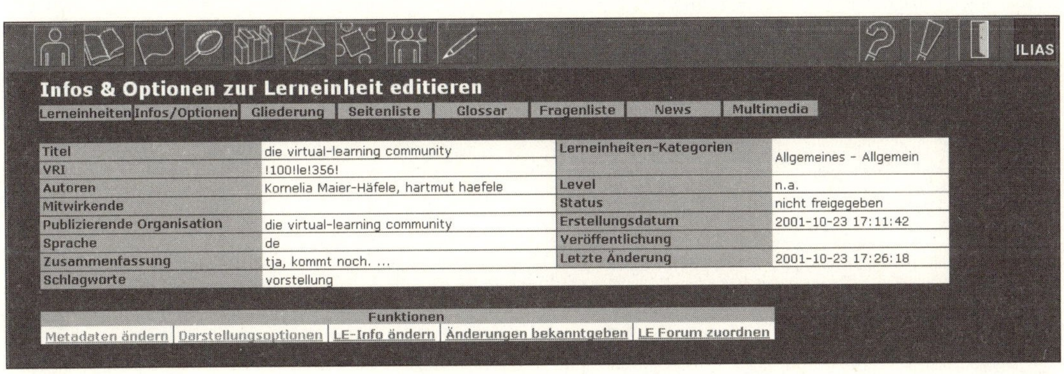


Das Erstellen von Lerneinheiten

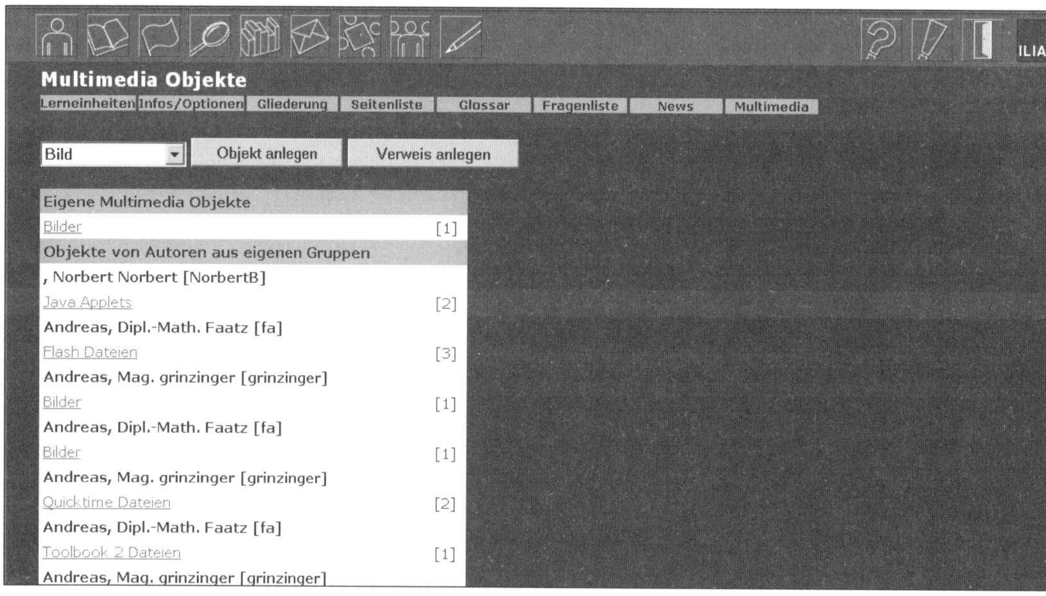


Das Anlegen von Multimedia-Objekten für den Reuse
in diversen Lerneinheiten

***Kommentar des Herstellers:***
*Der Import und Export von ILIAS-Lerneinheiten ist bereits implementiert (v. 2.1.0).*

## 2.7 Learning-flow-Management:

Das System bietet eine Bookmarkfunktion, die wie ein Zettelkasten genutzt werden kann, um auf interessante Webressourcen zu bookmarken. Außerdem werden den Lernerinnen auf dem Persönlichen Schreibtisch immer die zuletzt bearbeitete Seite für die fünf zuletzt genutzten Lerneinheiten angezeigt.

Im im 2. Quartal 2002 erscheinenden Release wird eine Kursverwaltungsfunktion implementiert sein, mit der es möglich ist, bestimmte Inhalte oder Ressourcen unter definierten Bedingungen zu veröffentlichen bzw. zugänglich zu machen (Definieren von Lernpfaden).

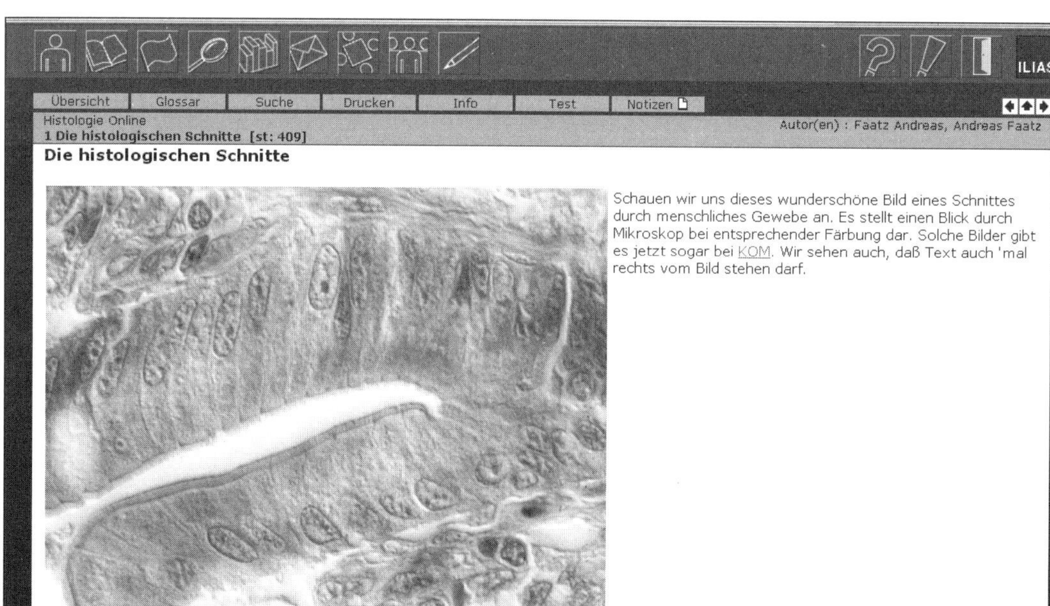


Eine Seite einer Lerneinheit

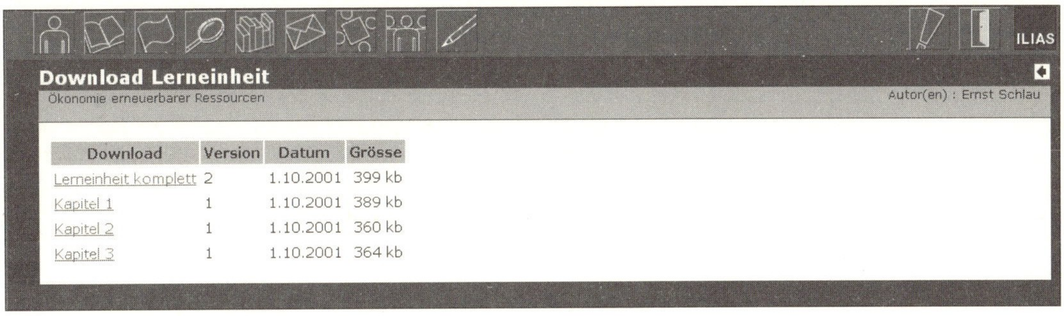


Kurse können in offline-fähiger Form zur Verfügung gestellt werden.
Ein Download ist per Hyperlink auf der Kurseingangsseite möglich.

## 3. Administration:

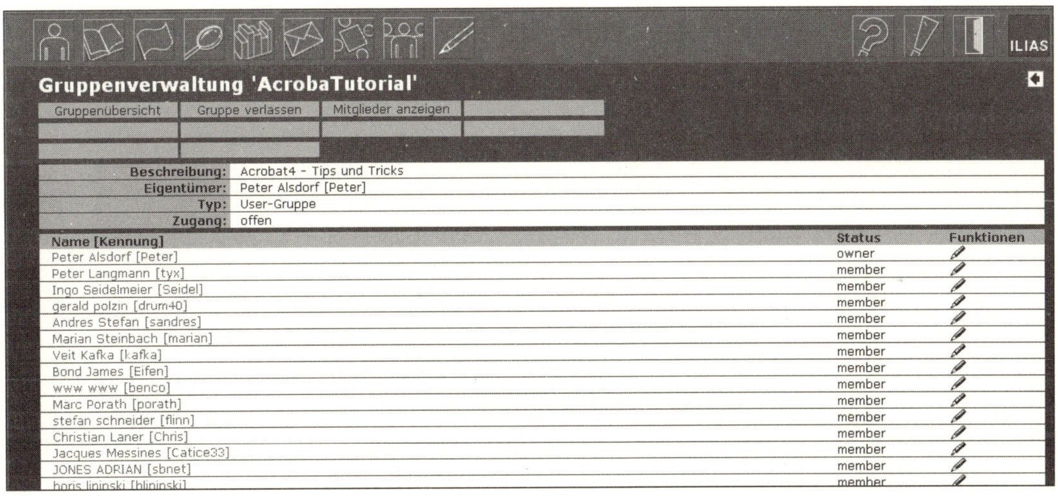


Das Gruppenverwaltungstool

### 3.1 Tracking von Usern:

Eine Tracking-Funktion ist implementiert und kann wahlweise an- oder ausgeschaltet werden. Ein internes Berichtssystem stellt allen Autoren aktuelle Informationen zur Nutzung ihrer Angebote zusammen.

### 3.2 Rechnungsverwaltung:

Zur Zeit ist eine einfache Rechnungsschnittstelle zur Generierung von Serienbriefen für Microsoft Word implementiert. Schnittstellen zu ERP-Systemen wie SAP/R3 etc. sind standardmäßig nicht integriert, könnten aber realisiert werden.

### 3.3 Personalisierung:

Über das Gruppen- und Rechtesystem sind zielgruppengenaue Freischaltungen von Lerneinheiten möglich (wobei eine Gruppe auch nur aus einer Person bestehen kann).

Asynchrone Kommunikationstools wie beispielsweise ausgewählte Diskussionsforen können für eine oder mehrere Gruppen frei geschaltet werden. Nicht möglich ist es bisher, die Systemfunktionalität an sich festzuschreiben, wie z. B. allgemeiner Zugriff von Lernerinnen auf Diskussionsforen. Laut Auskunft der Entwickler soll mit dem neuen Rechtesystem (ab dem zweiten Quartal 2002) diese gesamte Zuordnung zu 100% konfigurierbar sein, da letztlich jede AnwenderIn mindestens eine systemweite Rolle innehat - und diese Rolle konfigurierbar ist.

## 4. Technik:

### 4.1 Anpassbarkeit:

Das System kann durch Modifikation von Templates an die entsprechenden CI-Erfordernisse angepasst werden.

### 4.2 Erweiterbarkeit:

Durch den Einsatz von offenen Standards (PHP und MySQL) und dank des gut dokumentierten Codes (Open-Source-Softwareprozeß) kann das System beliebig erweitert werden.

### 4.3 Skalierbarkeit:

ILIAS kann sowohl für kleine Gruppen auf einem Intel-Rechner, als auch für große Gruppen auf einem entsprechend dimensionierten Unix- oder Linux-basierten Rechner eingesetzt werden. Die Referenzplattform an der Universität Köln weist über 11.000 registrierte Nutzer aus.

### 4.4 Systemanforderungen / Ressourcenbedarf:

| | Systemanforderungen für **Unix-Server:** | Systemanforderungen für **Windows NT- und 2000-Server:** |
|---|---|---|
| Durchschnittliche Installation (**weniger als 15.000 User-Accounts**) | SUN E250, 1GB RAM, 2 Prozessoren, | PIII 1GHz (oder gleichwertig)<br>1 GB Ram<br>dual CPU |
| Grosse Installation (**mehr als 15.000 User-Accounts**) | SUN E450, 1-2GB RAM, 2 Prozessoren - oder verteiltes System mit Webserver und Datenbankservern | Verteiltes System mit dual PIII 1GHz (oder gleichwertig)<br>1 GB Ram<br>quad CPU<br><br>In beiden Fällen sollte Linux statt Windows eingesetzt werden, da Linux im Serverbereich Vorteile bietet! |

***Kommentar des Herstellers:***
*ILIAS kann vollständig mit kostenloser Open Source Software betrieben werden (siehe Softwareanforderungen auf unserer Homepage). Bei den Lizenzen handelt es sich meistens um die GPL - General Public Licence (von Linux bekannt).*

*Der Ressourcenbedarf ist als vergleichsweise gering zu bezeichnen: im VIRTUS-Projekt der Universität Köln nutzen 11.000 registrierte User ILIAS auf einer SUN-Enterprise 450 (Bj. 97) mit 2 CPUs, 300 MHz, 1 GB RAM, 4,2 GB HD. Mit einem verteilten System (dedizierte Webserver+Datenbankserver) könnte die Leistung noch gesteigert werden.*

### 4.5 Distributierbarkeit:

Die Userdatenbank und das LMS können theoretisch auf getrennten Servern betrieben werden, dies wurde in der Praxis jedoch noch nicht realisiert.

### 4.6 Entspricht Standards:

Folgende Standards werden unterstützt:

- ARIADNE Educational Metadata Recommendation, v. 3.0
- IMS Global Learning Consortium
- Dublin Core Metadata Initiative
- SCORM
- AICC (in Arbeit)
- XML

***Kommentar des Herstellers:***
*ILIAS wird künftig auch EML (Educational Modelling Language) unterstützen. Anpassungen von ILIAS an EML werden im zweiten und dritten Quartal 2002 vorgenommen.*

### 4.7 Unterstützte Serverbetriebssysteme:

- Unix™
- Linux™ (Installationsroutinen werden standardmäßig für Linux herausgegeben).

***Kommentar des Herstellers:***
*ILIAS kann auch unter Windows genutzt werden, wie Anwender berichten. Allerdings können wir hier seitens des ILIAS-Kernteams in Köln keinen Support leisten.*

### 4.8 Support:

Als nicht-kommerzielles Projekt kann personell nur eingeschränkt Support geleistet werden. Angaben der Projektkoordinatoren zufolge wurde bisher jedoch jedem Hilfesuchenden schnell und unbürokratisch weitergeholfen. Response wird im Normalfall am selben Werktag per Internet gegeben.

Einfache Installationshilfen sind (im überschaubaren Rahmen) kostenlos.

Für Schulungen, ausgiebige Installationshilfen und Entwicklungsarbeiten fallen Kosten an. Einige dieser Leistungen sind per Werkvertrag durch Mitarbeiter des Projekts erbringbar. Andere Leistungen (z. B. Anpassungen) können bei Dritten erworben werden.

*Kommentar des Herstellers:*
*Inzwischen sind mit den Firmen Databay AG (Softwareentwicklung und Installationen) und Qualitus GmbH (Training, Schulung und Workshops) zwei Dienstleistungsanbieter im ILIAS-Netzwerk vertreten, die Supportleistungen anbieten.*

### 4.9 Deutschsprachige Vertriebspartner:

Ein österreichischer Vertriebspartner ist nicht vorhanden. Die Pädagogische Hochschule Zürich hat sich für ILIAS als hochschulweites System entschieden. Damit wird sich ILIAS über die PH Zürich voraussichtlich als Standardsystem an anderen schweizerischen Fachhochschulen etablieren. Damit ist es dann auch wahrscheinlich, dass in der Schweiz ein Ableger von ILIAS Open Source gegründet wird. Diese Dependance könnte dann möglicherweise für Österreich auch als Ansprechpartner und Zulieferer fungieren.

*Kommentar des Herstellers:*
*Seit kurzem besteht ein Firmenkontakt nach Innsbruck. Dieser könnte als österreichischer Partner in Frage kommen. Dies ist aber noch nicht gesichert!*

### 4.10 Dokumentation:

Eine Online-Dokumentation einschließlich einer Anwenderdokumentation (kontextsensitive Online-Hilfe für Lerner und für Autoren) ist vorhanden. Tutorials für die Autorenschulung können zur Verfügung gestellt werden. Darüber hinaus kann auf den Informationspool der Anwenderinnen und Entwickler-Community zugegeriffen werden (Diskussionsforen).

### 4.11 Sicherheit bei Datentransfer:

Eine SSL-Unterstützung ist möglich.

### 4.12 Unterstützung von Standardobjekttypen und -formaten:

Alle Objekte in internet-fähigen Formaten sind in ILIAS einsetzbar. Nicht-internetfähige Objekte (z. B. Office-Dokumente) können über die Container-Funktion auf den Server geladen und kooperativ in der Gruppenarbeit verwendet werden. ILIAS-Lerneinheiten können auch als PDF-Files ausgegeben werden.

# A. Firmenprofil

| | | | | |
|---|---|---|---|---|
| Corporate offices<br>International Business Machines Corporation<br>New Orchard Road<br>Armonk, NY 10504.<br>(914) 499-1900 | | | | |
| Unternehmensdaten: | Gründungsdatum | Mitarbeiterinnen | Umsatz | WKN[5] |
| | 1917 | ca. 350.000 | 2001: US$ 85.9 billion | 459200101 |
| Produkt, Versionsnummer: | Lotus Learning Space 5 | | | |
| Tätigkeits-Schwerpunkte: | IT Hardware, Software und Services | | | |
| Produkt-Kurzbeschreibung: | Lotus LearningSpace ist eine umfassende und flexible Plattform für e-learning. Es bietet eine Online-Umgebung mit unübertroffener Unterstützung für die drei verschiedenen Modi des elektronischen Studiums<br>▪ Eigenstudium<br>▪ asynchrone Zusammenarbeit und<br>▪ Lernen im „virtuellen Klassenzimmer". | | | |
| Referenz-Projekte: | www.lotus.com/Learningspace<br>selection : Customer & Press reference | | | |
| Kontakt: | IBM Österreich GesmbH<br>Obere Donaustr. 95<br>A-1020 Wien | | | |
| Tel.: | ++43 1 21145 | | | |
| Fax: | ++43 1 21145 | | | |
| URL: | http://www.lotus.com/home.nsf/welcome/learnspace | | | |

[5] Wertpapierkennnummer. Nur für börsennotierte Unternehmen.

| | |
|---|---|
| Kontaktperson:<br>E-Mail: | Mag. Manfred Porak<br>Manfred.porak@at.ibm.com |
| Vertrieb im deutsch-<br>sprachigen Raum: | IBM Software Vertriebspartner |

## Lizenzkosten:

Die Learningspace „Core“ Lizenzkosten werden nach der Summe der erworbenen IBM Softwarepunkte individuell kalkuliert. Der angeführte Preis ist der Maximalpreis und reduziert sich individuell. Dieser enthält sowohl die Initiallizenz, das Recht ein Jahr die jeweils neueste SW Version einzusetzen und Support in Anspruch zu nehmen.

| Useranzahl | Preise in Euro |
|---|---|
| 1-X | 47,94 |

Das IBM ASP Modell sieht als Einheit die SW Benutzung pro Monat und Endbenutzer vor. Es werden nur die „konsumierten“ Benutzungsmonate in Rechnung gestellt. Der Preis kalkuliert sich individuell aus der Gesamtmenge der jeweils erworbenen Punkte.

| | monatlich | jährlich |
|---|---|---|
| 1-x | 2,23 – 2,75 | - |

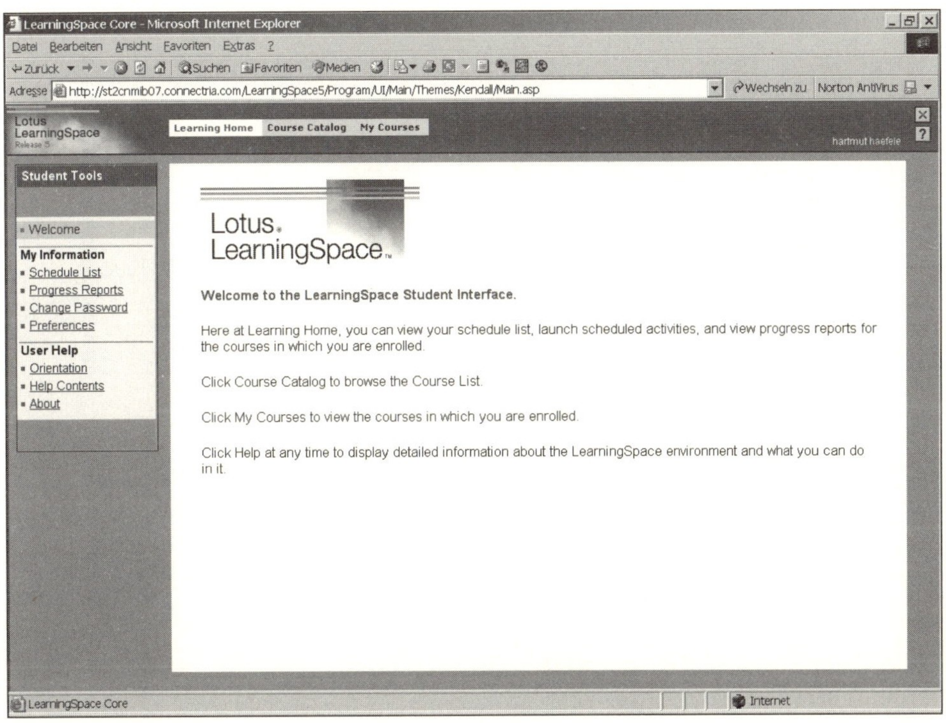


Die Startseite nach dem Einloggen.

## 1. Kommunikation, Kooperation & Kollaboration:

### 1.1 Synchron:

Die folgenden synchronen Kommunikationstools (realisiert in Java) sind integriert:

- Chat
- Whiteboard
- Application Sharing
- Audio- & Videokonferenz
- Instant Messaging
- Follow Me (kollektives Surfen im Internet)
- Prüfungsfragen während einer Live-Session stellen (Ad-Hoc Fragen)

Virtual-Classroom-Sessions können aufgezeichnet und später über einen Broadcast-Player wiedergegeben werden.

## 1.2 Asynchron:

Die folgenden asynchronen Kommunikationstools sind integriert:

- Diskussionsforen
- E-mail
- Dokumenten Sharing

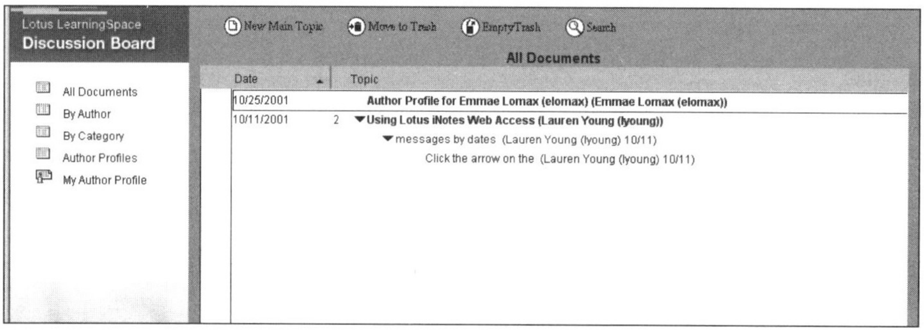


Das Diskussionsforum.

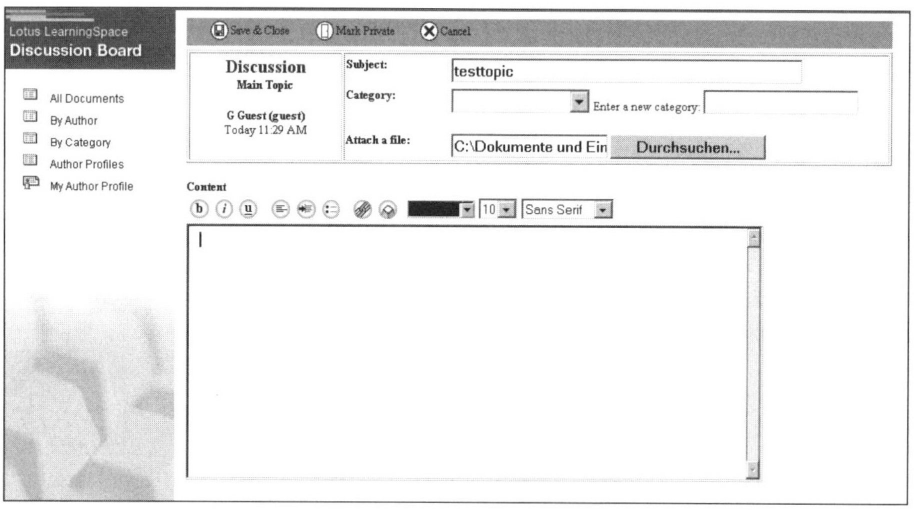


Das Erstellen von Nachrichten in Foren ist nach dem WYSIWYG-Prinzip komfortabel möglich. Auch Dateien können angehängt werden.

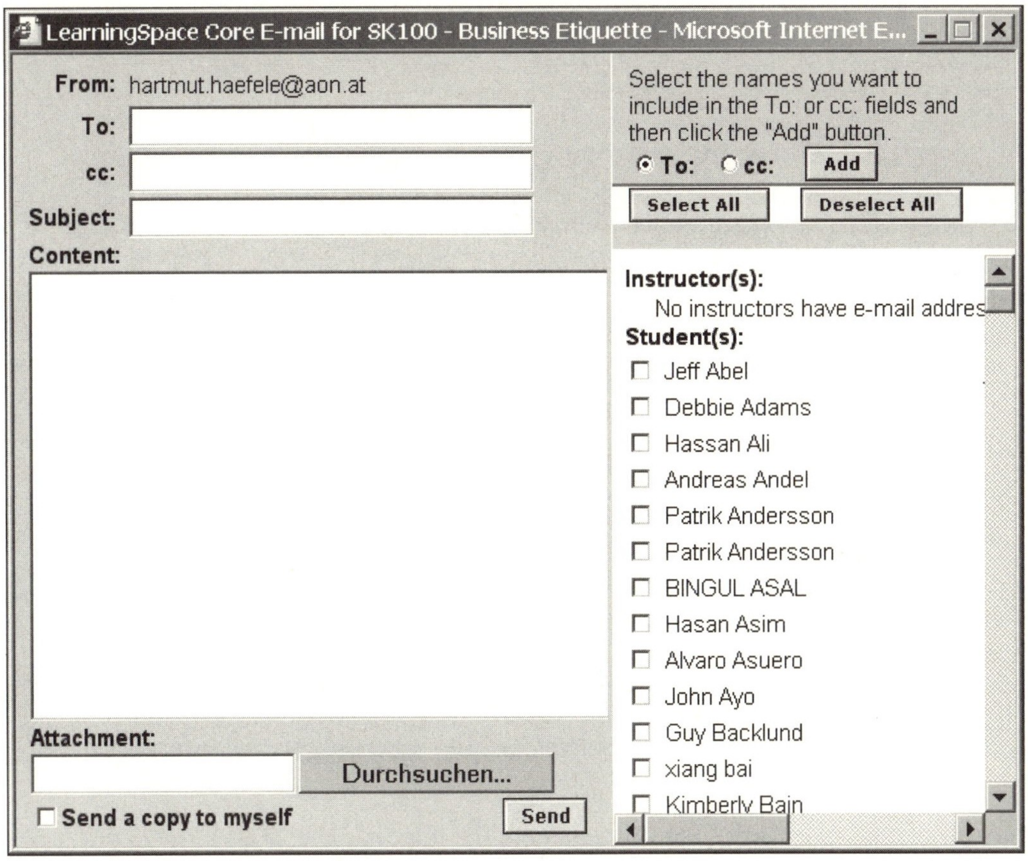


Das interne Mailsystem. Dateien können an Mails angehängt werden.

## 1.3 Annotationen:

Annotationen sind über die Einbindung von Diskussionsforen möglich.
Die solcherart angelegten Notizen sind für alle Kursteilnehmer einsehbar.

## 1.4 Gruppenbildung durch Rollen:

Die Administratorin kann Rollen und Profile definieren und einzelne Benutzer diesen zuordnen.

## 1.5 Externe Kommunikationstools integrierbar:

Dies ist unter Einhaltung der Standards T.120[6] und H.323[7] möglich. Spezielle Schnittstellen für die Integration von Virtual-Classroom-Produkten wie die der Marktführer Interwise und Centra sind nicht vorhanden.

[6] Die T.120-Empfehlungsserie definiert einen Multipoint-Kommunikationsdienst für Multimedia-Konferenzen.

[7] H.323 ist ein von der ITU (Internationale Fernmeldeunion) verabschiedeter Standard, der definiert, wie audio-visuelle Daten, wie sie bei Video-Konferenzen oder Internet-Telefonie auftreten, über ein Netzwerk verteilt werden.

## 2. Didaktik:

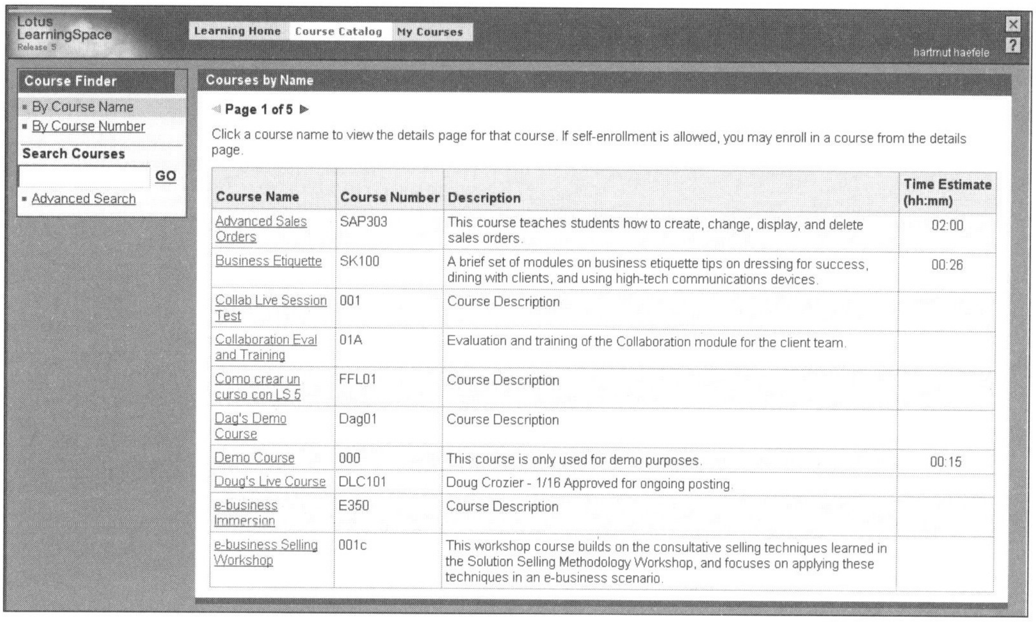


Der Kurskatalog.

### 2.1 Lässt verschiedene Lehr- und Lernmodelle zu:

Verschiedene Lernmodelle sind aufgrund des Rechtekonzepts und der integrierten synchronen und asynchronen Kommunikationstools in Learning Space gut abbildbar.

### 2.2 Übungen:

Übungen sind unter Verwendung der Möglichkeiten des integrierten Virtual-Classrooms und der asynchronen Diskussionsdatenbanken gut realisierbar.

### 2.3 Tests:

Der Trainer kann einzelne Fragen, aber auch ein Set von Fragen, mit Online-Beantwortung und Auswertung an die Teilnehmer richten. Dabei werden die folgenden Fragentypen unterstützt:

- Multiple Choice
- Single Choice
- Richtig / Falsch
- Lückentext
- Zuordnungsaufgaben
- offene Fragen

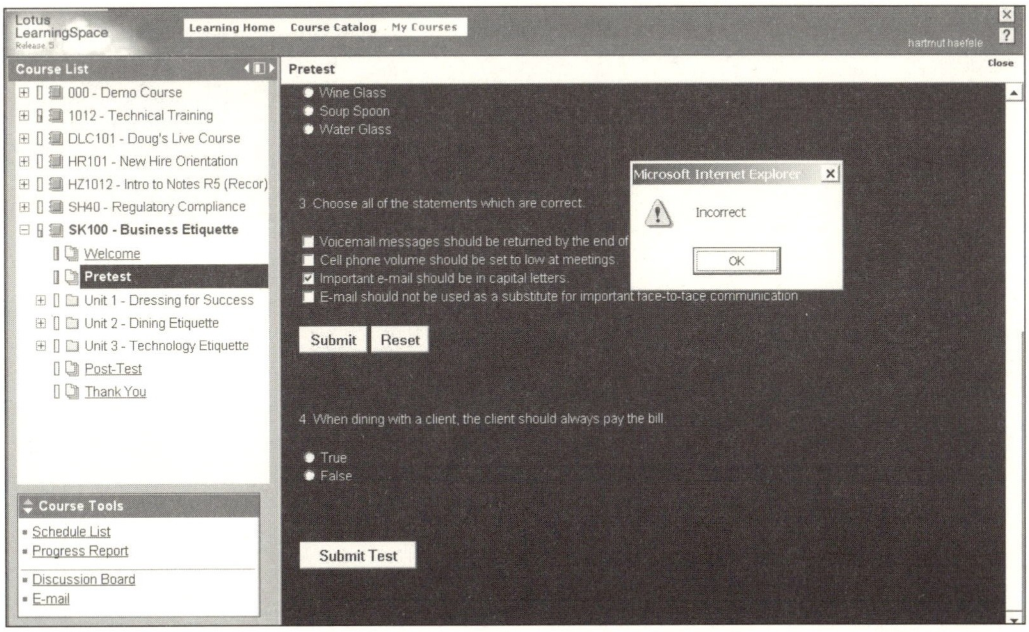


Ein Pretest mit verschiedenen Fragentypen.

## 2.4 Modularisierung von Lehr- und Lerninhalten:

Die Modularisierung von Lehr- und Lerninhalten wird aufgrund der Einhaltung des AICC-Standards sichergestellt.

## 2.5 Feedback zum und Protokollierung des Lernfortschrittes:

Die Protokollierung erfolgt gemäß dem AICC-Standard über eine relationale Datenbank.

## 2.6 Autorenfunktionen:

Learning Space bietet mit Ausnahme des Erstellens von Prüfungsfragen und des Zusammenstellens von Prüfungen aus diesem Fragenkatalog keine Funktionen zum Erstellen von Kursinhalten an.

## 2.7 Learning-Flow-Management:

Die Studierenden können anhand von Fortschrittsindikatoren jederzeit feststellen, welche Kurselemente bereits erledigt wurden und dort wieder einsteigen. Lehrpfade aus mehreren Kursen sind vom Kursadministrator erstellbar, wobei auch Abhängigkeiten abgebildet werden können (z. B.: Kurs B wird erst frei geschaltet, wenn Kurs A positiv abgeschlossen ist.).

Zusätzlich ist es möglich, für bestimmte Studentengruppen (z. B. Studienzweig, Jahrgang, etc.) automatische Kursanmeldungen durchzuführen, d. h. die Lernpfade festzulegen.

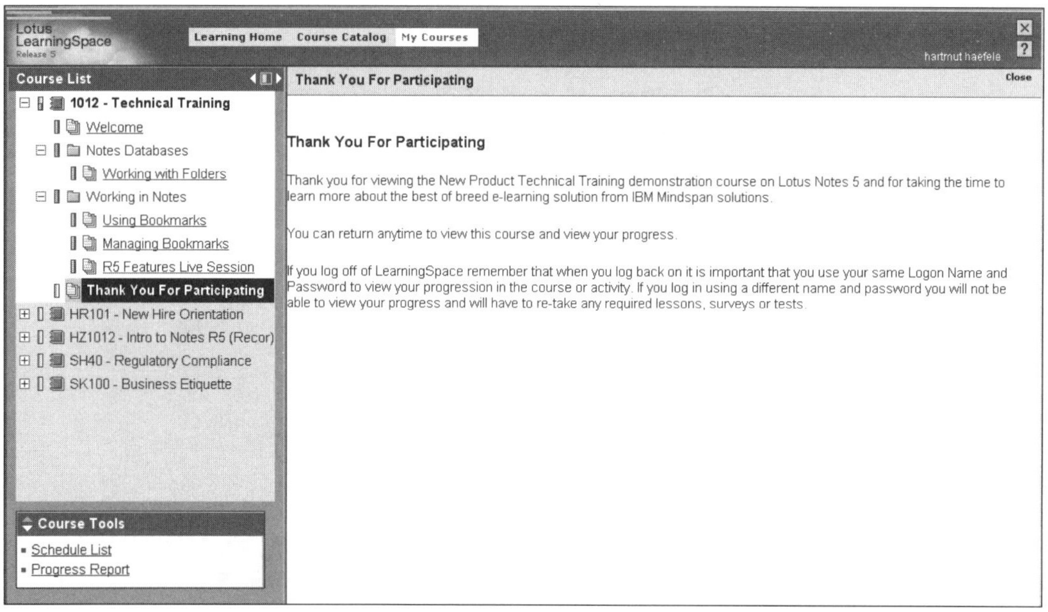


Ein Kurs zur Bedienung von Lotus Notes 5.0.
Die blauen Kästchen zeigen bereits bearbeitete Kapitel an.

## 3. Administration:

### 3.1 Tracking von Usern:

Das User-Tracking erfolgt AICC-konform. Diverse Standard-Auswertungen der mitprotokollierten Daten werden mitgeliefert. Bei Einsatz des Report-Generators „Crystal-Reports[8]" sind auch eigene Reports und Auswertungen definierbar.

### 3.2 Rechnungsverwaltung:

Eine Rechnungsverwaltung ist nicht integriert. Die zur Weiterverrechnung notwendigen Daten befinden sich jedoch in einer relationalen Datenbank und können über Schnittstellen exportiert beziehungsweise wieder importiert werden. Eine spezielle Schnittstelle zu bestimmten ERP-Systemen wie SAP/R3™ oder Peoplesoft™ existiert jedoch nicht.

### 3.3 Personalisierung:

Eine gewisse Personalisierung ist über die Profile (Studentengruppen) möglich. Automatische Kursvorschläge des Systems sind über die automatische Kursanmeldung realisierbar.

[8] Siehe hierzu auch das Kapitel der e-Learning Fachbegriffe.

# 4. Technik:

## 4.1 Anpassbarkeit:

CI-Anpassungen können über Templates und CSS[9] gut durchgeführt werden. Hierfür werden vom Hersteller Dokumentationen bereitgestellt.

## 4.2 Erweiterbarkeit:

Erweiterungen können über eine dokumentierte Java-API vorgenommen werden.

## 4.3 Skalierbarkeit:

Das System ist gut skalierbar, da Multi-Server Konfigurationen unterstützt werden.

## 4.4 Systemanforderungen / Ressourcenbedarf:

### Anmerkung des Herstellers:

*Der Ressourcenverbrauch für ein eLearning System (und damit auch für LS) ist von sehr individuellen Parametern abhängig. Dazu zählen vor allem:*

*1.) Der Anteil multimedialer Komponenten im Content (reiner Text → Videosequenzen)*
*2.) Der Anteil der Interaktion (rein lesend → Aufruf von Dialogprogrammen)*
*3.) Der Anteil von asynchroner und synchroner Kommunikation (keine Kommunikation → Diskussionsdatenbank → Videokonferenz)*
*4.) Die Erfahrung der Endbenutzer (PC Beginner → Profi)*

*Wir haben einen groben Erfahrungswert von ca. 100 concurrent, „durchschnittlichen" Benutzern pro CPU (Klasse Pentium).*

*Achtung : Wir wollen aber betonen, dass sich dieser Wert in Abhängigkeit der obigen Parameter, um mehrere 100 % ändern kann.*

## 4.5 Distributierbarkeit:

Die Userdatenbank und das LMS können auf verschiedenen Servern verteilt werden.

## 4.6 Entspricht Standards:

Learning Space ist AICC-zertifiziert.

[9] CSS = Erweiterung, um HTML-Seiten besser layouten zu können und häufig benutzte Formatvorgaben (Fett, Kursiv, etc.) sowie Schrifttypen nur noch einmal definieren zu müssen. Das bedeutet, dass die Datenmenge einer Html-Seite verringert wird, da diese Vorgaben (einmal im Header definiert) im Lauftext nur noch per Code abgefragt werden.

### 4.7 Unterstützte Serverbetriebssysteme:

- Windows NT™
- Windows 2000™

### 4.8 Support:

Alle Support-Level sind möglich. Die Supportsprache ist Deutsch.

### 4.9 Deutschsprachiger Vertriebspartner:

Über IBM/Lotus Wien sowie die diversen Business Partner.

### 4.10 Dokumentation:

Gedruckte Handbücher sowie eine umfangreiche Online-Hilfe sind verfügbar

### 4.11 Sicherheit bei Datentransfer:

Dies ist per SSL[10] möglich. Auch bei den Collaboration Services kann SSL zur Datensicherheit eingesetzt werden.

### 4.12 Unterstützung von Standardobjekttypen und -formaten:

Sämtliche MIME-Typen werden unterstützt.

[10] SSL = „Secure Socket Layer". Technik, mittels der ein Web-Client den Server authentifizieren kann und der Datenverkehr zwischen beiden verschlüsselt wird. SSL wurde von Netscape und der RSA Data Security entwickelt.

# A. Firmenprofil

| | |
|---|---|
| Saba Software GmbH | |

| Unternehmensdaten: | Gründungsdatum | Mitarbeiterinnen | Umsatz | WKN[11], NASDAQ |
|---|---|---|---|---|
| | 07. April 1997 | 484+ | 46 Mio. $ | 934513, SABA |

| | |
|---|---|
| Produkt, Versionsnummer: | Saba Learning Enterprise |
| Tätigkeits-Schwerpunkte: | Human Capital Development and Management Solutions (HCDM) |
| Produkt-Kurzbeschreibung: | Das Hauptprodukt von Saba ist Saba Learning Enterprise, ein Learning Management System, das den gesamten Lernzyklus eines Unternehmens und seiner Partner bzw. Händler – angefangen von der Ermittlung des exakten Schulungsbedarfs über die Auswahl der am besten geeigneten Schulungsmethoden und -medien bis hin zur Lernerfolgskontrolle – abbildet und unterstützt.<br><br>Darüber hinaus unterhält Saba die Saba Learning Exchange – eine Art Online-Marktplatz, auf dem Schulungsnachfrager und -anbieter zusammenkommen – sowie verschiedene „Alliances" mit Anbietern von Lerninhalten, e-Learning, Lösungen zur Kompetenzanalyse und interaktiven Multimediasystemen. |
| Referenz-Projekte: | ▪ Daimler Chrysler AG<br>▪ Telenor ASA (Staat Norwegen)<br>▪ Bildungsportal Sachsen<br>▪ GfN Netzwerktraining<br>▪ T-Systems Training<br>▪ SUFI Scottish University (learndirect Scotland)<br>▪ ABN Amro |

[11] Wertpapierkennnummer. Nur für börsennotierte Unternehmen.

| | |
|---|---|
| | ▪ Cisco Systems<br>▪ Ford Motors Company<br>▪ Anheuser Busch<br>▪ 3Com<br>▪ Proctor & Gamble<br>und weitere. |
| Kontakt:<br><br><br><br>Tel.:<br>Fax:<br>URL: | Saba Software GmbH<br>Otto-Hahn-Str. 1a<br>D-69190 Walldorf<br><br>++49-6227-454 0<br>++49-6227-454 400<br>www.saba.com |
| Ansprechpartner:<br>E-Mail: | Roland Renner<br>rrenner@Saba.com |
| Vertrieb im deutschsprachigen Raum: | Saba Software GmbH, Walldorf<br>Saba Software GmbH, München |

# B. Weiterführende Produktinformationen

## Die Saba-Produktmodule:

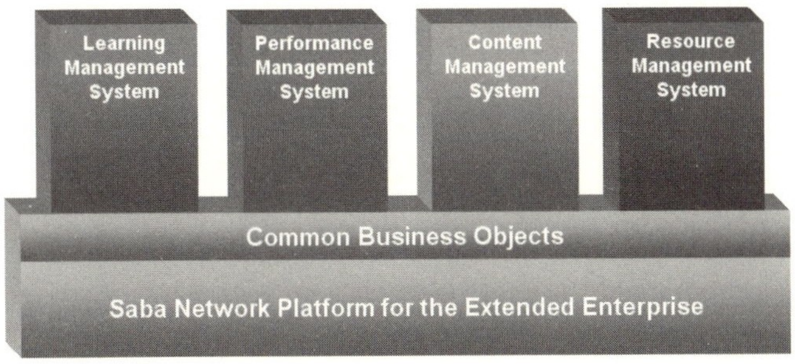


Saba bietet eine Komplettlösung für das Management von Personal und Know-how im Unternehmen an. Grundlage für die einzelnen Module ist die Network Platform, eine mehrstufige, webbasierte Architektur, die auf offenen Standards basiert. Jede Lösung auf Basis der Network Platform kann sowohl einzeln als auch in Kombination mit weiteren Komponenten lizenziert und genutzt werden. Großen Organisationen bietet Saba eine vollständig integrierte HDCM-Lösung, mit der automatisierte Leistungs- und Lernmanagement-Prozesse in Abstimmung mit unternehmensweitem Content- und Ressourcenmanagement umgesetzt werden können. Die Lösung kombiniert die Leistungen der Produkte Learning, Performance, Content und Resources.

Für das vorliegende Buch wurden die Module Learning- und Content Management System, sowie das auf dem obigen Schema nicht abgebildete Modul „Exchange[12]" evaluiert.

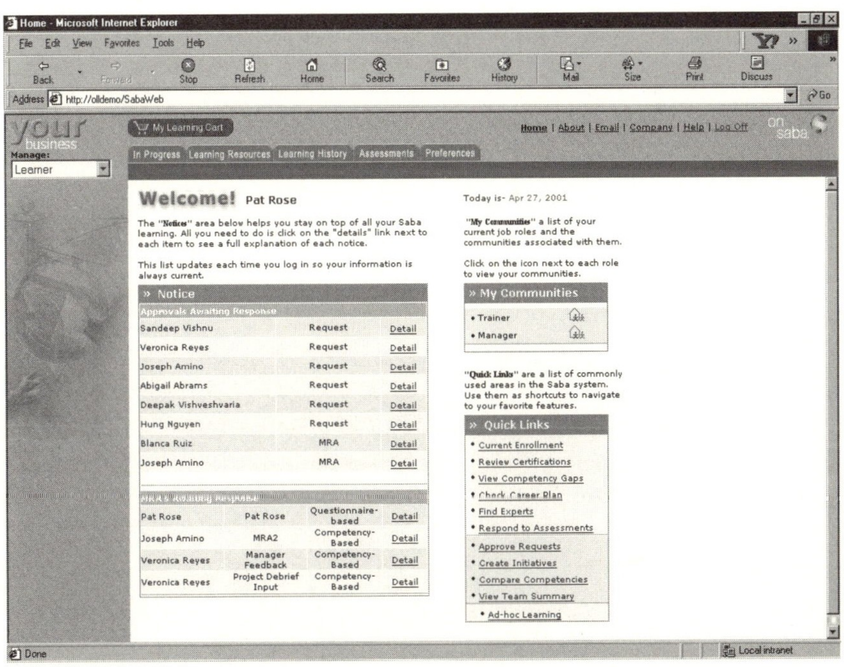


Der Startbildschirm

[12] Exchange ist ein globaler Marktplatz für WBT´s , der Unternehmen und Institutionen dabei unterstützen soll, passende Schulungsangebote ausfindig zu machen und dadurch Wissenslücken zu schließen. Weiterbildungsmaßnahmen im Exchange Netzwerk sind kategorisiert nach Branche, Position und Kompetenzstand. Anbietern von WBT´s soll Exchange die Möglichkeit bieten, ihre Angebote gezielt auf bestimmte Institutionen oder Branchen auszurichten. Zu den Exchange-Anwendungen gehören Private Learning Exchange für private Marktplätze (z.B. Universitäten in Österreich und Deutschland) sowie Learning Exchange Supplier für professionelle Bildungsanbieter.

# Lizenzkosten:

***Kommentar des Herstellers:***
*Saba bietet folgende Lizenzmodelle (auch in Kombination) an:*

- *Umsatzmodelle*
- *Gewinnabhängige Modelle*
- *Userlizenzen Miete*
- *Userlizenzen Kauf*

*Auf allen Lizenzmodellen werden Supportgebühren erhoben.*

*Die Höhe der Lizenzgebühren ist abhängig von den genutzten Funktionalitäten und der Anzahl der User.*

## 1. Kommunikation, Kooperation & Kollaboration:

### 1.1 Synchron:

Folgende synchrone Kommunikationstools sind implementiert:

- Chat
- Whiteboard
- Application Sharing (technische Voraussetzungen müssen erfüllt werden.)
- Audio-, Videokonferenz
- Virtuelles Klassenzimmer
- Mentorenunterstützung (Online)
- Online-Teilnehmerlisten
- Expertensuche
- E-Mail-Anbindungen
- Fragen und Antworten Datenbank (Online verfügbar und erweiterbar)

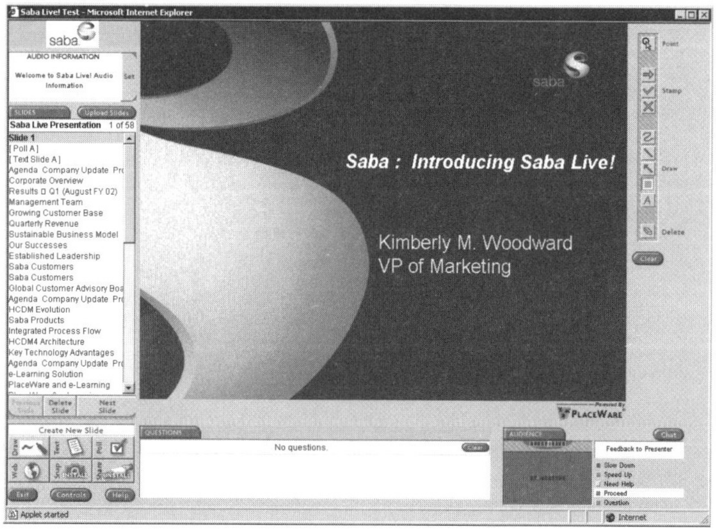


Das virtuelle Klassenzimmer aus der Trainerinnensicht

## 1.2 Asynchron:

Folgende asynchrone Kommunikationstools sind integriert:

- Diskussionsforen
- Mailing Listen
- FAQ Listen (Fragen und Antworten in einer verschlagworteten Datenbank)
- Persönliche Nachrichten (e-Mail, Fax, Drucker)
- Information Server zum Austausch von Dokumenten
- Up- und Download von Files (jeder MIME[13]-Type wird unterstützt)
- Persönlicher Kalender
- Mentorenunterstützung (Offline)
- Saba Dialog

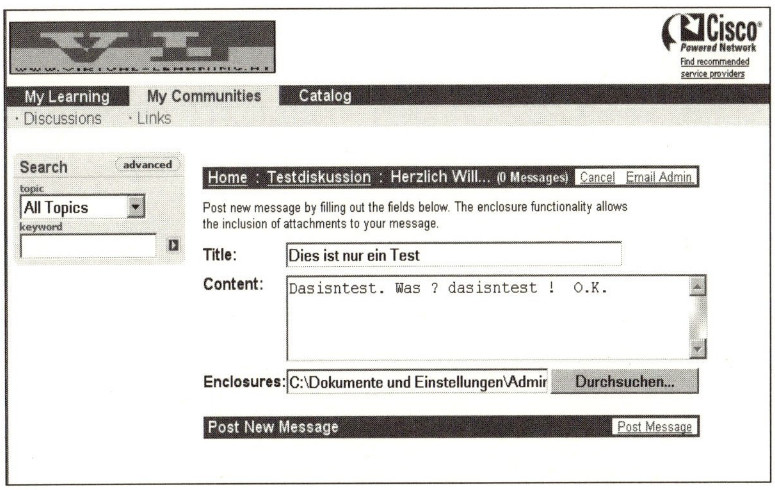


Das Erstellen einer Nachricht im Diskussionsforum. Attachments sind möglich.

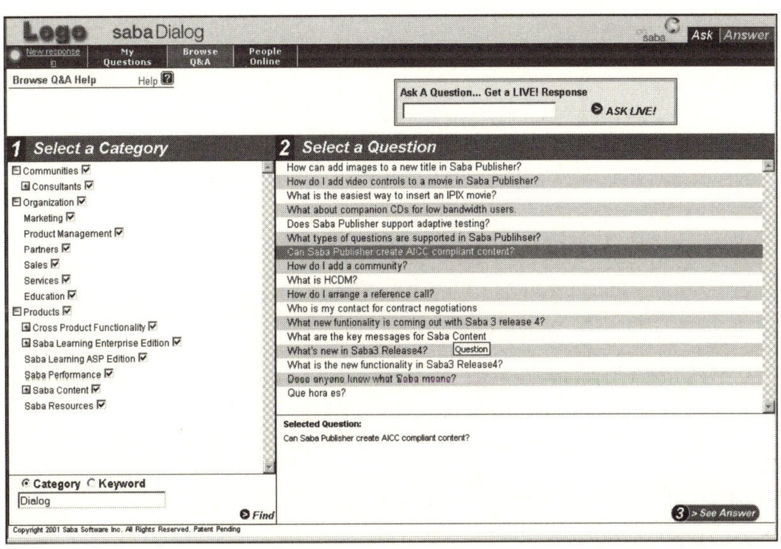


Die Dialog-Funktion: Fragen und Antworten (Q&A). Fragen können an Experten in den „Communities of practice" gestellt werden. Antwortet ein Experte, wird dies akustisch und optisch gemeldet. Es besteht dann die Möglichkeit, mit dem Experten in einen 1:1 Dialog mittels Chat zu treten. Die Antworten der Experten können bewertet werden und werden Teil der Wissensdatenbank.

[13] MIME = Multipurpose Internet Mail Extensions. Siehe auch das Kapitel: e-Learning Fachbegriffe.

Die Dialog-Funktion bietet die folgenden Möglichkeiten:

- Rating der Antworten (Qualitätsmangement)
- Kategorisierung
- Verschlagwortung
- Auflistung der persönlichen/eigenen Fragen
- Darstellung der Online-Teilnehmer
- Verbindung der Teilnehmer mittels Chat und Diskussionsforen (das generierte Wissen aus diesen Kommunikationstools kann ebenso in die Knowledge-Datenbank eingetragen werden).

## 1.3 Annotationen:

Wird über die Notizfunktionalität realisiert. Persönliche Notizen können grundsätzlich von allen Personen eingesehen werden, die dafür die Berechtigungen erhalten. Die Berechtigungen werden mit dem Domänen- und Sicherheitslistenkonzept zugeteilt. Standardmäßig können Tutoren, Mentoren und Lernerinnen diese Anmerkungen einsehen.

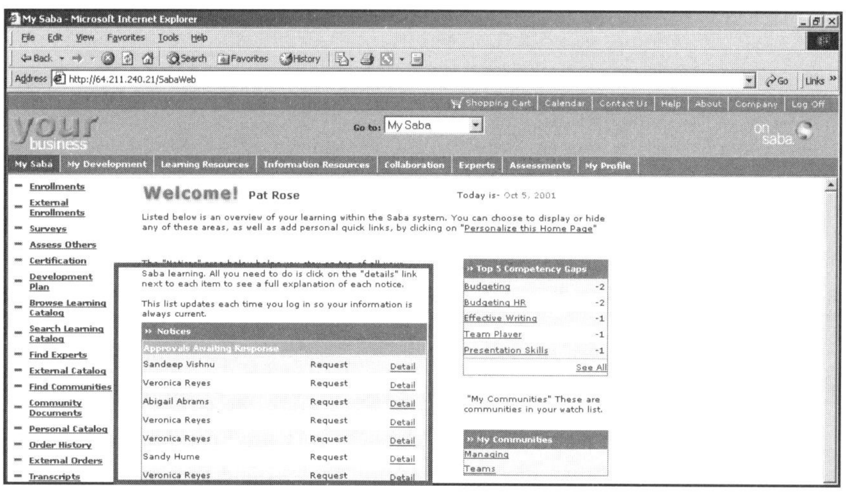


Die Notizfunktion.

Annotationen zu bestimmten Lerninhalten werden im jeweiligen Content gespeichert, nicht im LMS-System und sind somit Funktionalitäten, die durch den Content abgedeckt werden. Das im Lieferumfang enthaltene externe Autorentool „Saba Publisher" ermöglicht es, entsprechenden Content mit der Möglichkeiten der Einstellung von Annotationen zu erstellen.

## 1.4 Gruppenbildung durch Rollen:

Es können sogenannte Communities gebildet werden. Die Zusammenführung kann nach unterschiedlichen Kriterien, die frei definiert werden können, erfolgen:

- nach Fähigkeiten
- nach Jobtitel
- nach Rollen

- nach Experten
- nach Zertifizierungen, usw.

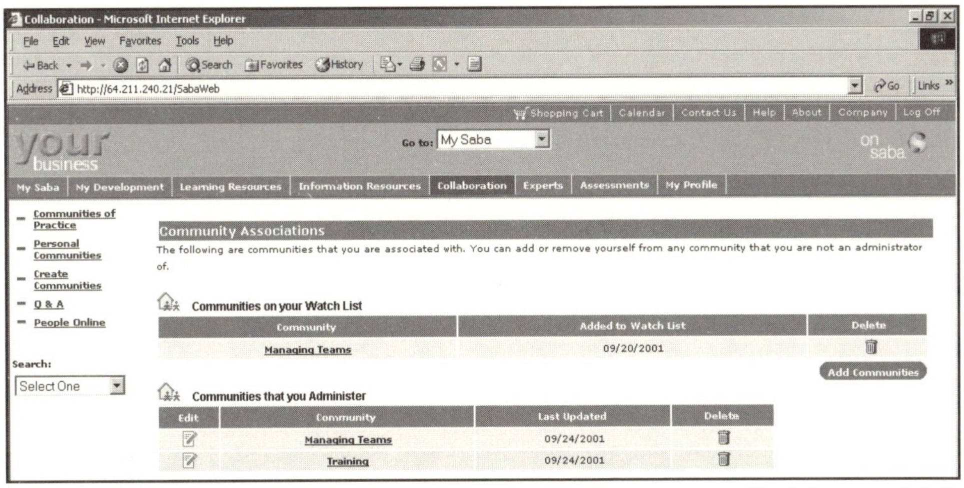


Beispiele für Communities

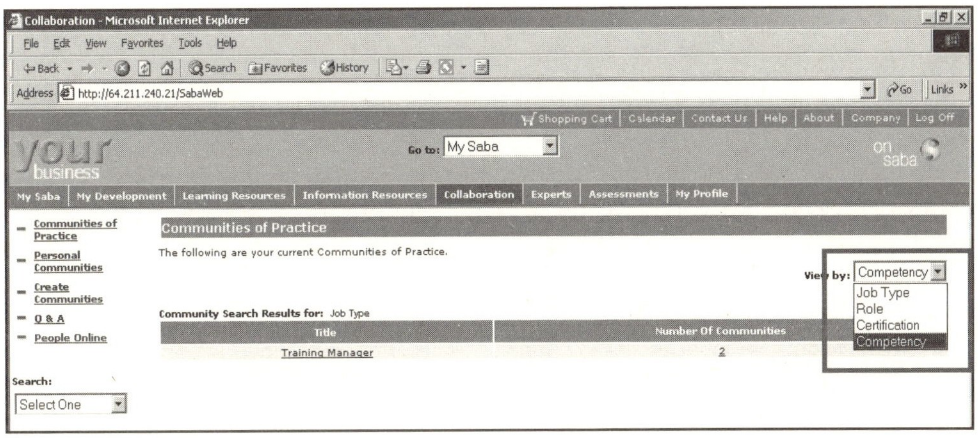


Die aufgelisteten Communities können in sogenannte „Watchlists" übertragen werden und werden somit auf der Startseite des jeweiligen Lerners eingerichtet.

### 1.5 Externe Kommunikationstools integrierbar

Dies ist für die Funktionen Chat und Diskussionsforen problemlos möglich, für die Funktion des Virtuellen Klassenzimmers besitzt Saba ein eigenes Produkt „Saba Live" sowie einen standardisierten Connector zu bestehenden virtual classroom Environments.

## 2. Didaktik:

### 2.1 Lässt verschiedene Lehr- und Lernmodelle zu:

Lehrer- und lernerorientierte Funktionalitäten, Prozesse und Abläufe sind innerhalb der Plattform auch unter Zuhilfenahme der integrierten Kommunikations- und Kollaborationstools abbild- und anpassbar. Saba LE ist sowohl ein Push, als auch ein

Pullsystem. Das bedeutet, dass Lernprozesse zugewiesen bzw. selbständig durchgeführt, dargestellt und abgearbeitet werden können.

## 2.2 Interaktive Übungen:

Interaktive Übungen (Team) können mit Unterstützung des virtuellen Klassenzimmers durchgeführt werden. Ebenso sind interaktive Übungen (Einzeln) durch das Öffnen und die Bearbeitung der Lernmodule sowie durch die Möglichkeit des Filesharings realisierbar.

## 2.3 Interaktive Tests:

In Saba LE ist ein Assessment[14]-Tool implementiert, das die Erstellung, Bearbeitung und die Beantwortungen von folgenden Tests ermöglicht:

- Assessments (Pre und Post)
- Beurteilungen
- Bewertungen
- Multi-Rater Assessments (360 Grad Feedback-Schleifen)

Die Tests können online dargestellt und bearbeitet werden (einzeln und im Team), die Auswertung erfolgt automatisiert. Innerhalb der Tests können unterschiedliche Fragentypen erstellt und mit Zeitlimits bzw. Auswahl der Häufigkeit des Aufrufens versehen werden.

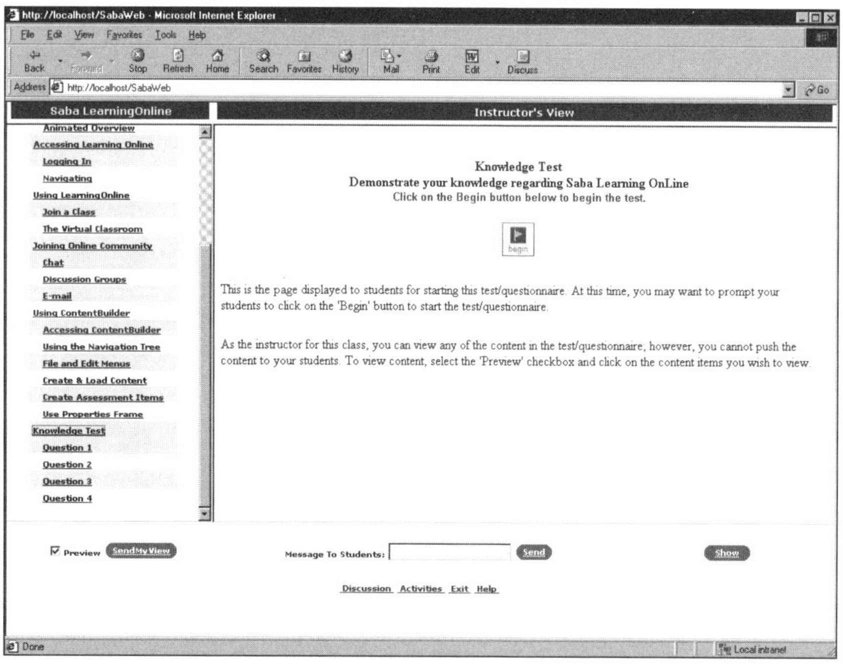


Das Assessment Tool

[14] Assessment ist ein Beurteilungsverfahren, um die Fähigkeiten und Fertigkeiten (Skills) sowie den Wissensstand von Lernenden systematisch zu bewerten

Grundsätzlich existieren zwei verschiedene Funktionalitäten zur Erstellung von Übungen und Tests:

Über den **Content Builder**, der auch zur Erstellung von Virtuellen Klassenzimmern genutzt wird und über Funktionalitäten zur synchronen Präsentation von Folien und Lerninhalten verfügt. Dabei werden folgende Fragetypen unterstützt:

- Multiple Choice
- Freitext
- Wahr und Falsch

Die zur Verfügung stehende Antwortzeit sowie die Anzahl der Versuche kann definiert werden.

Über das Autorentool „**Saba Publisher**" sind die folgenden Fragentypen möglich:

- Multiple Choice
- Lückentext
- Wahr / Falsch in verschiedenen Ausprägung
- Zuweisungen
- Verknüpfungen
- Freitext
- Kombinationen bzw. Abwandlungen von bestehenden Fragetypen

## 2.4 Modularisierung von Lehr- und Lerninhalten:

Die Zusammenführung bzw. Modularisierung von Lerninhalten ist durch die Berücksichtigung aller wichtigen Standards (siehe die Kategorie Technik) realisiert. Es können folgende „Lernwege" definiert werden:

- Pakete
- Curricula
- Zertifizierungen

Alle Lehr- und Lerninhalte können logisch miteinander verknüpft werden (z. B. in Form von Voraussetzungen oder Empfehlungen).

Weiters sind Zeitlimits zur Erreichung von Zertifikaten, sowie Ablaufzeiten implementiert. Auch Re-Zertifizierungsmaßnahmen sind möglich.

## 2.5 Feedback zum Lernfortschritt und Protokollierung des Lernfortschrittes:

Das System bietet eine Vielzahl von Standardreports an. Diese können angepasst bzw. erweitert oder neu erstellt werden. Die Zusatzapplikation Crystal Reports[15] ermöglicht die Erstellung neuer Reports durch den Administrator (umfangreiche Dokumentationen werden mitgeliefert, Trainings werden angeboten).

[15] Crystal Reports = Reporting-Tool der Fa. Seagate, das einen Quasi-Standard darstellt.

Feedbackfunktionalitäten werden durch das Assessment-Tool im Content Builder ermöglicht (siehe hierzu auch den Punkt: Interaktive Tests).

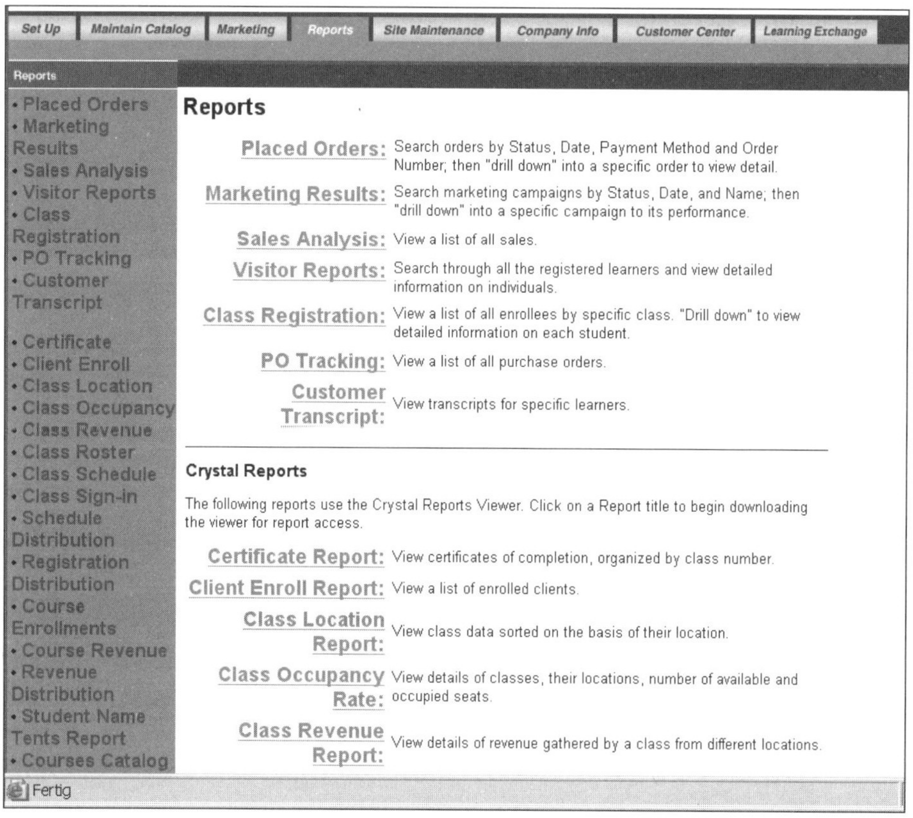


Die Reportfunktion

Ebenso ist die Erstellung von Zertifikaten (mit automatisierter Re-Zertifizierung sowie Benachrichtigungen und Ausstellung des Zertifikates) möglich. Eine Zertifizierungslückenanalyse wird automatisiert durchgeführt und über das Web angezeigt.

Die Terminüberwachung bezüglich Aufgaben- bzw. Produkterledigung erfolgt automatisiert und jeder Nutzer des Systems besitzt einen Entwicklungsplan, der entweder selbständig oder durch Lern- bzw. Lehrbeauftragte (z. B. Manager, Trainer) beeinflusst werden kann.

Jeder Nutzer erhält über seine personalisierte Webseite die Darstellung seiner Lernhistorie, seiner Lernfortschritte, seine extern durchgeführten Tests sowie seiner neu erworbenen Fertigkeiten (Skills[16]). Diese Inhalte können durch den Lern- bzw. Lehrbeauftragten eingesehen werden.

[16] Skills = Fertigkeiten. Siehe hierzu auch das Kapitel: e-Learning Fachbegriffe.

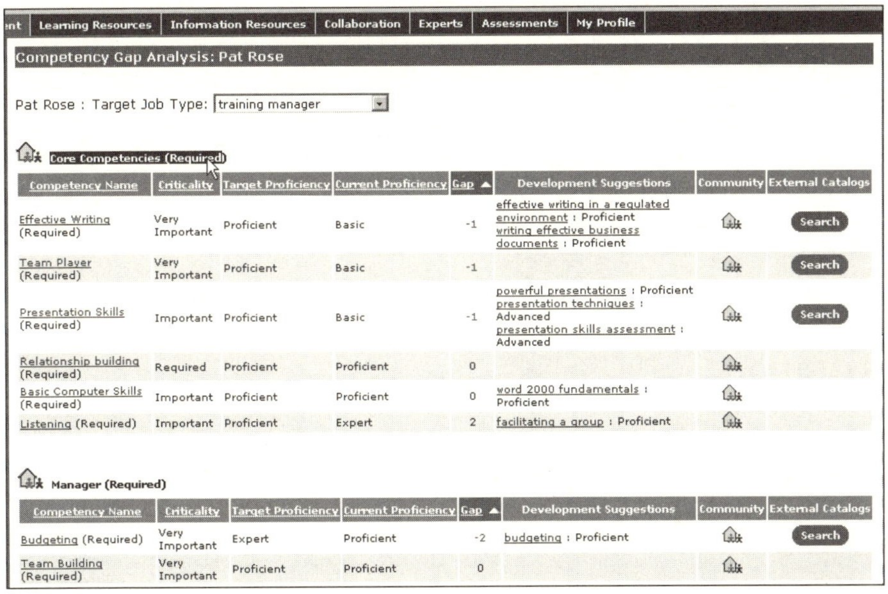

Learning Resources | Information Resources | Collaboration | Experts | Assessments | My Profile

Competency Gap Analysis: Pat Rose

Pat Rose : Target Job Type: training manager

Core Competencies (Required)

| Competency Name | Criticality | Target Proficiency | Current Proficiency | Gap | Development Suggestions | Community | External Catalogs |
|---|---|---|---|---|---|---|---|
| Effective Writing (Required) | Very Important | Proficient | Basic | -1 | effective writing in a regulated environment : Proficient writing effective business documents : Proficient | | Search |
| Team Player (Required) | Very Important | Proficient | Basic | -1 | | | Search |
| Presentation Skills (Required) | Important | Proficient | Basic | -1 | powerful presentations : Proficient presentation techniques : Advanced presentation skills assessment : Advanced | | Search |
| Relationship building (Required) | Required | Proficient | Proficient | 0 | | | |
| Basic Computer Skills (Required) | Important | Proficient | Proficient | 0 | word 2000 fundamentals : Proficient | | |
| Listening (Required) | Important | Proficient | Expert | 2 | facilitating a group : Proficient | | |

Manager (Required)

| Competency Name | Criticality | Target Proficiency | Current Proficiency | Gap | Development Suggestions | Community | External Catalogs |
|---|---|---|---|---|---|---|---|
| Budgeting (Required) | Very Important | Expert | Proficient | -2 | budgeting : Proficient | | Search |
| Team Building (Required) | Very Important | Proficient | Proficient | 0 | | | |

Die Skill-Gap-Analyse (siehe das Kapitel: e-Learning Fachbegriffe).
Das System macht aufgrund der errechneten Gaps Kursvorschläge. Ist keine entsprechende Schulung verfügbar, kann diese über den externen Katalog (Exchange) angefordert werden (Die Abrechnung erfolgt z. B. per Kreditkarte).

## 2.6 Autorenfunktionen:

Saba bietet mit dem Publisher ein externes Authoringtool an. Dieses gut dokumentierte Tool ist auch für XML / HTML-Unkundige einfach bedienbar. Lerninhalte können mittels Wizard oder über die erweiterbare Template-Bibliothek angelegt werden. Feedbackfunktionen für den Lernenden werden, da der Publisher AICC [17] und SCORM [18]– kompatibel ist, automatisch erstellt. Die Einstellung der Lerninhalte in das LMS ist komfortabel durchführbar.

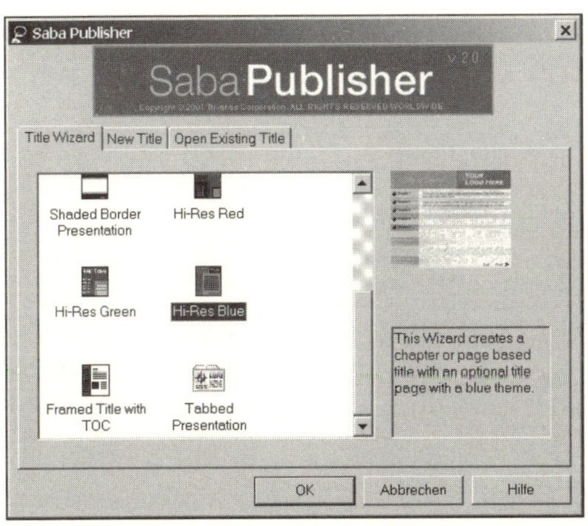


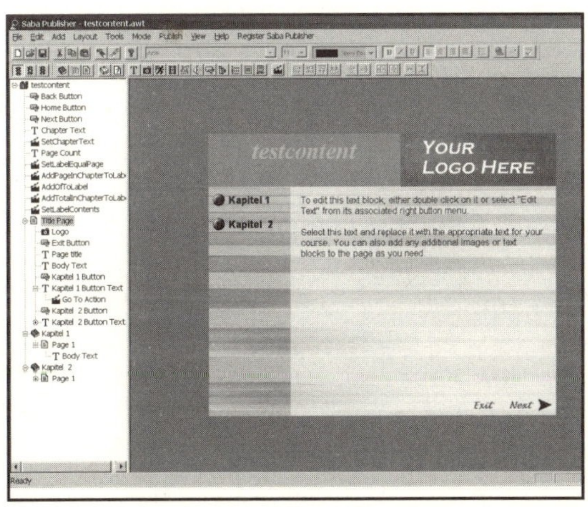


Die Erstellung von Content ist wizardgeführt: Kapitel und Seiten werden automatisch erstellt. Das Editieren der Inhalte ist ebenso simpel wie mit einer Textverarbeitungssoftware. Interaktive Elemente (realisiert durch Javascript) können ohne Programmierkenntnisse in den Content integriert werden.

[17] AICC = Aviation Industry CBT Committee. Siehe auch das Kapitel: e-Learning Fachbegriffe.

[18] SCORM = Shareable Courseware Reference Model. Siehe auch das Kapitel: e-Learning Fachbegriffe.

## 2.7 Learning-flow-Management:

Lernregeln können definiert werden. Standardmäßig ist eine ausreichende Anzahl von Regeln enthalten, die durch den Administrator erweiterbar sind. Diese Regeln können in den Domänen (=Mandanten) berücksichtigt werden und sind somit nur für eine, verschiedene oder alle Domänen gültig.

# 3. Administration:

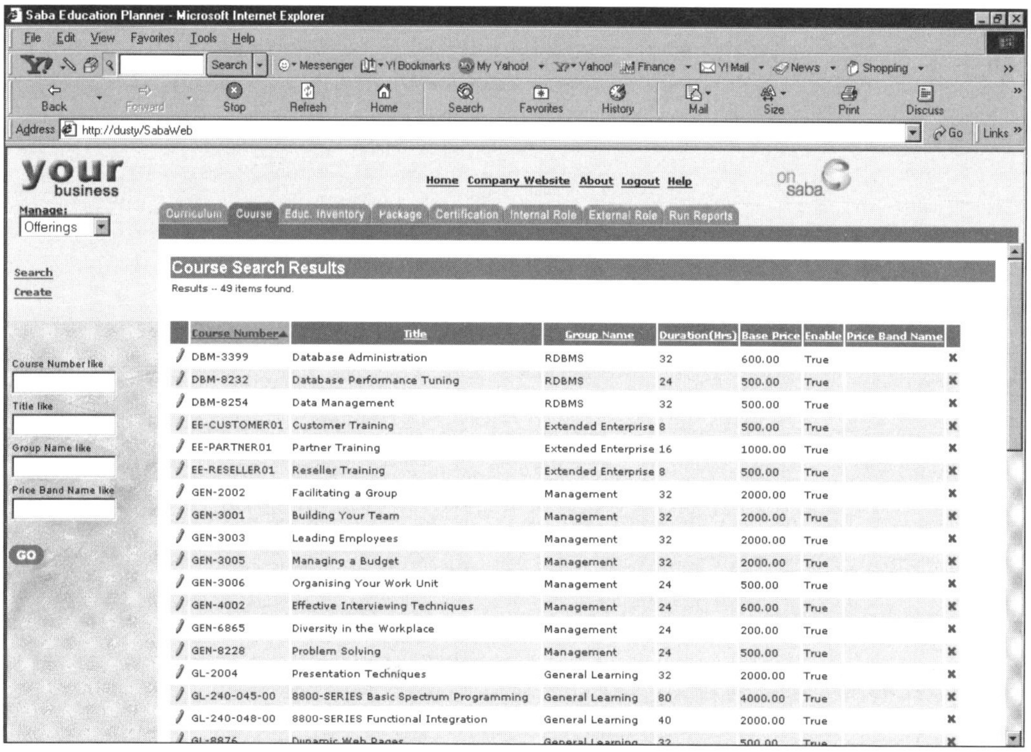


Der Startbildschirm für Administratoren

### *Kommentar des Herstellers:*

*Die Administration von Saba kann über das Web als auch über einen Administration Client erfolgen. Die Berechtigungen für Administratoren werden über Sicherheitslisten zugewiesen, die auch für jeden Administrator angepasst werden können.*

## 3.1 Tracking von Usern:

Die Funktionalität Tracking wird durch die AICC und SCORM Schnittstelle übernommen. Diese Schnittstelle schreibt die durch den Lerninhalt/Content (WBT/CBT) generierten Informationen über Files zurück in das LMS. Diese Files werden ausgelesen und alle generierten Informationen können automatisiert eingesehen werden. Standardinformationen sind:

- User, Username; User ID
- Lerninhalt

- Lesson Location
- Lerninhalt-Credits (sofern mit Krediten gearbeitet wird)
- Datum des Zugriffs mit Uhrzeit
- Dauer des Zugriffs
- Scoring
- Datum des Ausstiegs mit Uhrzeit
- Statusinformtation (beendet, durchsuchen, gestartet, etc.)
- Lerninhaltersteller bzw. Lieferant

***Kommentar des Herstellers:***
*Saba bietet die Möglichkeit beliebig viele zusätzliche Datenbankfelder zu generieren und zu administrieren. Diese Felder können durch ein Data Dictionary mit Namen versehen und ausgewertet werden. Somit können alle relevanten Daten im System erfasst, verarbeitet und im Web visualisiert werden.*

## 3.2 Rechnungsverwaltung:

Die Kurse können über ein Warenkorbsystem gebucht werden:

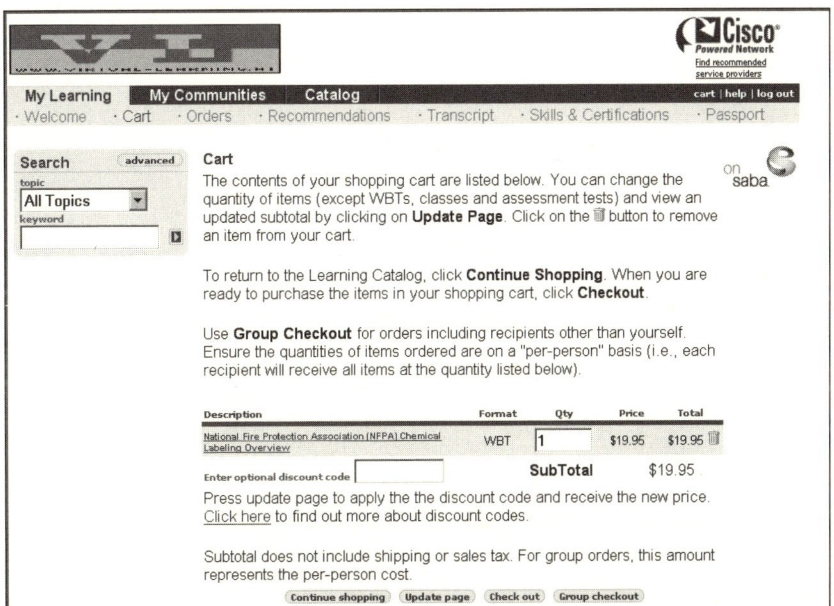


Saba LE kann neben der Verrechnung per Kreditkarte oder Credits auch Word-Templates für Rechnungsausdrucke, Stornoberechnungen etc. für den Ausdruck über die Serienbrieffunktion generieren. Komplexere Funktionen sind durch die Anbindung an die Lösungen von SAP bzw. Peoplesoft möglich.

Saba LE besitzt eine standardisierte XML-Schnittstelle zu folgenden ERP[19]-Systemen:

- SAP™ (HR und Finance/Controlling)
- Peoplesoft™ (HR und Finance/Controlling)
- Oracle™ (HR und Finance/Controlling)
- Baan™ (HR und Finance/Controlling).

[19] ERP = Enterprise Resource Planning. Siehe auch das Kapitel: e-Learning Fachbegriffe.

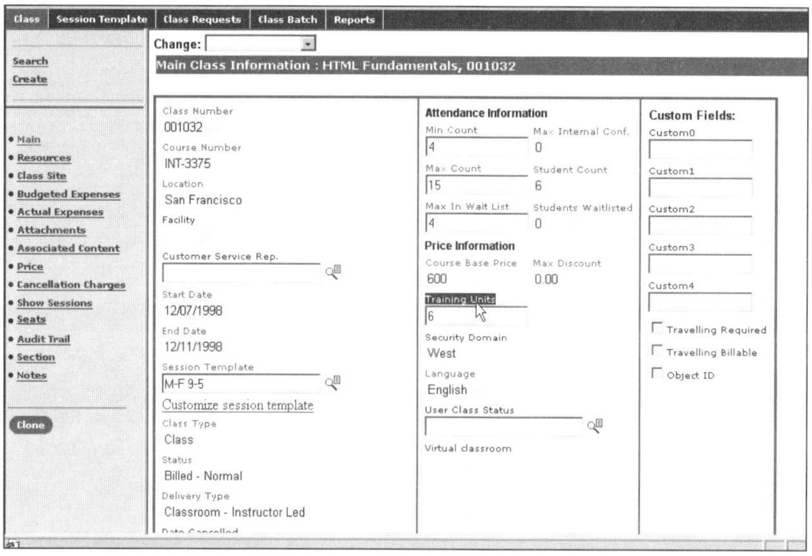


Neben den beschriebenen Funktionen verfügt Saba LE über ein komplettes Kursverwaltungssystem, inklusive Ressourcenverwaltung für Räume, Trainer, Geräte, etc.

*Kommentar des Herstellers:*
*Die XML Schnittstelle ist im Lieferumfang enthalten und wird bei Nutzung an den jeweiligen Kunden angepasst.*

## 3.3 Personalisierung:

Saba LE arbeitet mit einem sog. Domänen- und Sicherheitslistenkonzept, das es ermöglicht, fein granulierte Benutzerberechtigungen und Personalisierungen zu implementieren. Ebenso erhält jeder Nutzer des Systems eine personalisierte Webseite, wobei die dort aufgelisteten Funktionalitäten und Prozesse durch dieses Domänen- und Sicherheitslistenkonzept bestimmt werden. Auf der Basis umfassender Assessments (360 Grad Feedback Schleifen) werden den Lernenden nach dem Einloggen Kursvorschläge zum Schließen ihrer Skill-Gaps präsentiert. Notizen und Communities, an denen sich der Student aktiv beteiligt, werden ebenfalls automatisch auf der Startseite gelistet.

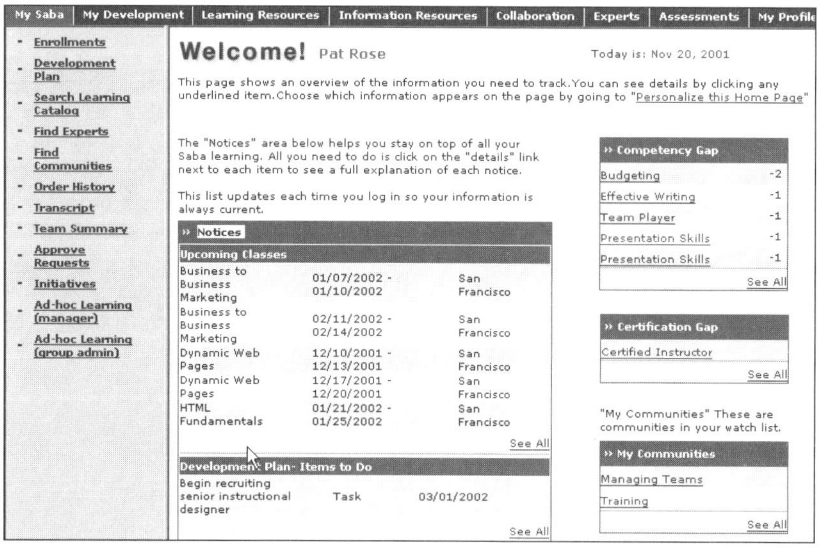


Die personalisierte Startseite

***Kommentar des Herstellers:***
*Die personalisierte Webseite kann durch den Lerner eigenständig administriert werden. Somit ist der Lerner in der Lage, sich seine Lernumgebung an seine Bedürfnisse und Wünsche anzupassen.*

## 4. Technik:

### 4.1 Anpassbarkeit:

Das Webfrontend von Saba LE kann individuell an die Zielvorgaben der jeweiligen Kunden angepasst werden. Dokumentationen sowie Trainings sind verfügbar, damit die Weiterentwicklung des Webfrontends durch den Administrator selbst erfolgen kann.

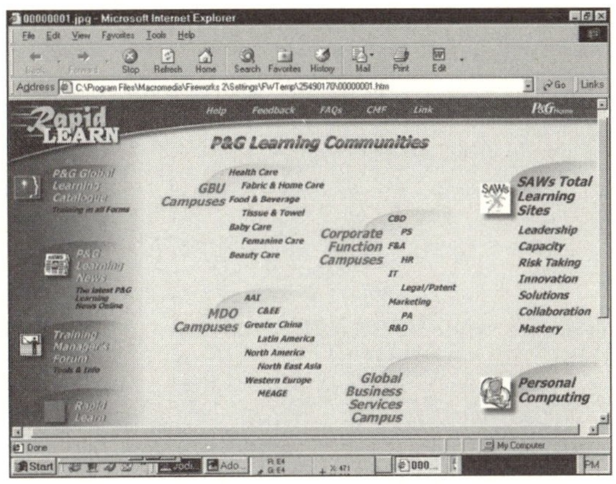


Beispiele für angepasste Webfrontends

### 4.2 Erweiterbarkeit:

Eine dokumentierte API[20] ist vorhanden. Ebenso sind die Nutzung von Plugins, Makros, Javascript sowie API-Anpassungen möglich.

### 4.3 Skalierbarkeit:

Die Skalierbarkeit wird mittels der folgenden Referenzprojekte dokumentiert.

- Cisco (800.000 User)
- Ford Motor Company (660.000 User)
- Land Norwegen (1,3 Millionen User)
- Land Schottland (geplant 4,6 Millionen User)

Saba LE ist für große bis sehr große Userzahlen ausgelegt. Ebenso hat Saba Kunden, die die Lösung für ca. 1000 Lerner anbietet. Die HCDM Lösung von Saba kann von

[20] API = Application Programmer's Interface / Appl. Programming Int.: Programmier- und Anwendungsschnittstelle

Mitarbeitern (intern), Kunden, Partnern, Zulieferern (extern) genutzt werden und bietet Prozesse und Workflows für die unterschiedlichen Ansprüche und Funktionalitäten z. B. interne und externe Preislisten, Kundentypen, Kataloge für interne Mitarbeiter und externe Nutzer.

## 4.4 Systemanforderungen / Ressourcenbedarf:

keine Angaben.

*Kommentar des Herstellers:*

*In der Lösung sind folgende Komponenten enthalten:*

- *Saba Applikationsserver*
- *Saba Notifikationserver*
- *Crystal Reports 7.0 ™(Webfähig)*
- *ERP Connectoren*
- *JDBC bzw. ODBC Treiber*
- *Web-Frontend*
- *Administrations Client*
- *Web Crossing (für Chat und Diskussionsforen)*

*Zusätzlich wird benötigt:*

- *Datenbank (z.B. Oracle 9i ™, DB2, MS SQL-Server ™)*
- *Web Server (z.B. IIS, NES, Apache ™)*
- *Betriebssysteme (z.B. Microsoft Windows ™, Linux ™, Unix ™)*
- *Browser (z.B. Microsoft Internet explorer™, Netscape Navigator™)*
- *Applikation Server (z.B. Jrun™, BEA Weblogic ™)*

Saba bietet ein Customizing für Sizing und Performance, sowie ein Performance Tuning Tool für Administratoren an. Dieses ermöglicht es, die Performance zu optimieren.

## 4.5 Distributierbarkeit:

Saba LE nutzt das Netzwerkprotokoll TCP/IP und ist Intranet, Extranet und Internetfähig.

Grundsätzlich kann Saba LE auf einem Server installiert werden, allerdings empfiehlt sich aus Performancegründen die Installation auf zwei getrennten Servern (Datenbank-Server und Application Server). Die folgende Abbildung illustriert eine Standard-Installation:

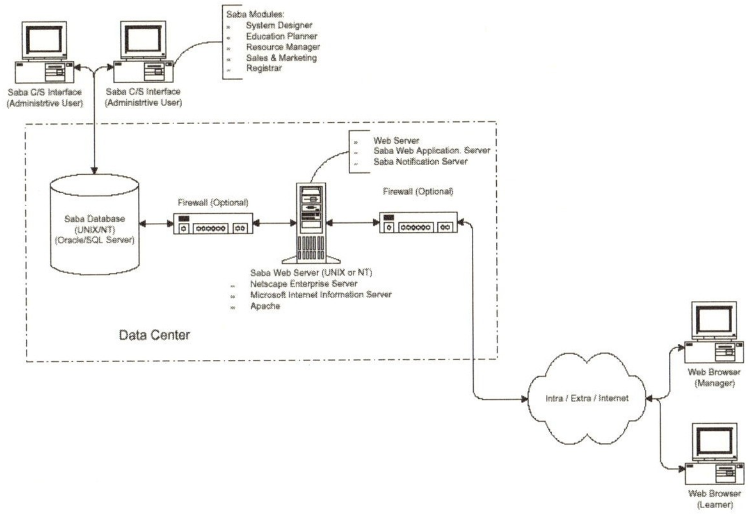


## 4.6 Entspricht Standards:

Die folgenden Standards (siehe hierzu auch das Kapitel: e-Learning Fachbegriffe) werden unterstützt:

- Saba LE ist Level 2 AICC-zertifiziert
- SCORM 1.2 (Package und CSF)
- IMS Content Package (LOM)
- LCF
- IEEE

Saba ist aktives Gremialmitglied der ASTD[21].

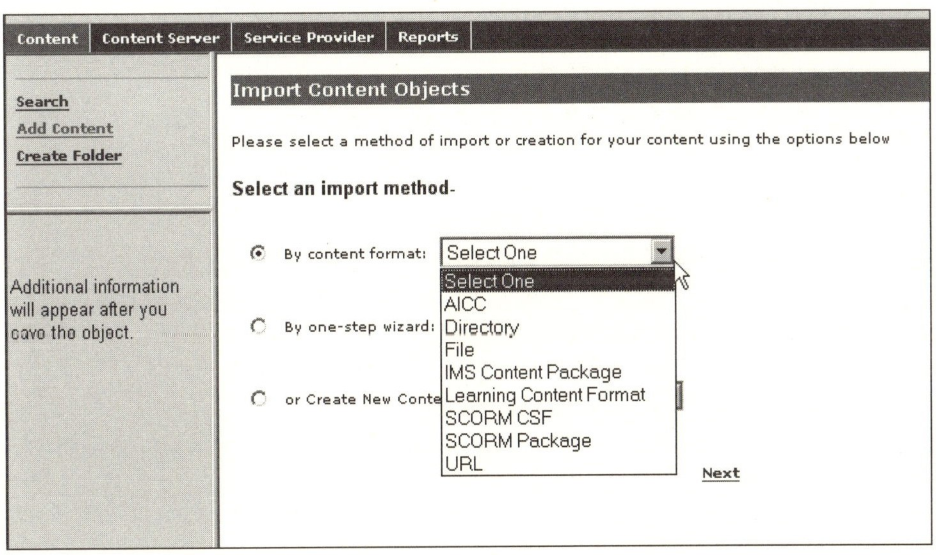


Die Content-Importfunktion des Content Management Systems.

---

21 ASTD = American Society for Training and Development.

## 4.7 Unterstützte Serverbetriebssysteme:

- Windows NT 4.0™
- Windows 2000™
- Unix™
- Linux™ (Red-Hat ist Kunde und Partner der Fa. Saba.)

## 4.8 Support:

Standorte:

Support Center befinden sich in Europa, den USA und Indien. Ein Support-Spezialist ist immer Teil des Implementierungsteams.

Der nächstgelegene Supportstandort ist in Walldorf, Deutschland angesiedelt.

Inhalt der Support Pakete:

Saba bietet verschiedene Supportpakete, die jeweils gültige Fassung der einzelnen Pakete ist unter der URL: http://saba.com/english/global_services/customer_support/index.htm abrufbar.

Die derzeit gültigen Pakete beinhalten die folgenden Leistungen:

Standard Operation Support:

- Supportzeiten von 6:00 – 18:00, Montag – Freitag
- 4 Stunden Response Zeit
- Web-, Telefon und E-Mail Support
- Knowledge Center
- Call Tracking Center
- 2 dedizierte Authorized Customer Contacts (ASCs)

Extended Operation Support:

Zusätzliche Leistungen zum Standard Operation Support

- Supportzeit 7 x 24 Stunden
- 2 Stunden Response Zeit
- Dedizierte Customer Contacts (CSA)

Zusätzliche Services:

Zu den beiden Supportpaketen wird noch die Möglichkeit zu kundenindividuellen Supportpaketen geboten, beispielsweise:

- Schnellere Antwortzeiten
- Höhere Anzahl dedizierter Authorized Customer Contacts (ASCs)

### 4.9 Deutschsprachiger Vertriebspartner:

Der Vertrieb wird direkt aus Deutschland gesteuert (Walldorf, München).

### 4.10 Dokumentation:

Im Standard-Lieferumfang sind die folgenden Dokumentationen enthalten:

- Administration
- Web UI Configuration
- Provider
- Install
- Import
- New Feature (für Updates und Upgrades)
- Quickstart

In Saba LE sind kontextsensitive Hilfemenüs implementiert. WBT´s werden vom Hersteller bereitgestellt.

### 4.11 Sicherheit bei Datentransfer:

Alle Datenübertragungen werden verschlüsselt durchgeführt (SSL 2.0 und SSL 3.0, HTTPS).

### 4.12 Unterstützung von Standardobjekttypen und -formaten:

Alle MIME[22]-Typen werden unterstützt.

[22] Siehe das Kapitel e-Learning Fachbegriffe.

# A. Firmenprofil

<table>
<tr><td>bit media e-Learning solution GmbH & Co KG</td><td colspan="3">bit media<br>e-Learning solution</td></tr>
<tr><td rowspan="2">Unternehmensdaten:</td><td>Gründungsdatum</td><td>MitarbeiterInnen</td><td>Umsatz</td></tr>
<tr><td>März 2000</td><td>30 Mitarbeiter + rd. 80 freie Mitarbeiter</td><td>~3 Mill. Euro</td></tr>
<tr><td>Produkt, Versionsnummer:</td><td colspan="3">Sitos 3.0</td></tr>
<tr><td>Tätigkeits-Schwerpunkte:</td><td colspan="3">Lernplattform, Lernportale, Autorentool, Standard-Contents (IT, Sprachen, Soft Skills), Content Entwicklung, e-Learning Consulting</td></tr>
<tr><td>Produkt-Kurzbeschreibung:</td><td colspan="3">SITOS 3.0 vereint die Funktionen einer klassischen Lernplattform und die eines Lernportals in einem vielseitigen Produkt.</td></tr>
<tr><td>Referenz-Projekte:</td><td colspan="3">▪ Siemens Österreich<br>▪ SIEMENS Niederlande<br>▪ www.bildung.at (bm:bwk)<br>▪ bbz.bitmedia.cc<br>▪ Raiffeisen Rechenzentrum Tirol<br>▪ Zentrum für Schulentwicklung,<br>▪ Landesregierungen Steiermark, Oberösterreich und Salzburg</td></tr>
<tr><td>Kontakt:<br><br>Tel.:<br>Fax:<br>URL:<br>E-Mail:</td><td colspan="3">bit media e-Learning solution GmbH & Co KG<br>Kärntner Strasse 294<br>A-8054 Graz<br><br>++43-316-28 66 60<br>++43-316-28 66 60 – 50<br>www.bitmedia.cc<br>office@bitmedia.cc</td></tr>
</table>

| | |
|---|---|
| Ansprechpartner:<br>E-Mail: | Manfred.Brandner@bitmedia.cc (GF)<br>Wolfgang.Schneider@bitmedia.cc (GF)<br>Georgios.Kamarakis@bitmedia.cc (Lernplattform)<br>Michael.Holasek@bitmedia.cc (Autorensysteme)<br>Walter.Khom@bitmedia.cc (Produktmanagement) |
| Vertrieb im deutschsprachigen Raum: | ▪ bit media Österreich<br>Firmenadresse siehe oben<br>▪ bit media Deutschland<br>Ostdeutscher Weg 46<br>D-29690 Schwarmstedt<br>▪ SIEMENS SBS (Siemens Business Services)<br>weltweit |

# B. Weiterführende Produktinformationen

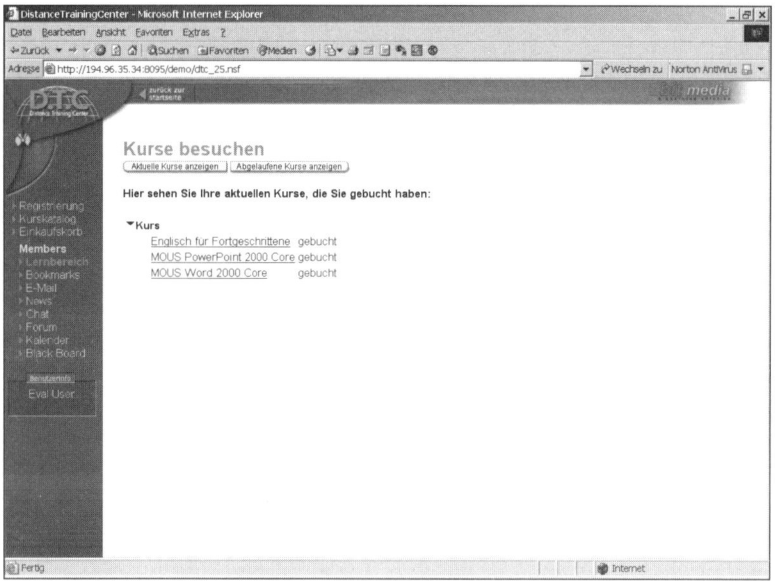


Der Lernbereich mit über das Warenkorbsystem gebuchten Kursen.

## 1. Kommunikation, Kooperation & Kollaboration:

### 1.1 Synchron:

Innerhalb des Systems stehen Chat-Räume zur Verfügung. Externe Programme, die Application Sharing bzw. Videokonferenzen ermöglichen, können eingebunden werden.

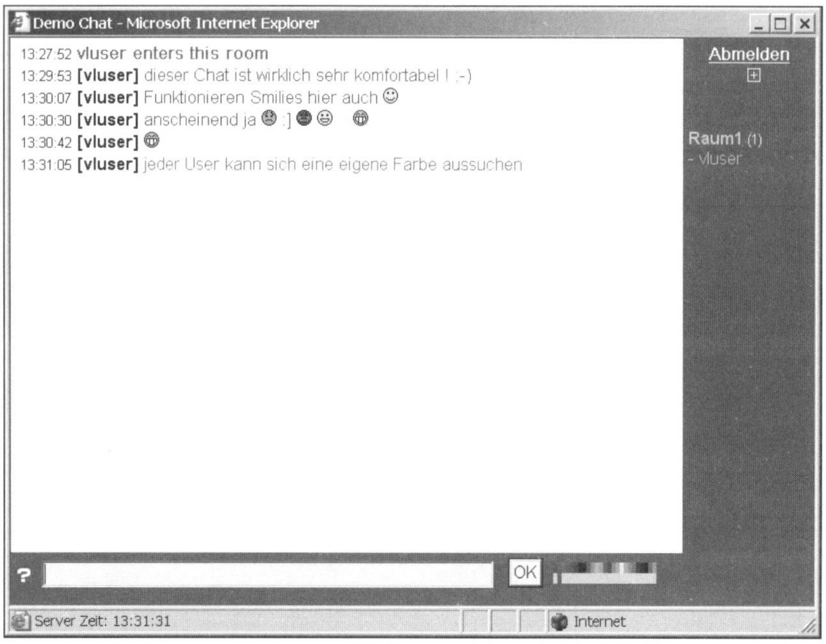


Die integrierte Chat-Funktion ist sehr komfortabel.
Den einzelnen Anwenderinnen können unterschiedliche Farben zugeordnet werden; Tastatur-Smilies werden automatisch in Icons umgewandelt.

## 1.2 Asynchron:

Die folgenden asynchronen Kommunikationstools werden unterstützt:

- FAQ-Listen
- Diskussionsforen
- News
- Kalender

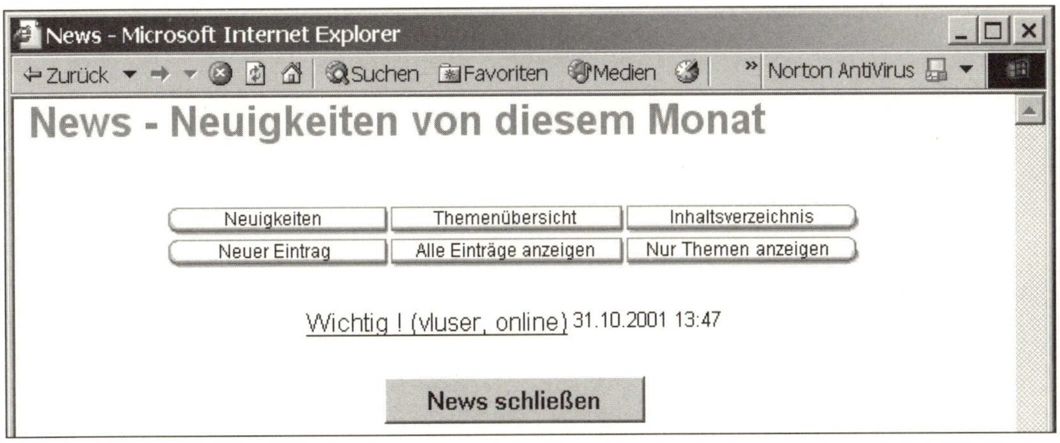


Das Newsboard informiert in übersichtlicher und strukturierter Form.

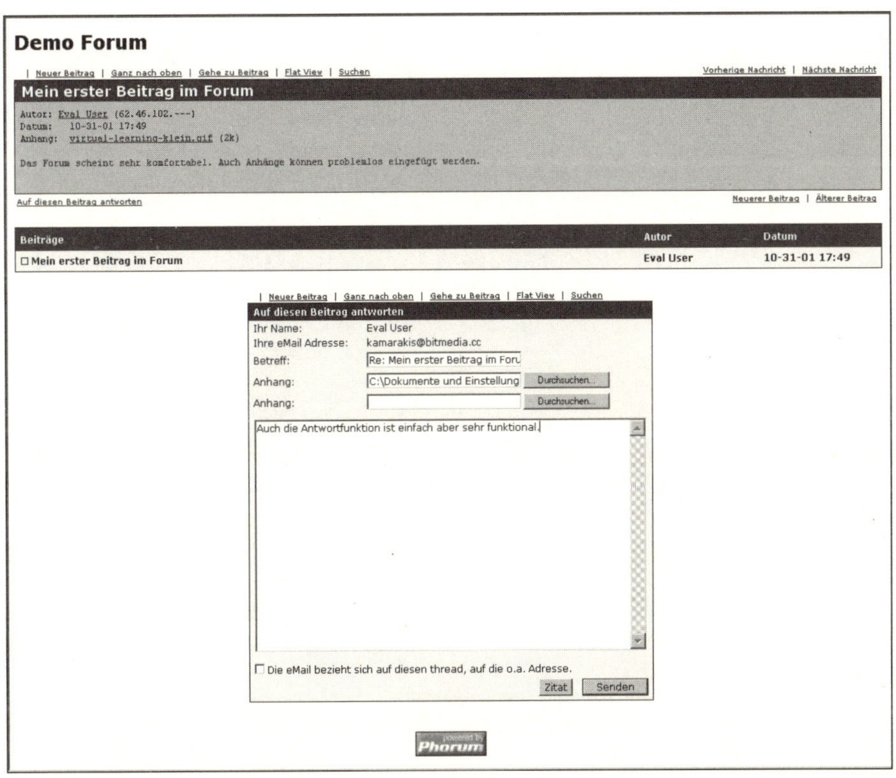


Das integrierte Forum ist sehr benutzerfreundlich (Attachments und Zitate sind möglich) aber keine Eigenentwicklung: Phorum ist Open Source und basiert auf PHP (www.phorum.org).

Der integrierte Kalender gibt Auskunft über z. B. Sprechstunden und Abwesenheit der Trainer.

## 1.3 Annotationen:

Die Anwender können direkt im Content (Lerninhalt) Anmerkungen anlegen, dies ist jedoch eine Funktion des Contents und nicht des LMS.

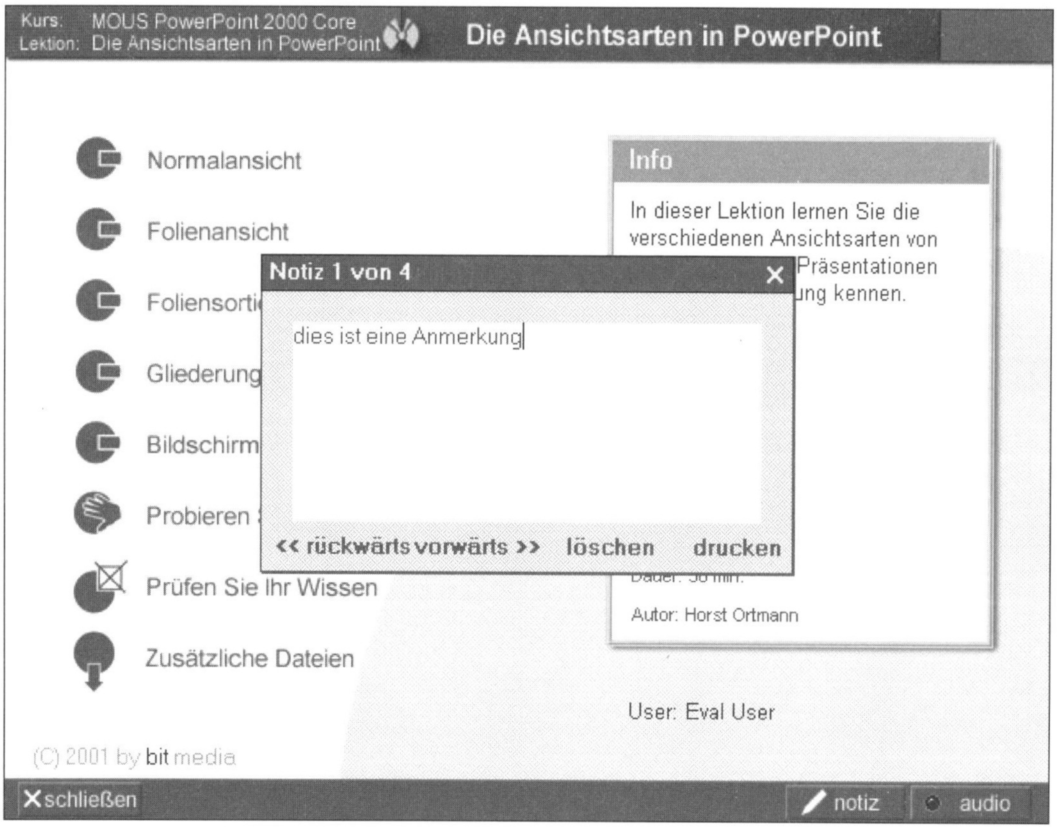


Das Anlegen einer Anmerkung in einem mit Macromedia Authorware™ entwickelten Kurs.

### 1.4 Gruppenbildung durch Rollen:

Die einzelnen Gruppen können vom Tutor oder Administrator definiert werden. Dabei können unterschiedlichen Gruppen verschiedene Kursangebote bzw. Collaboration Features zugeordnet werden.

### 1.5 Externe Kommunikationstools integrierbar:

Externe Kommunikationstools können integriert werden. Spezielle Schnittstellen zu Virtual-Classroom-Produkten, die einen Single-Logon ermöglichen sind jedoch nicht in das System implementiert.

## 2. Didaktik:

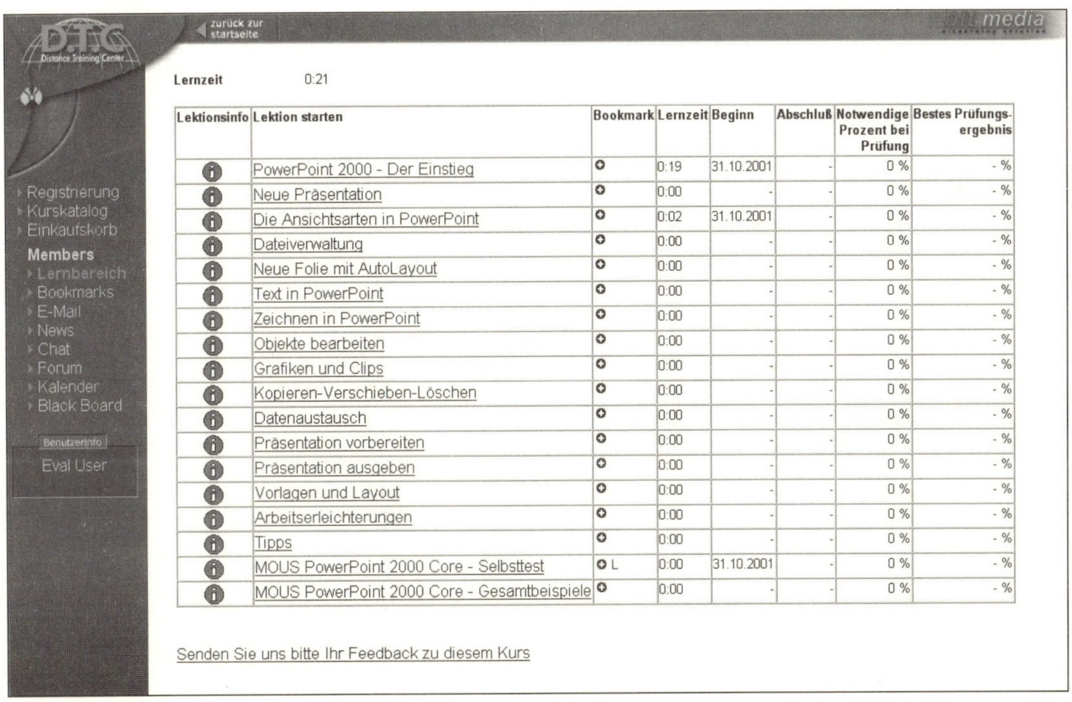


Die Übersicht der einzelnen Lektionen eines Kurses.
Ein Bookmarking der Module ist durch Anklicken der blauen Icons problemlos möglich und ist eine sehr benutzerfreundliche Komponente..

### 2.1 Lässt verschiedene Lehr- und Lernmodelle zu:

Dies ist aufgrund des Rechtekonzepts und der Integration asynchroner Kommunikationstools möglich.

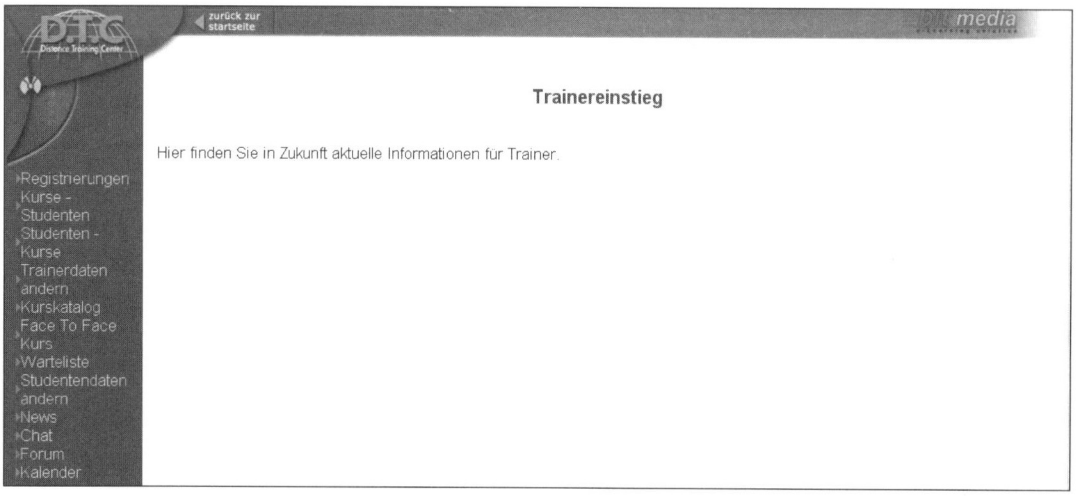


Die Startseite für Trainer.

## 2.2 Übungen und Tests:

In Sitos sind derzeit nur einfache Fragen bzw. Testerstellungen möglich. Eine leistungsfähigere Testfunktionalität mit diversen Optionen wird im 2. Quartal 2002 zur Verfügung stehen.

Die folgenden Fragentypen werden momentan unterstützt:

- Single Choice
- Multiple Choice
- Freitext einzugeben

## 2.3 Modularisierung von Lehr- und Lerninhalten:

Die Kurse sind in einzelne Lektionen gegliedert, welche für unterschiedliche Kurse wieder verwendet werden können.

## 2.4 Feedback zum Lernfortschritt und Protokollierung des Lernfortschrittes:

SITOS unterstützt das Erstellen diverser Statistiken und Reports. Diese sind teilweise für die Lerner einsehbar, ansonsten für nur für Tutoren und Administratoren. Kurszertifikate können problemlos ausgestellt werden.

## 2.5 Autorenfunktionen:

In das System sind keine entsprechenden Funktionalitäten implementiert. Es wird jedoch ein externes Authoring Tool („Content Creator") angeboten, über welches man Lerninhalte rasch und qualitativ einbinden kann.

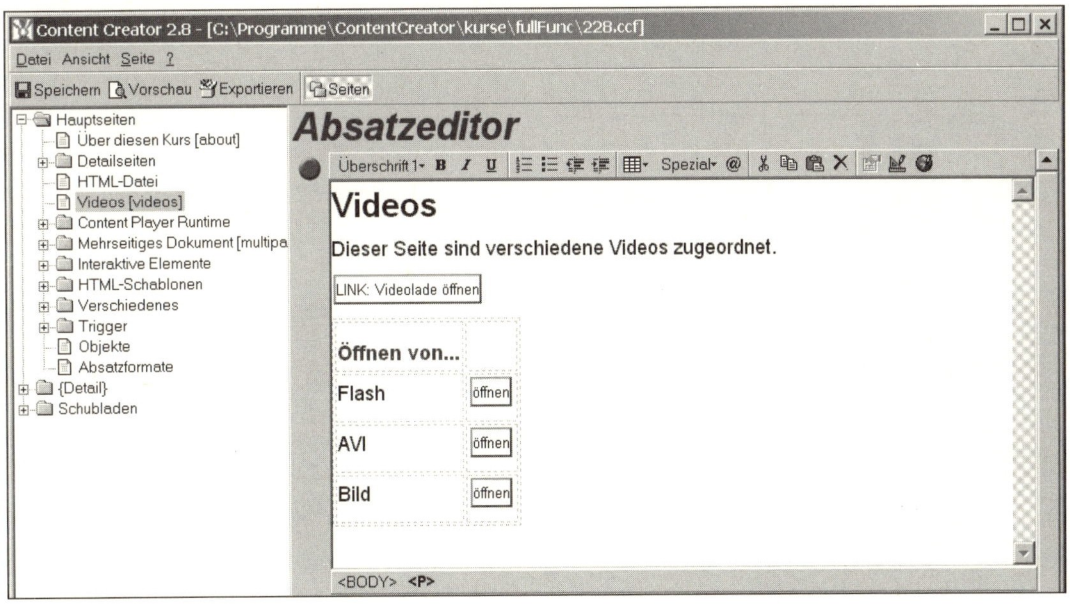


Der Content-Creator erlaubt das Erstellen von Lernobjekten ohne über HTML-Kenntnisse verfügen zu müssen.

## 2.6 Learning-flow-Management:

Im System werden Lernpfade innerhalb von Kurspaketen (z.B. ECDL, Web-Publisher), sowie innerhalb von Einzelkursen unterstützt. Wenn ein gewisser Zustand im Lernfortschritt erreicht ist, dann können gewisse Aktionen (bspw. Zugriff zu weiteren Kursmaterialien) gesetzt werden.

Die zuletzt besuchte Kurslektion wird automatisch gespeichert, manuelle Bookmarks können jederzeit gesetzt werden.

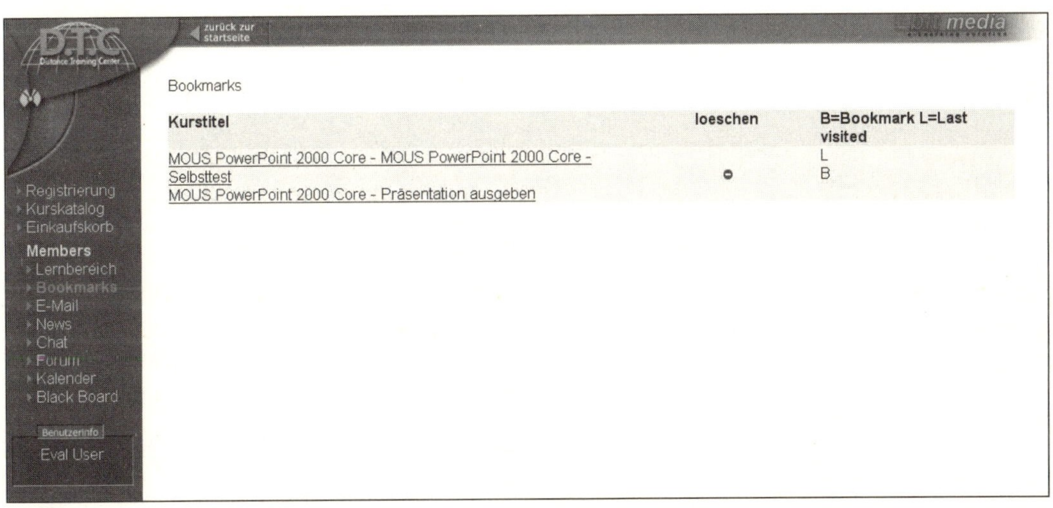


Die Bookmarks zu einzelnen Kurstiteln.

# 3. Administration:

Die Startseite für Administratoren.

## 3.1 Tracking von Usern:

Tracking- und Reportfunktionalitäten werden unterstützt (siehe auch Kriterium Feedback).

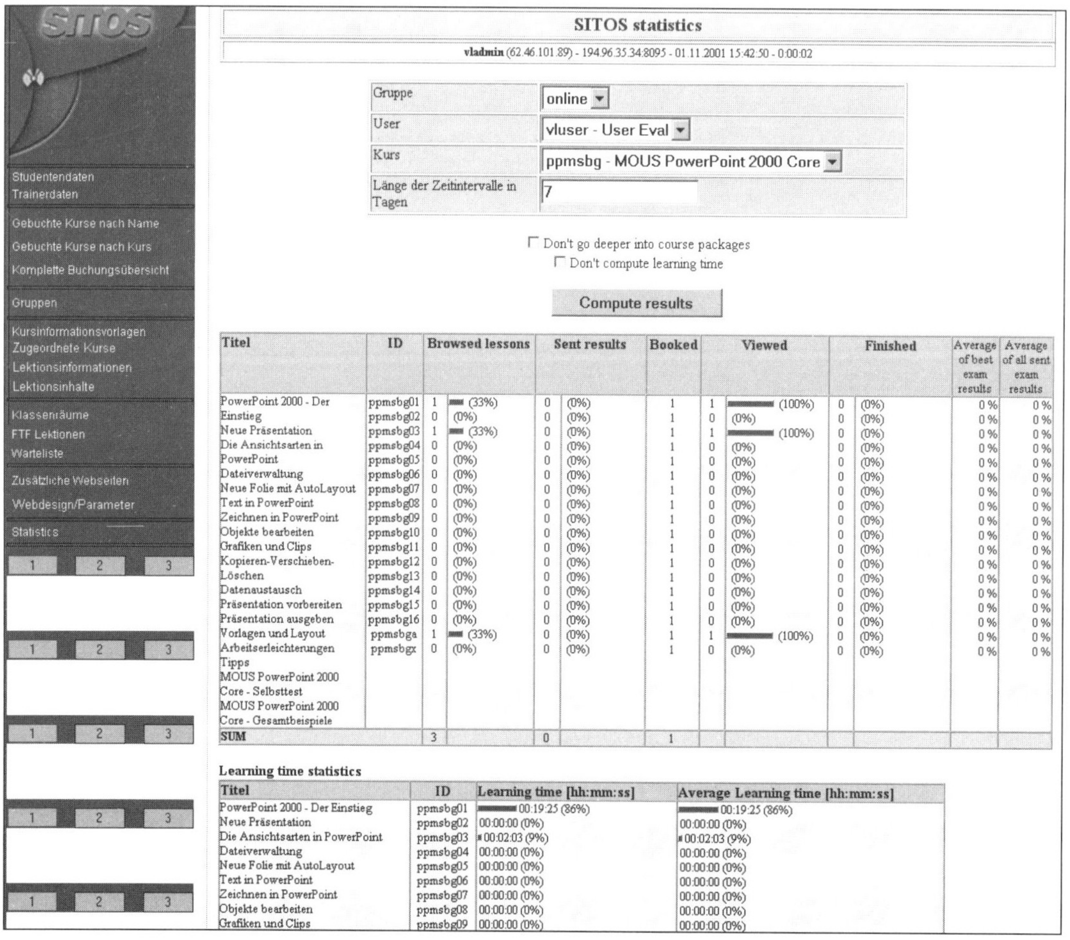


Eine umfangreiche userbezogene Statistikfunktion.

### 3.2 Rechnungsverwaltung:

Buchungen und Rechnungen können im System verwaltet werden, sowie auch über die ODBC-Schnittstelle in andere Applikationen bzw. Datenbanken exportiert werden.

In Sitos ist ein umfangreiches Warenkorbsystem integriert.

Kurse können über ein Warenkorbsystem direkt gebucht werden.

### 3.3 Personalisierung:

Funktionen zur Personalisierung sind nach Angaben des Herstellers derzeit in Entwicklung.

## 4. Technik:

### 4.1 Anpassbarkeit:

Eine Anpassung an die Kunden-CI ist möglich.

***Kommentar des Herstellers:***
*Das Aussehen ist durch Cascading Style Sheets (CSS) sehr einfach anpass- und rasch veränderbar.*

### 4.2 Erweiterbarkeit:

Das System ist modular aufgebaut. Bei entsprechender vertraglicher Vereinbarung kann der Kunde einzelne Module verändern. Eine dokumentierte API ist nicht integriert. Erweiterungen werden im Regelfall von bit media vorgenommen. Der Quellcode ist jedoch ausreichend dokumentiert.

### 4.3 Skalierbarkeit:

Das System ist gut skalierbar. Die Last kann auf mehrere CPU´s bzw. im Hochlastfall auf mehrere Rechner aufgeteilt werden (Cluster).

### 4.4 Systemanforderungen / Ressourcenbedarf:

Keine Angaben seitens des Herstellers.

### 4.5 Distributierbarkeit:

Es kann ein Server-Cluster genutzt werden, auf dem die Last auf mehrere Rechner verteilt werden kann. Das LMS kann von einem eigenen Content Server getrennt werden.

### 4.6 Entspricht Standards:

- Derzeit wird die AICC Unterstützung implementiert (Fertigstellung 2. Quartal 2002).
- Eine IMS-Unterstützung ist derzeit nur in Planung.

### 4.7 Unterstützte Serverbetriebssysteme:

- Windows NT 4.0™
- Windows 2000™
- Unix™
- Linux™

### 4.8 Support:

Support ist in den Sprachen Deutsch und Englisch möglich. Die Erreichbarkeit und Response-Zeiten können vertraglich vereinbart werden. Es kann auch ein 24h Support angeboten werden, im Bedarfsfall auch vor Ort.

### 4.9 Deutschsprachige Vertriebspartner:

Siemens Business Services und BIT Schulungscenter.

### 4.10 Dokumentation:

Handbücher für Anwender, Tutoren und Administratoren existieren online und in Papierform.

### 4.11 Sicherheit bei Datentransfer:

Dies ist über https möglich.

### 4.12 Unterstützung von Standardobjekttypen und -formaten:

Es werden alle MIME-types unterstützt.

# A. Firmenprofil

<table>
<tr><td>Viviance GmbH</td><td colspan="3"></td></tr>
<tr><td rowspan="2">Unternehmensdaten:</td><td>Gründungsdatum</td><td>Mitarbeiterinnen</td><td>Umsatz</td></tr>
<tr><td>1996</td><td>92</td><td>k.A.</td></tr>
<tr><td>Produkt, Versionsnummer:</td><td colspan="3">Thinktanx™ 2.0</td></tr>
<tr><td>Tätigkeits-Schwerpunkte:</td><td colspan="3">▪ Entwicklung maßgeschneiderter eLearning-Lösungen für wichtige Geschäftsvorgänge und Produkte<br>▪ Custom Design und Anpassung bereits existierender Inhalte an bestimmte Kundenbedürfnisse<br>▪ firmeneigene eLearning-Plattform Thinktanx™</td></tr>
<tr><td>Produkt-Kurzbeschreibung:</td><td colspan="3">Thinktanx™ ist ein LCMS – Learning Content Management System, bestehend aus folgenden Komponenten:<br>▪ Autorensoftware, leicht zu bedienen, auch ohne Programmierkenntnisse<br>▪ Umfangreiches Content Management System<br>▪ Funktionen zum Learner Management<br>Weitere Funktionen von Thinktanx™:<br>▪ Thinktanx™ erlaubt die schnelle Entwicklung und einen raschen Einsatz von Bildungsinhalten<br>▪ Thinktanx™ enthält Online-Kommunikationstools, Einstufungstests, Nachverfolgungsoptionen und Statistiken für ein interaktives Lernerlebnis</td></tr>
</table>

| | |
|---|---|
| Referenz-Projekte: | ▪ Klett Lerntraining<br>▪ Wissen.de<br>▪ Pricetwaterhouse Coopers<br>▪ ABB<br>▪ Nestlé<br>▪ Flämisches Bildungsministerium |
| Kontakt:<br><br><br><br>Tel.:<br>Fax:<br>URL: | Viviance GmbH<br>Mangerstr. 19<br>D-14467 Potsdam<br><br>++49-331-28 49 2-0<br>++49-331-28 49 2-39<br>www.viviance.com |
| Ansprechperson:<br>E-Mail: | Ulrike Franke<br>u.franke@viviance.com |
| Vertrieb im deutsch-sprachigen Raum: | Rolf Hartmann<br>r.hartmann@viviance.com |

# B. Weiterführende Produktinformationen

Thinktanx™ besteht aus drei Modulen:

- Der Autorensoftware (auch ohne HTML-Kenntnisse leicht zu bedienen)
- Dem Content Management System
- Dem Learning Management System

Thinktanx™ fällt damit in die Kategorie der LCMS[23]. Neben den hier beschriebenen Funktionalitäten können auf Grund der offenen und modularen Architektur weitere Funktionalitäten im Rahmen eines Customizings durch die Herstellerfirma realisiert werden.

Thinktanx ist kein „Out of the box" Produkt im engeren Sinne. Eine Anpassung auf die bestehenden Datenbanken muss immer vorgenommen werden. Diese Anpassung ist mit den gängigen Datenbanken jedoch laut Viviance sehr schnell möglich. Das Aufsetzen auf die Datenbanken/Webserver ist laut Angaben des Herstellers mit einem Aufwand von 1 - 4 Tagen verbunden. Nach der Installation ist das Content-Management-System einsatzbereit und kann mit Inhalten gefüllt werden.

Jedoch ist es sinnvoll, den Workflow und die Arbeitsstruktur vor dem Eingeben von Inhalten zu definieren. Dies kann den Angaben von Viviance zufolge nach einer kurzen Einführung vom Kunden selbst administriert werden.

Das Customizing betrifft generell die Darstellung auf dem Bildschirm für die User. Dies umfasst sowohl das Layout als auch die zur Verfügung stehenden Objekte und Funktionen.

## Die Lizenzkosten:

Der Preis für die Lizensierung von Thinktanx™ richtet sich zum einen nach den erforderlichen Eigenschaften der Lernplattform (Content Management System- bzw. Learner Management System- Funktionen oder Volllizenz) und zum anderen nach dem Grad der Anpassung der Lösung an die spezifischen Kundenbedürfnisse.

Ein Beispiel zur Lizensierung von Thinktanx™ mit CMS-, LMS- und Autorenfunktionen (für 1000 User):

| | | |
|---|---|---|
| Autorenlizenzen | durchschnittlich 10 pro Unternehmen | 1.000 |
| Server Software Lizenz | durchschnittlich 1 pro Unternehmen | 25.000 |
| Deployment Lizenzen:<br>Web server<br>JSP server<br>App server<br>Database server | durchschnittlich 3 pro Unternehmen | 15.000 |
| | Gesamt | 80.000 |

Preisangaben in Euro

[23] LCMS = Learning Content Management System. Siehe auch das Kapitel: e-Learning Fachbegriffe.

## ASPModell

| | | |
|---|---|---|
| Unternehmenslizenz | Pauschalpreis | 50.000 |
| Deployment Lizenzen:<br>Web server<br>JSP server<br>App server<br>Database server | durchschnittlich 3 pro Unternehmen | 15.000 |
| | **Gesamt** | **95.000** |

Preisangaben in Euro

Aufwändungen für Customizing, Consulting und Trainings-Maßnahmen werden separat nach Manntagen berechnet, wobei sich die Kosten **pro Manntag auf 1.200,00** Euro belaufen.

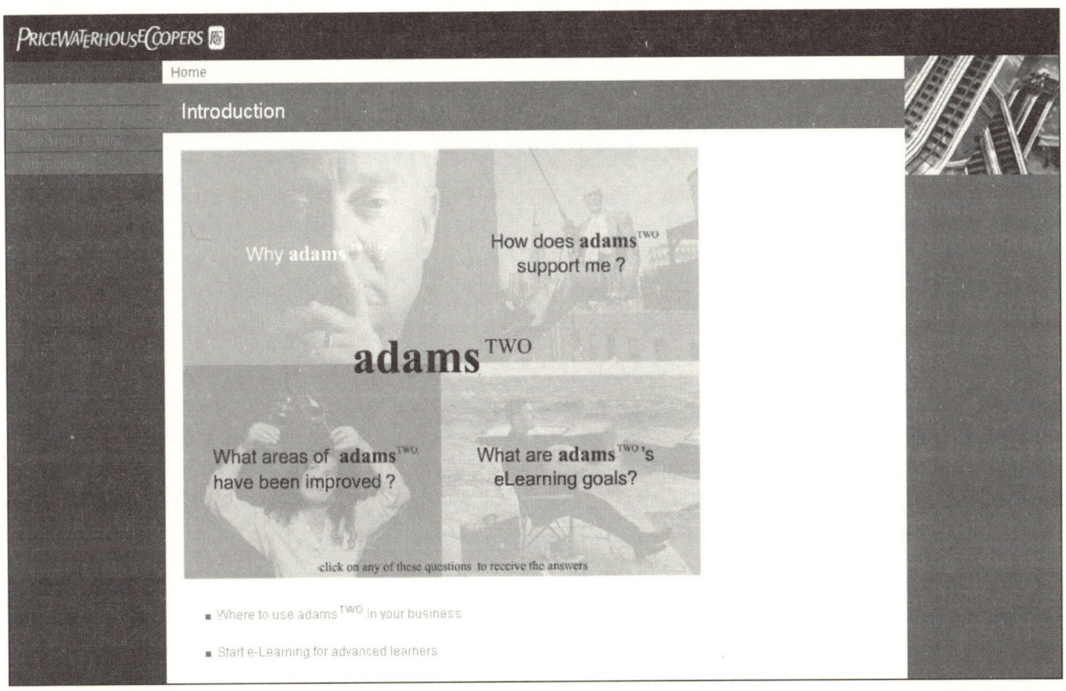


Die Einstiegsseite von Thinktanx am Beispiel von PriceWaterhouseCoopers

# 1. Kommunikation, Kooperation & Kollaboration

## 1.1 Synchron:

Folgende synchrone Kommunikationstools stehen standardmäßig zur Verfügung:

- Chatroom
- ILM (ICQ)
- White board

Application-Sharing und Audio-/ Videokonferenzen werden als Produkte von Netucate integriert.

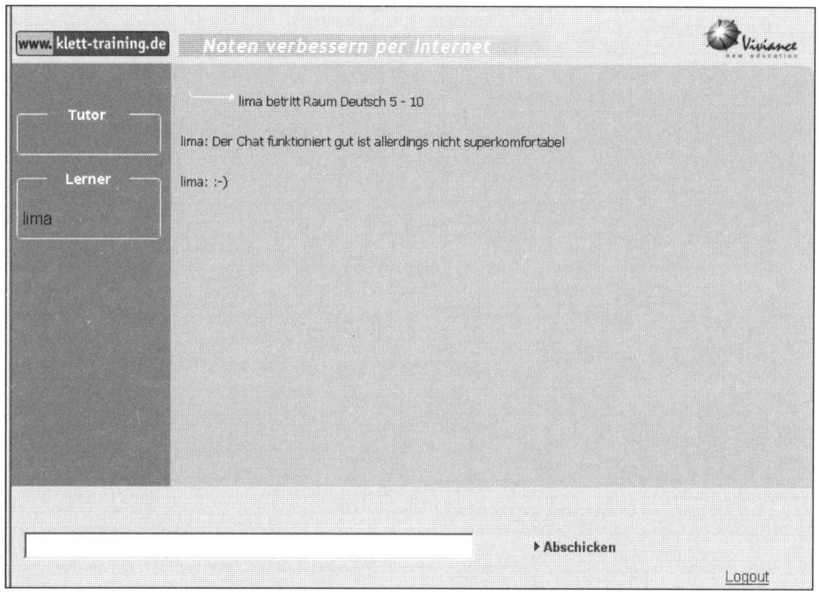


Ein Chat auf dem Klett-Bildungsportal

*Anmerkungen des Herstellers:*

- *Neben CNN und BBC für den EMMA Award 2000 nominiert*
- *Ausgezeichnet mit dem DIGITA 2001 Preis für Bildungssoftware*
- *Ausgezeichnet mit der Comenius-Medaille der GPI*

*Für den Klett Verlag entwickelte Viviance zuerst ein Lernportal für die Fächer Deutsch, Englisch und Mathematik. Innerhalb von nur sechs Monaten wurden über 400 Lerneinheiten erstellt. Ziel war es, ein zusätzliches Bildungsangebot im deutschsprachigen Nachmittagsmarkt für elf- bis siebzehnjährige Schüler zu schaffen und so bei Unterrichtsmaterialien die Marktführerschaft von Klett über Schulbücher hinaus zu erweitern.*

*Die Lösung ist ein Bildungssystem auf Abonnementbasis mit bis zu 1.500 Lernmodulen in den Fächern Mathematik, Englisch, Deutsch und seit neuestem auch Geschichte, Biologie und Französisch. Für richtig gelöste Lerneinheiten erhalten Schüler Punkte, die sie in einem Spiel anwenden können: Belohnung fürs Lernen. Im Lerncheck erhalten die Schüler persönliche Hilfen durch die Zusammenstellung individueller Lerneinheiten. Im Trainer-Live-Chat steht ein Lehrer zur Verfügung, um zu vereinbarten Uhrzeiten online Fragen zu beantworten.*

## 1.2 Asynchron:

Folgende asynchrone Kommunikationstools stehen standardmäßig zur Verfügung:

- Diskussionsforum
- Mailing Listen
- FAQ-Listen
- Persönliche Nachrichten
- Notizblock
- Austausch von Dokumenten

- Up- und Download von Files

### 1.3 Annotationen:

Die Möglichkeit, persönliche Annotationen zu Inhalten anzulegen, wird mit persönlichen Merkzetteln und Notizblöcken realisiert. Die Notizen sind jeweils nur für diejenige Person einsehbar, welche die Annotationen auch geschrieben hat. Je nach Lernumgebung sind die Anmerkungen zu Inhalten in einer Liste ersichtlich. Kundenspezifische Anpassungen werden auch hier vorgenommen.

### 1.4 Gruppenbildung durch Rollen:

Eine Gruppenbildung durch Rollen (Lehrende, Lernende, Tutorinnen, etc.) ist in Thinktanx implementiert. Dabei können sowohl die Gruppen als auch die Untergruppen frei festgelegt werden. Zudem ist es möglich, für die einzelnen Gruppen oder Personen Rollen zu definieren und zuzuweisen.

### 1.5 Externe Kommunikationstools integrierbar:

Externe Kommunikationstools (Audio- und Videokonferencing etc.) wie beispielsweise die Produkte des Partners Netucate sind integrierbar.

## 2. Didaktik

### 2.1 Lässt verschiedene Lehr- und Lernmodelle zu:

Im Vorfeld eines Projektes werden über entsprechende Analyseverfahren Zielgruppen, Content und Context analysiert. Aus der Analyse ergeben sich verschiedene Zugangswege zu den Inhalten (Accessways). Diese Zugänge sind exakt auf die Bedürfnisse der Lernenden und der Lern- und Unternehmensziele abgestimmt. Die Zugangswege können frei definiert werden. Zudem sind die unterschiedlichen Lerntypen in den Accessways berücksichtigt.

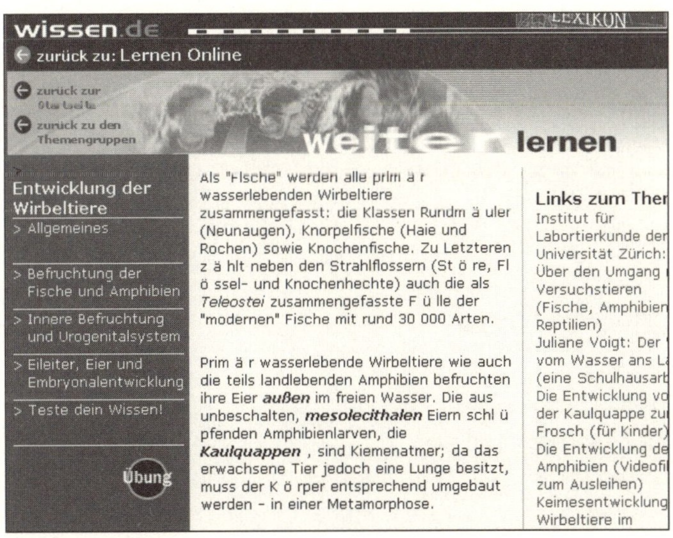


Ausschnitt aus einem Kurs auf Wissen.de

***Anmerkung des Herstellers:***
*Hinter wissen.de steht die Bertelsmann Arvato AG, einer der weltweit größten Mediendienstleister. Wissen.de ist das größte Wissensportal in Deutschland und stellt Inhalte der Bertelsmann Gruppe gratis im Internet zur Verfügung.*

*1.600 bereits exisitierende Artikel aus Lexika und anderen wissenschaftlichen Publikationen müssen in eine interaktive Lernumgebung eingebaut werden. Die Inhalte bestehen aus Text und Bildern, z. T. auch aus Audiofiles, Videos und Animationen. Zielgruppe sind hauptsächlich Schüler; die Themen sind nach normalen Schulfächern geordnet, enthalten jedoch ein weitaus größeres Spektrum von Informationen und Wissen. Viviance leistet hier das Education Design und die Autorenarbeit auf der firmeneigenen LCMS-Plattform Thinktanx™. Das Hosting für das Portal wird von wissen.de übernommen und in die bereits existierende Infrastruktur unter www.wissen.de eingefügt.*

## 2.2 Übungen:

In der Basisversion unterstützt Thinktanx™ acht Aufgabentypen. Optional können verschiedene Unterformen der Aufgabentypen (z. B. Multiple Choice mit Bildern) generiert werden. Die Aufgabentypen-Bibliothek wird von Viviance ständig erweitert.

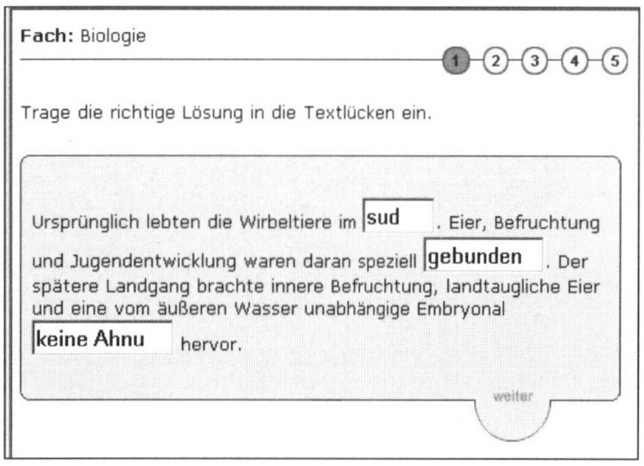


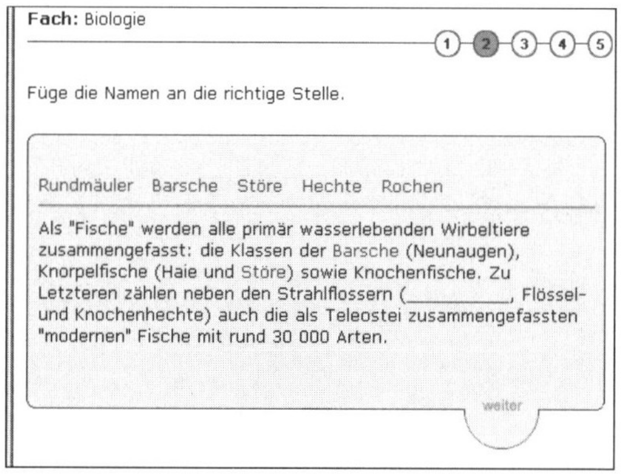


Eine Lückentext-Übung und eine Zuordnungsaufgabe eines Kurses auf Wissen.de

## 2.3 Tests:

Folgende interaktive Tests sind standardmäßig möglich:

- Multiple-Choice-Fragen
- Multiple-Image-Fragen
- Image-Map-Fragen
- Auswahlfragen
- Zufalls- und kalkulierte Fragen
- Freitextfragen
- Kurzantwortfragen
- Unterformen der obigen Typen

Thinktanx™ verfügt über einen Testgenerator, mit dem es möglich ist, jeden gewünschten Test zu erstellen. Dabei kann jede Antwortoption oder auch eine komplette Frage zufallsgesteuert generiert werden.

Eine Zertifizierung ist ebenso möglich wie die Erstellung von Skill-Profilen und einem daraus generierten „persönlichen Entwicklungsplan".

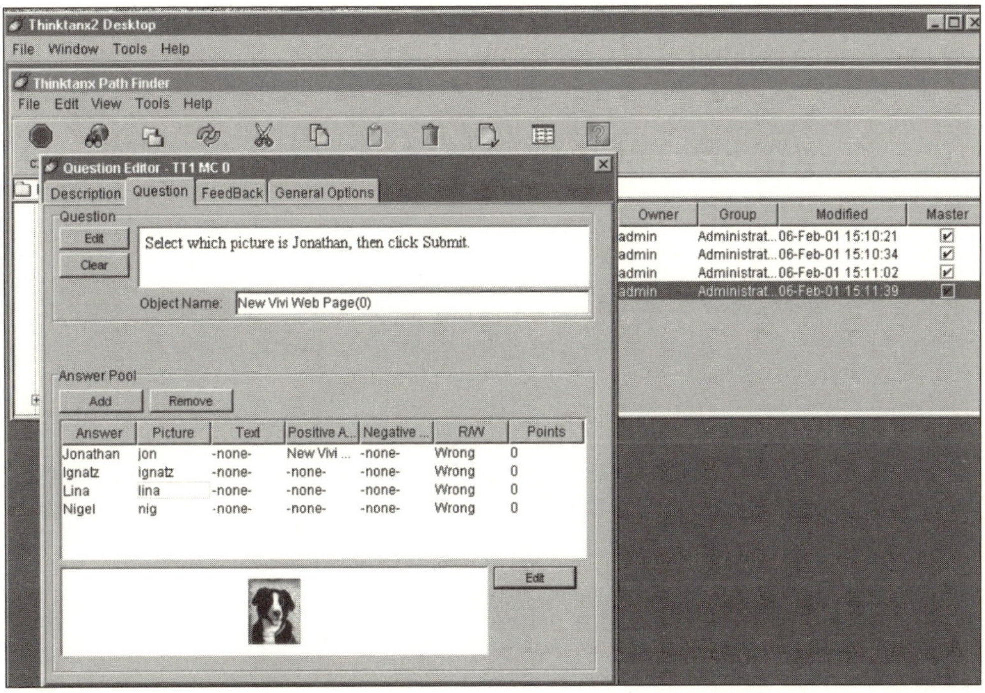

Der Fragen-Generator in Thinktanx Question-Editor

## 2.4 Modularisierung von Lehr- und Lerninhalten:

Die Inhalte werden modular strukturiert. Dadurch ist eine flexible Gestaltung der Zugangswege möglich. Die Granularität der Objekte, die in der Datenbank abgelegt und verwaltet werden, ist sehr fein. Dadurch kann jedes Objekt (Bilder, Text z. B. eine Fragestellung oder einzelne Feedbacks) wieder verwendet werden (reusable learning objects).

## 2.5 Feedback zum und Protokollierung des Lernfortschritts:

Thinktanx™ verfügt über diverse Reporting- und Statistik- Funktionen, die erst im Rahmen eines Customizings entsprechend den Kundenwünschen definiert und implementiert werden.

Jeder Lerner verfügt über eine persönliche Lernfortschrittskontrolle. Feedback wird für die unterschiedlichen Personen und Gruppen generiert. Z. B. verfügt jede Antwortoption über drei Feedback-Levels. Dabei kann das Feedback aus Text, Bild, Audio, Video, Animation oder einer zusätzlichen, weiterführenden Methode bestehen.

## 2.6 Autorenfunktionen:

Ein javabasiertes Autorentool ist in die Plattform integriert, welches per Download lokal auf den Rechner gespielt wird (der Thinktanx-Client). Mit dieser Java-Application erhält der Autor Zugang zum Content-Managment-System und zu der Thinkmap, mit der Strukturen, Portale, Accessways, Module und Methoden erstellt werden können. Zusätzlich wird hier der Workflow implementiert.

Content kann online generiert werden. Ebenso können SCORM-kompatible Inhalte (Module) über eine Schnittstelle integriert werden. Diese werden in der Regel offline erstellt. Objekte wie beispielsweise Flash- Animationen sind über „copy und paste" auf die Plattform übertragbar. Dabei werden die Files entsprechend initialisiert und über das Content Management System verwaltet.

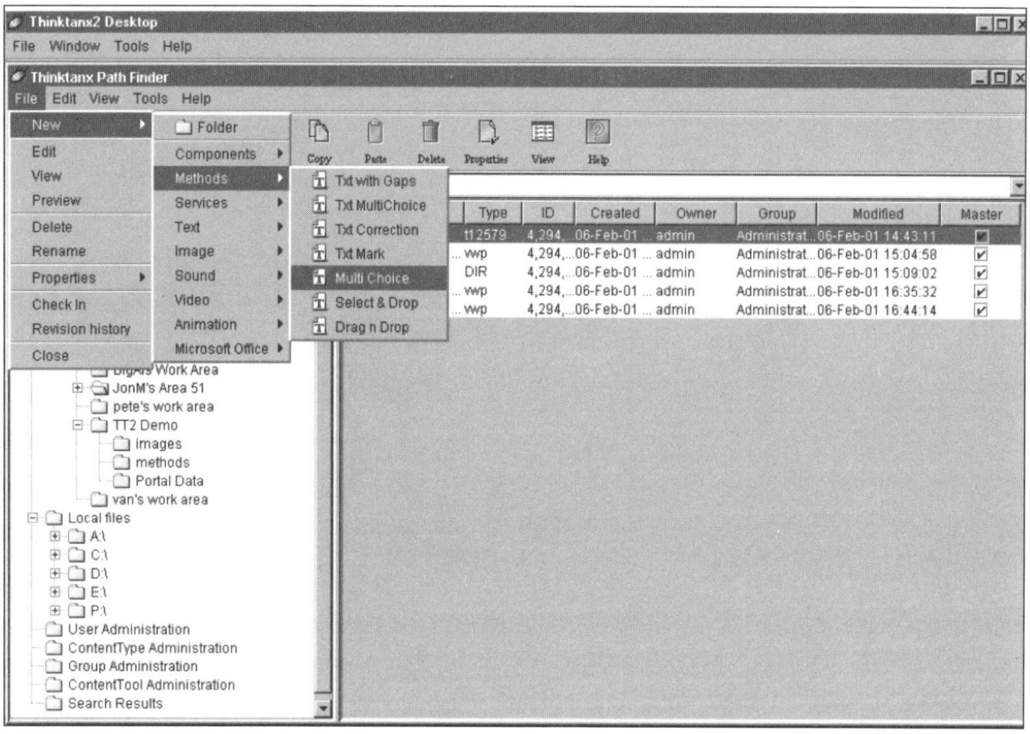


Das Autorentool in Thinktanx

In der Thinktanx-Philosophie wird jeder Content als Methode verstanden. Selbst eine reine Textseite ist eine Methode, Inhalte zu vermitteln - für das Medium PC nur eben nicht gerade eine ideale. Demzufolge bestehen die Autorentools aus einer großen Anzahl von Methoden. In die Methodenwizards werden die in der Datenbank vorhandenen Objekte (Text, Audio, Video, Bilder, Flash, Animationen, neue Methoden, Methodencluster etc.) eingefügt.

Der Autor verfügt dabei über zwei unterschiedliche Zugangswege, Methoden zu erstellen. Dies wäre zum einen über die Nutzung des Content-Management-Systems, der „Console", möglich; zum anderen gibt es einen Zugang über die sog. „Thinkmap". Dabei handelt es sich um ein der Mindmap nachempfundenes grafisches Strukturtool, mit dem Methoden editiert und dabei gleichzeitig in komplexe Lernumgebungen integriert werden.

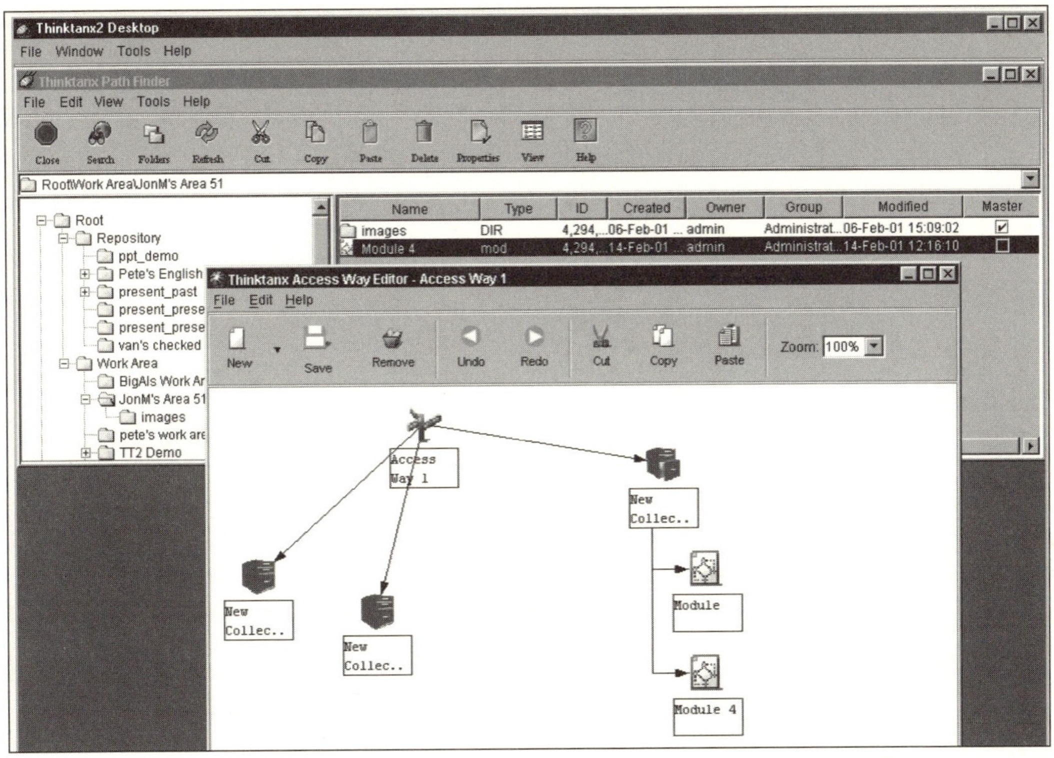


Die Thinkmap

## 2.7 Learning-flow-Management:

Neben der History-Funktion und der Selbstevaluation durch die User kann der Learning-Flow von Bildungsverantwortlichen gesteuert und - soweit gewünscht - kontrolliert werden.

Content-Bookmarking (Favoriten) ist ein Standardfeature von Thinktanx. Frei definierbare Lernwege sind problemlos von den Autoren implementierbar. Über das grafische Struktur-Tool, die Thinkmap, können frei definierbare „Accessways"/ Zugangswege zu den Inhalten gestaltet werden. Ein Accessway, welcher standardisiert verwendet wird, ist der freie Zugang. Dieser ermöglicht es dem Anwender, sich sein „eigenes Lernprogramm" zusammen zu stellen. Abgebildet wird dieses in dem „Persönlichen Lernplan".

# 3. Administration

## 3.1 Tracking von Usern:

Usertracking ist durch die Einhaltung der Standards (siehe die Kategorie Standards) möglich. Es existiert ein separates Frontend für die Teilnehmeradministration inklusive „User-Depot" Verwaltung, Zahlungserinnerung, Downloadverwaltung und einem Interface für den Telefonsupport.

### 3.2 Rechnungsverwaltung:

Eine Funktion für die Rechnungsstellung ist integriert.

Eine Schnittstelle zu externer Rechnungsverwaltung ist integriert. Die in Thinktanx™ vorhandene Billing-Komponente kann über eine entsprechende Schnittstelle zu SAP für die unternehmensinterne Verrechnung verwendet werden. Weitere Anforderungen bezüglich SAP/R3™ werden nach Aussage von Viviance im Rahmen eines Customizings realisiert.

### 3.3 Personalisierung:

Thinktanx™ verfügt über ein Portal- und User-Management. Damit ist eine umfangreiche Personalisierung möglich. So kann jeder denkbaren Personengruppe ein eigenes Userinterface zur Verfügung gestellt werden, wobei das jeweilige Layout wiederum ein Objekt ist. Alle auf dem Bildschirm sichtbaren Objekte werden nach Maßgabe von Benutzerattributen dargestellt. Auch eine individuelle Strukturierung sowie Sequenzierung des Inhalts ist möglich.

## 4. Technik

### 4.1 Anpassbarkeit:

Die Lernplattform wird standardmäßig an kundenspezifische Anforderungen durch Viviance angepasst. Thinktanx™ ist konzipiert für extensives Customizing.

Das LCMS-System kann über Templates in verschiedenen Varianten dargestellt werden. Darüber hinaus gehende Anpassungen sind nur über die Herstellerfirma möglich. Damit ist den Autoren und Administratoren die Umgebung vorgegeben.

Auf der Userseite werden die Portale und Zugänge definiert und können vom Kunden erstellt werden. Hier sind Änderungen im Layout mit geringen Kenntnissen (HTML und/oder Java Script) möglich.

### 4.2 Erweiterbarkeit:

Bei Thinktanx™ handelt es sich um eine problemlos erweiterbare e-Learning-Plattform. Das integrierte Content-Management-System kann jeden existierenden Dateityp speichern und verwalten. Eigene Erweiterungen wie PlugIns sind jedoch nur in begrenztem Umfang möglich – Viviance verfolgt eine PlugIn-freie Produktpolitik. Wenn der Anwender über die nötigen Tools zur Darstellung der Objekte verfügt, kann auch mit PlugIns gearbeitet werden, jedoch eben nur auf der Userseite.

### 4.3 Skalierbarkeit:

Die Skalierbarkeit wird von Viviance durch diverse Großprojekte (Wissen.de, Klett Lerntraining) belegt.

### 4.4 Systemanforderungen/ Ressourcenbedarf:

Der Ressourcenbedarf ist (nach Angaben aus den Whitepapern des Herstellers) als moderat zu bezeichnen. Benötigt wird lediglich ein Datenbank-Server (z. B. Oracle, MySQL etc.) sowie ein Application-Server (Bea WebLogic™), der auf einem Betriebssystem (z.B. Windows 2000™) basiert.

### 4.5 Distributierbarkeit:

Die Userdatenbank und das LCMS können zur Performance-Steigerung auf getrennten Servern laufen.

### 4.6 Entspricht Standards:

Thinktanx™ erfüllt den Standard SCORM 1.0-1.2.

### 4.7 Unterstützte Serverbetriebssysteme:

- Windows NT 4.0™
- Windows 2000™
- Unix™
- Linux (Red Hat Linux 7) ™

### 4.8 Support:

Hotline und Vor-Ort-Support, Fernwartung (Verfügbarkeit je nach Vertrag, auch 24/7) sowie projektspezifische Helpdesks sind möglich.

### 4.9 Deutschsprachige Vertriebspartner:

Siehe das Firmenprofil. In Österreich über die Firma Direct & Digital, Wien; Hr. Dr. Neugebauer.

### 4.10 Dokumentation:

Handbücher, FAQ´s und interne Reports.

## 4.11 Sicherheit bei Datentransfer:

Thinktanx™ verfügt über eine Schnittstelle zur Einbindung kundenspezifischer Verschlüsselungsalgorithmen wie beispielsweise SSL.

## 4.12 Unterstützung von Standardobjekttypen und -formaten:

Es werden alle Formate unterstützt.

# Firmenprofile:

a) Hersteller

<table>
<tr><td>WBT-Systems</td><td colspan="3"></td></tr>
<tr><td rowspan="2">Unternehmensdaten:</td><td>Gründungs-datum</td><td>Mitarbeiter-innen</td><td>Umsatz</td></tr>
<tr><td>1995</td><td>100+</td><td>keine Angabe</td></tr>
<tr><td>Produkt, Versionsnummer:</td><td colspan="3">TopClass 6</td></tr>
<tr><td>Tätigkeits-Schwerpunkte:</td><td colspan="3">Entwicklung eLearning-Plattform</td></tr>
<tr><td>Produkt-Kurzbeschreibung:</td><td colspan="3">TopClass eLearning Suite</td></tr>
<tr><td>Referenz-Projekte:</td><td colspan="3">Auswahl deutschsprachiger Raum:<br>▪ Credit Suisse<br>▪ Basler Versicherung<br>▪ Holcim</td></tr>
<tr><td>Kontakt:<br><br>Tel.:<br>Fax:<br>URL:</td><td colspan="3">Block 2, Harcourt Centre<br>Harcourt Street<br>Dublin 2, Ireland<br><br>++353-1-417-0100<br>++353-1-478-5544<br>info@wbtsystems.com</td></tr>
<tr><td>Ansprechpartner:</td><td colspan="3">▪ TERTIA Edusoft GmbH<br>▪ TERTIA Edusoft Schweiz AG</td></tr>
<tr><td>Vertrieb im deutschsprachigen Raum:</td><td colspan="3">TERTIA Edusoft GmbH ( D), TERTIA Edusoft Schweiz AG<br>Alfter/Tübingen/Zürich/Zug</td></tr>
</table>

b) Vertriebspartner:

<table>
<tr><td>Tertia Edusoft GmbH</td><td colspan="3"></td></tr>
<tr><td rowspan="2">Unternehmensdaten:</td><td>Gründungs-datum</td><td>Mitarbeiter-innen</td><td>Umsatz</td></tr>
<tr><td>2000 (nachfolgend 1988)</td><td>63</td><td>9 Mio Euro</td></tr>
<tr><td>Produkte, Versions-nummer:</td><td colspan="3">▪ Centra<br>▪ TopClass<br>▪ WBT-Manager<br>▪ Cybertest</td></tr>
<tr><td>Tätigkeits-Schwerpunkte:</td><td colspan="3">Full-Solution-Provider</td></tr>
<tr><td>Produkt-Kurzbeschreibung:</td><td colspan="3">Synchrone und asynchrone eLearning-Plattformen, online-Test- und Prüfungssystem, Contentproduktion, Planspiele, Seminare, Beratung</td></tr>
<tr><td>Referenz-Projekte:</td><td colspan="3">Auswahl:<br>▪ Deutsche TelekomAG<br>▪ GFK AG<br>▪ Credit Suisse<br>▪ Basler Versicherung</td></tr>
<tr><td>Kontakt Deutschland:<br><br><br>Tel.:<br>Fax:<br>URL:<br><br>Kontakt Schweiz:<br><br><br>Tel.:<br>Fax:<br>URL:</td><td colspan="3">TERTIA Edusoft GmbH<br>Schöntalweg 5-7<br>D-63347 Alfter b. Bonn<br>++49-228-64807-152<br>++49-228-64807-460<br>www.tertia-edusoft.de<br><br>TERTIA Edusoft Schweiz AG<br>Hohlstr. 608<br>CH-8048 Zürich<br>++41-439 29 29<br>++41-439 29 25<br>www.tertia-edusoft.ch</td></tr>
</table>

| | |
|---|---|
| **Deutschland**<br>Ansprechpartner:<br>E-Mail: | Klaus Menzel<br>klaus.menzel@tertia.de |
| **Schweiz**<br>Ansprechpartner:<br>E-Mail: | Norbert Caviezel<br>norbert.caviezel@tertia-edusoft.ch |

# B. Weiterführende Produktinformationen

## Die Top Class Module:

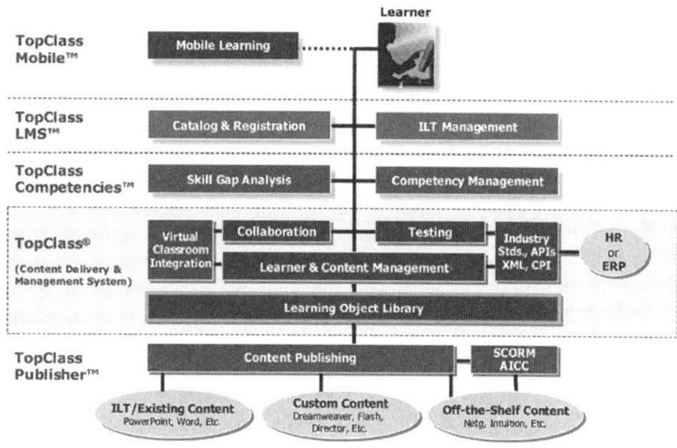


- **Lernserver** zur Online-Bearbeitung von Kursen (Content Delivery & Management).
- **Publisher** zur Erstellung neuer und zur Einbindung/Konvertierung vorhandener Lerninhalte
- **Competencies** für das Skill- und Kompetenzmanagement.
- **LMS** für Katalog und Registration und zur Verwaltung von Präsenz Seminaren
- **Mobile** zur Offline-Bearbeitung der Lerninhalte.

Die vorliegenden Beschreibungen beziehen sich auf alle Module mit Ausnahme von „Mobile".

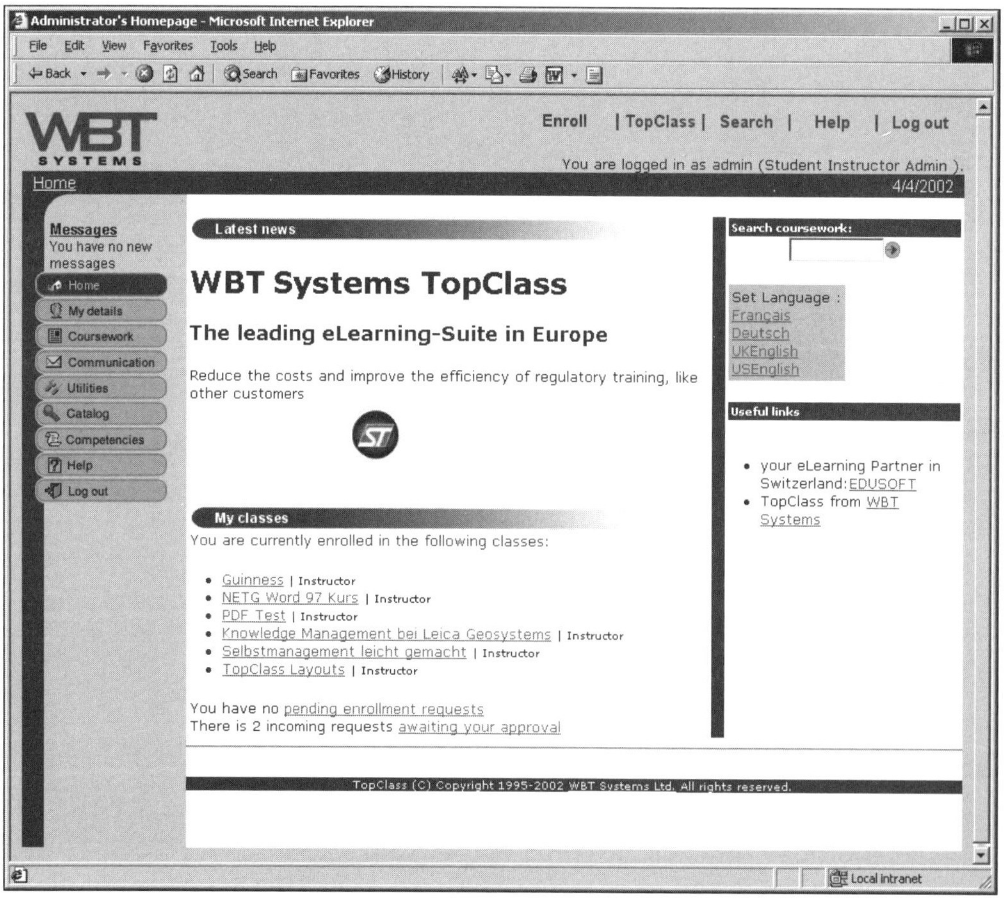


Die Startseite von TopClass

# 1. Kommunikation, Kooperation & Kollaboration:

## 1.1 Synchron:

In der Standardinstallation sind keine synchronen Kommunikationstools integriert. Es existieren jedoch vordefinierte Schnittstellen zu den Virtual-Classroom-Produkten von Centra und Interwise.

## 1.2 Asynchron:

- Internes Mailsystem (kann an externe Systeme angebunden werden)
- Kann von jeder Lernseite aus aufgerufen werden. Dabei wird automatisch der zugeteilte Instruktor sowie die aktuelle Lernseite eingefügt.
- Klassenspezifische Diskussionsforen (können moderiert werden)
- Klassenspezifische Announcements
- Dokumenten-Sharing
- Glossare, FAQ

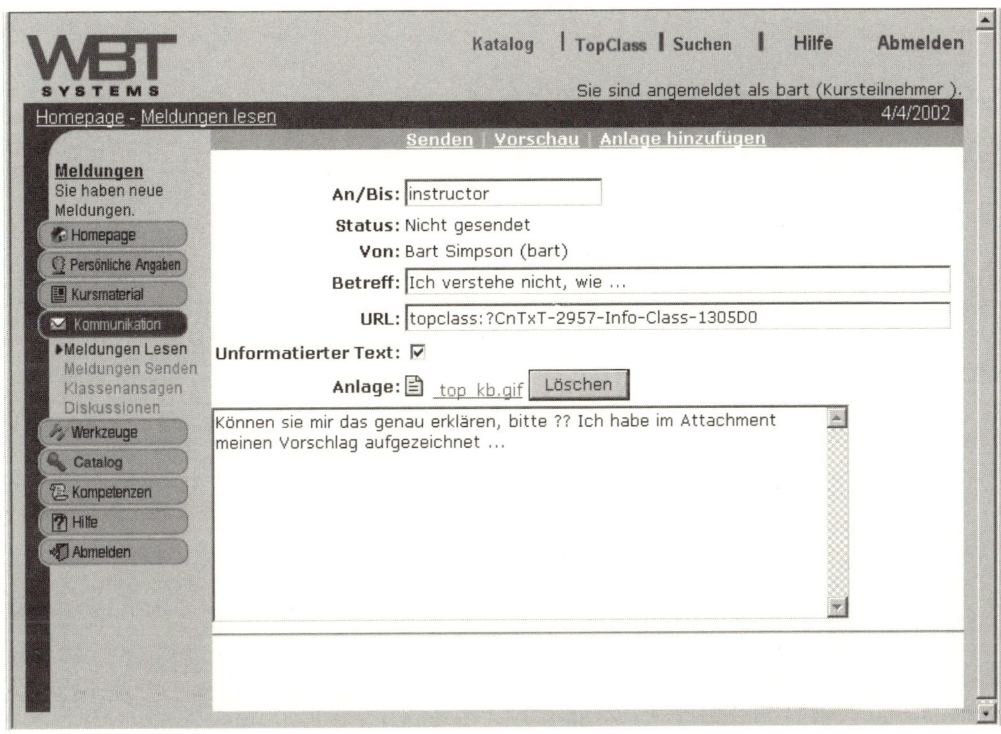


Das interne Mailsystem unterstützt auch Anlagen, automatisch zugeteilte Instruktoren sowie Bookmarks.

## 1.3 Annotationen:

Annotationen sind erst im kommenden Release integriert. Als eine Art Zwischenlösung können „contextual mails" angelegt werden.

***Kommentar des Herstellers:***
*In den Diskussionsforen können wie in den Mails Annotationen gemacht werden.*

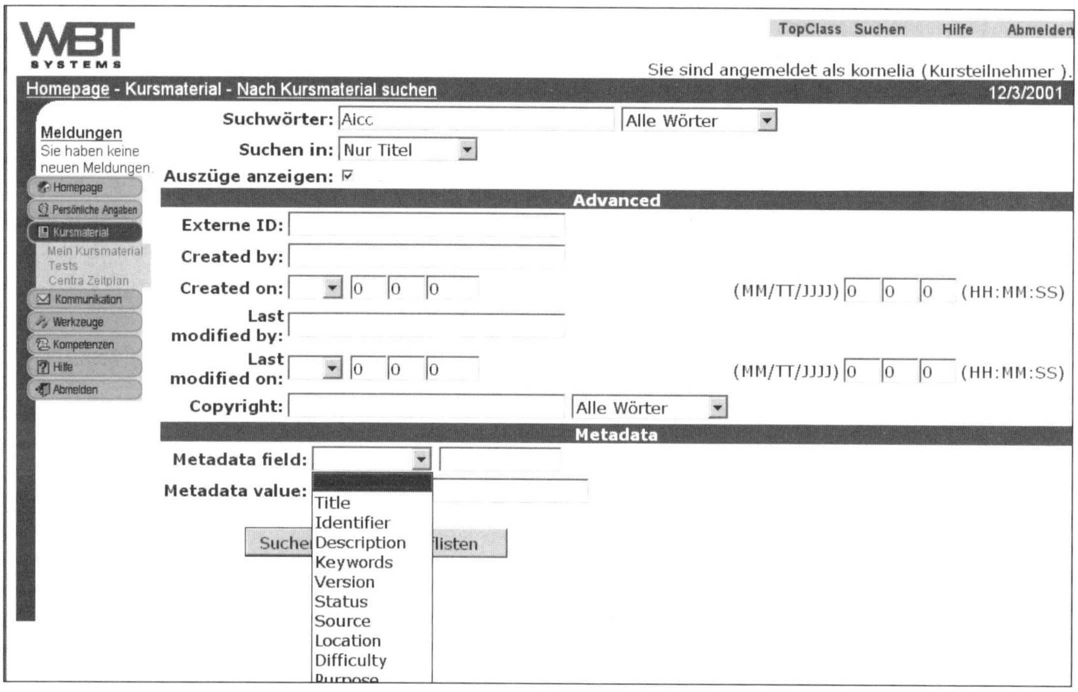


Die komfortable Suchfunktion. Es kann nach Userinnen, Klassen und Kursen gesucht werden.

## 1.4 Gruppenbildung durch Rollen möglich:

TopClass verfügt über ein flexibles Rechte- und Usermanagement über das beliebig Rollen, Teams, etc. angelegt und mit entsprechenden Rechten versehen werden können.

*Kommentar des Herstellers:*

*Die Verwaltung der User kann über Gruppen administriert werden. Den Gruppen können diverse Aktionen angefügt werden, wie z. B. Einschreiben in Klassen oder Setzen der Sprache.*

*Auch die Steuerung der Kompetenzen und Skill-Bedürfnisse kann über Gruppen gesteuert werden.*

## 1.5 Externe Kommunikationstools integrierbar:

Es existiert eine dokumentierte Schnittstelle zum Virtual-Classroom-Produkt „Centra Symposium™", die eine nahtlose Integration ermöglicht (die Lernenden müssen sich nicht erneut für die Benutzung der virtual-classroom-tools anmelden). Weiters können externe Mailsysteme integriert werden.

*Kommentar des Herstellers:*

- *Der Scheduler von Centra Symposium™ (CS) lässt sich direkt in TopClass integrieren.*
- *Der Zugriff auf (CS) kann von Test-Resultaten (und deren Aktionen) abhängig gemacht werden.*
- *Automatische Erfassung von Usern in CS, wenn unter TopClass eröffnet.*
- *Testresultate von CS werden an TopClass weitergegeben.*

# 2. Didaktik:

## 2.1 Lässt verschiedene Lehr- und Lernmodelle zu:

TopClass ermöglicht sowohl lehrerinnenzentriertes (mittels der Assessment-Tools sowie über die Definition von Lehrpfaden) als auch lernerinnenzentriertes (mittels der asynchronen Kommunikationstools sowie des integrierten Skill- und Kompetenzmanagements) Lernen. Durch die Integration von Centra Symposium und dem LMS Modul kann auch „blended learning" realisiert werden.

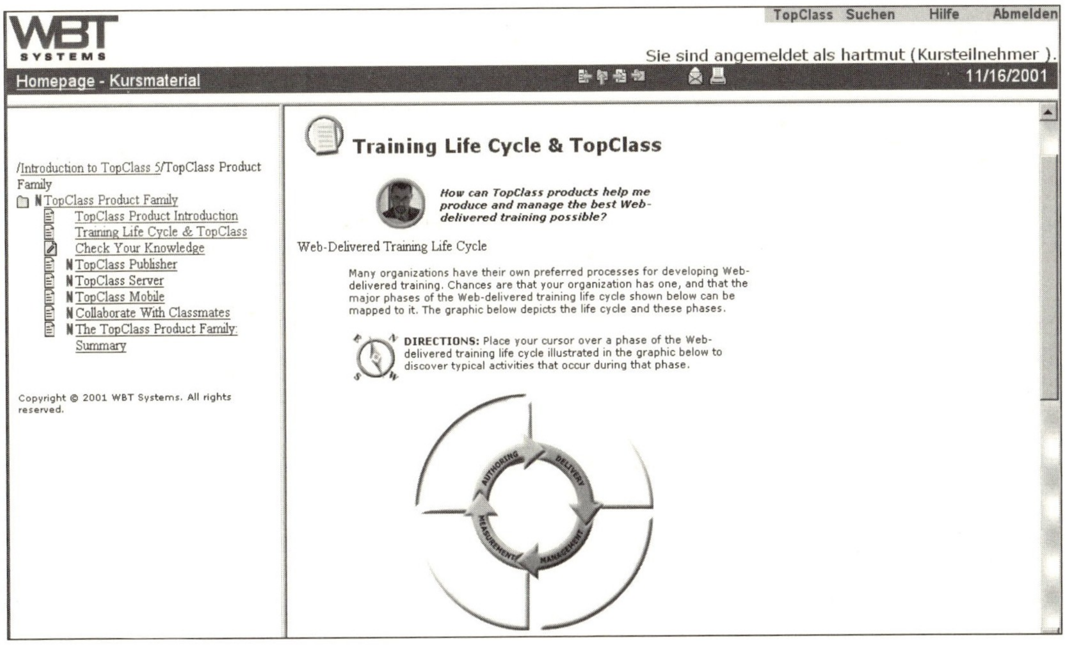


Die Lernumgebung

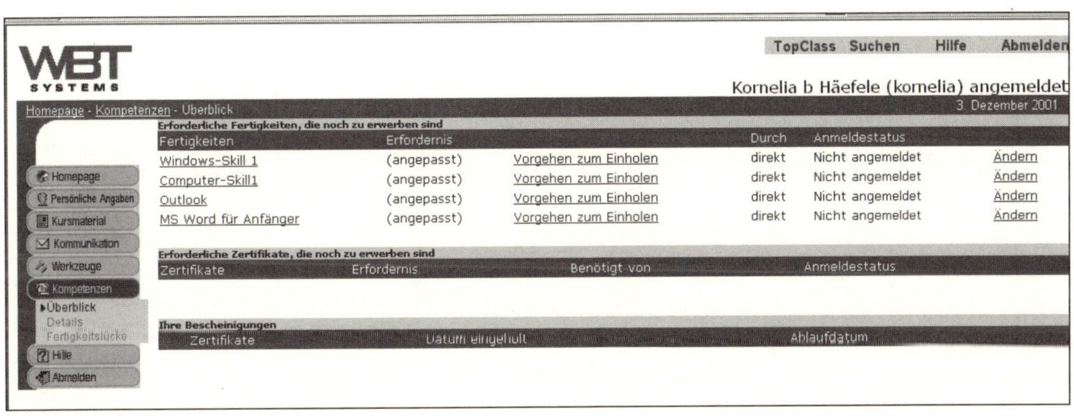


Ein Überblick über die erworbenen Zertifikate und die noch zu erwerbenden Skills.
Dabei werden auch diejenigen Klassen angezeigt, in welchen ein spezifischer Skill erworben werden kann.

## 2.2 Übungen:

Übungen können durch die integrierten asynchronen Kommunikationstools (inklusive Upload-Möglichkeit für Aufgaben), sowie durch die umfangreiche Assessment-Funktionalitäten realisiert werden.

Folgende Fragentypen werden unterstützt:

- Multiple Choice
- Single Choice
- Bildstellenauswahl
- Grafikauswahl
- Kurztext
- Langtext
- Richtig / Falsch

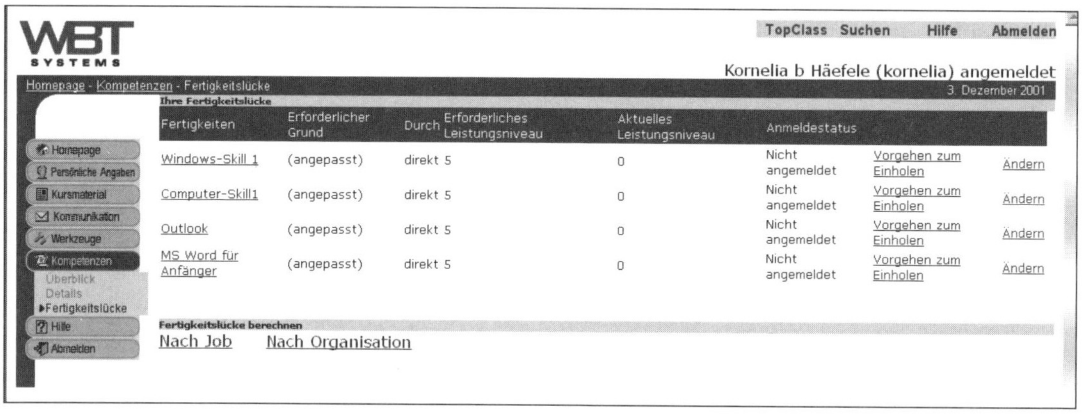


Die Skill-Gap-Analyse deckt die Fertigkeitslücken auf. Dabei ist auch ersichtlich, welche zusätzlichen Skills für einen bestimmten Job oder eine bestimmte organisatorische Funktion benötigt werden.

## 2.3 Tests:

Die Tests können automatisch oder vom Lehrer korrigiert und einmalig oder mehrmalig eingesendet werden. TC hat ein Testtool integriert, welches die wichtigsten Fragetypen unterstützt. Zusätzlich ist eine Schnittstelle für die Anbindung des Testsystems „Cybertest" realisiert.

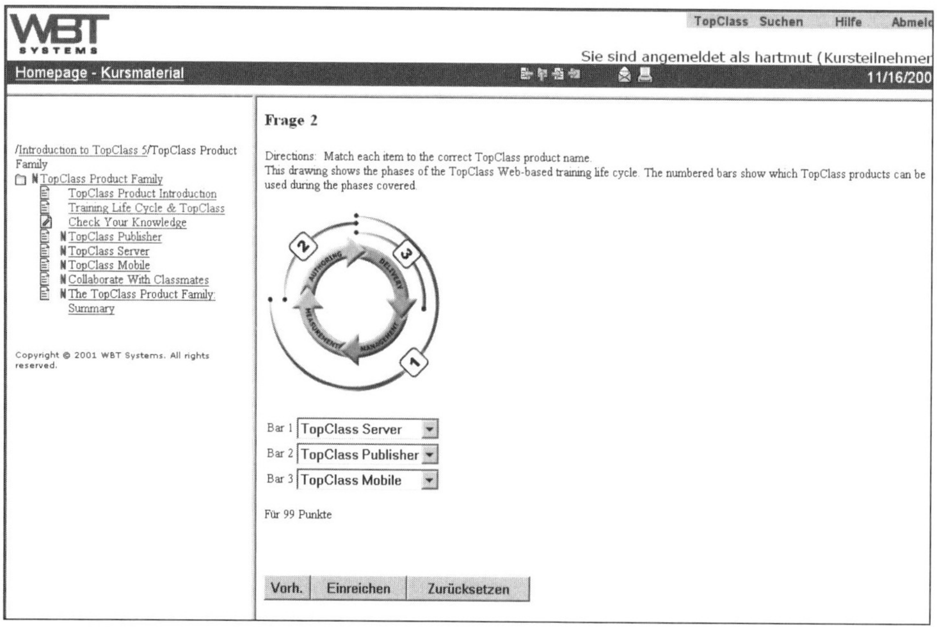


Ein Test

***Kommentar des Herstellers:***
*Nach Beendigung eines Tests können Aktionen angestoßen werden. So werden aufgrund von Testresultaten Skills und Zertifikate vergeben bzw. zusätzliche Lernmodule frei geschaltet oder Lernerinnen in weitere Klassen eingeschrieben (auch Präsenzseminare oder CENTRA-Sessions sind möglich)*

*Über Schnittstellen können diese Informationen auch an ein HR bzw. ERP System übermittelt werden.*

## 2.4 Modularisierung:

Durch die Integration eines Content-Management-Systems in TopClass können die einzelnen Lernobjekte verwaltet, mit Metadaten versehen und wieder verwendet werden. Durch die flexible Metadaten-Verwaltung können eigene Metadaten definiert und auf Lernobjekte angewendet werden. Zusätzlich kann über die Importfunktionalität Content von professionellen Anbietern (Skillsoft, Netg, etc.) eingebunden und verwaltet werden.

***Kommentar des Herstellers:***
TopClass basiert auf Learning Objects, welche mittels TopClass Publisher verwaltet werden. Neue Lernobjekte werden durch Import, Konvertierung, mittels der eingebauten Assistenten oder per Drag and Drop (AICC, und Scorm -kompatibler Content) in TopClass eingebunden und als Lernobjekte zur Verfügung gestellt. Lernobjekte können mit Metadaten (auch selbst definierte) ergänzt werden.

## 2.5 Feedback zum Lernfortschritt:

Durch die AICC-Zertifizierung ist eine umfangreiche Tracking-Funktionalität integriert. Der Lernfortschritt wird im System protokolliert und kann in Abhängigkeit zu anderen Inhalten gebracht werden. Die vom Lernenden bearbeiteten Lerneinheiten werden in einer Baumstruktur beim Besuch der Startseite des jeweiligen Kurses dargestellt. Unbearbeitete und bearbeitete Einheiten werden dabei differenziert gekennzeichnet.

Testergebnisse können sowohl für den Lernenden (falls dies von der Trainerin gewünscht wird) als auch für die Trainerin sichtbar gemacht werden. Die Trainerin hat sowohl die Möglichkeit, individuelle Testergebnisse zu sehen, auszuwerten und zu übermitteln, als auch Gruppenergebnisse (z. B. in % des Erfolgs). Auch der Kursfortschritt kann hier von der Trainerin eingesehen werden. Über die Ergebnisse der Pre-Tests werden die Lernwege gesteuert. Aber auch die Integration von Tests im Lehrgang ermöglicht die individuelle Lernweggestaltung durch den Lernenden. Ebenso kann die Trainerin durch die Auswertung und Beurteilung der Pre-Test-Ergebnisse den individuellen Lernweg steuern.

## 2.6 Autorenfunktionen:

Über das externe Autorenmodul können Learning Objects ohne HTML-Kenntnisse generiert werden.

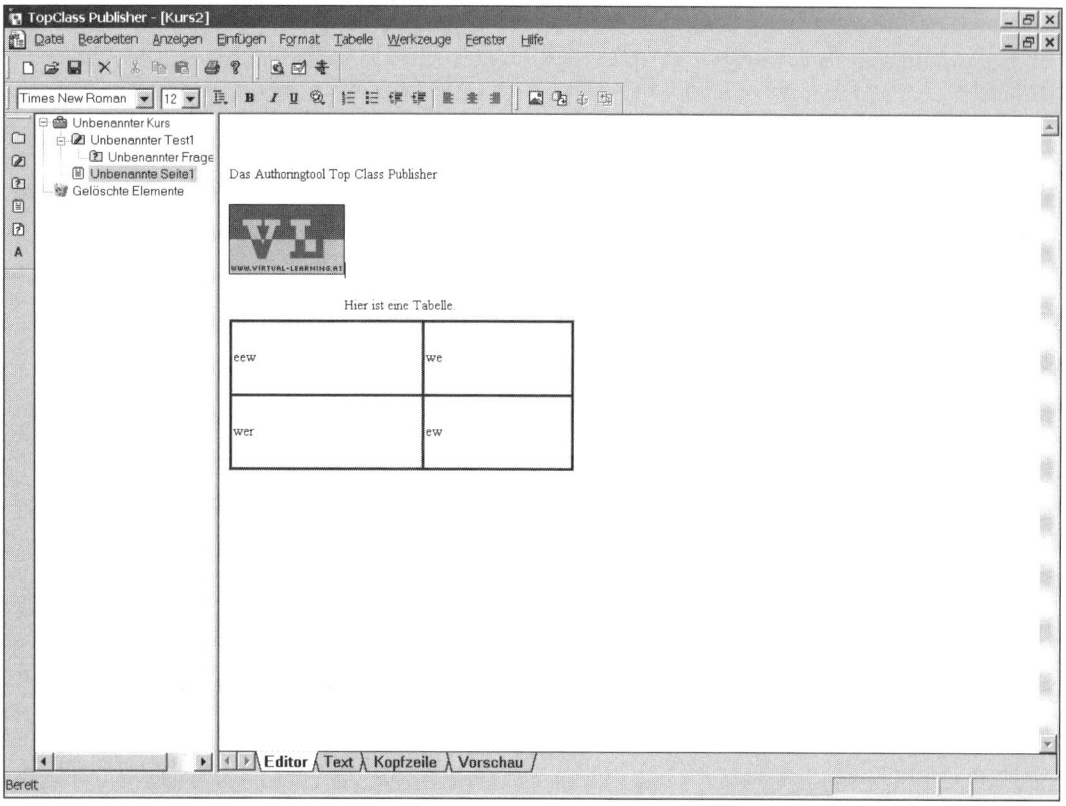


Das externe Autorentool „TopClass Publisher".

*Kommentar des Herstellers:*
*Sie erstellen mit dem Publisher Learning Objects. SCORM und AICC kompatibler Content kann mittels Publisher als Learning Objects zur Verfügung gestellt werden.*

## 2.7 Learning flow Management:

Eine automatische Bookmarking-Funktion ist im System enthalten. Der Lernende sieht jederzeit, welche Inhalte er schon bearbeitet hat und welche er noch nie geöffnet, bzw. bearbeitet hat.

Über das Kompetenz-Modul kann der „Learning-flow" der Lernenden mittels Assessments und Skill-Gap-Analysen gesteuert werden.

*Kommentar des Herstellers:*
*Mittels dem LMS Modul (Catalog & Registration) kann dem Benutzer ein Katalog zur Verfügung gestellt werden, in welchem das gesamte Ausbildungsangebot präsentiert wird.*

*Dabei lassen sich auch Präsenzseminare mit Datum, Ort, Platz usw. verwalten und integrieren.*

*Über ein flexibles Berechtigungsverfahren kann sich ein Student für ein Angebot online anmelden.*

# 3. Administration:

## 3.1 Tracking von Usern:

Durch die Benutzung einer Oracle-Datenbank ist eine umfangreiche Tracking-Funktionalität möglich. Neben Standard-Reports ist die Integration von erweiterten Report-Funktionalitäten durch den Vertriebspartner oder durch den Administrator mittels „Oracle Reports" möglich.

## 3.2 Rechnungsverwaltung:

Eine Rechnungsverwaltung bzw. ein Warenkorbsystem ist nicht integriert. Aufgrund der offenen Struktur kann das System jedoch Billing-Systeme einbinden, die mit Oracle zusammenarbeiten oder über eine Text- bzw. XML-Schnittstelle verfügen.

## 3.3 Personalisierung:

Personalisiertes Lernen ist über Pre- und Posttests gesteuerte Lerneinheiten möglich (im Autorentool lassen sich entsprechende Aktionen einbinden). Ebenso ist die Definition von Abhängigkeiten zwischen Lerneinheiten möglich.

Durch das integrierte Rechtemanagement kann eine userspezifische Modifikation der Benutzeroberfläche vorgenommen werden. Die Lernende erhält neben der persönlichen Begrüßung Informationen über das Kursgeschehen, den Preis, den Namen der Trainerin, die Möglichkeit der Kommunikation und der Kooperation (e-mail, Diskussionsgruppen, Gruppenansprache und Maileingänge), sowie die Zeit der Zugangsberechtigung. Mit entsprechenden Buttons in der Bedienerleiste verfügt sie über die Möglichkeit der Navigation sowie über bestimmte, für sie vorgesehene Werkzeuge und Kooperations- und Kommunikationszugriffe (Centra, Mailsystem).

# 4. Technik:

## 4.1 Anpassbarkeit:

Das CI ist über Templates und Style-Sheets voll anpassbar.

***Kommentar des Herstellers:***
*Alle Seiten sind anpassbar. Das Aussehen von TopClass kann voll und ganz angepasst werden.*

## 4.2 Erweiterbarkeit:

Das System ist jederzeit durch CPI[24]'s erweiterbar, z. B. durch die Anbindung von Billingmodulen oder erweiterten Testsystemen. Eine dokumentierte API steht zur Verfügung.

***Kommentar des Herstellers:***
*Über die XML-Schnittstelle lassen sich beliebige Informationen von externen Systemen aus TopClass auslesen bzw. können auch geschrieben werden, wie z.B. eine automatische Anpassung der Userdaten aus einem HR-System.*

## 4.3 Skalierbarkeit:

Die offene Systemarchitektur und die zugrunde liegende Datenbank ermöglichen eine gute Skalierbarkeit. Der Hersteller kann dies durch zahlreiche Referenzinstallationen dokumentieren.

## 4.4 Systemanforderungen / Ressourcenbedarf:

keine Angaben.

## 4.5 Distributierbarkeit:

Die Datenbank, die eLearning Suite und die Media-Dateien können auf verschiedene Server verteilt werden.

## 4.6 Entspricht Standards:

Folgende Standards werden unterstützt:

- AICC (TopClass ist AICC-zertifiziert)
- SCORM
- IMS
- IEEE

***Kommentar des Herstellers:***
*XML wird ebenfalls unterstützt.*

## 4.7 Unterstützte Serverbetriebssystemen:

- Windows NT™
- Windows 2000™
- Sun Solaris™

Linux™ wird nicht unterstützt.

---

[24] CPI = Command Plug-In Interface

## 4.8 Support:

Es ist sowohl ein persönlicher, wie auch ein elektronischer Support auf verschiedenen Levels möglich.

## 4.9 Dokumentation:

Dokumentationen sind in gedruckter Form und im PDF-Format vorhanden. Außerdem ist eine ausführliche und kontextsensitive Hilfe im System implementiert.

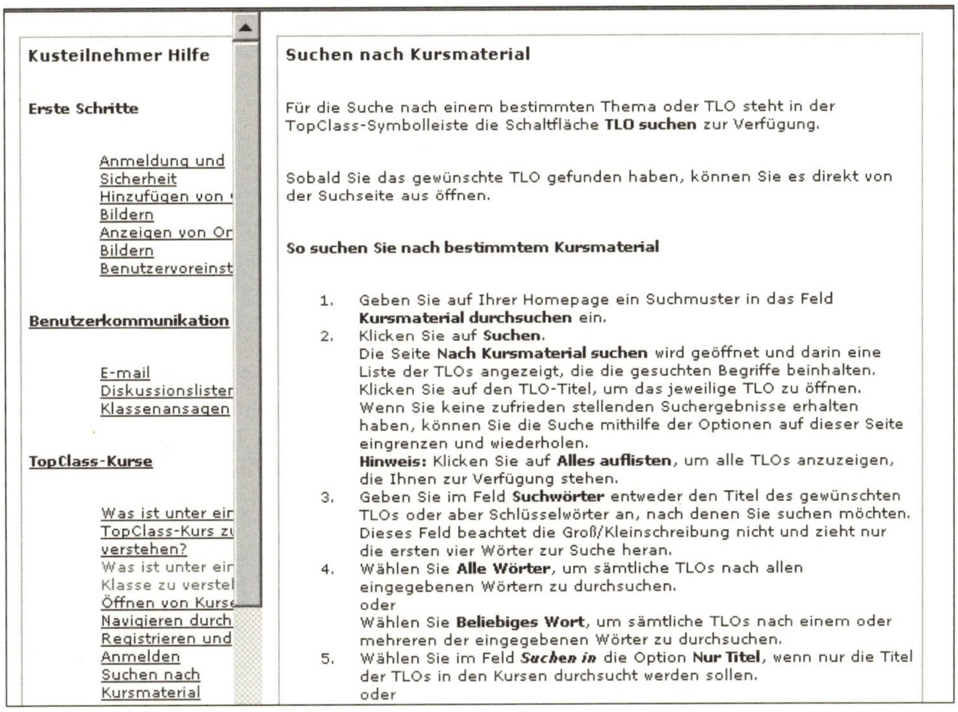


Die ausführliche und kontextsensitive Hilfe-Funktion

## 4.10 Deutschsprachige Vertriebspartner:

Ein österreichischer Vertriebspartner ist nicht vorhanden. Der Vertrieb erfolgt über die Schweiz oder Deutschland.

## 4.11 Sicherheit bei Datenweiterreichung:

Die Datensicherheit ist mittels SSL gewährleistet.

## 4.12 Unterstützung von Standardobjekttypen und -formaten

Alle gängigen Text- und Grafikformate werden unterstützt.

# A. Firmenprofile

## a) Hersteller

<table>
<tr><td>WebCT, Inc.</td><td colspan="3"></td></tr>
<tr><td rowspan="2">Unternehmensdaten:</td><td>Gründungs-datum</td><td>Mitarbeiter-innen</td><td>Umsatz</td></tr>
<tr><td>1994</td><td>320</td><td>k. A.</td></tr>
<tr><td>Produkt, Versionsnummer:</td><td colspan="3">WebCT Campus Edition 3.7</td></tr>
<tr><td>Tätigkeits-Schwerpunkte:</td><td colspan="3">Entwicklung des LMS WebCT</td></tr>
<tr><td>Produkt-Kurzbeschreibung:</td><td colspan="3">Das nach Angaben des Herstellers führende LMS im Bereich der akademischen Bildung und der beruflichen Weiterbildung.</td></tr>
<tr><td>Referenz-Projekte:</td><td colspan="3">http://www.webct.com/products/viewpage%3fname=products_webct_customers</td></tr>
<tr><td>Kontakt:<br><br><br><br><br><br>Tel.:<br>Fax:<br>URL:</td><td colspan="3">WebCT, Inc.,<br>(Vertrieb Deutschland siehe Lerneffekt GmbH)<br>Six Kimball Lane, Suite 310<br>Lynnfield, MA 01940<br>U.S.A.<br><br>++1-781-309-1000<br>++1-781-309-1001<br>www.webct.com</td></tr>
<tr><td>Ansprechpartner:</td><td colspan="3">Lerneffekt GmbH</td></tr>
<tr><td>Vertrieb im deutschsprachigen Raum:</td><td colspan="3">Lerneffekt GmbH</td></tr>
</table>

b) Vertriebspartner

<table>
<tr><td>Lerneffekt GmbH</td><td colspan="3"></td></tr>
<tr><td rowspan="2">Unternehmensdaten:</td><td>Gründungs-datum</td><td>Mitarbeiter-innen</td><td>Umsatz</td></tr>
<tr><td>1996</td><td>12</td><td>TDM 1000</td></tr>
<tr><td>Produkt, Versionsnummer:</td><td colspan="3">WebCt Campus Edition 3.7</td></tr>
<tr><td>Tätigkeits-Schwerpunkte:</td><td colspan="3">System Integrator Reseller, Übersetzer</td></tr>
<tr><td>Referenz-Projekte:</td><td colspan="3">http://www.lerneffekt.de/referenzen.html</td></tr>
<tr><td>Kontakt:<br><br><br><br>Tel.:<br>Fax:<br>URL:</td><td colspan="3">Lerneffekt GmbH<br>Osterholder Allee 2<br>D-25421 Pinneberg<br><br>++49-4101-53 620 0<br>++49-4101-53 620 1<br>www.lerneffekt.de</td></tr>
<tr><td>Ansprechpartner:<br>E-Mail:</td><td colspan="3">Hans-Lorenz Reiff-Schoenfeld<br>reiff@lerneffekt.de</td></tr>
</table>

# B. Weiterführende Produktinformationen

WebCT bietet zwei verschiedene Lizenzformen der Campus Edition an.

Die **Campus Edition Unlimited** ist geeignet für Firmen oder Bildungseinrichtungen, die eine Integration in Intranets, Campus Informationssysteme und -portale sowie ERP Software wünschen. Die Campus Edition ist skalierbar, basiert auf offenen Standards und bietet eine standardisierte Schnittstelle zur Integration mit der IMS Enterprise API.

Die **WebCT Campus Edition Limited** ist geeignet für Anwenderinnen, die keine Integration in Fremdsysteme über erweiterte Schnittstellen und keine zentrale Authentifizierung benötigen. Sie ist limitiert für bis zu 3000 Nutzer.

Die nachfolgende Beschreibung bezieht sich auf die unlimitierte Campus Edition.

## Lizenzkosten:

Für Bildungseinrichtungen:

Die Lizenzen gelten für jeweils 12 Monate und können dann erneuert werden. Die Lizenzen schließen alle Updates und neuen Versionen während der Laufzeit ein und enthalten ebenso den WebCT Online-Support mit dem Zugang zu den Support Foren für den Systemadministrator.

Campus Edition Limited **bis 3000 Nutzer**:

| Englische Version | Bilinguale Version (engl. & dt.) |
|---|---|
| US$ 7000,00 | US$ 8.500,00 |

Campus Edition Unlimited nach Useranzahl für 12 Monate:

| Useranzahl | Englische Version | Bilinguale Version |
|---|---|---|
| 1-2500 | US$ 15.000,00 | US$ 16.500,00 |
| 2501-4000 | US$ 18.000,00 | US$ 19.500,00 |
| 4001-8000 | US$ 22,000,00 | US$ 23.500,00 |
| 8001-15000 | US$ 26.000,00 | US$ 27.500,00 |
| 15001-25000 | US$ 30.000,00 | US$ 31.500,00 |
| Unbegrenzte Useranzahl | US$ 34.000,00 | US$ 35.500,00 |

ASP Lizenzen für Bildungseinrichtungen auf webct.lerneffekt.de nach Useranzahl für 12 Monate (die Mindestlaufzeit beträgt 6 Monate):

| Preise in Euro | monatlich | jährlich |
|---|---|---|
| 1-50 | 125,00 | 1.500,00 |
| 51-100 | 250,00 | 3.000,00 |
| 101-250 | 425,00 | 5.000,00 |
| 251-500 | 550,00 | 6.500,00 |
| 501-1000 | 657,00 | 8.000,00 |
| Über 1000 | Auf Anfrage | |
| Grundgebühr / Kurs | 375,00 | 750,00 |

Für Firmen:

auf Anfrage.

***Kommentar des Herstellers:***
*Für den Betrieb müssen keine zusätzlichen Softwareprodukte (wie z. B: MS SQL-Server™, Oracle 9i™, etc. lizenziert werden.*

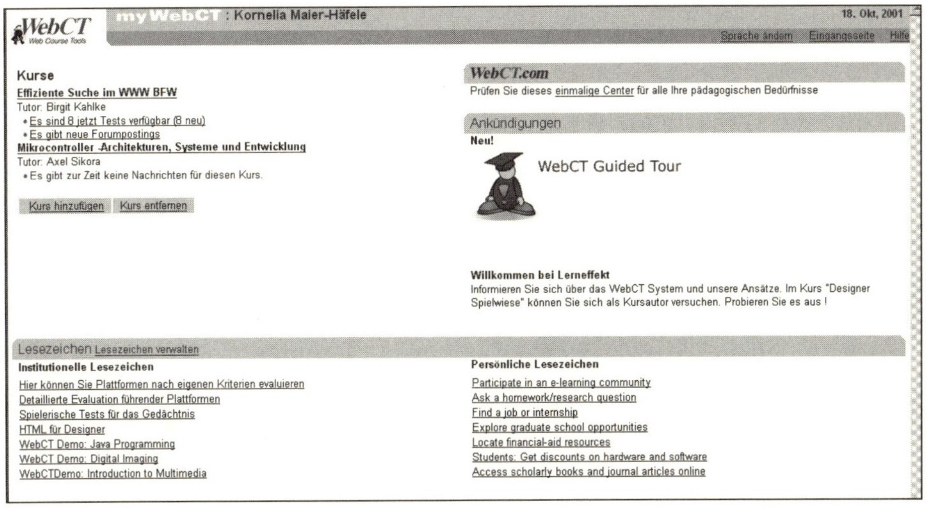


Der Startbildschirm

# 1. Kommunikation, Kooperation und Kollaboration:

## 1.1 Synchron:

die folgenden synchronen Kommunikationstools sind in WebCT integriert:

- Chat mit mehreren Räumen (mit Aufzeichnungsoption)
- Whiteboard (individuell konfigurierbar für verschiedene Lehrstile)

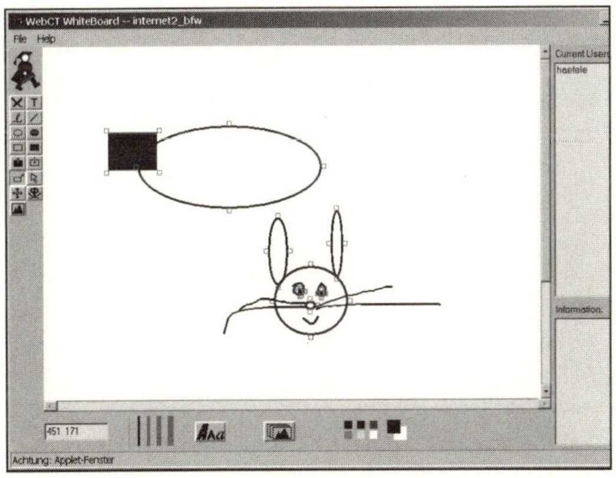


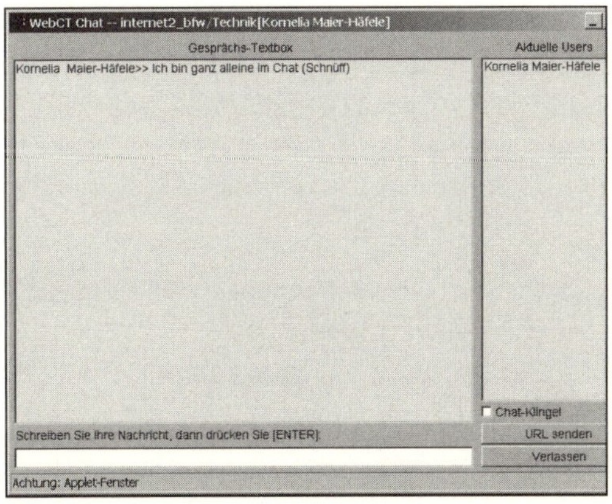


Die Chat- und Whiteboard-Funktion wurde durch Java-Applets realisiert.
Die einzelnen Zeichnungsobjekte im Whiteboard können – da vektorbasiert – auch im nachhinein noch geändert werden.

## 1.2 Asynchron:

Die folgenden asynchronen Kommunikationstools sind in WebCT integriert:

- Eigener E-Mailclienst mit Weiterleitungsfunktion.
- Strukturierte Foren für alle Teilnehmer (Optionen: geschlossene, private und öffentliche Foren). Die Tutoren bzw. Kursdesigner können das Forum über ein komfortables Webinterface individuell konfigurieren.
- File-Sharing
- Die „Image Database" bietet einen Zugang zur Bilder-Datenbank, in der sich Bilder befinden, die der Kursautor zur Verfügung stellten möchte. Annotationen und Texte können beigefügt werden.

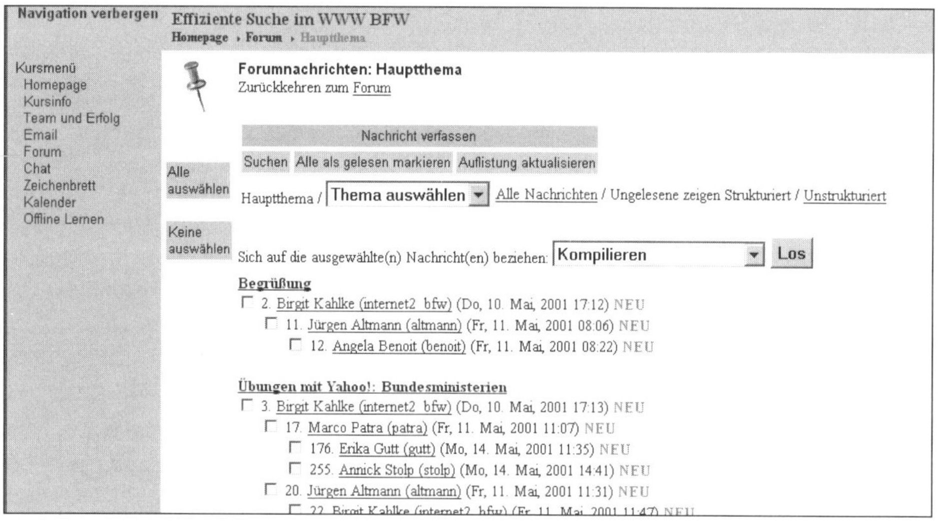


Das Forum

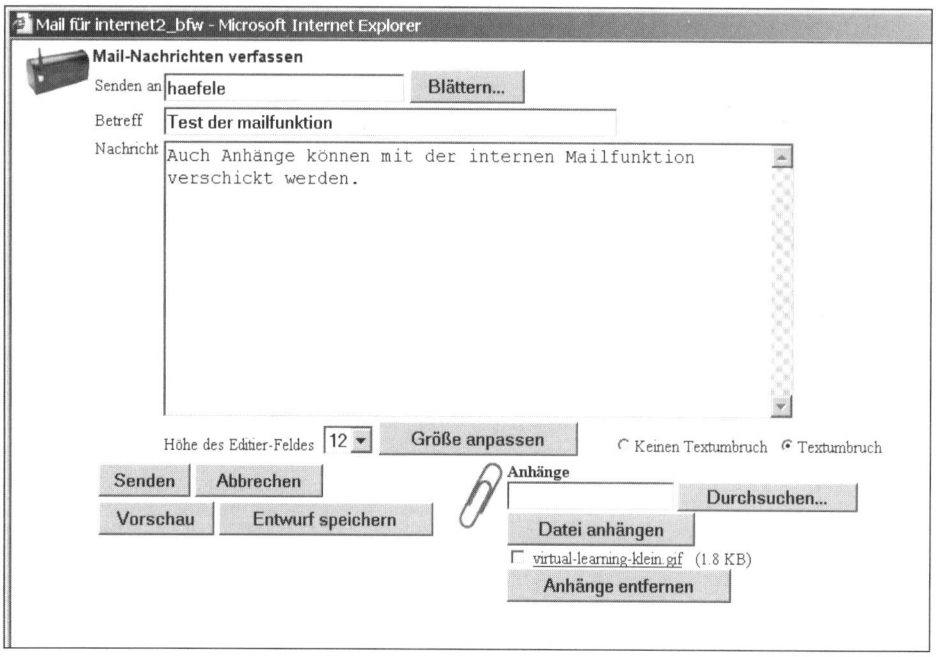


Das interne Mailsystem: Dateien können an Mails angefügt werden

### 1.3 Annotationen:

Annotationen sind möglich und auch in einer strukturierten Form wieder abrufbar, entweder für den eigenen Gebrauch oder auch für die Veröffentlichung in der Lerngruppe.

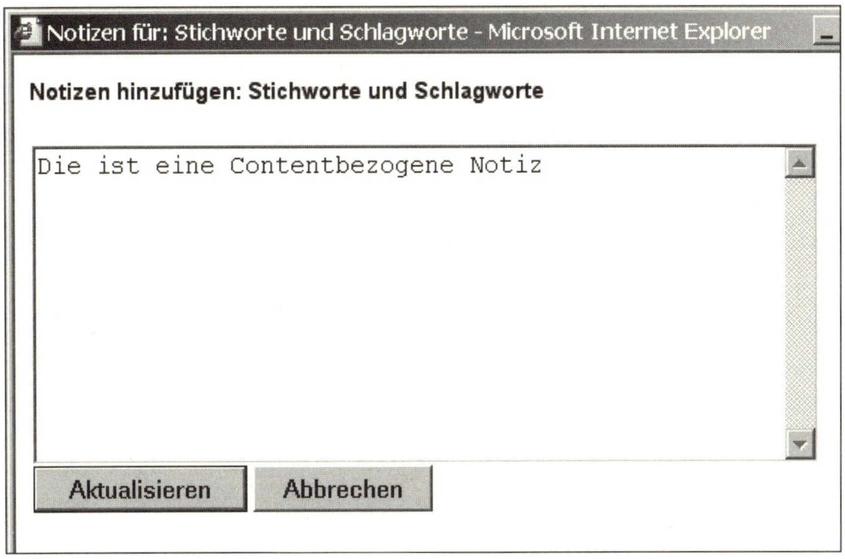


Die contentbezogene Annotationsfunktion

### 1.4 Gruppenbildung durch Rollen:

WebCT bietet das Tool „selektive Freigabe" mit dem Rollen und Gruppen miteinander verknüpft werden können.

### 1.5 Externe Kommunikationstools integrierbar:

Für die Produkte der Anbieter von Virtual-Classroom-Produkten bestehen Schnittstellen. Erfahrungen liegen mit den Produkten folgender Anbieter vor:

- Tutor´s Edge™
- Tegrity WebLearner™
- Horizon Live™

## 2. Didaktik

### 2.1 Lässt verschiedene Lehr- und Lernmodelle zu:

Jeder Kursdesigner und Trainer hat die Möglichkeit einen Kurs auch unter der Einbindung der Kollaborationstools so zu organisieren und zu konfigurieren, dass das zielgruppengerechte Lehr- und Lernmodell abgebildet werden kann.

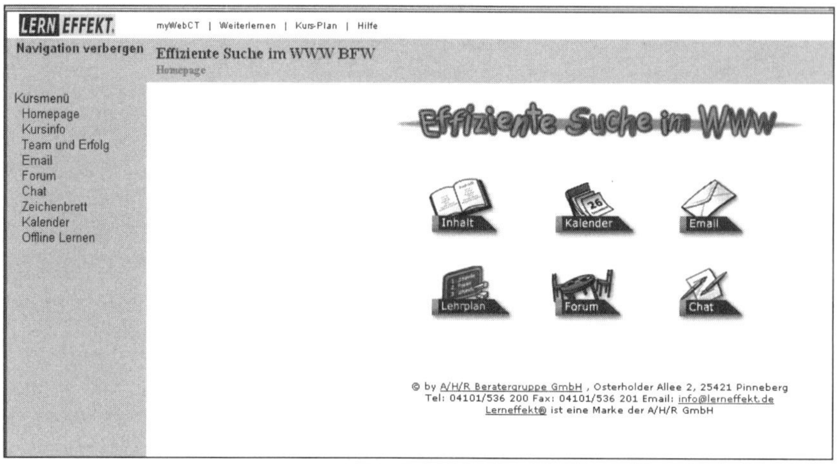


Die Lernumgebung eines konkreten Kurses

## 2.2 Tests:

Die Bereiche Assessment, Quizzes, Umfragen und Selbsttests sind in WebCT sehr umfangreich vorhanden. Durch die offenen Schittstellen und die IMS-Kompabilität sind externe Assessment-Tools wie beispielsweise die der Firmen Question Mark, Respondus etc. problemlos einbindbar.

Die Funktion „Quiz" bietet Zugang zu Tests, Bewertungen, und Online-Aufgaben. Auf der Quiz-Page werden alle Quizze eines bestimmten Kurses gelistet. Dort werden auch die Testergebnisse und Kommentare des Instruktors, wie auch Quiz-Statistiken veröffentlicht.

Die Funktion „Self Test" erlaubt es den Kursteilnehmern, ihr Verständnis des gerade behandelten Lernstoffes zu kontrollieren. Diese Selbstevaluationsfragen werden - im Gegensatz zum Quiz - nicht benotet.

Über die Funktion „My Grades" können in die Noten und Kursstatistiken Einblick genommen werden, sofern der Instruktor diese Informationen freigegeben hat.

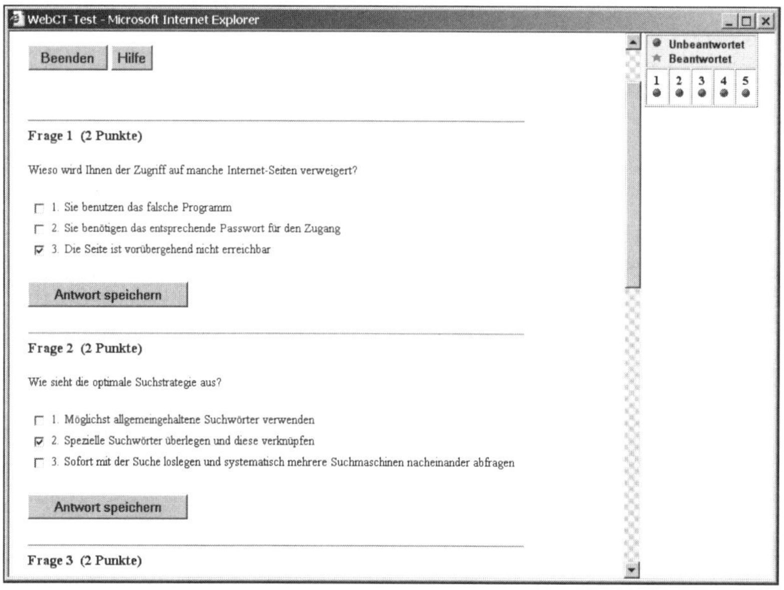


Ein Test in WebCT

## 2.3 Übungen:

Übungen können durch die integrierten synchronen und asynchronen Kommunikationstools leicht implementiert werden. Zusätzlich können die Teilnehmerinnen ganze Webs in ihren Kurs hochladen.

Folgende Fragentypen sind möglich:

- Multiple Choice
- Single Choice
- Wahr / Falsch
- Kurztext
- Essays

## 2.4 Modularisierung:

Die Kursinhalte können beliebig modularisiert und deren Verfügbarkeit an beliebige Ereignisse geknüpft werden.

## 2.5 Feedback zum Lernfortschritt:

Die Tutorin verfügt über einen aussagefähigen Monitor zur Beurteilung der Aktivitäten der Lernenden und kann jederzeit moderierend eingreifen. Ebenso erlaubt WebCT direkt Feedback zu den Übungen und Tests zu geben, Aufgaben an alle, Teilgruppen oder Einzelne zu stellen etc.

Über die Funktion „Progress" kann die Lernende Informationen und Statistiken über die Benutzung des Kurses abrufen: welche Seiten wurden besucht, in welcher Reihenfolge wurden die Seiten angesehen und inwieweit wurde das ganze Lernmaterial durchgearbeitet.

## 2.6 Autorenfunktionen:

WebCT verfügt über einen dem Explorer ähnlichen Online-Dateimanager über den mit externen Autorentools erstellte Inhalte eingebunden werden können. Außerdem existieren Online-Tools für die Erstellung von Glossaren, Grafik-Datenbanken, Umfragen, Tests und Quizzes.

Der auf Math ML basierende Formeleditor ermöglicht die Verwendung mathematischer Notationen in den WebCT Tools.

Der WebCT IMS Content Converter™ erlaubt den Ex- und Import von Content Packages gemäß dem IMS Standard. Damit lassen sich WebCT Kurse in jedes LMS, das den IMS Standard unterstützt, exportieren und wieder verwenden, sowie Inhalte, die mit Editoren erstellt wurden, die die IMS Spezifikation erfüllen, importieren. Bis dato sind dies:

- MS Powerpoint™
- MS Frontpage™

- Macromedia Dreamweaver™
- Macromedia Flash™

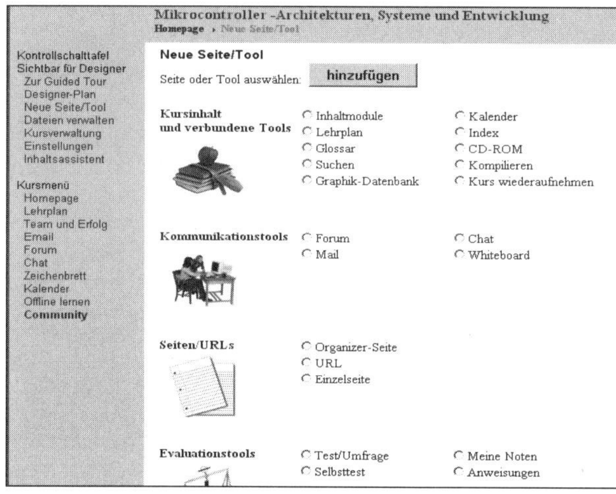


Die Lerntools für Kursdesigner

### 2.7 Learning-flow-Management:

Eine automatische (Funktion: „Weiterlernen") sowie manuelle Bookmarking-Funktionalität ist implementiert. Mittels selektiver Freigabe können individuelle Lernpfade definiert werden.

## 3. Administration

### 3.1 Tracking:

Die Funktion „Progress Tracking" erlaubt der Instruktorin, den Arbeitsfortschritt der Lernenden, Angaben zum ersten und letzten Zugriff auf Lernmaterial, Anzahl und Prozentzahl der bearbeiteten Seiten, etc., zu erfassen. Lernende können nach verschiedenen Kriterien klassifiziert werden, wodurch zum Beispiel Lernende, die sich nicht mehr in den Kurs einloggen, gefunden werden können. Dies kann auch helfen, die Popularität/Schwierigkeit einzelner Kursteile zu entdecken.

### 3.2 Rechnungsverwaltung:

Ein Modul für die Rechnungsverwaltung ist nicht integriert. Über die offenen und gut dokumentierten Schnittstellen sind Verbindungen zu externen Anwendungen (z. B. SAP / R3™, etc.) gut integrierbar.

### 3.3 Personalisierung:

Dies ist durch die Rechtevergabe für Tutoren und Kursdesigner sowie über die Funktion „My WebCt" für Lernende möglich.

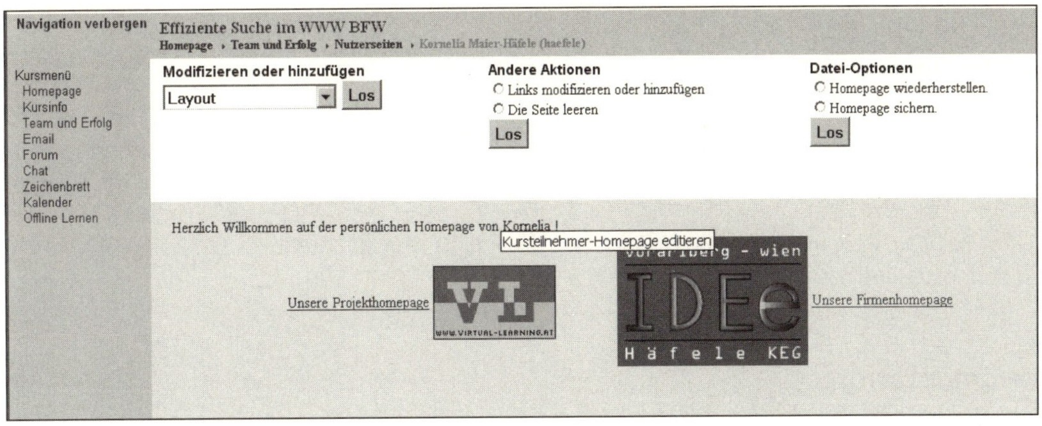


Die persönliche Homepage für Lernende kann ohne HTML-Kenntnisse editiert werden.

# 4. Technik

## 4.1 Anpassbarkeit:

Der Look von WebCT ist komfortabel anpassbar.

## 4.2 Erweiterbarkeit:

WebCT ist durch Plug-Ins, die WebCT's native Technik nutzen, ohne Code-Modifikation in der Funktionalität erweiterbar. Dadurch wird eventuellen Problemen bei Upgrades vorgebeugt.

## 4.3 Skalierbarkeit & Distributierbarkeit:

***Anmerkung des Herstellers:***
*Bei Version 3.7 ist eine um 60 % verbesserte Performance erzielt worden. Chat und Foren können auf weitere Server ausgelagert werden.*

## 4.4 Entspricht Standards:

Folgende Standards werden unterstützt:

- IMS[25]
- XML

## 4.5 Unterstützte Serverbetriebssysteme:

- Microsoft Windows NT™/2000™

[25] IMS = Instructional Management Systems Project: siehe hierzu auch das Kapitel der e-Learning Fachbegriffe.

- Red Hat Linux™ 6.2 und 7.1
- Sun Sparc Solaris™ 7 und 8

### 4.6 Support:

Ein Grundsupport ist im Lizenzpreis enthalten. Alle levelbasierten Supportarten (Deutsch & Englisch) sind möglich.

### 4.7 Dokumentation:

Dokumentationen liegen in Form von PDF-Dokumenten und Help-Files vor. Auch WBT´s sind verfügbar. Außerdem existieren WebCT-Communities in denen Erfahrungen ausgetauscht und Tipps eingeholt werden können.

### 4.8 Sicherheit bei Datenweiterreichung:

SSL, LDAP Integration, Kerberos Integration oder RDBMS Applikationen sind möglich.

### 4.9 Systemanforderungen / Ressourcenbedarf:

| | Systemanforderungen für **Unix-Server**: | Systemanforderungen für **Windows NT- und 2000-Server**: |
|---|---|---|
| Durchschnittliche Installation (**weniger als 15.000 User-Accounts**) | PIII 550 (oder gleichwertig)<br>256 MB Ram | PIII 550 (oder gleichwertig)<br>512 MB Ram<br>dual CPU |
| Grosse Installation **(mehr als 15.000 User-Accounts)** | dual PIII 550 (oder gleichwertig)<br>512 MB Ram | dual PIII 550 (oder gleichwertig)<br>1 GB Ram<br>quad CPU |

Die erforderliche Festplattenkapazität hängt von der Nutzung durch die Userinnen ab. Dabei gelten die folgenden Richtlinien zur Einschätzung des benötigten Speicherplatzes:

- Eine Installation benötigt ungefähr 40 MB
- Jeder Kurs benötigt ungefähr 2 MB
- Gewähren Sie 1 MB pro User-Account
- x MB für hochgeladenen Content

Werden beispielsweise 200 Kurse für 1000 User bereitgestellt und die durchschnittliche Content-Größe liegt bei 10 MB, dann gilt:

40MB + (200*2MB) + (1000*1MB) + (200*10MB) = 3,440GB

***Kommentar des Herstellers:***
*Dieses sind Richtlinien, in denen die Variable x für die Menge steht, die ein Designer hochlädt. Selbstverständlich kann die hochgeladene Materialmenge variieren.*

## 4.10 Deutschsprachiger Vertriebspartner:

Der deutsche WebCT Vertriebspartner (siehe das Firmenprofil) kann auf rund 60 Installationen in Österreich, Deutschland und der Schweiz verweisen und übernimmt die Rollen: Reseller, System Integrator sowie autorisierter Übersetzer für den deutschen Sprachraum.

## 4.11 Unterstützt Standard-Objekttypen und -formate:

Alle gängigen Standardobjekttypen werden unterstützt.

Kapitel VI

# E-Learning Fachbegriffe

## A

### Action Learning:

Action Learning ist eine Form des Erfahrungslernens bei der der Prozess des Problemlösens mit dem Lernprozess kombiniert werden soll. Dabei wird versucht, ein reales Problem aus dem Unternehmensalltag zu bearbeiten und dadurch einerseits die sozialen Kompetenzen der Beteiligten, als auch die Lernkultur im entsprechenden Unternehmensbereich zu verstärken.

### ADL (Advanced Distributed Learning):

ADL ist eine Organisation des amerikanischen Verteidigungsministeriums, welche Standardisierungsmodelle für E-Learning entwickelt (siehe hierzu: der SCORM-Standard).

URL: www.adlnet.org.

### AICC (Aviation Industry CBT Committee):

Das AICC ist ein von der amerikanischen Luftfahrtindustrie gegründeter internationaler Zusammenschluss von CBT-Herstellern und -Spezialisten, die gemeinsam an der Standardisierung von Lernobjekten arbeiten. Das AICC ist bislang die einzige Organisation, die eine Zertifizierung für Lernplattformen sowie Authoring- und Testing-Tools anbietet.

URL: www.aicc.org.

### API :

Application Programmer's Interface / Appl. Programming Int. - Programmier- und Anwendungsschnittstelle

### Application-Sharing:

Beim Application-Sharing findet eine synchrone Verwendung einer beliebigen Softwareanwendung über Datennetze statt. Application-Sharing ist ein Bestandteil von Desktop-Konferenzsystemen und Virtual-Classroom-Tools (z. B. Microsoft NetMeeting™, Interwise ECP™, Centra Symposium™).

### ASP (Application Service Provider):

Ein Geschäftsmodell, um Anwendungsprogramme über das Internet zu vermieten. Application Service Providing ist ein 1999 durch das Internet entstandenes Geschäftsfeld, das die Nutzung von Anwendungsprogrammen via Internet ermöglicht. Einnahmen generiert der Softwareentwickler dabei z. B. durch zeit- oder sessionabhängige Gebühren, die er für den Zugriff auf die Anwendung berechnet.

ASP-Programme sind meist Betriebssystem-unabhängig, für die Nutzung der Software reicht häufig ein JAVA-fähiger Standardbrowser. Es werden also keine Programme mehr auf der lokalen Festplatte oder im lokalen Netzwerk installiert. Dadurch steht dem Nutzer auch immer die aktuellste Version der Anwendungssoftware zur Verfügung. (Siehe auch LSP).

URL: www.asp.com

### Assessment:

Assessment ist ein Beurteilungsverfahren, um die Fähigkeiten und Fertigkeiten (Skills), sowie den Wissensstand von Lernenden systematisch zu bewerten.

### ASTD (American Society for Training and Development):

ASTD
Linking People, Learning & Performance

LEARNING
ASTD CERTIFICATION INSTITUTE
CERTIFIED COURSE

Die 1944 gegründete ASTD ist ein professioneller Zusammenschluss internationaler Trainerinnen und Institutionen und erste Adresse für Themen wie „Lernen am Arbeitsplatz", „Implementierung von Weiterbildung", „Führungsarbeit", „Betriebskultur", „Lebenslanges Lernen" und „Evaluation".

Die ASTD hat weltweit mehr als 70.000 Mitglieder, die in diesen Bereichen in über 100 Ländern arbeiten. Das Direktorium und die Mitglieder arbeiten in mehr als 15.000 multinationalen Körperschaften, kleinen und großen Unternehmen, Regierungsbehörden, Schulen und Universitäten.

Die ASTD zertifiziert Online-Kurse, stellt themenrelevante

Informationen, Forschungsergebnisse, Analysen sowie die Erfahrungen seiner Mitglieder öffentlich zur Verfügung, organisiert Ausstellungen, Seminare, Kongresse, publiziert, und geht weltweit Koalitionen und Partnerschaften ein.

URL: www.astd.org.

## Asynchrones Lernen/Synchrones Lernen:

Beim asynchronen Lernen findet im Gegensatz zum synchronen Lernen der Wissensvermittlungsprozeß zwischen Lehrenden und Lernenden zeitlich versetzt statt (z. B. Lernen mit Studienbriefen, Kommunikation über Newsgroups, E-Mail, usw.).

Beim synchronen Lernen findet die Wissensvermittlung und Wissensaufnahme gleichzeitig statt (z.B. Lernen im Klassenzimmer, Videoconferencing, Chat, usw.).

## Attachment:

Englisch für Anhang. Ein Attachment ist eine binäre Datei, die einer E-Mail zum Versand hinzugefügt wird.

## Autorensystem:

Ein Autorensystem ist ein Entwicklungswerkzeug für interaktive Anwendungen. Daten und Inhalte werden zusammengefügt und in ihrem Verhalten programmiert. Man unterscheidet objektorientierte, seitenorientierte, struktogrammorientierte und zeitachsenorientierte Autorensysteme.

### Objektorientierte Autorensysteme:

Objektorientierte Autorensysteme sind Autorensysteme, die dem Autorinnen Entwicklungstools zur Verfügung stellen, mit denen Objekten (Buttons, Bilder) bestimmte Eigenschaften zugewiesen werden können, die diese nach Aktivierung erhalten bzw. ausführen. Der Vorteil des Systems liegt in der Portierbarkeit der Objekte, die sich einfach in andere Anwendungen übertragen lassen.

### Seitenorientierte Autorensysteme:

Ein seitenorientiertes Autorensystem (beispielsweise "Asymetrix Toolbook") ist ein Autorensystem, das der Autorin eine Bildschirmseite zur Verfügung stellt, auf der die Elemente eingebettet werden. Benutzeraktionen wie Mausklicks lösen den Sprung zu einer anderen Seite aus („Buch"-Metapher). Generell eignen sich seitenorientierte

Systeme gut für CBT´s und interaktive Kataloge.

**Struktogrammorientierte Autorensysteme:**

Struktogrammorientierte Autorensysteme stellen der Autorin ein Struktogramm der Anwendung zur Verfügung, in das Funktionen und Dateien per Drag & Drop eingeklinkt werden. Der Vorteil dieser Autorensysteme liegt in der Portierbarkeit der Module sowie in der Übersichtlichkeit der Programmstruktur. Die Module lassen sich einfach in andere Anwendungen übertragen. Diese Autorensysteme haben ihre Stärken bei der Produktion von Titelreihen sowie bei sehr großen und komplexen Anwendungen.

**Zeitachsenorientierte Autorensysteme**
(auch: timeline-basierte Autorensysteme):

Zeitachsenorientierte Autorensysteme (z. B. „Macromedia Director") sind Autorensysteme, die der Autorin eine Zeitachse zur Verfügung stellen, entlang welcher alle Elemente positioniert werden. Die Entwicklerin gibt an, wie lange jedes Element am Bildschirm dargestellt wird. Im allgemeinen sind zeitachsenorientierte Systeme für selbstablaufende Präsentationen, beispielsweise in Kioskterminals oder für interaktive Spielfilme besser geeignet als für Lernsoftware oder elektronische Kataloge.

**Avatar:**

Ein Avatar ist die virtuelle Repräsentation einer Person, z. B. als menschenähnliches Icon in einem Chatraum oder auf einer Website als graphische Kontaktschaltfläche. Der Begriff wurde aus dem Sanskrit entlehnt (Avatara) und bedeutet im Hinduismus die Herabkunft einer Gottheit in die Welt der Menschen für die Spanne eines Menschenlebens.

URL: www.moove.de.

## B

**Buzz Word:**

Ein „buzz word" ist eine Wortneuschöpfung, die beim ersten Auftauchen auf Konferenzen, Business-Meetings, etc. meist Unverständnis hervorruft, aufgrund des Neuheitswertes aber meist in den Sprachschatz der Zuhörenden eingegliedert wird und durch den wiederholten Gebrauch zum Modewort avanciert.

Die meisten der in diesem Buch vorkommenden Begriffe

und Abkürzungen sind zu den aktuellen „buzz words" der „e-Branche" (e-Learning, e-business, e-commerce) zu zählen, ebenso wie der Begriff „buzz word" selbst.

# C

## CBT (Computer Based Training):

Unter CBT versteht man die Verwendung von Computern und speziell entwickelten Lernprogrammen zu Unterrichtszwecken. Die Teilnehmerinnen bearbeiten bei dieser Lernform selbstständig in Interaktion mit der Lernsoftware Lernmaterialien. Die Lernenden können gemäß ihres Kenntnisstandes Anforderungen in strukturierter Form abrufen und werden mit Interaktionsmöglichkeiten unterstützt. Der Computer übernimmt dabei einen Part der Lerndialoge, die Wissensüberprüfung und eventuell die Steuerung des Lernprozesses. Unter CBT versteht man im Unterschied zu WBT mehr und mehr Offline-Lernangebote.

## CGI (Common Gateway Interface):

Schnittstelle, über die von Webseiten ausführbare Programme auf Internet-Servern aufgerufen werden können.

Viele interaktive Elemente auf Websites werden auf diese Weise realisiert: Gästebücher, Zugriffszähler, Formularauswertungen, etc. Grundsätzlich können alle Programmiersprachen verwendet werden, die vom jeweiligen Server unterstützt werden, derzeit kommt am häufigsten die Skriptsprache Perl zum Einsatz.

## Chat:

Chat bedeutet in etwa: schwätzen, unterhalten. Gemeint ist die fast synchrone „Unterhaltung" per Tastatur von Rechner zu Rechner. An einem Chat können sich mehrere Teilnehmerinnen beteiligen. Chats werden gerne in Telelern-Szenarien eingesetzt.

## CMI:

Abkürzung für „Computer Managed Instruction".

## CMS (Content Management System):

CMS wie beispielsweise „Manila™" oder das Open Source Tool „Post Nuke" unterstützen Teams beim Prozess des Erstellens und Verwaltens von Inhalten für komplexe Websites mit hohem Aktualitätsgrad wie beispielsweise Online-Zeitungen, Portale oder Intranets.

## Cookie:

Ein Cookie („Keks") ist eine Hilfsdatei von Browsern wie Netscape Navigator. Webserver schreiben Cookies auf die Festplatte des Benutzers und teilen z. B. eine Identifikationsnummer zu. Wenn die Nutzerin diese Seite das nächste Mal aufruft, kann das Cookie ausgelesen werden und dient dem Webserver zur Identifizierung der Online-Besucherin, aber auch zu weitreichenderen Zwecken, wie z. B. zur Erforschung des Nutzerverhaltens.

## Crystal Reports:

crystal reports

Crystal Reports der Firma Seagate ist ein mächtiges Reporting-Tool, mit dem detaillierte interaktive Berichte aus jeder Standard-Datenquelle generiert, im Web veröffentlicht und in Anwendungen integriert werden können. Mit einer geschätzten Basis von mehr als fünf Millionen Installationen gilt dieses Produkt als Quasi-Standard im Bereich der Berichterstellung.

URL: www.crystaldesicions.com.

## CSCL (Computer Supported Collaborative Learning):

Computerunterstütztes kollaboratives Lernen.

## CSS (Cascading Style Sheet):

Cascading Style Sheets sind Formatvorlagen für HTML-Seiten. Diese können dadurch ökonomischer und präziser gelayoutet werden.

Häufig benutzte Formatvorgaben wie beispielsweise fett, kursiv, etc. sowie verschiedene Schrifttypen (z. B. Arial 9 pt, etc.) müssen dabei nur noch einmal im Kopfbereich der HTML-Seite definiert werden. Im weiteren Text kann dann für die Formatierung von Textstellen beliebig auf diese Formatvorgaben verwiesen werden. Dadurch kann die Datenmenge einer HTML-Seite beträchtlich verringert werden.

# D

## Delphi Methode:

Die Delphi Methode ist ein Evaluationsverfahren, das darauf abzielt, einen Konsens zwischen Expertinnen dadurch herzustellen, dass wiederholt Entwürfe eines Papers (einer Stellungnahme, eines Verfahrens, etc.) ausgearbeitet und redigiert werden:

Feedbacks der einzelnen Expertinnen zu einem Entwurf werden durch eine Koordinatorin zusammengefasst und in ein neues Dokument eingearbeitet, das den Mitgliedern der Expertinnengruppe wiederum zum Feedback zugestellt wird.

Dieser Prozess wird solange fortgesetzt, bis alle Beteiligten mit dem Endergebnis einverstanden sind.

# E

## ECC (E-Learning Courseware Certification Program):

Programm der ASTD (American Society for Training & Development) für die Evaluation und Zertifizierung von E-Learning Produkten.

Das ECC-Programm prüft sowohl das Bildungskonzept von E-Learning Produkten wie auch die Usability von asynchronen WBT´s.

## Edutainment (Education & Entertainment):

Unter diesem Marketingkunstwort werden Spiele mit Lernanspruch verstanden.

## E-Learning:

Ursprünglich Sammelbegriff für alle Formen elektronisch unterstützten Lernens. Eingeschlossen darin sind netz- und satellitengestütztes Lernen, Lernen per interaktivem TV, CD-ROM, Videobändern usw. Mehr und mehr wird der Begriff jedoch ausschließlich für Internet- bzw. Intranet-basiertes Lernen verwendet.

### Emoticon:

Emoticon ist ein Kunstwort aus Emotion (engl. für Gefühl) und Icon (Ikone = kleines Bild).

Emoticons werden dort angewendet, wo echte Gefühle aufgrund von Beschränkungen des eingesetzten Kommunikationsmittels nicht gezeigt werden können, wie z. B. im Chat oder bei E-Mails.

### ERP (Enterprise Resource Planning):

ERP-Systeme sorgen für die unternehmensweite Ressourcen-Planung mit Hilfe von gezieltem Workflow-Management. ERP verbindet Back-Office-Systeme wie z. B. Produktions-, Finanz-, Personal-, Vertriebs- und Materialwirtschaftssysteme. Bekanntestes Beispiel ist die betriebswirtschaftliche Standardsoftware SAP R/3.

## F

### FAQ („Frequently Asked Questions", bzw. „Frequently Answered Questions")

Englisch für „Häufig gestellte bzw. beantwortete Fragen". FAQ´s enthalten kurze und klare Antworten auf die am häufigsten gestellten Fragen zu einem beliebigen Thema (z. B. Baby-Ernährung, Hobbygärtnerei, Linux, etc.).

### Flash:

Macromedia Flash™ ist ein Autorenwerkzeug, um vektorbasierte Animationen und multimedialen Content für das Internet zu erstellen.

Um diese Inhalte im Internet-Browser betrachten zu können, wird die Installation des (kostenlosen) Flash-Player Plug-Ins vorausgesetzt.

URL: www.macromedia.com/de/software/flashplayer/

### Full-Duplex:

Full-Duplex beschreibt die Möglichkeit, gleichzeitig Audiodaten (beim Sprechen) zu senden und empfangen (Ausgabe auf dem Lautsprecher). Eine Full-Duplex-Soundkarte kann beispielsweise gleichzeitig Daten aufnehmen und wiedergeben.

# G

## Groupware:

Groupware sind Programme für die Zusammenarbeit innerhalb von Firmennetzwerken, die u. a. aus Anwendungen für den E-Mail-Austausch und für die gemeinsame Bearbeitung von Dokumenten oder Datenbanken bestehen; führende Groupware-Anwendungen sind Lotus Notes, das Novell-Produkt Groupwise, Microsoft Exchange und BSCW.

# H

## H.323:

H.323 ist ein von der ITU (Internationale Fernmeldeunion) verabschiedeter Standard, der definiert, wie audiovisuelle Daten, wie sie bei Video-Konferenzen oder Internet-Telefonie auftreten, über ein Netzwerk verteilt werden.

## HTML (HyperText Markup Language):

Der offene, d. h. allgemein verfügbare Standard für die Darstellung von Multimedia-Inhalten im World Wide Web. Das besondere Kennzeichen von Hypertext sind die sogenannten (Hyper-)Links: Bei Mausklick wird zu einem anderen Dokument geführt.

## HTTPS:

HTTPS ist eine Sonderform des dem WWW zugrunde liegenden Hypertext Transfer Protocols (HTTP), das über SSL erhöhte Sicherheit beim Transfer sensibler Daten bietet.

Die gängigen Browser zeigen bei der Verwendung dieser Verbindungsart ein entsprechendes Symbol (geschlossenes Vorhängeschloss) in der Statuszeile an.

## Hypertext:

Ein Hypertext ist ein flexibles Dokumenten-Modell, das Verkettungen und Querverweise von Dokumenten vorsieht, die miteinander in Beziehung stehen. Es besteht die Möglichkeit, durch die Anwahl einer solchen Verkettung oder eines Verweises das korrespondierende Dokument aufzurufen. Dabei unterstützt Hypertext auch die Integration weiterer Medien, wie Bilder und Audio. Anwendungsbeispiel: World Wide Web (WWW), das Navigationssystem im Internet.

## I

### ICQ™ („I seek You"):

Englisch für „Ich suche Dich". Sehr populärer, von der Firma Mirabilis (http://web.icq.com) entwickelter Client für Instant Messaging.

### IEEE (Institute of Electric and Electronic Engineers):

Wird als „I, triple E" ausgesprochen.

1963 gegründetes US-amerikanisches Normierungsintitut für Übertragungsprotokolle, Bustopologien, usw. Siehe auch: LTSC.

### IMS (Instructional Management Systems Project):

Das IMS Projekt ist ein internationaler Zusammenschluss unterschiedlicher Bildungs- und Regierungsorganisationen, dem auch Herstellerinnen und Nutzerinnen von CBT, WBT und E-Learning-Plattformen angehören. Durch Standardisierung von Lernobjekten sollen weltweite Suche, Austausch und Wiederverwendbarkeit von digitalem Lehrstoff ermöglicht werden.

URL: www.imsproject.org.

### Infotainment:

Infotainment ist ein Marketingkunstwort aus „Information" und „Entertainment". Fakten werden durch Showelemente aufgelockert und sollen der Theorie nach dadurch eingängiger gemacht werden. In der e-Learning-Welt wird darunter Lernsoftware bzw. Inhalt mit Unterhaltungswert verstanden.

### Instant Messaging:

Instant Messaging ist eine Kommunikationsform, die es Internet-Nutzerinnen ermöglicht festzustellen, ob Freunde („Buddies") gerade online sind.

Sollte dies der Fall sein, können Nachrichten direkt verschickt werden, so dass eine Online-Unterhaltung in Echtzeit (Chat) möglich wird. Bekannte Clients für Instant Messaging sind beispielsweise AIM™, ICQ™ und MSN Instant Messenger™.

### IT („Informationstechnik bzw. "Informationstechnologie")

Technologie, die die Verwaltung und die Verarbeitung von Informationen innerhalb von Organisationen oder Betrieben ermöglicht. Als wichtigstes Werkzeug kommt hierzu vornehmlich der Computer zum Einsatz.

## J

### Java:

Java ist eine von der Firma Sun Microsystems 1990 entwickelte objektorientierte Programmiersprache, mit der sich plattformunabhängige, im Browser lauffähige Programme erstellen lassen.

### JSP (Java Server Pages™):

Von Sun entwickelte, plattformunabhängige Technologie, mit der Webseiten serverseitig dynamisch generiert werden können. Java Server Pages sind eine Erweiterung der Java™ Servlet Technologie.

## K

### K-12 (Kindergarten through 12th grade):

„Vom Kindergarten bis zur 12 Klasse". Wird hauptsächlich im angloamerikanischen Sprachraum im Zusammenhang mit e-Learning für Lernangebote, CBT´s, WBT´s und Tools für Kinder und Jugendliche verwendet.

### Kerberos:

Kerberos ist ein vom MIT (Massachusetts Institute of Technology) entwickeltes (Sicherheits-) Protokoll zur Authentifizierung von Benutzerinnen eines Netzwerks. Dabei werden alle Daten die von einem (Web-) Client zum Server und wieder zurück transportiert werden, verschlüsselt.

## L

### LCMS (Learning Content Management System):

Ein LCMS verbindet im Idealfall die Funktionalität eines Lernmanagement-Systems (LMS) und eines Content-Management-Systems (CMS). Tatsächlich liegt der Schwerpunkt der LCMS-Produkte meist mehr bei der Erstellung und -Verwaltung von Lernobjekten.

### LDAP (Lightweight Directory Access Protocol):

LDAP ist nicht nur ein Übertragungsprotokoll, sondern ein umfassendes Konzept zur Speicherung von und zum Zugang zu Daten verschiedenster Art. Dabei ist LDAP kaum mit gängigen Datenbanksystemen vergleichbar. Statt auf Tabellen aufzubauen, wie es bei relationalen Datenbank Management Systemen (RDBMS) der Fall ist, bildet LDAP vielmehr natürliche Strukturen ab - diese folgen häufig einem hierarchischen Ordnungsprinzip und sind mit RDBMS nur bedingt bzw. unter hohem Aufwand darstellbar.

Einträge in einem LDAP- Verzeichnis erlauben die system- und ortsunabhängige Auffindung sowie Nutzung aller Objekte in einem Netzwerk, wie z. B. Personen, Dateien, Rechner, Dienste, usw.

### Lecture on Demand:

Lecture on Demand ist ein Suchsystem zum Auffinden eines gewünschten Kurses. Es bietet die Möglichkeit zum Selbststudium in allen Interessengebieten.

Professionelle Bildungsanbieterinnen und Hochschulen bieten gegen Bezahlung die Möglichkeit einer Kursbenützung via Internet an.

## Lernen:

Lernen bedeutet Erwerb von bereits existentem Wissen durch verschiedene Methoden und/oder Entstehen neuen Wissens durch Entdeckung, Forschung.

### Lernen, Klassische Theoriemodelle:

**Behavioristisch:** Lernen als Prozess, der zu relativ stabilen Veränderungen im Verhalten oder im Verhaltenspotential führt und auf Erfahrung beruht, gesteuert durch äußere Reize und Verstärkungen.

**Kognitivistisch:** Lernen als komplexer Prozeß der Aufnahme, Verarbeitung und Speicherung von Informationen, bei der die Lernende eine aktive bedeutungskonstruierende Rolle wahrnimmt.

**Konstruktivistisch:** Lernen ist als aktiver, individueller Konstruktionsprozeß auf der Basis subjektiver Entscheidungsstrukturen nicht steuerbar.

### Lernen, Lehrerinnenzentriertes:

Unterrichtsparadigma, welches die Lehrerin ins Zentrum stellt. Diese bestimmt den thematischen Ablauf und die Geschwindigkeit.

### Lernen, Schülerinnenzentriertes:

Unterrichtsparadigma, welches die Schülerin ins Zentrum stellt. Diese bestimmt den thematischen Ablauf und die Geschwindigkeit.

### Lernen, Selbstgesteuertes:

Lernform, die der Lernerin in relativ großem Maß die Entscheidung über Lernrhythmus und Lerngeschwindigkeit bis hin zur Setzung von Lernzielen überlässt. Selbstgesteuertes Lernen wird gern von Trainingsanbieterinnen propagiert, deren Lernangebote die Verwendung von Online- und Offline-Medien einschließen. Es setzt eine hohe Selbstlernkompetenz und Motivation voraus und sollte sich auf eine didaktisch entsprechend gestaltete Lernumgebung stützen.

### Lernen, Soziales:

Lernziel (z. B. zwischenmenschliches Verhalten, Teamarbeit) oder Art des Wissenserwerbs (z. B. in der Gruppe).

### Lernen, Unterrichtsparadigma:

Didaktisches Grundmodell, welches einer speziellen Unterrichtsform zugrunde liegt. Man unterscheidet im Wesentlichen zwischen lehrerinnenzentriertem, synchronem Lernen (Frontalunterricht) und schülerinnenzentriertem, asynchronem Lernen.

### Lernumgebung:

Beschreibt umgangssprachlich die räumlichen, zeitlichen, personellen und instrumentellen Merkmale einer konkreten Situation, in die ein Lernprozeß eingebettet ist. Im Zusammenhang mit E-Learning ist damit in der Regel die mit IT-Hilfsmitteln medial gestaltete Lernumgebung gemeint. Sie wird strukturiert durch ein bestimmtes methodisch-didaktisches Design, wird bedingt durch die Leistungsfähigkeit der eingesetzten technischen Mittel und ist u. U. verbunden mit bestimmten personalen Dienstleistungen (z. B. Teletutoring).

### LMS (Learning Management System):

LMS = Lernplattform.

LMS ist ein Softwaretool, auf welches im Intranet/Internet zugegriffen werden kann, und das über eine entsprechende Oberfläche bestimmte Funktionalitäten, wie den Aufruf und die Administration von Lernerinnen, Lerninhalten, Übungsaufgaben, Kommunikationstools usw. von einer zentralen Stelle aus ermöglicht. Sie ist die zentrale Schnittstelle einer Lernumgebung zwischen Trainingsanbieterinnen und Trainingskundinnen.

### LO (Learning Objects):

LO = Lernobjekte.

Dateien, die während eines technologisch unterstützten Lernens verwendet, wiederverwendet oder referenziert werden können.

### LOM (Learning Objects Metadata):

LOM ist eine Empfehlung (noch kein Standard) des LTSC zur Vereinheitlichung der Beschreibung von Lernobjekten.

URL: ltsc.ieee.org/wg12/.

### LRN (Learning Resource Interchange):

Microsoft´s Implementierung der Instructional Management Systems Global Learning Consortium (IMS) Content Packaging 1.1 und Metadata 1.2 Spezifikationen.

URL: www.microsoft.com/elearn/.

### LSP (Learning Service Provider):

ASP, der Learning-Management-Systeme sowie WBT´s auf Mietbasis zur Verfügung stellt und diese auf der eigenen Serverfarm hostet.

### LTSC (Learning Technology Standards Committee):

LTSC ist eine Untereinheit des IEEE und definiert technische Standards, Praktiken und Richtlinien zur Entwicklung und Implementierung von computer- und webbasierenden Lehr- und Lernsystemen.

URL: ltsc.ieee.org.

## M

### Mandantenfähigkeit:

Mandantenfähigkeit als besonderes Leistungsmerkmal eines Lernmanagement Systems (LMS) bedeutet, dass sich in dem LMS voneinander unabhängige Bereiche einrichten lassen. Diese Bereiche können Bildungsanbieterinnen bzw. Abteilungen einer Firma jeweils exklusiv zur Erstellung, Pflege und Betreuung ihres spezifischen Online-Kursangebots nutzen.

### MathML (Mathematical Markup Language):

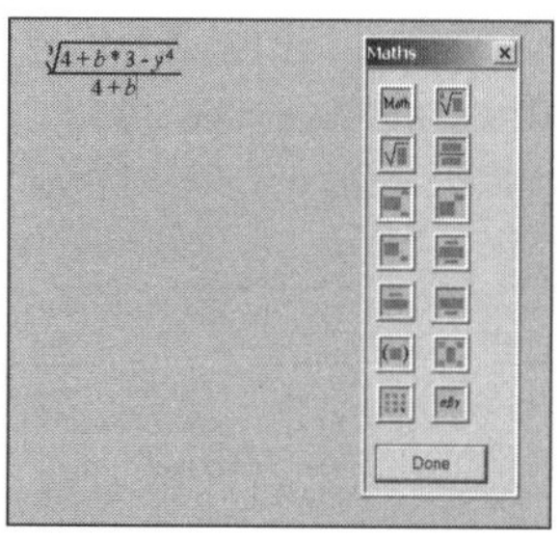


Der W3C Open Source Browser und Editor „Amaya".

MathML ist eine vom W3C vorgeschlagene (www.w3.org/Math/), auf XML basierende Auszeichnungssprache für die Darstellung von mathematischen Formeln in HTML.

Mit dem vom W3C betreuten Open Source Browser „Amaya" (www.w3.org/Amaya/) können unter anderem mit einem komfortablen Editor mathematische Formeln erstellt werden, die automatisch in MathML-Tags umgewandelt werden.

## Metadaten:

Metadaten sind wörtlich genommen Daten über Daten, d. h. sie stellen eine Beschreibung der verwendeten Daten dar. Auf e-Learning bezogen, handelt es sich um Informationen zu Lernobjekten. Sie stehen im Zentrum der lerntechnologischen Standardisierungsbemühungen verschiedener Institutionen, wie IMS, IEEE, LTSC etc.

Einheitliche bzw. kompatible Maßgaben für Metadaten sind entscheidend für die Modularisierung und Wiederverwendbarkeit von Lernobjekten sowie ihre zielgerichtete Erfassung in Datenbanken.

## MIME (Multipurpose Internet Mail Extensions):

MIME - zu Deutsch: Mehrzweck-Erweiterung für Internet-Post - sind Internet Erweiterungen (Kodierungsverfahren) für die Einbindung von binären Daten in Internet-Mails. Zusätzlich unterstützt MIME etwa sogenannte Multipart-Mails, um in einer Mail verschiedene Datentypen zu ermöglichen oder binäre Anhänge und Mails im HTML-Format.

### MIME-Typen:

Sowohl jeder Web-Browser als auch jeder Web-Server führen eine Liste mit ihnen bekannten Mime-Typen. Bei der Kommunikation müssen sie sich darauf einigen, ob die Empfängerin den Mime-Type akzeptiert, den die Senderin senden will. Moderne Browser akzeptieren zwar in der Regel jeden Mime-Type und bieten der Anwenderin einfach an, falls sie den Mime-Typ nicht kennen, die zu empfangenden Daten als Download-Datei abzuspeichern. Web-Server sind dagegen meist empfindlicher. Mime-Typen, die sie nicht kennen, verarbeiten sie nicht. Gerade wenn auf dem Server-Rechner nicht alltägliche Dateiformate bereitgestellt werden, ist es wichtig, den Mime-Type dafür in der Konfiguration des Web-Servers zu notieren.

Beispiele für MIME-Typen:

| Mime-Typ | Dateiendung(en) | Bedeutung |
|---|---|---|
| application/acad | *.dwg | AutoCAD-Dateien (nach NCSA) |
| application/applefile | | AppleFile-Dateien |
| application/astound | *.asd *.asn | Astound-Dateien |
| application/dsptype | *.tsp | TSP-Dateien |
| application/dxf | *.dxf | AutoCAD-Dateien (nach CERN) |
| application/futuresplash | *.spl | Flash Futuresplash-Dateien |
| application/gzip | *.gz | GNU Zip-Dateien |
| application/listenup | *.ptlk | Listenup-Dateien |
| application/mac-binhex40 | *.hqx | Macintosh Binär-Dateien |
| application/mbedlet | *.mbd | Mbedlet-Dateien |
| application/mif | *.mif | FrameMaker Interchange Format Dateien |
| application/msexcel | *.xls *.xla | Microsoft Excel Dateien |
| application/mshelp | *.hlp *.chm | Microsoft Windows Hilfe Dateien |
| application/mspowerpoint | *.ppt *.ppz *.pps *.pot | Microsoft Powerpoint Dateien |
| application/msword | *.doc *.dot | Microsoft Word Dateien |

### MySQL (SQL= „Structured Query Language"):

MySQL ist ein relationales Open Source Datenbankmanagementsystem, mit dem Daten in Tabellen gespeichert, geändert, gelöscht oder abgefragt werden können.

Für die Datenmanipulation wird dabei die standardisierte Abfragesprache SQL verwendet.

www.mysql.org

## O

### OSS (Open Source Software):

Software, deren Quellcode veröffentlicht wurde und frei verfügbar ist.

Interessierte Programmiererinnen können die entsprechende Software weiterentwickeln und wiederum der Allgemeinheit zur Verfügung stellen. Durch diese Offenlegung soll erreicht werden, dass sich die Software auch ohne großes Budget weiterentwickelt. LINUX und ILIAS sind typische Open-Source-Projekte.

## P

### PDF (Page Description File):

PDF ist ein Datei-Format von Adobe, mit dessen Hilfe man Dokumente auf allen Plattformen bearbeiten kann, incl. Macintosh, Windows, DOS und UNIX. PDF bildet den Kern des Adobe Software-Dokumentenmanagers.

URL: www.adobe.com/products/acrobat/adobepdf.html.

### PHP (früher „Personal Homepage Tools“, nun „Hypertext Preprocessor“):

PHP ist eine serverseitige Skriptsprache, die es ermöglicht, dynamische Websites für Multimedia- oder E-Commerce-Anwendungen im Internet zu erstellen.

URL: www.php.net

### Plug-in:

Ein Plug-in ist ein Zusatzmodul für ein Programm, das ihm weitere Funktionen zur Verfügung stellt. Web-Browser rufen automatisch Plug-Ins auf, um z. B. Videos abzuspielen oder VRML-Dateien darzustellen. Prinzipiell lässt sich für jeden Datentyp ein Plug-In programmieren. Da es aber notwendig ist, das Plug-In auf der lokalen Festplatte zu installieren, schrecken viele Nutzer davor zurück, sich zu viele davon herunter zu laden.

### Portal:

www.bildung.at

Portale sind Konzentrations- und Aggregationspunkte (Start- und Anlaufpunkte) von Informations-, Kommunikations- und Transaktionsbedarf allgemeiner oder spezieller Art.

Das Business Modell vieler Portale beruht auf einem Ertragsmix, der Bannerwerbung, Integration von Shopping-Angeboten auf Provisionsbasis sowie das Anbieten kostenpflichtiger Angebote aufweisen kann. Um die Wertschöpfung zu optimieren, muss die Besucherin möglichst lange auf dem Angebot verweilen, was eigentlich einen Widerspruch zu dem „Eintrittstor ins Internet" darstellt.

## Q

### Qualitative Daten:

Qualitative Daten liegen in Form von Worten, Bildern, Tonaufzeichnungen, Filmen etc. vor.

### Quantitative Daten:

Quantitative Daten liegen in Form von Zahlen vor.

# R

## RDBMS (relationales Datenbank Management System):

Bei einem RDBMS wie beispielsweise MS Access werden die Datensätze in Zeilen und die Datenfelder in den entsprechenden Spalten einer Tabelle abgespeichert. Der Zugriff auf bestimmte Datensätze wird über die Feldinhalte ermöglicht, was den Bedienkomfort erhöht, den Rechenbedarf jedoch leider auch, da zur Auffindung unter Umständen ein Durchsuchen sämtlicher Tabellen erforderlich ist.

## RLO (Reusable Learning Objects):

RLO = Wiederverwendbare Lernobjekte.

# S

## SCORM (Shareable Courseware Reference Model):

SCORM ist eine von ADL entwickelte Empfehlung zur Standardisierung von Lernobjekten, die auf den Arbeiten von AICC, IMS und IEEE basiert, um ein universales Inhalt-Modell zu entwickeln.

URL: www.adlnet.org.

## SGML (Standard Generalized Markup Language):

SGML ist seit 1986 eine ISO-Norm und fand eine breite Anwendung für große Dokumentationsprojekte.

SGML erlaubt es, Auszeichnungssprachen zu entwerfen. Die bekanntesten Anwendungen von SGML sind HTML und XML. SGML bildet damit - zumindest indirekt - einen Grundpfeiler des World Wide Web.

## Skalierbarkeit:

Skalierbarkeit eines Lernmanagement-Systems (LMS) bedeutet:

Hard- und Software sind so ausgelegt, dass sie bei steigenden Nutzerzahlen und wachsendem Inhaltepool jederzeit auf höhere Kapazitäten erweiterbar sind.

## Skills:

### Soft Skills (auch „Heartskills"):

Gemeint sind damit Sozial- und Methodenkompetenzen, wie beispielsweise die Fähigkeit, mit anderen Menschen zielgerichtet zu kommunizieren sowie teamorientiert zu denken und zu handeln.

### Hard Skills:

Als Hard Skills werden Technische Fertigkeiten, wie beispielsweise Maschinschreib- und Softwarekenntnisse, Kranführen etc., bezeichnet.

## Skill-Gap-Analyse:

Eine Skill-Gap-Analyse im Rahmen eines Assessment vergleicht die Fertigkeiten einer Person mit den Fertigkeiten, die für die Aufgabe - die dieser Person zugeteilt ist oder sein wird - erforderlich sind.

Eine einfache Skill-Gap-Analyse besteht aus einer Liste mit den erforderlichen Fertigkeiten zusammen mit einer Bewertung des Leistungsniveaus der Angestellten für jede Fertigkeit.

Eine Bewertung unter einem vorbestimmten Niveau markiert eine Skill-Gap („Fertigkeiten-Lücke"), die mittels WBT geschlossen werden kann.

## Smiley (von smile = Lächeln):

:-) fröhlicher Smiley

;-) zwinkernder Smiley

:-o staunender Smiley

8-) ich bin Brillenträger

Smilies sind die wohl bekanntesten Emoticons.

Sie sollen beispielsweise im Chat oder in einem E-Mail kurz und prägnant einen Gemütszustand anzeigen bzw. Geschriebenes unterstützen. Um die Bedeutung eines Smilies zu erkennen, muss man den Kopf um neunzig Grad nach links neigen.

## SSL („Secure Socket Layer"):

Von Netscape und der RSA Data Security entwickelte Technik, mittels der ein Web-Client den Server authentifizieren kann und der Datenverkehr zwischen beiden verschlüsselt wird.

**Stakeholder:**

Stakeholder sind Personen, Gruppen oder Organisationen, die ein Eigeninteresse an der zur Evaluation anstehenden Aktivität haben und daher mit betroffen sind (z. B. Mitarbeiterinnen und Träger eines Projekts).

**Streaming:**

Streaming ist eine Technologie, die das Abspielen von Audio-/Videodaten in Echtzeit über das Internet ermöglicht, ohne besonders große Bandbreiten zu erfordern.

# T

**T.120:**

Die T.120-Empfehlungsserie definiert einen Multipoint-Kommunikationsdienst für Multimedia-Konferenzen.

**Thread:**

Thread nennt man eine grafische Verdeutlichung der Bezüge zwischen Beiträgen innerhalb eines Diskussionsforums (z. B. durch Einzüge oder Striche) - ein so genannter Diskussionsbaum.

# U

**Unicode:**

Das Unicode-Konsortium ist eine internationale Organisation (www.unicode.org), welche die Integration von internationalen Schriftsätzen für die Darstellung durch Computer und Software regelt.

Die Organisation Unicode hat den Unicode-Standard entwickelt, einen 16-Bit-Code für die Zeichendarstellung (d. h. jedes Zeichen wird durch 16 Bits dargestellt), womit theoretisch 65.535 verschiedene Zeichen dargestellt werden können.

Dadurch wird es möglich, dass Schriften mit Sonderzeichen, wie beispielsweise die deutsche aber auch sehr umfangreiche Schriften, wie beispielsweise die chinesische und koreanische, korrekt auf Computern dargestellt werden. Auch für die Darstellung von internationalen Zeichen auf Internet-Seiten kann Unicode (bei den gängigen Internet-Browsern ab der Version 4) verwendet werden. Durch entsprechende Meta-Tags im Kopf der Internet-Seite wird der auf dieser Seite zu verwendende Zeichensatz bestimmt und auch Informationen zur Schreibrichtung, etc. definiert.

Lernplattformen, die den Unicode-Standard unterstützen, können mehrsprachigen Learning-Content korrekt darstellen.

# V

## Virtual Classroom:

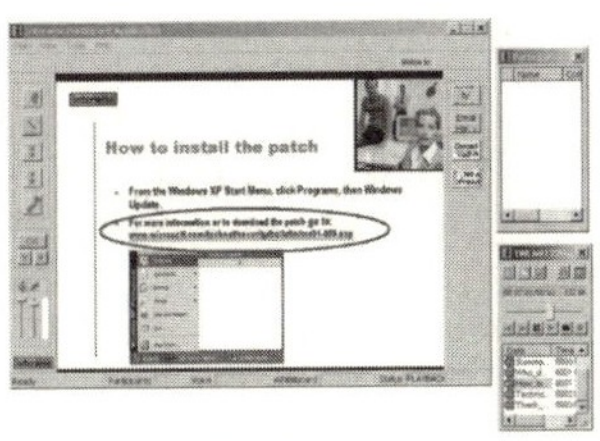


Interwise ECP™

Ein Virtual Classroom ist eine Vernetzung von geographisch getrennten Schülern und Lehrern. Das Internet bildet dabei als Kommunikationsmedium die Metapher des virtuellen Klassenzimmers.

Virtual-Classroom-Tools wie beispielsweise Centra Symposium™ und Interwise ECP™ unterstützen das synchrone Lernen mit Funktionen wie Whiteboard, Application-Sharing, Ad-Hoc-Fragen, gemeinsames Surfen, File-Sharing, etc. für 1:1 und 1:n Verbindungen. Über Schnittstellen können die Produkte auch in die in der Shortlist vertretenen asynchronen Lernplattformen integriert werden.

## Vorwissen:

Vorwissen ist das Wissen, das vor einem Ereignis, zu dem es gebraucht wird, zur Verfügung steht.

Allerdings gelten bestimmte Kriterien für dieses Wissen: Es sollte explizites, deklaratives Wissen sein, wenn es für kognitive Lernaufgaben benötigt wird. Prozedurales Wissen (z. B. Fahrradfahren können) ist zwar vorhanden aber nicht immer „nachdenklich" verfügbar. Es kommt also beim Vorwissen nur auf den Teil an, der gelernt und verstanden wurde, im Kontext zur Verfügung steht, und auch bei Bedarf passend abgerufen (erinnert) werden kann.

# W

## W3C („World Wide Web Consortium"):

Das W3C ist ein Interessenverband von Firmen, die mit der Entwicklung des Internets beziehungsweise der Herstellung von Technik und Software für das Netz befasst sind.

Die Leitung- und Koordinierungsfunktion hat das „Laboratory for Computer Science" am Massachusetts Institute of Technology in Cambridge übernommen. Das Konsortium fördert Standards und die Interoperabilität von World Wide Web-Produkten. Ursprünglicher Sitz des Konsortiums war die Europäische Organisation für Kernforschung (CERN) in Genf, wo ursprünglich die Technologie des World Wide Webs entwickelt wurde.

1998 eröffnete das W3C ein Büro beim Forschungszentrum für Informationstechnik GmbH der GMD (jetzt Frauenhofergesellschaft). Dadurch wird versucht, die Kontakte zu in Europa ansässigen Unternehmen zu verbessern.

URL: www.w3c.org.

## WBT (Web Based Training):

WBT umfaßt die internetgestützte Form des Fernlernens mit und ohne Betreuung durch Tutoren.

## Whiteboard:

Ein Whiteboard ist eine virtuelle Tafel oder Flipchart, die den Userinnen das gemeinsame Zeichnen und Betrachten von Skizzen über ein Netzwerk ermöglicht. Dabei stehen sowohl Mal- als auch Textwerkzeuge zu Verfügung.

Die Whiteboardfunktion von Centra Symposium™

## WYSIWYG („What You See Is What You Get"):

Prinzip des Desktop Publishings, nach dem die Darstellung am Bildschirm mit der des späteren Ausdrucks möglichst identisch sein sollte.

Im Zusammenhang mit HTML-Editoren bzw. Autorensystemen für e-Learning bedeutet dies, dass Learning-Content auf einer grafischen Benutzeroberfläche ohne HTML-Kenntnisse am Bildschirm erstellt werden kann, wobei die bearbeitete Seite genauso aussieht wie später im Internet-Browser.

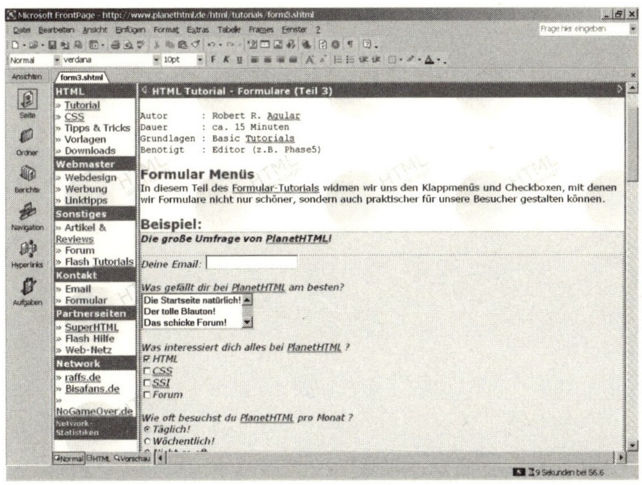

Der WYSIWYG HTML-Editor Microsoft Frontpage™

# X

## XML (Extensible Markup Language):

XML ist - wie auch HTML - eine „vereinfachte" Version der Standard Generalized Markup Language (SGML).
Die Entwicklung von XML begann 1996 und seit Februar 1998 ist XML ein W3C-Standard. An der Entwicklung haben sich unter anderem Adobe, Hewlett-Packard, Microsoft, Netscape und Sun beteiligt.

XML soll es den Web-Site-Programmiererinnen erleichtern, SGML Anwendungen zu schreiben und dabei eigene Dokumententypen festzulegen. Die Extensible Markup Language bietet nämlich viele Mechanismen, die u.a. die Datenverwaltung im Netz erleichtern sollen und die XML auch als Datenbankoberfläche in Intranets tauglich machen können. Außerdem lassen sich somit strukturierte Daten über Plattform- und Betriebssystemgrenzen hinweg austauschen.

## XSL (Extensible Style Language):

XSL ist ein vom W3C vorgestellter Standard für Style Sheets (CSS).

Dieser erweitert CSS um zwei wesentliche Eigenschaften: die Beschreibung, wie eine Internet-Seite gedruckt werden soll sowie Spezifikationen über das Konvertieren von XML-Dokumenten für verschiedene Plattformen.

Quellen: Eigene Definitionen, [W8], [W9], [W10], [W11].

Kapitel VII

# Firmenprofile

## 1. Hersteller, sortiert nach Produktnamen

<table>
<tr><td>Blackboard Inc.</td><td colspan="3">Bb<br>Blackboard<br>www.blackboard.com</td></tr>
<tr><td rowspan="2">Unternehmensdaten:</td><td>Gründungs-datum</td><td>Mitarbeiter-Innen</td><td>Umsatz</td></tr>
<tr><td>1997</td><td>430</td><td>2001:<br>46 Millionen US$</td></tr>
<tr><td>Produkt, Versionsnummer</td><td colspan="3">Blackboard 5.6</td></tr>
<tr><td>Tätigkeits-Schwerpunkte:</td><td colspan="3">Blackboard bietet ein umfangreiches Spektrum an Softwareprodukten, Komplettlösungen und Dienstleistungen an, die eine umfassende „e-Education Infrastruktur" für Hochschulen, Schulen, und andere Lerneinrichtungen ermöglicht. Dies beinhaltet auch Training, Consulting, Kurskonversion, und Systemanpassung an Kundenbedürfnisse.</td></tr>
<tr><td>Produkt-Kurzbeschreibung:</td><td colspan="3">Blackboard's Kernprodukt heißt Learning System™ und ist eine Lehr- und Lernumgebung, die die 4 wichtigen Funktionen<br>▪ Inhaltsmanagement<br>▪ Kommunikation<br>▪ Test & Assessment<br>▪ Evaluation<br>beinhaltet.<br><br>Ein besonderer Aspekt des Learning Systems ist das Building Blocks Programm (http://buildingblocks.blackboard.com), das Kunden Zugang zu einer offenen Rechnerarchitektur und zu bereits entwickelten Schnittstellen zu anderen Applikationen und Systemen bietet. Diese Initiative unterstützt unter anderem auch die kundeneigene Entwicklung von Schnittstellen und erlaubt somit die Integration</td></tr>
</table>

| | |
|---|---|
| | von eigen entwickelten und kommerziellen Applikationen und Systemen. Ferner wurde auch das Building Blocks Developers Network ins Leben gerufen, innerhalb dessen sich weltweit alle Entwickler der Blackboard lizenzierenden Lehreinrichtungen austauschen und gemeinsam weitere Entwicklungen vorantreiben.<br><br>Die Möglichkeit der Integration eines Informationssystems und anderer administrativer Systeme, z. B. Studentenverwaltung und Authentifizierung, sind weiterhin wichtiger Bestandteil des Blackboard Angebots.<br><br>Das Blackboard 5 **Community Portal System**™ erlaubt die nahtlose Zusammenfügung von Lehrenden und Studierenden, Communities und von administrativen Webangeboten in einem integrierten und anpassungsfähigen Portal.<br><br>Das Blackboard 5 **Transaction System™** bietet eine zuverlässige und leistungsfähige Applikation zur Abwicklung von Geschäfts- und Zugangstransaktionen an Lerneinrichtungen.<br><br>Aktuelle und zusätzliche Informationen zu Blackboard's Angeboten finden Sie unter www.blackboard.com. |
| Kontakt:<br><br><br><br>Tel.:<br>Fax:<br>Mobile:<br>URL: | Blackboard International<br>Professor-Berberich-Str. 8<br>D-82239 Alling<br><br>+49-8141-52592-0<br>+49-8141-52592-8<br>+49-170-9667452<br>www.blackboard.com |
| Ansprechpartner:<br>E-Mail: | Katja Kolinke<br>kkolinke@blackboard.com |
| Vertrieb im deutschsprachigen Raum: | Siehe oben |

## imc information multimedia communication AG

**Unternehmensdaten:**

| Gründungsdatum | MitarbeiterInnen | Umsatz |
|---|---|---|
| 1997 | 135 | 8,8 Mio Euro |

**Produkt, Versionsnummer:**

CLIX 3.0
(Corporate Learning and Information eXchange)

**Tätigkeits-Schwerpunkte:**

Die imc AG zählt zu den führenden europäischen eLearning Full Service Providern. Die imc entwickelt und vertreibt Produkte und Dienstleistungen für eLearning an Hochschulen, in Unternehmen und für Bildungsanbieter – von der Content Creation über das Content Delivery bis hin zur Realisierung von Bildungsmarktplätzen und „Education Brokerage"-Modellen.

Tätigkeitsschwerpunkte der imc sind

- Produkte und Services für den Aufbau und die Realisierung von Lernplattformen,
- Beratung von Hochschulen, Unternehmen und Bildungsinstitutionen bei der organisatorischen Gestaltung eLearning-gestützter Prozesse und der Realisierung virtueller Lernwelten (virtuelle Studiengänge und Weiterbildungsangebote, Corporate Universities, online-Akademien, Bildungsmarktplätze),
- Entwicklung von multimedialen Inhalten (auftragsorientiert, standardisiert); Bereitstellung von Plattformen und Autorentools für die Erzeugung von Content (Content Creation Frameworks; Electronic Notetaking mit imc-Lecturnity® Suite).

Die imc AG betreibt Geschäftsstellen in Berlin und Freiburg i. Br.; 2001 wurde die imc Schweiz AG als Tochterunternehmen gegründet. Die imc AG unterhält zahlreiche Forschungs- und Entwicklungskooperationen sowie Content- und Consulting-Partnerschaften mit namhaften Forschungseinrichtungen, Hochschulen und Unternehmen.

| | |
|---|---|
| Produkt-Kurzbeschreibung | CLIX® ist die softwaretechnische Lösung zur Realisierung eines personalisierten und rollenbasierten Lern-, Informations- und Wissensportals. Als Learning Management und Learning Content Management System zeichnet sich CLIX® durch eine offene Server- und Datenhaltungsstruktur aus: Dezentrale Datenverwaltung und Inhaltserstellung auf verteilten Servern ist möglich.<br>Durch die Verwendung von JAVA als Basistechnologie ist CLIX unter allen gängigen Betriebssystemen einsetzbar.<br><br>Die offene und plattformneutrale Architektur ermöglicht die Integration in vorhandene Infrastrukturen und organisationsinterne Prozesse an Hochschulen und in Unternehmen. CLIX® ist in der Lage, Lehr-/Lernprozesse organisations- und anforderungsgerecht abzubilden bzw. zu modellieren – von der Teilnehmerregistrierung und Kursbuchung über das Erstellen von Curricula und dem Autorenmanagement bis hin zur Bereitstellung von Bildungsprodukten (Kurse, Communities, Veranstaltungen) und der begleitenden tutoriellen Betreuung bzw. lernergesteuerten Evaluation. CLIX® bietet umfangreiche Instrumente zum Bildungsmanagement: Bildungscontrolling, Data Mining und detaillierte statistische Auswertungen werden vom System unterstützt.<br><br>CLIX® ist beliebig skalierbar und voll mandantenfähig.<br><br>CLIX® wird in drei Produktvarianten realisiert –<br>▪ als CLIX® Campus für Hochschulen,<br>▪ als CLIX® Enterprise für den Unternehmenssektor und<br>▪ als CLIX® Marketplace für Portallösungen und Brokermodelle. |
| Referenz-Projekte: | ▪ „Campus Online", Universität Freiburg i. Br. (CLIX® Campus)<br>▪ „cme continuous medical education", Universitäten München und Tübingen (http://cme.lrz-muenchen.de/portalframeset.jsp) (CLIX® Campus)<br>▪ „DaimlerChrysler Corporate University", DaimlerChrysler AG, Stuttgart/Auburn Hills (CLIX® Enterprise) |

| | |
|---|---|
| | ▪ „IHK Online-Akademie", Deutscher Industrie- und Handelstag, Bonn (http://www.ihk-online-akademie.de/) (CLIX® Marketplace)<br>▪ „E.ON-Academy", E.ON AG, Düsseldorf (CLIX® Enterprise)<br>▪ „Festo Virtual Academy", Festo AG & Co., Esslingen (CLIX® Enterprise) |
| Kontakt:<br><br><br><br><br><br>Tel.:<br>Fax:<br>URL: | imc information multimedia communication AG<br>Altenkesseler Str. 17,<br>Geb. B2<br>D-66115 Saarbrücken<br><br>++49-681-97 62 227<br>++49-681-97 62 530<br>www.im-c.de |

<table>
<tr><td>ets. GmbH Verlag für didaktische Medien</td><td colspan="3"></td></tr>
<tr><td rowspan="2">Unternehmensdaten:</td><td>Gründungs-datum</td><td>Mitarbeiter-Innen</td><td>Umsatz</td></tr>
<tr><td>1982</td><td>Ca. 60</td><td></td></tr>
<tr><td>Produkt, Versions-nummer:</td><td colspan="3">DLS Distance Learning System® V6</td></tr>
<tr><td>Tätigkeits-Schwerpunkte:</td><td colspan="3">Full-Service Anbieter in den Bereichen<br>▪ Lernmanagementsystem,<br>▪ Autorenwerkzeug,<br>▪ Contentverlag,<br>▪ Contententwicklung,<br>▪ Schulung und Beratung</td></tr>
<tr><td>Produkt-Kurzbeschreibung:</td><td colspan="3">Adaptierbare Standardlösung mit umfassendem, vollständigem Funktionsumfang, insbesondere Unterstützung aller methodischen Möglichkeiten des Online-Learnings.</td></tr>
<tr><td>Referenz-Projekte:</td><td colspan="3">▪ Zentralstelle für Weiterbildung im Handwerk e.V. (>40 DLS-Mandanten)<br>▪ Zentralstelle für Berufsbildung im Einzelhandel e.V.<br>▪ Festo<br>▪ Siemens SBS<br>▪ BASF<br>▪ Deutsche Versicherungsakademie<br>uvm.</td></tr>
<tr><td>Kontakt:<br><br>Tel.:<br>Fax:<br>URL:</td><td colspan="3">ets. GmbH Verlag für didaktische Medien<br>Kirchstr. 3<br>D-87642 Halblech<br><br>++49-8368-9104-0<br>++49-8368-9104-10<br>www.ets-online.de</td></tr>
</table>

| | |
|---|---|
| **Ansprechpartner:**<br>**E-Mail:** | Dr. Bernd Dreier<br>Head of Division Sales&Consulting<br>bdreier@ets-online.de |
| **Vertrieb im deutschsprachigen Raum:** | Vertrieb in Deutschland und Österreich direkt, in weiteren Ländern über Partner. |

## DOCENT, INC.

DOCENT™

**Unternehmensdaten:**

| Gründungs-datum | MitarbeiterInnen | Umsatz | NASDAQ |
|---|---|---|---|
| 1997 | 220 | k.A. | DCNT |

**Produkt, Versionsnummer:**

AICC Aviation Industry CBT Committee CERTIFIED

- Docent Enterprise
- Docent Learnig Management Server (LMS)
- Docent Outliner
- Docent Content Delivery Server (CDS)
- Docent Mobile

**Tätigkeits-Schwerpunkte:**

Herstellung LMS.

**Produkt-Kurzbeschreibung:**

**Enterprise** ist ein Gesamtsystem, welches aus vier Modulen besteht:

- **Docent Learnig Management Server (LMS)**
  Der Lernserver selbst, der die Verwaltung der Studenten übernimmt und alle entsprechenden Aufzeichnungen durchführt.

- **Docent Outliner**
  Das System, mit welchem bestehende Inhalte (z.B. Word oder Powerpoint) in das LMS-System integriert werden können.

- **Docent Content Delivery Server (CDS)**
  Hier wird der Content gespeichert. Ein System kann aus einer beliebigen Anzahl von CDS bestehen. Damit ist eine weiträumige Aufteilung der Inhalte möglich.

- **Docent Mobile**
  Damit werden die Inhalte auf z.B. Notebooks der Studenten geladen und der Student kann ohne mit dem System in Verbindung zu stehen, die entsprechenden Aufgaben erledigen. Etwaige Resultate, die vom Lernprogramm erstellt werden, werden bei der nächsten Netzanbindung (via Netzwerk oder Modem etc.) übermittelt.

| | |
|---|---|
| Referenz-Projekte: | ▪ Deutsche Bank<br>▪ Schweizerische Post<br>▪ Siemens Frankreich<br>▪ Shell Learning, Holland<br>▪ Brauunion Österreich |
| Kontakt:<br><br><br><br>Tel.:<br>URL: | Docent Germany GmbH<br>Hauptstrasse 29<br>D-69117 Heidelberg<br><br>Tel: +49 (0) 6221 13826 0<br>Fax: +49 (0) 6221 13826 79<br>www.docent.com |
| Ansprechpartner:<br>E-Mail: | D. Weigand<br>Dweigand@Docent.com |
| Vertriebspartner: | siehe b): Vertriebspartner |

<table>
<tr><td>eCollege</td><td colspan="4"></td></tr>
<tr><td rowspan="2">Unternehmensdaten:</td><td>Gründungsdatum</td><td>Mitarbeiterinnen</td><td>Umsatz</td><td>Nasdaq-Kürzel</td></tr>
<tr><td>1996</td><td>225</td><td>Year 2001:<br>$20 million</td><td>ECLG</td></tr>
<tr><td>Produkt, Versionummer:</td><td colspan="4">eCollege AU™</td></tr>
<tr><td>Tätigkeits-Schwerpunkte:</td><td colspan="4">eCollege™ ist ein großer Learning Service Provider (LSP) mit eigenem LMS und Online-Autorentools.</td></tr>
<tr><td>Produkt-Kurzbeschreibung:</td><td colspan="4">▪ eCompanion™ - Studenten-Informationssystem<br>▪ eCourse™ - LMS für Colleges, Universitäten und Schulen.<br>▪ CampusPortal™ - Portal-Lösung mit institutionsüberfgreifenden Community-Tools.<br>▪ eCourseEvaluation™ - Assessment-Tool<br>▪ eCampusSurvey™ - Befragungs- und Evaluations-Tool.<br>▪ Service Solutions™ - Consulting und Support-Service für die Implementierung von e-Learning.</td></tr>
<tr><td>Referenz-Projekte:</td><td colspan="4">▪ Hotelschool Den Haag<br>NL-2587 AH Den Haag<br>▪ Durham District School Board & Durham Virtual School<br>Whitby, Ontario, CANADA<br>▪ University of North Alabama<br>Florence, Alabama<br>▪ Keiser College<br>Ft. Lauderdale, Florida<br>▪ Texas Christian University<br>Fort Worth, Texas</td></tr>
</table>

| | |
|---|---|
| Kontakt:<br>Tel.:<br>Fax:<br>URL: | Brad Spear<br>303.632.1093<br>303.873.7449<br>www.eCollege.com |
| Ansprechperson:<br>E-Mail: | Brad Spear<br>bradsp@ecollege.com |
| Vertrieb im deutschsprachigen Raum: | Noch nicht vorhanden. |

| Hyperwave AG | HYPERWAVE The Power of Wisdom | | |
|---|---|---|---|
| Unternehmensdaten: | Gründungs-datum | Mitarbeiter-Innen | Umsatz 2001 |
| | 1997 | 200 | :21,6 Mio. Euro |
| Produkt, Versions-nummer: | Hyperwave eLearning Suite (eLS) 1.3 | | |
| Tätigkeits-Schwerpunkte: | Hyperwave bietet mit der eKnowledge Infrastructure eine ganzheitliche Wissensmanagement-Lösung, welche Applikationen wie Content- und Dokumentenmanagement, Enterprise Information Portal, Information Retrieval, Workflow, Collaboration und e-Learning integriert.<br><br>Diese Struktur unterstützt Unternehmen dabei, unstrukturierte Informationen in Wissen zu verwandeln.<br><br>Dies beginnt bei der Sammlung, Erstellung und Organisation von Informationen, geht über deren Präsentation in einer benutzerfreundlichen Form und endet damit, dass die einzelnen Mitarbeiter auf strukturierte Informationen zugreifen können. Zusätzlich können diese Informationen verwendet werden, um die Mitarbeiter unternehmensintern weiterzubilden.<br><br>Jeder einzelne Mitarbeiter kann seinen Beitrag zur Erweiterung des Unternehmenswissens im Sinne des „Collaborative Knowledge" leisten.<br><br>Hyperwave bietet dafür mit der Hyperwave eKnowledge Infrastructure drei Hauptprodukte:<br><br>▪ die eKnowledge Suite,<br>▪ das eKnowledge Portal und<br>▪ die eLearning Suite.<br><br>Die einzeln und in Kombination einsetzbaren Applikationen bauen auf der Plattform des Hyperwave IS/6 auf. Sie greifen modular ineinander und lassen sich so auf die Anforderungen in Unternehmen abstimmen. | | |

| | |
|---|---|
| Produkt-Kurzbeschreibung: | Die Hyperwave eLearning Suite (eLS) ist die erste Lösung, bei der Weiterbildung mit Wissensmanagement kombiniert wird. Dies soll einen konstanten und gezielten Transfer von Informationen und Know-how zwischen Mitarbeitern gewährleisten. Lösung für<br>▪ Web Based Training<br>▪ Distance Learning<br>▪ Computer Based Training |
| Referenz-Projekte: | ▪ Webacad<br>▪ Telekom Austria (Jet2Web)<br>▪ Siemens ICN VD<br>▪ weitere Referenz-Projekte auch zu den anderen Produkten der Hyperwave eKnowledge Infrastructure finden Sie unter www.hyperwave.de/d/references/index.html |
| Kontakt:<br><br><br><br>Tel.:<br>Fax:<br>URL: | Hyperwave AG<br>Humboldtstr. 10<br>D-85609 München-Dornach<br><br>++49-89-94 30 4 0<br>++49-89-94 30 4 199<br>www.hyperwave.com |
| Ansprechpartner:<br>E-Mail: | info@hyperwave.de |
| Vertrieb im deutschsprachigen Raum: | München und Frankfurt |

**Sun Microsystems GmbH**
**Educational Services**

**Unternehmensdaten:**

| Gründungsdatum | MitarbeiterInnen | Umsatz | NASDAQ |
|---|---|---|---|
| 1982 | 43.000 weltweit | 18,3 Mrd. US-$ | SUNW |

**Produkt, Versionsnummer:** Enterprise Learning Platform, Release 3.0

**Tätigkeits-Schwerpunkte:**

- Strategieberatung
- Business-Analyse
- ChangeManagement
- Lernmanagementsystem
- Implementierung
- Content Entwicklung

**Produkt-Kurzbeschreibung:**

Mit Enterprise Learning Platform können Schulungsabteilungen in Unternehmen einzelne Ausbildungsprojekte sowie das komplette Schulungsmanagement per Internet eigenständig durchführen und verwalten.

Die administrative Struktur von Enterprise Learning Platform lässt sich an jede bestehende Struktur innerhalb der Schulungsabteilung eines Unternehmens anpassen. Mit Hilfe der Software kann der Administrator Kursangebote, Kataloge und Schulungspläne verwalten. Außerdem kann er die Nutzung der verschiedenen Schulungsformen durch die Schulungsteilnehmer verfolgen und zu Berichtszwecken auswerten.

Weitere Funktionen sind Schulungsmanagement wie beispielsweise Trainer-Zuteilung zu Kursen, Klassenraumverwaltung, Registrierung zu Prüfungen oder Kostenerfassung für Schulungen.

**Referenz-Projekte:**

- Landegg International University
- Swiss Virtual Business School

www.sun.com/service/about/success/recent/landegg.html

| | |
|---|---|
| | ▪ BCE Nexxia, Inc.,Canadian Telco Company<br><br>www.sun.com/service/about/success/recent/bellcanada.html |
| Kontakt:<br><br><br><br>Tel.:<br>Fax:<br>URL: | Sun Microsystems GmbH<br>Educational Services<br>Sonnenstraße 1<br>D-85551 Kirch-Heimstetten<br>++49-89-460 08-2788<br>++49-89-460 08-2789<br>www.sun.de/schulung/ECS |
| Ansprechpartner:<br>E-Mail: | Alexander Kempe<br>alexander.kempe@sun.com |

<table>
<tr><td colspan="1">time4you GmbH communication & learning</td><td colspan="3">time4you</td></tr>
<tr><td rowspan="2">Unternehmensdaten:</td><td>Gründungs-datum</td><td>Mitarbeiter-Innen</td><td>Umsatz</td></tr>
<tr><td>1999</td><td>25</td><td>k.A.</td></tr>
<tr><td>Produkt, Versions-nummer:</td><td colspan="3">IBT® SERVER eLearning suite v6</td></tr>
<tr><td>Tätigkeits-Schwerpunkte:</td><td colspan="3">Die time4you GmbH communication & learning ist Anbieter für E-Learning, E-Collaboration und Wissensmanagement.<br><br>Das Karlsruher Unternehmen bietet als Dienstleister und Software-Hersteller seinen nationalen wie internationalen Kunden maßgeschneiderte schlüsselfertige High-End-Lösungen an. Das Dienstleistungsspektrum der time4you GmbH umfasst alle relevanten Aspekte der Planung und Einführung:<br>▪ Analyse und Beratung (strategisch, didaktisch-methodisch, prozessual, technisch)<br>▪ Software-Entwicklung, Content-Entwicklung, Campus-Entwicklung<br>▪ Service und Support<br>▪ Qualifizierung und Coaching<br>▪ Hosting und Application Service Providing</td></tr>
<tr><td>Produkt-Kurzbeschreibung:</td><td colspan="3">Die IBT® SERVER eLearning suite bietet alle Funktionen, mit deren Hilfe Lern-, Informations- und Wissensprozesse in einem Unternehmen gesteuert und abgewickelt werden.<br><br>Die IBT® SERVER eLearning suite ist plattform- und datenbankunabhängig und deshalb ideal für den Einsatz in einer heterogenen DV-Infrastruktur geeignet. Die Implementation internationaler Standards und Schnittstellen garantieren Kompatibilität und Konformität zu anderen Geschäftsapplikationen.<br><br>Aktuell lieferbar sind die Sprachen Deutsch, Englisch, Spanisch und Französisch.</td></tr>
</table>

| | |
|---|---|
| **Referenz-Projekte:** | ▪ Bertelsmann- Stiftung<br>▪ Carl-Duisberg-Gesellschaft<br>▪ DaimlerChrysler AG<br>▪ Deutsche Stiftung für Internationale Entwicklung<br>▪ Deutsche Sparkassenakademie<br>▪ Energieagentur Nordrhein-Westfalen<br>▪ Fraunhofer Gesellschaft<br>▪ HUK-COBURG<br>▪ ibis acam AG<br>▪ IC eLearning AG<br>▪ Manor AG<br>▪ SAS Institute AG<br>▪ Schenker AG (Stinnes AG)<br>▪ Siemens AG<br>▪ TOP GmbH<br>▪ Universität Freiburg<br>▪ Universität Tübingen<br>▪ Universität Zürich |
| **Kontakt:**<br><br><br><br>**Tel.:**<br>**Fax:**<br>**URL:** | time4you GmbH communication & learning<br>Maximilianstr. 4<br>D-76133 Karlsruhe<br><br>++49-721-83 016-0<br>++49-721-83 016 16<br>www.time4you.de |
| **Ansprechpartner:**<br>**E-Mail:** | Achim Vogt<br>vogt@time4you.de |
| **Vertrieb im deutschsprachigen Raum:** | Direkt über die time4you GmbH oder einen der assoziierten Partner.<br><br>Business Partner<br>ERM Lahmeyer International GmbH<br>IC eLearning AG<br>Wissma Training GmbH<br><br>Certified IBT® SERVER Solution Partner<br>Saxonia Systems AG |

| | |
|---|---|
| Oracle Corporation | ORACLE |
| Unternehmensdaten: | Gründungsdatum: 1977<br>MitarbeiterInnen: 42000<br>Umsatz: 10,9 Mrd USD<br>NASDAQ: ORCL |
| Produkt, Versionsnummer: | iLearning V4.0 |
| Tätigkeits-Schwerpunkte: | ▪ Datenbanken<br>▪ Applikation Server<br>▪ Entwicklungswerkzeuge<br>▪ BI/DWH<br>▪ ganzheitliche Unternehgmenssoftware (CRM, ERP, Marktplätze, ...)<br>▪ Consulting, Support und Schulung |
| Produkt-Kurzbeschreibung: | iLearning ist ein Learning-Management-System, das wahlweise als Service (ASP-Lösung) angeboten wird oder als installierbares Produkt lizensiert werden kann.<br><br>ILearning ist von Grund auf designed, um beliebig skalierbar zu sein und unterstützt die relevanten Industrie-Standards. |
| Referenz-Projekte: | ▪ Oracle Learning Network (OLN) – mehr als 75.000 User<br>▪ Vodafone – mehr als 50.000 User<br>▪ Apokedjen AS (Norway) – mehr als 1.000 User |
| Kontakt: | ORACLE GmbH<br>Brigittenauer Lände 50-54<br>A-1210 Wien |
| Tel.:<br>Fax:<br>URL: | ++43-1-33 777 0<br>++43-1-33 777 199<br>www.oracle.com |
| Ansprechpartner:<br>E-Mail: | Olaf Peters<br>olaf.peters@oracle.com |
| Vertrieb im deutschsprachigen Raum: | Oracle GmbH (Österreich)<br>Oracle Deutschland GmbH (Deutschland)<br>Oracle Software GmbH (Schweiz) |

<table>
<tr><td colspan="1">Universität zu Köln,<br>ILIAS open source</td><td colspan="3">(Produktlogo) (Projektlogo)</td></tr>
<tr><td rowspan="2">Unternehmensdaten:</td><td>Gründungs-datum</td><td>MitarbeiterInnen</td><td>Umsatz</td></tr>
<tr><td>01.01.2000</td><td>9</td><td>nicht kommerzielles Projekt</td></tr>
<tr><td>Produkt, Versionsnummer:</td><td colspan="3">ILIAS 2.1<br>(Integriertes Lern-, Informations- und Arbeitskooperationssystem)</td></tr>
<tr><td>Tätigkeits-Schwerpunkte:</td><td colspan="3">▪ Eigene Entwicklung der Software und Koordination der gesamten Softwareentwicklung im Rahmen des Open-Source-Projektes;<br>▪ Systemkernmanagement;<br>▪ Fehlermanagement;<br>▪ Koordination der Kommunikation in der ILIAS-Community (Forum)</td></tr>
<tr><td>Produkt-Kurzbeschreibung:</td><td colspan="3">ILIAS ist eine webbasierte Lern- und Arbeitsumgebung für Hochschulen, Schulen und Weiterbildungseinrichtungen. Sie umfasst Bereiche für das Lehren und Lernen, für Kommunikation und Information, für kooperatives Arbeiten und das Erstellen von Inhalten.<br><br>ILIAS ist ein Open-Source-Produkt und unterliegt der GNU General Public Licence. Jeder Interessent kann ILIAS kostenlos installieren und nutzen. Durch den offenliegenden Quellcode der Software kann im Prinzip jeder Nutzer die Software modifizieren und weiterentwickeln.<br><br>ILIAS ist eine Client-Server-Lösung, basierend auf PHP und MySQL. Empfohlen wird die Installation auf Linux- oder Unix-Servern. Der Einsatz unter Windows NT/2000 ist möglich.</td></tr>
</table>

| | |
|---|---|
| **Referenz-Projekte:** | ■ Universität der Bundeswehr Hamburg<br>■ Pädagogische Hochschule Zürich<br>■ Technische Universität Ilmenau<br>■ Universität Trier, FB 4<br>■ Forstwissenschaftliche Fakultät der Universität Freiburg<br>■ Technische Universität Berlin, Inst. f. Psychologie und Arbeitswissenschaft<br>■ Royal Danish Defence Academy, Kopenhagen, Dänemark<br>■ Inter Act A.S., Halden, Norwegen<br>und andere |
| **Kontakt:**<br><br><br><br><br>**Tel.:**<br>**Fax:**<br>**URL:**<br>**Englischsprachig:** | ILIAS open source<br>Projektmanagement am Seminar für Politikwissenschaft<br>Gottfried-Keller-Str. 6<br>D-50931 Köln<br><br>+49-221-9402565<br>+49-221-9402565<br>www.ilias.uni-koeln.de<br>www.ilias.uni-koeln.de/ios/index-e.html |
| **Ansprechpartner:**<br>**E-Mail:** | Matthias Kunkel<br>m.kunkel@uni-koeln.de |
| **Vertrieb im deutschsprachigen Raum:** | Kostenloser Vertrieb der Software (nur Sourcecode mit Online-Dokumentation und Hilfe) weltweit über Internet:<br><br>■ ILIAS open source: http://www.ilias.uni-koeln.de/ios/source.html<br>■ Sourceforge: http://sourceforge.net/<br>■ Open Source Directory: http://www.opensourcedirectory.org/<br>■ Freshmeat: http://freshmeat.net/<br><br>Zusätzliche Supportleistungen über:<br><br>■ Qualitus GmbH (http://www.qualitus.de) für Schulungen, Trainings, Workshops, strukturierte Anforderungserhebungen bei Weiterentwicklungen<br>■ Euroversity (http://www.euroversity.org) für Installationen und Schulungen<br>■ Databay AG (http://www.databay.de) für Hosting (ASP) und kommerzielle Softwareentwicklung |

<table>
<tr><td colspan="1">M.I.T newsystems GmbH</td><td colspan="3"></td></tr>
<tr><td rowspan="2">Unternehmensdaten:</td><td>Gründungs-<br>datum</td><td>Mitarbeiter-<br>Innen</td><td>Umsatz</td></tr>
<tr><td>1970</td><td>150</td><td>15 Mio. Euro</td></tr>
<tr><td>Produkt, Versionsnummer:</td><td colspan="3">▪ ILF 2.51<br>▪ ALF 2.0</td></tr>
<tr><td>Tätigkeits-<br>Schwerpunkte:</td><td colspan="3">▪ eLearning: Lernen mit Neuen Medien (Coaching, Content, LMS)<br>▪ EduCommerce: Lernprogramme als Marketinginstrumente<br>eCruiting: Personalmarketing über das Internet<br>▪ eCommerce: Vermarktung von Produkten und Dienstleistungen über das Internet</td></tr>
<tr><td>Produkt-<br>Kurzbeschreibung:</td><td colspan="3">ILF:<br>Plattform für Online-Lernen und Wissensmanagement.<br><br>ALF:<br>Plattform für die betriebsinterne Ausbildung von Auszubildenden. Dieses Produkt wurde in Zusammenarbeit mit der Allianz zielgruppengenau entwickelt.</td></tr>
<tr><td>Referenz-Projekte:</td><td colspan="3">ILF:<br>▪ Allianz Deutschland<br>▪ Audi<br>▪ Zürich Versicherung<br>▪ Parion Versicherung<br><br>ALF:<br>▪ Allianz Deutschland</td></tr>
<tr><td>Kontakt:<br><br>Tel.:<br>Fax:<br>URL:</td><td colspan="3">M.I.T newsystems GmbH<br>Ammerthalstraße 27<br>D-85551 Kirchheim/München<br><br>++49-89-25552-100<br>++49-89-25552288<br>www.mit.de</td></tr>
</table>

| | |
|---|---|
| Tel.:<br>Fax: | M.I.T newsystems in Österreich<br>Pettenkofergasse 1/20<br>A-1030 Wien<br><br>++43-1-7962-424<br>++43-1-7962.343 |
| Ansprechpartner:<br>E-Mail: | Gerhard Oehling<br>gerhard.oehling@mit.de |
| Vertrieb im deutschsprachigen Raum: | siehe Ansprechpartner |

<table>
<tr><td colspan="1">Corporate offices<br>International Business<br>Machines Corporation<br>New Orchard Road<br>Armonk, NY 10504.<br>(914) 499-1900</td><td colspan="4"></td></tr>
<tr><td rowspan="2">Unternehmensdaten:</td><td>Gründungs-datum</td><td>Mitarbeiter-Innen</td><td>Umsatz</td><td>WKN[26]</td></tr>
<tr><td>1917</td><td>ca. 350.000</td><td>2001: US$ 85.9 billion</td><td>459200101</td></tr>
<tr><td>Produkt, Versions-nummer:</td><td colspan="4">Lotus Learning Space 5</td></tr>
<tr><td>Tätigkeits-Schwerpunkte:</td><td colspan="4">IT Hardware, Software und Services</td></tr>
<tr><td>Produkt-Kurzbeschreibung:</td><td colspan="4">Lotus LearningSpace ist eine umfassende und flexible Plattform für e-learning. Es bietet eine Online-Umgebung mit unübertroffener Unterstützung für die drei verschiedenen Modi des elektronischen Studiums<br>▪ Eigenstudium<br>▪ asynchrone Zusammenarbeit und<br>▪ Lernen im „virtuellen Klassenzimmer".</td></tr>
<tr><td>Referenz-Projekte:</td><td colspan="4">www.lotus.com/Learningspace<br>selection : Customer & Press reference</td></tr>
<tr><td>Kontakt:<br><br><br><br>Tel.:<br>Fax:<br>URL:</td><td colspan="4">IBM Österreich GesmbH<br>Obere Donaustr. 95<br>A-1020 Wien<br><br>++43 1 21145<br>++43 1 21145<br>www.lotus.com/home.nsf/welcome/learnspace</td></tr>
<tr><td>Kontaktperson:<br>E-Mail:</td><td colspan="4">Mag. Manfred Porak<br>Manfred.porak@at.ibm.com</td></tr>
<tr><td>Vertrieb im deutsch-sprachigen Raum:</td><td colspan="4">IBM Software Vertriebspartner</td></tr>
</table>

[26] Wertpapierkennnummer. Nur für börsennotierte Unternehmen.

| Learnframe | learnframe | | |
|---|---|---|---|
| Unternehmensdaten: | Gründungs-datum | Mitarbeiter-innen | Umsatz |
| | 1992 | 105 | K. A |
| Produkt, Versions-nummer: | Nebo 1.1 | | |
| Tätigkeits-Schwerpunkte: | Herstellung LMS | | |
| Produkt-Kurzbeschreibung: | Nebo ist ein Learning Management System in das aufgrund seiner offenen Architektur Learning Content jedes Herstellers gut implementiert und verwaltet werden kann. Nebo ist eines von wenigen LMS, die alle Industrie-Standards voll unterstützen:<br>▪ Shareable Content Object Reference Model (SCORM)<br>▪ IMS Global Learning Consortium, Inc (IMS)<br>▪ Learning Resource Interchange (LRN)<br>▪ The Aviation Industry CBT Committee (AICC)<br><br>**Kern-Features:**<br>▪ Out-of-the-box LMS<br>▪ gut konfigurier- und anpassbar<br>▪ Mandantenfähig<br>▪ Rollenbasierte Userinnenverwaltung<br>▪ 100% thin client (reine HTML-Benutzeroberfläche)<br>▪ Datenbank- und Applikationsserver können getrennt betrieben werden | | |
| Referenz-Projekte: | ▪ Compaq Computer Corporation<br>▪ Peoplesoft<br>▪ Rockwell Collins<br>▪ Enterprise Multimedia Group<br>▪ KLA Tencor<br>▪ Michigan Virtual University | | |

| | |
|---|---|
| Kontakt: | Learnframe, Inc.<br>12637 South 265 West #300<br>P. O. Box 1409<br>Draper, Utah, 84020-1409. USA |
| Tel.:<br>Fax:<br>URL: | +1 801.523.8000<br>+1 801.523.8012<br><br>www.learnframe.com |
| Ansprechpartner:<br>E-Mail: | Charles Callis<br>ccallis@learnframe.com |
| Vertrieb im deutsch-sprachigen Raum: | Badegruber & Partner GmbH |

## Saba Software GmbH

**Unternehmensdaten:**

| Gründungs-datum | Mitarbeiter-Innen | Umsatz | WKN[27], NASDAQ |
|---|---|---|---|
| 07. April 1997 | 484+ | 46 Mio. $ | 934513, SABA |

| | |
|---|---|
| Produkt, Versionsnummer: | Saba Learning Enterprise |
| Tätigkeits-Schwerpunkte: | Human Capital Development and Management Solutions (HCDM) |
| Produkt-Kurzbeschreibung: | Das Hauptprodukt von Saba ist Saba Learning Enterprise, ein Learning Management System, das den gesamten Lernzyklus eines Unternehmens und seiner Partner bzw. Händler – angefangen von der Ermittlung des exakten Schulungsbedarfs über die Auswahl der am besten geeigneten Schulungs-methoden und -medien bis hin zur Lernerfolgskontrolle – abbildet und unterstützt.<br><br>Darüber hinaus unterhält Saba die Saba Learning Exchange – eine Art Online-Marktplatz, auf dem Schulungsnachfrager und -anbieter zusammenkommen – sowie verschiedene „Alliances" mit Anbietern von Lerninhalten, e-Learning, Lösungen zur Kompetenzanalyse und interaktiven Multimediasystemen. |
| Referenz-Projekte: | ▪ Daimler Chrysler AG<br>▪ Telenor ASA (Staat Norwegen)<br>▪ Bildungsportal Sachsen<br>▪ GfN Netzwerktraining<br>▪ T-Systems Training<br>▪ SUFI Scottish University (learndirect Scotland)<br>▪ ABN Amro<br>▪ Cisco Systems<br>▪ Ford Motors Company |

[27] Wertpapierkennnummer. Nur für börsennotierte Unternehmen.

| | |
|---|---|
| | ■ Anheuser Busch<br>■ 3Com<br>■ Proctor & Gamble<br>und weitere. |
| Kontakt:<br><br><br><br>Tel.:<br>Fax:<br>URL: | Saba Software GmbH<br>Otto-Hahn-Str. 1a<br>D-69190 Walldorf<br><br>++49-6227-454 0<br>++49-6227-454 400<br>www.saba.com |
| Ansprechpartner:<br>E-Mail: | Roland Renner<br>rrenner@Saba.com |
| Vertrieb im deutschsprachigen Raum: | Saba Software GmbH, Walldorf<br>Saba Software GmbH, München |

<table>
<tr><td>Viviance GmbH</td><td colspan="3">Viviance</td></tr>
<tr><td rowspan="2">Unternehmensdaten:</td><td>Gründungs-datum</td><td>Mitarbeiter-Innen</td><td>Umsatz</td></tr>
<tr><td>1996</td><td>92</td><td>k.A.</td></tr>
<tr><td>Produkt, Versionsnummer:</td><td colspan="3">Thinktanx™ 2.0</td></tr>
<tr><td>Tätigkeits-Schwerpunkte:</td><td colspan="3">
<ul>
<li>Entwicklung maßgeschneiderter eLearning-Lösungen für wichtige Geschäftsvorgänge und Produkte</li>
<li>Custom Design und Anpassung bereits existierender Inhalte an bestimmte Kundenbedürfnisse</li>
<li>firmeneigene eLearning-Plattform Thinktanx™</li>
</ul></td></tr>
<tr><td>Produkt-Kurzbeschreibung:</td><td colspan="3">Thinktanx™ ist ein LCMS – Learning Content Management System, bestehend aus folgenden Komponenten:
<ul>
<li>Autorensoftware, leicht zu bedienen, auch ohne Programmierkenntnisse</li>
<li>Umfangreiches Content Management System</li>
<li>Funktionen zum Learner Management</li>
</ul>
Weitere Funktionen von Thinktanx™:
<ul>
<li>Thinktanx™ erlaubt die schnelle Entwicklung und einen raschen Einsatz von Bildungsinhalten</li>
<li>Thinktanx™ enthält Online-Kommunikationstools, Einstufungstests, Nachverfolgungsoptionen und Statistiken für ein interaktives Lernerlebnis</li>
</ul></td></tr>
<tr><td>Referenz-Projekte:</td><td colspan="3">
<ul>
<li>Klett Lerntraining</li>
<li>Wissen.de</li>
<li>Pricetwaterhouse Coopers</li>
</ul></td></tr>
</table>

| | |
|---|---|
| | ▪ ABB<br>▪ Nestlé<br>▪ Flämisches Bildungsministerium |
| **Kontakt:**<br><br><br>**Tel.:**<br>**Fax:**<br>**URL:** | Viviance GmbH<br>Mangerstr. 19<br>D-14467 Potsdam<br><br>++49-331-28 49 2-0<br>++49-331-28 49 2-39<br>www.viviance.com |
| **Ansprechperson:**<br>**E-Mail:** | Ulrike Franke<br>u.franke@viviance.com |
| **Vertrieb im deutsch-sprachigen Raum:** | Rolf Hartmann<br>r.hartmann@viviance.com |

<table>
<tr><td>WBT-Systems</td><td colspan="3"></td></tr>
<tr><td rowspan="2">Unternehmensdaten:</td><td>Gründungs-datum</td><td>Mitarbeiter-Innen</td><td>Umsatz</td></tr>
<tr><td>1995</td><td>100+</td><td>keine Angabe</td></tr>
<tr><td>Produkt, Versionsnummer:</td><td colspan="3">TopClass 6</td></tr>
<tr><td>Tätigkeits-Schwerpunkte:</td><td colspan="3">Entwicklung eLearning-Plattform</td></tr>
<tr><td>Produkt-Kurzbeschreibung:</td><td colspan="3">TopClass eLearning Suite</td></tr>
<tr><td>Referenz-Projekte:</td><td colspan="3">Auswahl deutschsprachiger Raum:<br>▪ Credit Suisse<br>▪ Basler Versicherung<br>▪ Holcim</td></tr>
<tr><td>Kontakt:<br><br><br><br>Tel.:<br>Fax:<br>URL:</td><td colspan="3">Block 2, Harcourt Centre<br>Harcourt Street<br>Dublin 2, Ireland<br><br>++353-1-417-0100<br>++353-1-478-5544<br>info@wbtsystems.com</td></tr>
<tr><td>Ansprechpartner:</td><td colspan="3">▪ TERTIA Edusoft GmbH<br>▪ TERTIA Edusoft Schweiz AG</td></tr>
<tr><td>Vertrieb im deutschsprachigen Raum:</td><td colspan="3">TERTIA Edusoft GmbH ( D), TERTIA Edusoft Schweiz AG<br>Alfter/Tübingen/Zürich/Zug</td></tr>
</table>

<table>
<tr><td>WebCT, Inc.</td><td colspan="3">WebCT</td></tr>
<tr><td rowspan="2">Unternehmensdaten:</td><td>Gründungs-datum</td><td>Mitarbeiter-Innen</td><td>Umsatz</td></tr>
<tr><td>1994</td><td>320</td><td>k. A.</td></tr>
<tr><td>Produkt, Versionsnummer:</td><td colspan="3">WebCT Campus Edition 3.7</td></tr>
<tr><td>Tätigkeits-Schwerpunkte:</td><td colspan="3">Entwicklung des LMS WebCT</td></tr>
<tr><td>Produkt-Kurzbeschreibung:</td><td colspan="3">Das nach Angaben des Herstellers führende LMS im Bereich der akademischen Bildung und der beruflichen Weiterbildung.</td></tr>
<tr><td>Referenz-Projekte:</td><td colspan="3">http://www.webct.com/products/viewpage%3fname=products_webct_customers</td></tr>
<tr><td>Kontakt:<br><br><br><br><br><br>Tel.:<br>Fax:<br>URL:</td><td colspan="3">WebCT, Inc.,<br>(Vertrieb Deutschland siehe Lerneffekt GmbH)<br>Six Kimball Lane, Suite 310<br>Lynnfield, MA 01940<br>U.S.A.<br><br>++1-781-309-1000<br>++1-781-309-1001<br>www.webct.com</td></tr>
<tr><td>Ansprechpartner:</td><td colspan="3">Lerneffekt GmbH</td></tr>
<tr><td>Vertrieb im deutschsprachigen Raum:</td><td colspan="3">Lerneffekt GmbH</td></tr>
</table>

## 2. Vertriebspartner, sortiert nach Firmennamen

| | | | |
|---|---|---|---|
| Badegruber & Partner GmbH | | | |
| Unternehmensdaten: | Gründungs-datum | Mitarbeiter-Innen | Umsatz |
| | 14.11.1996 | 25 | Euro 1 500 000 |
| Produkt, Versions-nummer: | ▪ Interwise ECP Version 4<br>▪ Nebo Version 1.1<br>▪ NetG CBTs und WBTs<br>▪ Tell me More e-system | | |
| Tätigkeits-Schwerpunkte: | ▪ **e–learning consulting:**<br>Beratung für den optimalen Einsatz von e-learning – von der Strategieentwicklung, über e–learning Konzeption und Realisation bis zur Prozessbegleitung<br>▪ **learning service providing**<br>▪ **blended learning:**<br>Kombination von Präsenzseminaren, Training im virtuellen Seminarzentrum und CBTs oder WBTs in den Bereichen EDV, BWL und Sprachen – für Anfänger bis Profis | | |
| Produkt-Kurzbeschreibung: | ▪ **Interwise ECP:**<br>virtuelles Seminar-, Konferenz- und Kommunikations-zentrum im Internet<br>▪ **Nebo Version 1.1:**<br>Learning Management System mit sehr offener Plattform zur problemlosen Integration bestehender Datenbestände und zur einfachen Verwaltung aller Kursmodule und Teilnehmerinnen<br>▪ **NetG CBTs und WBTs:**<br>interaktive Lernsoftware für alle Bereiche der EDV<br>▪ **Tell me More e-system:**<br>Fremdsprachen lernen über Internet und CD-ROM – vom Anfänger bis zum Profi | | |

| | |
|---|---|
| Kontakt: | Badegruber & Partner GmbH<br>Petrinumstraße 12, 3. Stock<br>A-4040 Linz |
| Tel.:<br>Fax:<br>URL: | +43-(0)732-79 00 70<br>+43-(0)732-79 00 70-39<br>www.clickandlearn.at |
| Ansprechpartner:<br>E-Mail: | MMag. Roland Kaimberger<br>roland.kaimberger@clickandlearn.at |

| | | | |
|---|---|---|---|
| bit media e-Learning solution GmbH & Co KG | bit media e-Learning solution | | |
| Unternehmensdaten: | Gründungsdatum | MitarbeiterInnen | Umsatz |
| | März 2000 | 30 Mitarbeiter + rd. 80 freie Mitarbeiter | ~3 Mill. Euro |
| Produkt, Versionsnummer: | Sitos 3.0 | | |
| Tätigkeits-Schwerpunkte: | Lernplattform, Lernportale, Autorentool, Standard-Contents (IT, Sprachen, Soft Skills), Content Entwicklung, e-Learning Consulting | | |
| Produkt-Kurzbeschreibung: | SITOS 3.0 vereint die Funktionen einer klassischen Lernplattform und die eines Lernportals in einem vielseitigen Produkt. | | |
| Referenz-Projekte: | ▪ Siemens Österreich<br>▪ SIEMENS Niederlande<br>▪ www.bildung.at (bm:bwk)<br>▪ bbz.bitmedia.cc<br>▪ Raiffeisen Rechenzentrum Tirol<br>▪ Zentrum für Schulentwicklung, Landesregierungen Steiermark, Oberösterreich und Salzburg | | |
| Kontakt: | bit media e-Learning solution GmbH & Co KG<br>Kaerntner Strasse 294<br>A-8054 Graz | | |
| Tel.:<br>Fax:<br>URL:<br>E-Mail: | ++43-316-28 66 60<br>++43-316-28 66 60 – 50<br>www.bitmedia.cc<br>office@bitmedia.cc | | |
| Ansprechpartner:<br>E-Mail: | Manfred.Brandner@bitmedia.cc (GF)<br>Wolfgang.Schneider@bitmedia.cc (GF)<br>Georgios.Kamarakis@bitmedia.cc (Lernplattform)<br>Michael.Holasek@bitmedia.cc (Autorensysteme)<br>Walter.Khom@bitmedia.cc (Produktmanagement) | | |

| | |
|---|---|
| **Vertrieb im deutschsprachigen Raum:** | ▪ bit media Österreich<br>Firmenadresse siehe oben<br><br>▪ bit media Deutschland<br>Ostdeutscher Weg 46<br>D-29690 Schwarmstedt<br><br>▪ SIEMENS SBS (Siemens Business Services)<br>weltweit |

## BZS - Bildungszentrum Süd GmbH

**Unternehmensdaten:**

| Gründungsdatum | MitarbeiterInnen | Umsatz |
|---|---|---|
| 1997 | 25 | EUR 2,2 Mio |

**Produkt, Versionsnummer:**

- Docent Enterprise
- Docent Learnig Management Server (LMS)
- Docent Outliner
- Docent Content Delivery Server (CDS)
- Docent Mobile

**Tätigkeits-Schwerpunkte:**

- E-Learning und LMS Beratung.
- Erstellung von unternehmensweiten und unternehmensübergreifenden Lernsystemen.
- Beratung, Projektmanagement und Realisierung von LMS/E-Learning.

BZS ist sowohl auf den Bereich E-Learning wie auch auf Frontalunterricht spezialisiert. BZS liefert Lernsysteme auch als ASP, wobei alle Varianten möglich sind (Server im Netz des Kunden, via Internet über Tiscali oder AT&T usw.) BZS ist ein Komplettanbieter, der auch Design und Redesign von Content erledigt. Im Rahmen von Installationen bietet BZS auch die entsprechende Ausbildung des Kunden für die Bedienung des LMS an.

**Produkt-Kurzbeschreibung:**

Docent ist ein umfassendes LMS System, welches alle im Moment aktuellen Standards (AICC und SCORM) unterstützt. Auf der einen Seite können Standard-Inhalte (Content) ohne großen Aufwand übernommen werden, aber auch bereits bestehende Inhalte (z.B. Word-Dokumente oder Powerpoint Präsentationen) in das LMS integriert werden.

| | |
|---|---|
| Referenz-Projekte: | ▪ Brau Union Österreich |
| Kontakt:<br><br><br><br>Tel.:<br>Fax:<br>URL: | Bildungszentrum Süd GmbH<br>Seering 8<br>8141 Graz-Unterpremstätten<br><br>++43-316 8098-0<br>++43-316 8098-1122<br>www.bzs.net |
| Ansprechpartner:<br>E-Mail: | Rudolf Strutz<br>rudolf.strutz@xss.net |

## ibis acam Partner AG

**Unternehmensdaten:**

| Gründungsdatum | Mitarbeiterinnen | Umsatz |
|---|---|---|
| 1987, umgewandelt in AG 1999 | 18 | k. A. |

**Produkt, Versionsnummer:** Campus2000 online

**Tätigkeits-Schwerpunkte:**

- LernManagementSystem
- ASP-Lösungen
- Online Trainings
- WBTs
- Individualentwicklungen und
- Consulting

**Produkt-Kurzbeschreibung:**

**LernManagementSystem Campus2000 online.**

Über Campus2000 online von ibis acam partner hat der Kursteilnehmer jederzeit Zugriff auf die Lerninhalte und Kommunikationsmedien (Messageboards, Diskussionsforen, Chat). Die Kursteilnehmer haben die Möglichkeit, Dokumente in einer Dokumentendatenbank abzulegen und zugänglich zu machen. Bei Fragen ist der Tutor per Tutormail direkt aus dem LernManagementSystem (LMS) erreichbar.

Mit dem Assessment-Tool, einem Werkzeug zur Evaluation der Lernfortschritte, besteht die Möglichkeit, online Tests zu generieren und durchzuführen.

Das LMS ermöglicht Online-Ausbildungen, individuelle Pilotprojekte für Unternehmen und geschlossene Online-Akademien für Kunden im Rahmen eines Application Service Providing (ASP). Die gemeinsame Bearbeitung von Dokumenten, Voice-over-Internet und eine Whiteboard Application im virtuellen Klassenraum steht ebenso zur Verfügung stehen.

| | |
|---|---|
| Referenz-Projekte: | ▪ Lenze GmbH<br>▪ ifis GmbH<br>▪ Ministerium für Schule, Wissenschaft und Forschung NRW (Deutschland)<br>▪ Victoria Versicherung AG Düsseldorf |
| Kontakt:<br><br><br><br>Tel.:<br>Fax:<br>URL: | **Vertrieb Österreich**<br>ibis acam partner<br>Edisonstrasse 2<br>A-4600 Wels<br><br>++43-7242-79956-20<br>++43-7242-79956-23<br>www.ibisacam-partner.com |
| Kontaktperson:<br>E-Mail: | MMag. Bettina Schneebauer<br>Bettina.Schneebauer@ibisacam.at |
| Vertrieb im deutschsprachigen Raum: | Vertrieb Österreich/Schweiz siehe oben<br>Vertrieb Deutschland<br>Ibis acam partner AG<br>Ringstrasse 33<br>D-65346 Eltville |

| | | | |
|---|---|---|---|
| Learnchamp | LearnChamp | | |
| Produkte: | ▪ Interwise<br>▪ Docent | | |
| Unternehmensdaten: | Gründungs-datum | Mitarbeiter-Innen | Umsatz |
| | 2001 | 8 | - |
| Schwerpunkt: | ▪ Consulting und<br>▪ System Integration | | |
| Kurzbeschreibung: | LearnChamp bietet Organisationen ganzheitliche eLearning Lösungen. Neben einem breiten Dienstleitungsangebot als Beratungsunternehmen implementiert Learnchamp Learning Management und Live eLearning Systeme, vertreibt Autorenwerkzeuge, Standard Online Kurse und erstellt kundenindividuelle Inhalte. | | |
| Kontakt: | LearnChamp Consulting GmbH<br>Inkustraße 1-7, Stg. 5<br>A-3400 Klosterneuburg | | |
| Tel.:<br>Fax:<br>URL: | 02243-26845 0<br>02243-26845 29<br>www.learnchamp.com | | |
| Kontaktperson:<br>E-Mail: | Mag. Stefan Reicher<br>sreicher@learnchamp.com | | |

| | | | |
|---|---|---|---|
| Lerneffekt GmbH | | | |
| Unternehmensdaten: | Gründungs-datum | Mitarbeiter-Innen | Umsatz |
| | 1996 | 12 | TDM 1000 |
| Produkt, Versionsnummer: | WebCt Campus Edition 3.7 | | |
| Tätigkeits-Schwerpunkte: | System Integrator Reseller, Übersetzer | | |
| Referenz-Projekte: | http://www.lerneffekt.de/referenzen.html | | |
| Kontakt: | Lerneffekt GmbH<br>Osterholder Allee 2<br>D-25421 Pinneberg | | |
| Tel.:<br>Fax:<br>URL: | ++49-4101-53 620 0<br>++49-4101-53 620 1<br>www.lerneffekt.de | | |
| Ansprechpartner:<br>E-Mail: | Hans-Lorenz Reiff-Schoenfeld<br>reiff@lerneffekt.de | | |

<table>
<tr><td>Tertia Edusoft GmbH</td><td colspan="3"></td></tr>
<tr><td rowspan="2">Unternehmensdaten:</td><td>Gründungs-<br>datum</td><td>Mitarbeiter-<br>Innen</td><td>Umsatz</td></tr>
<tr><td>2000<br>(nachfolgend 1988)</td><td>63</td><td>9 Mio</td></tr>
<tr><td>Produkte, Versions-<br>nummer:</td><td colspan="3">▪ Centra<br>▪ TopClass<br>▪ WBT-Manager<br>▪ Cybertest</td></tr>
<tr><td>Tätigkeits-<br>Schwerpunkte:</td><td colspan="3">Full-Solution-Provider</td></tr>
<tr><td>Produkt-<br>Kurzbeschreibung:</td><td colspan="3">Synchrone und asynchrone eLearning-Plattformen, online-Test- und Prüfungssystem, Contentproduktion, Planspiele, Seminare, Beratung</td></tr>
<tr><td>Referenz-Projekte:</td><td colspan="3">Auswahl:<br>▪ Deutsche TelekomAG<br>▪ GFK AG<br>▪ Credit Suisse<br>▪ Basler Versicherung</td></tr>
<tr><td>Kontakt Deutschland:<br><br><br>Tel.:<br>Fax:<br>URL:<br><br>Kontakt Schweiz:<br><br><br>Tel.:<br>Fax:<br>URL:</td><td colspan="3">TERTIA Edusoft GmbH<br>Schöntalweg 5-7<br>D-63347 Alfter b. Bonn<br><br>++49-228-64807-152<br>++49-228-64807-460<br>www.tertia-edusoft.de<br><br>TERTIA Edusoft Schweiz AG<br>Hohlstr. 608<br>CH-8048 Zürich<br><br>++41-439 29 29<br>++41-439 29 25<br>www.tertia-edusoft.ch</td></tr>
<tr><td>Deutschland<br>Ansprechpartner:<br>E-Mail:</td><td colspan="3">Klaus Menzel<br>klaus.menzel@tertia.de</td></tr>
<tr><td>Schweiz<br>Ansprechpartner:<br>E-Mail:</td><td colspan="3">Norbert Caviezel<br>norbert.caviezel@tertia-edusoft.ch</td></tr>
</table>

## 3. Learning Content Provider sortiert nach Firmennamen

<table>
<tr><td>SmartForce</td><td colspan="4">SmartForce<br>Learning Solutions for the Human Enterprise</td></tr>
<tr><td rowspan="2">Unternehmensdaten:</td><td>Gründungsdatum</td><td>Mitarbeiter-innen</td><td>Umsatz</td><td>WKN[28]</td></tr>
<tr><td>1984</td><td>Ca 2.000</td><td>$ 261 million in 2001</td><td>895106</td></tr>
<tr><td>Produkt, Versionsnummer:</td><td colspan="4">My SmartForce<br>SmartForce Global LMS Version 5.1.2<br>(Full-Service-Anbieter)</td></tr>
<tr><td>Tätigkeits-Schwerpunkte:</td><td colspan="4">Entwicklung + Vertrieb von e-Learning Infrastruktur bestehend aus Content, Technologie und Service (one-stop-shopping).<br>SmartForce Technologie: Enterprise Plattform sowie<br><br>■ Learning Management Suite<br>■ Content Management Suite<br>■ Collaboration Suite<br>■ Competency Suite<br>■ Customization Suite<br><br>SmartForce ist weltweiter Marktführer im Bereich e-Learning und Computer-based Training (Studie IDC 2000/2001).</td></tr>
<tr><td>Produkt-Kurzbeschreibung:</td><td colspan="4">My SmartForce<br><br>Internet-Lernplattform, gehostet, mit über 1,5 Mio. Nutzern weltweit.<br><br>Diese Plattform wird insbesondere von globalen Unternehmen genutzt (CSC, Dell, Unisys, Manpower, PricewaterhouseCoopers, GECITS).<br><br>Ansicht und Testmöglichkeiten unter (Plattform und Inhalt; Sprache englisch)<br><br>www.smartforce.com</td></tr>
</table>

WKN: Nur für börsenotierte Unternehmen

| | |
|---|---|
| | **SmartForce Global LMS.**<br><br>Diese intranetbasierte, full-featured „inside the firewall" Lösung erlaubt es Ihnen, e-Learning Veranstaltungen und dozentengeführte Trainingsprogramme zu entwickeln, zu betreuen und zu verwalten.<br><br>Darüberhinaus ermöglicht SmartForce Global LMS, dass Administratoren die gesamte e-Learning Ausstattung auf einfache Art und Weise überwachen.<br><br>SmartForce Global LMS ist objekt-basierend und bietet eine schnelle, kosteneffektive und maßgeschneiderte Anpassung an die individuellen Anforderungen des Unternehmens sowie der einzelnen Kursteilnehmer. Zusätzlich ist das System sprachenunabhängig. Hohe Flexibilität und einfache Skalierbarkeit vereinfachen die Implementierung und die Messung von Lernerfolgen, der Grundlage für die Erstellung und Anpassung individueller Lernprofile und -pfade.<br><br>Diese Lösung findet derzeit schon Einsatz in einer Vielzahl von führenden Unternehmen wie Unilever, Lloyd's TSB und PSBtraining (Merrill Lynch). |
| Referenz-Projekte: | ▪ Unisys<br>▪ Lionbridge<br>▪ Philips |
| Kontakt:<br><br>Tel.:<br>Fax:<br>URL: | SmartForce Deutschland GmbH<br>Rathausplatz 12-14<br>D-65760 Eschborn<br><br>++49-6196-473 05 60<br>++49-6196-473 05 70<br>www.smartforce.de / www.smartforce.com |
| Ansprechpartner:<br>E-Mail: | Herr Uwe Witt<br>Uwe_witt@smartforce.com |

<table>
<tr><td>Telerat GmbH</td><td colspan="3">TELERAT<br>Komplettlösungen für multimediales Lernen</td></tr>
<tr><td rowspan="2">Unternehmensdaten:</td><td>Gründungs-datum</td><td>Mitarbeiter-innen</td><td>Umsatz</td></tr>
<tr><td>Mai 1980</td><td>3</td><td>EUR 500.000</td></tr>
<tr><td>Produkt, Versionsnummer:</td><td colspan="3">Questionmark Perception 3.1</td></tr>
<tr><td>Tätigkeits-Schwerpunkte:</td><td colspan="3">Bildungsconsulting und eAssessment</td></tr>
<tr><td>Produkt-Kurzbeschreibung:</td><td colspan="3">Softwaresystem zur Erstellung, Durchführung und Auswertung von Off- und Online-Befragungen</td></tr>
<tr><td>Kontakt:<br><br><br><br>Tel.:<br>Fax:<br>URL:</td><td colspan="3">TELERAT GmbH<br>Josef-Nawrocki-Str. 30<br>D-12589 Berlin<br><br>+49-30-755 009-0<br>+49-30-755 009-11<br>www.telerat.de</td></tr>
<tr><td>Ansprechpartner:<br>E-Mail:</td><td colspan="3">Rainer Hartlep<br>rainerh@snafu.de</td></tr>
</table>

## Thomson/Netg

THOMSON

NETg

**Unternehmensdaten:**

| Gründungsdatum | MitarbeiterInnen | Umsatz | NASDAQ |
|---|---|---|---|
| 1970 | D/A/CH 45 | $ 300 Mio weltweit | TOC.TO |

**Produkt, Versionsnummer:**

- SkillVantage Manager
- XtremeLearning

**Tätigkeits-Schwerpunkte:**

Thomson/NETg bietet umfassende Learning Solutions für die professionelle Aus- und Weiterbildung. E-Learning Content zu allen IT-Themen (Endanwender und Experten) sowie SoftSkills, insgesamt über 1300 Kurse. Consulting-Diensleistung nach Maß – bis zum kompletten Projektmanagement. Ergänzende Dienstleistungen wie Mentoring und Live-Training über namhafte Partnerunternehmen. Seit 2002 zusätzlich kursbegleitendes Unterrichtsmaterial – Schulungsunterlagen und Trainerhandbücher zu IT-Themen und Soft Skills.

**Produkt-Kurzbeschreibung:**

**SkillVantage Manager**
Trainingsmanagement-System – nutzbar als vor Ort installierbare Lernplattform

Verfügbar in verschiedenen Sprachen: Deutsch, Englisch (US und UK), Französisch, Holländisch, Portugiesisch (Brasilien), Spanisch

UserIn
- Aufrufen der Kurse
- Download Option zur späteren Offline-Bearbeitung
- Verfolgen des eigenen Lernfortschritts

Unternehmen
- Erstellen von Benutzer Accounts Festlegen von Rechten
- Bilden von Gruppen
- Bilden von Schulungscurricula

- Erstellen und Zuteilen von einzelnen Kursen, Curricula und Lehrplänen
- Verfolgen des Lernfortschritts
- Reporting – Standard und Custom

Integration anderer e-Learning Software sowie anderer Trainingsformen möglich.
Import/Export von Daten möglich (Personalverwaltungssoftware)

**XtremeLearning**
B2B Internet-Lernplattform als ASP-Modell

Webhosted auf NETg Server
- Firmenspezifische Kursbibliothek
- Customizing von Kursen (selbst mit NETg-Tool NLO+ oder als Dienstleistung)
- Firmenspezifischer Look möglich

Funktionen
- Mentoring
- Chat
- Foren
- News

Verfügbar in verschiedenen Sprachen: Deutsch, Englisch, Französisch.
Verwaltungsfunktionen durch das Unternehmen selbst oder als Dienstleistung durch NETg.

Userin
- Aufrufen der Kurse
- Download Option zur späteren Offline-Bearbeitung
- Verfolgen des eigenen Lernfortschritts

Unternehmen
- Erstellen von Benutzer Accounts
- Festlegen von Rechten
- Bilden von Gruppen
- Bilden von Schulungscurricula
- Erstellen und Zuteilen von einzelnen Kursen, Curricula und Lehrplänen
- Verfolgen des Lernfortschritts
- Reporting - Standard und Custom

Import/Export von Daten möglich (Personalverwaltungssoftware)

| | |
|---|---|
| Referenz-Projekte: | ▪ Über 2000 Unternehmen mit Millionen von Nutzern<br>▪ Nestle<br>▪ Randstad<br>▪ Schott Glas |
| Kontakt:<br><br><br><br>Tel.:<br>Fax:<br>URL:<br><br><br><br><br><br><br><br>Tel:<br>Fax:<br>URL:<br><br><br><br><br><br><br>Tel:<br>Fax:<br>URL: | NETg GmbH<br>Kurfürstenstr. 14<br>D-40211 Düsseldorf<br><br>++49-211-16433<br>++49-211-1643- 411<br>De-info@netg.co.uk<br>http://www.netg.de<br><br>eigene Niederlassungen in Schweiz/Österreich<br><br>NETg (Schweiz) GmbH<br>Bernstr. 392<br>CH-8953 Dietikon<br>++41-1-744 47 47<br>++41-1-744 47 47<br>ch-info@netg.co.uk<br>http://www.netg.ch<br><br>NETg GmbH<br>Rahlgasse 1<br>A-1060 Wien<br>++43-1-586 66 26<br>++43-1-586 66 26-20<br>at-info@netg.co.uk<br>http://www.netg.at |
| Ansprechpartner:<br>E-Mail: | at-info@netg.co.uk |
| Vertrieb im deutschsprachigen Raum: | A: Karin Paral<br>D: Stefan Janssen<br>CH: Rolf Kümin |

## 4. Assessment Tool

<table>
<tr><td>Questionmark</td><td colspan="3">Questionmark</td></tr>
<tr><td rowspan="2">Unternehmensdaten:</td><td>Gründungs-<br>datum</td><td>Mitarbeiter-<br>Innen</td><td>Umsatz</td></tr>
<tr><td>1990</td><td>70</td><td>k. A.</td></tr>
<tr><td>Produkt, Versionsnummer:</td><td colspan="3">Perception 3.1</td></tr>
<tr><td>Tätigkeits-Schwerpunkte:</td><td colspan="3">Entwicklung und Vertrieb von Software für rechner- und netzunterstützte Befragungen, Tests und Prüfungen</td></tr>
<tr><td>Produkt-<br>Kurzbeschreibung:</td><td colspan="3">Softwaresystem zur Erstellung, Durchführung und Auswertung von Off- und Online-Befragungen</td></tr>
<tr><td>Referenz-Projekte:</td><td colspan="3">▪ Microsoft<br>▪ Hewlett Packard<br>▪ Toshiba Europe<br>▪ Deutsche Vermögensberatungsgesell-schaft<br>▪ Deutsche Flugsicherung<br>▪ Akademie Deutscher Genossenschaften</td></tr>
<tr><td>Kontakt:<br><br><br><br>Tel.:<br>Fax:<br>URL:</td><td colspan="3">Question Mark<br>Hill House -5th Floor,<br>Highgate Hill,<br>GB-London, N19 5NA<br>+44-(0)20-7263 7575<br><br>www.questionmark.com</td></tr>
<tr><td>Ansprechpartner:<br>E-Mail:</td><td colspan="3"><br>info@qmark.co.uk</td></tr>
<tr><td>Vertrieb im deutschspra-<br>chigen Raum:</td><td colspan="3">TELERAT GmbH</td></tr>
</table>

Kapitel VIII

# E-Learning Ressourcen

## 1. Online-Zeitschriften

| | |
|---|---|
| www.techknowlogia.org | Das International Journal of Technology for the Advancement of Knowledge and Learning ist ein frei zugängliches online Journal, das sich vor allem an „Politikerinnen, Strateginnen, Praktikerinnen und Technologinnen" wendet. |
| www.aln.org | Das online *Journal of Asynchronous Learning Networks* (JALN) wird vom Sloan Center of Online Education (SCOLE) des Olin and Babson Colleges redigiert und versammelt wichtige theoretische Artikel von namhaften Autorinnen. |
| www.ascusc.org/jcmc/ | Die Annenberg School for Communication (University of Southern California) gibt das Journal of Computer-Mediated Communication heraus. |
| www1.nks.no/eurodl/eurodlen/index.html | Das European Journal of Open and Distance Learning veröffentlicht Artikel in Englisch, Französisch und Deutsch, die kostenlos abonniert werden können. Die Beiträge reichen von online Lernen bis hin zu allgemeinen pädagogischen Fragestellungen im Zusammenhang mit den neuen Informations- und Kommunikationstechnologien. |
| www-jime.open.ac.uk/ | Das Journal for Interactive Media in Educdation (JIME) veröffentlicht Artikel mit interaktiven Elementen und verwendet eine offene online Konferenz für den Begutachtungsprozess. |
| http://jan.ucc.nau.edu/~ipct-j/ | Interactive Personal Computing and Technology Journal (IPCT-J) ist ein weiteres online Journal, das vor allem Artikel von Autorinnen aus den USA enthält, regelmäßig aktualisiert wird und bei dem die Beiträge durch eine gute Indizierung leicht gefunden werden. |
| http://chronicle.com/distance/ | Das „The Chronicle of Higher Education/Distance Learning" Magazin erscheint täglich und bietet interessante News aus dem amerikanischen „Higher-Education" Sektor. |

## 2. Newsletter

www.elearningpost.com

Einen – auch unter wissenschaftlichen Gesichtspunkten – qualitativ hochwertigen englischen Newsletter können Sie unter dieser Adresse abonnieren.

Von Artikeln zu Kooperativem Lernen über Knowledge Management und Community Building bis hin zu Didaktischem Design und Lerntheorien finden Sie praktisch jeden Bereich zu e-Learning abgedeckt.

http://serverprojekt.fh-joanneum.at/sp/index.php?n=nl

Einen deutschen Newsletter zum Thema erhalten Sie als PDF von der bm:bwk-Initiative „Neue Medien in der Lehre an Universitäten und Fachhochschulen" (spezialisiert auf den Bereich Hochschule).

Dieser Newsletter kann auch über E-Mail abonniert werden. Die Website ist auch sonst für allgemeine Fragestellung zu e-Learning interessant und führt mehrere Mailinglisten.

www.uwex.edu/disted/

www.uwex.edu/disted/desien/)

Distance Education Clearinghouse (University of Wisconsin) ist eine inzwischen sehr bekannte Website, die Informationen im Bereich der Fernlehre (Distance Education) zusammenträgt und auch den online Newsletter DISDEN (Distance Education Systemwide Electronic Newsletter), herausgibt.

Newsletter E-Learning des Learning Center der Universität St. Gallen

Informativer Newsletter zu eLearning-Themen. Er wird vom Learning Center der Universität St.Gallen (HSG) herausgegeben. Wer sich dafür interessiert kann ihn über Olaf Bursian vom Institut für Wirtschaftsinformatik bestellen (olaf.bursian@unisg.ch).

## 3. Web based Trainings

www.fathom.com

Unter Fathom- the source for online learning, finden Sie eine Reihe didaktisch ausgezeichneter Online-Kurse zu allen möglichen Fachgebieten und auch zu aktuellen Themen in englischer Sprache.

Fathom ist ein Zusammenschluss von hochkarätigen amerikanischen und britischen Universitäten, Forschungsinstitutionen, Museen und Büchereien. Leider sind nicht alle Kurse frei und kostenlos zugänglich, es lassen sich jedoch durchaus einige Juwelen finden (Suchen im „Course Directory" bei „Selected Free Seminars" und unter der Rubrik „Course Finder" Learning Type: „Free Seminar"). Das Themenspektrum reicht von „How to read Joyce", „The Conflict in Cashmir", über „Deep Ocean",

„The Globalisation Debate", „Rethinking Masculinity" bis zu „Classical Hollywood Cinema". Wenn manche Kurse vielleicht nicht direkt für das eigene Sachgebiet einsetzbar sind, so geben sie doch einen recht guten Überblick über den „State of the Art" und können als Vorbilder beim Design eigener Kurse helfen. Eine unverbindliche Registrierung ist erforderlich.

www-icdl.open.ac.uk

www.kn.pacbell.com/wired/bluewebn

Unter diesen beiden Adressen finden Sie umfangreiche Inhaltsverzeichnisse für online Kurse.
Während unter der ersten URL ein Sammelverzeichnis von über 33.000 Angeboten zu finden ist, für die das ICDL (international centre for distance learning) allerdings keine Qualitätsgarantie übernimmt, finden Sie unter der zweiten Adresse ausgezeichnete schulorientierte Websites (davon jedoch nicht unbedingt alle mit online Aktivitäten). Die Anbieterpalette reicht dabei von Museen über Schulen bis zu Firmen.

## 4. Meta-Websites:

http://peter.uibk.wipaed.at/

Auf dieser Seite finden Sie nicht nur Hinweise zu aktuellen Veranstaltungen, Beschreibungen von Werkzeugen für e-Learning, Linklisten, einschlägige Literatur- und Webtipps, sondern auch eine Reihe von (meist deutschsprachigen) Hintergrundartikeln zum Thema.

Sie können eine Kurzfassung der wichtigsten Beiträge auch als Newsletter abonnieren. Die Website verwendet das in diesem Buch erwähnte Content Management System „Manila™". Um alle Funktionen nutzen zu können, müssen Sie sich einmalig registrieren (Join Now, Membership rechts unten).

www.global-learning.de

Unter dieser Adresse finden Sie das „Online Marketing Services Portal Global Learning" der T-Systems Multimedia Solutions GmbH, einen Marktplatz und Fachinformationsdienst für E-Learning.
Das Portal will Interessenten und Anbieter gleichermaßen adressieren und bringt sie unter einer Adresse zusammen. Das Global Learning Portal bietet Fachdiskussionen, Produktinformationen, BusinessNews, Expertenstatements, Unternehmensprofile und Kataloge sowie eine kundenorientierte Präsentation von Produkten & Services rund um E-Learning.

www.masie.com

Der Betreiber dieser Website, Elliott Masie, kann getrost als e-Learning Pionier bezeichnet werden. Auf seiner Website beleuchtet er aktuelle e-Learning Trends und stellt Artikel und Paper zu verschiedenen Themen zur Verfügung.

## 5. Evaluationen von Lernplattformen

www.jisc.ac.uk/jtap/htm/jtap-041.html

Sandy Britain und Oleg Liber (beide von der University of Wales-Bangor) versuchen in einem 43-seitigen Artikel theoretische Grundlagen für die Evaluierung von Lernplattformen zu legen. Am Beispiel von 12 Produkten wird der vorgestellte Ansatz exemplarisch umgesetzt. Besonders interessant ist der Versuch einer Definition von Virtual Learning Environments (VLE's = Virtuelle Lernumgebungen).

www.futureu.com/cmscomp/cms_comp.html#report

In einem Forschungsbericht von The University of the Future (FutureU) werden sechs Lernplattformen miteinander verglichen (Publikation vom 13.10.1999, überarbeitet am 1.1.2000). FutureU sieht die Lernplattformen vor allem unter dem Gesichtspunkt von „Course Management Software" (CMS), dementsprechend zu kurz kommen deshalb didaktische Gesichtspunkte.

www.edutech.ch/edutech/tools/comparison_e.asp

Eine interessante Website der Schweizer Hochschulen, die sich mit dem Vergleich verschiedener kommerzieller Lernplattformen beschäftigt und ein interessantes Vergleichstool online einsetzt.

Kapitel IX

# Literaturverzeichnis

**Baumgartner**, P. 2002. Didaktische Anforderungen an (multimediale) Lernsoftware. In: Information und Lernen mit Multimedia, Hg. von L. J. Issing und P. Klimsa. 3. vollständig überarbeitete Aufl. Weinheim: Psychologie-Verl.-Union. 427-442.

**Baumgartner**, P., H. **Häfele** und K. **Maier-Häfele**. 2002. Evaluierung von Lernmanagement-Systemen: Theorie - Durchführung - Ergebnisse. In: Handbuch E-Learning, Hg. von A. Hohenstein und K. Wilbers. Köln: Fachverlag Deutscher Wirtschaftsdienst.

**Baumgartner**, P. 2001. Webbasierte Lernumgebungen - neue Ansätze zum Lernen. In: Politikunterricht im Informationszeitalter, Hg. von G. Weißeno. Schwalbach/Ts.: Wochenschau Verlag. 90-104. Download unter: http://peter.uibk.wipaed.at/Filer/filetree/peter/articles/vles-kurz.pdf.

**Baumgartner**, P. und S. **Payr**. 2001. Studieren und Forschen mit dem Internet. Innsbruck-Wien: StudienVerlag.

**Baumgartner**, P. and S. **Frank**. 2000. Der Mediendidaktische Hochschulpreis (MeDiDa-Prix) - Idee und Realisierung. In: Campus 2000 - Lernen in neuen Organistionsformen. F. Scheuerman. Münster, Waxmann: 63-81

**Baumgartner**, P. and S. **Payr**. 1997. Methods and practice of software evaluation: The case of the European Academic Software Award (EASA). In: Proceedings of ED-MEDIA 97 - World Conference on Educational Multimedia and Hypermedia. Charlottesville, AACE: 44-50.

**Baumgartner**, P. 1993. Der Hintergrund des Wissens. Vorarbeiten zu einer Kritik der programmierbaren Vernunft. Klagenfurt: Kärntner Druck- und Verlagsges.m.b.H.

**Baumgartner**, P. und S. **Payr**. 1994. Lernen mit Software. Innsbruck: StudienVerlag.

**Birbaumer**, N., D. **Frey**, J. **Kuhl** et al. 1996. Psychologie des Lernens und der Instruktion. Enzyklopädie der Psychologie, Bd. 2. Göttingen: Hogrefe.

**Birbaumer**, N., D. **Frey**, J. **Kuhl** et al. 1997. Psychologie des Unterrichts und der Schule. Enzyklopädie der Psychologie, Bd. 3. Göttingen: Hogrefe.

**Britain**, S. und O. **Lieber**. o.J. A Framework for Pedagogical Evaluation of Virtual Learn-ing Environments. Download unter: http://www.jtap.ac.uk/reports/htm/jtap-041.html. Zuletzt zugegriffen am 28.4.2002.

**Collins**, A., J. S. **Brown** und S. E. **Newman**. 1989. Cognitive Apprenticeship: Teaching the Crafts of Reading, Writing, and Mathematics. In: Knowing, Learning, and Instruction. Essays in Honor of Robert Glaser, Hg. von L. B. Resnick. Hillsdale, N.J.: Lawrence Erlbaum Associates. 453-494.

**Fricke**, R. 1995. Evaluation von Multimedia. In: Information und Lernen mit Multimedia, Hg. von L. J. Issing und P. Klimsa. Weinheim: Psychologie-Verl.-Union. 401-413.

**Glaser**, B. und A. **Strauss**. 1967. The Discovery of Grounded Theory: Strategies for Quali-tative Research. New York: Sociology Press.

**IMC** GmbH. 2001. Corporate Learning and Information eXchange. Technical Whitepaper.

**Inglehart**, Ronald 1997. Modernization and Postmodernization. Cultural, Economic and Political Change in 43 Societies. Princeton: Princeton University Press.

**Jakupec**, V. und J. **Garrick**, Hg. 2000. Flexible Learning, Human Resource and Organisa-tional Development. Paperback. London: Routledge.

**Lave**, J. und E. **Wenger**. 1991. Situated Learning: Legitimate peripheral participation. Cambridge: Cambridge University Press.

**Mason**, R. 1998. Models of Online Courses. ALN Magazine. Bd. 2, Nr. 2. http://www.aln.org/alnweb/magazine/vol2_issue2/Masonfinal.htm/. Zuletzt zugegriffen am 2. 4. 2002.

**Mitterer**, Josef 1992. Das Jenseits der Philosophie. Wider das dualistische Erkenntnisprinzip. Wien: Passagen.

**Musil**, Robert 1994. Der Mann ohne Eigenschaften. Reinbek bei Hamburg: Rowohlt.

**Nichani**, M. 2001. LCMS=LMS+CMS. elearningpost, may 2, 2001.

**Salmon**, G. 2000. E-Moderating. The Key to Teaching and Learning Online. London: Kogan Page.

**Schulmeister**, R. 1996. Grundlagen hypermedialer Lernsysteme: Theorie - Didaktik - Design. Bonn: Addison-Wesley.

**Schulmeister**, Rolf 2001. Virtuelles Lernen aus didaktischer Sicht. In: N.N., Hg. von G. Anker, U. Hugl und S. Laske. In Vorbereitung.

**Scriven**, M. 1991. Evaluation Thesaurus. 4. Aufl. Newbury Park: SAGE.

**Seeger**, T. 1979. Die Delphi-Methode: Expertenbefragung zwischen Prognose u. Gruppenmeinungsbildungsprozessen. Freiburg: Hochschul-Verlag.

**Thomé**, D. 1988. Kriterien zur Bewertung von Lernsoftware. Heidelberg: Hüthig.

**von Glasersfeld**, Ernst 1992. Konstruktion der Wirklichkeit und des Begriffs der Objektivität. In: Einführung in den Konstruktivismus, Hg. von H. von Foerster, E. von Glasersfeld, P. M. Hejl et al. München: Piper. 9-39.

Im Fließtext erwähnte Internetadressen (die Adressen aus den Web-Tipp Abschnitten sind hier nicht angeführt):

[W1]: COIMBRA – creating teaching and learning material (www.coimbra.at).

[W2]: Unituell: integriertes Informations-, Kommunikations- und Verwaltungssystem für Studierende, Lehrende und Sekretariate (www.unituell.de).

[W3]: BSCW – Basic Support for Cooperative Work (http://bscw.gmd.de).

[W4]: Intranets.com – Get everyone on the same page (www.intranets.com).

[W5]: EasyGenerator™ von NIAM (www.easygenerator.nl/de/).

[W6]: Dynamic PowerTrainer™ von Dynamic Media www.dynamicmedia.at/start.html).

[W7]: Flash™-Plugin von Macromedia (www.macromedia.com/software/flashplayer/).

[W8]: CISCO Systems E-Learning Glossary (www.cisco.com/warp/public/10/wwtraining/elearning/pdf/elearn_glossary.pdf).

[W9]: ARCHmatic-Glossar (www.glossar.de).

[W10]: Ein kleines! Lexikon des Internet (www.kleines-lexikon.de)

[W11]: Glossar von Global Learning (www.global-learning.de)

Alle URL´s wurden zuletzt am 28. 4. 2002 überprüft.

# 1. Formular zur Gewichtung der Kriterien durch das Expertinnenteam

Erläuterungen:

* = äußerst wichtig
# = sehr wichtig
+ = wichtig
I = weniger wichtig
0 = nicht wichtig

| Kriterium | Gewichtung *, #, +, I, 0 |
|---|---|
| **Kommunikation, Kooperation und Kollaboration** | |
| ▪ synchron | |
| ▪ asynchron | |
| ▪ Annotationen | |
| ▪ Gruppenbildung durch Rollen | |
| ▪ externe Kommunikationstools integrierbar | |
| | |
| | |
| **Didaktik** | |
| ▪ Lässt verschiedene Lehr- und Lernmodelle zu | |
| ▪ Interaktive Tests | |
| ▪ Interaktive Übungen | |
| ▪ Modularisierung | |
| ▪ Feedback zum Lernfortschritt | |
| ▪ Autorinnenfunktionen | |
| ▪ Learning-flow-Management | |
| | |
| | |
| | |

Erläuterungen:

* = äußerst wichtig
# = sehr wichtig
+ = wichtig
l = weniger wichtig
0 = nicht wichtig

| Kriterium | Gewichtung *, #, +, l, 0 |
|---|---|
| **Administration** | |
| ▪ Tracking von Userinnen | |
| ▪ Rechnungsverwaltung | |
| ▪ Personalisierung | |
| | |
| | |
| **Technik** | |
| ▪ Anpassbarkeit | |
| ▪ Erweiterbarkeit | |
| ▪ Skalierbarkeit | |
| ▪ Distributierbarkeit | |
| ▪ Entspricht Standards | |
| ▪ Unterstützt Open-Source Serverbetriebssysteme | |
| ▪ Support | |
| ▪ Dokumentation | |
| ▪ Lokalisierbarkeit | |
| ▪ Sicherheit bei Datenweiterreichung | |
| ▪ Ressourcenbedarf | |
| ▪ Österreichische bzw. deutschsprachige Vertriebspartnerin | |
| ▪ Unterstützt Standardobjekttypen und -formate | |

# 2. Formular zur Bewertung der Evaluanden durch das Evaluationsteam

| Kriterium | Gewichtung | Plattform A | Plattform B | Plattform C |
|---|---|---|---|---|
| **Kommunikation** | | | | |
| synchron | | | | |
| asynchron | | | | |
| Annotationen | | | | |
| Gruppenbildung durch Rollen | | | | |
| Externe Komm.tools | | | | |
| **Didaktik** | | | | |
| Versch. Lehr- u. Lernmodelle | | | | |
| Interaktive Tests | | | | |
| Interaktive Übungen | | | | |
| Modularisierung | | | | |
| Feedback zum Lernfortschritt | | | | |
| Autorinnenfunktionen | | | | |
| Learning-flow-Management | | | | |
| **Administration** | | | | |
| Tracking von Userinnen | | | | |
| Rechnungsverwaltung | | | | |
| Personalisierung | | | | |
| **Zwischensumme** (Anzahl Gewichtungen) | | * \| # \| + \| I | * \| # \| + \| I | * \| # \| + \| I |
| | | | | |

| **Übertrag** (Anzahl Gewichtungen) | | * | # | + | I | * | # | + | I | * | # | + | I |
|---|---|---|---|---|---|---|---|---|---|---|---|---|---|
| | | | | | | | | | | | | | |
| Kriterium | Gewichtung | Plattform A | | | | Plattform B | | | | Plattform C | | | |
| **Technik** | | | | | | | | | | | | | |
| Anpassbarkeit | | | | | | | | | | | | | |
| Erweiterbarkeit | | | | | | | | | | | | | |
| Skalierbarkeit | | | | | | | | | | | | | |
| Distributierbarkeit | | | | | | | | | | | | | |
| Entspricht Standards | | | | | | | | | | | | | |
| open-source | | | | | | | | | | | | | |
| Support | | | | | | | | | | | | | |
| Dokumentation | | | | | | | | | | | | | |
| Datensicherheit | | | | | | | | | | | | | |
| Ressourcenbedarf | | | | | | | | | | | | | |
| Vertriebspartnerin | | | | | | | | | | | | | |
| Standardobjekttypen | | | | | | | | | | | | | |
| **Anzahl der Gewichtungen** | | * | # | + | I | * | # | + | I | * | # | + | I |
| | | | | | | | | | | | | | |

# 3. Nähere Erläuterungen zum heuristischen Lehr- und Lernmodell

Zur Entwicklung des heuristischen Lehr- und Lernmodells (siehe Kapitel 1: E-Learning: Begriffsklärungen, didaktische Grundlagen) für e-Learning, haben wir unten stehendes Modell adaptiert:

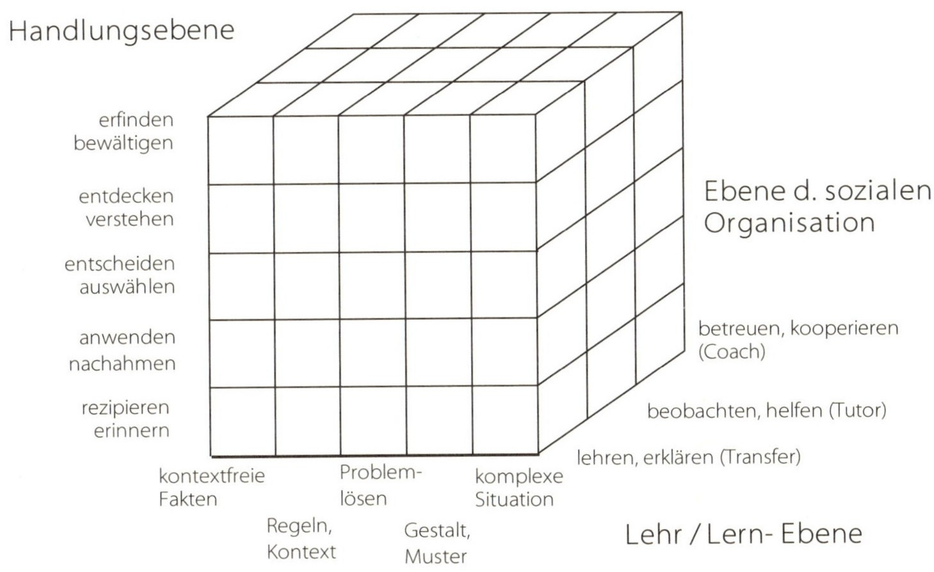


Abb. 28:
Heuristisches Lehr- und Lernmodell - Ausgangsmodell
(Baumgartner/Payr 1994)

## a) Die Phasen des online-Seminars nach Salmon

Vertiefung des 3-D Modells

Zur Vertiefung des heuristischen Lehr- und Lernmodells (Seiten 12 ff.) erläutern wir die Lehr- Lern- Ebene (x-Achse des Modells) unter Zuhilfenahme des Phasenmodells von Salmon.

Abb.: 28
Die Phasen des e-Learning
nach Salmon 2000

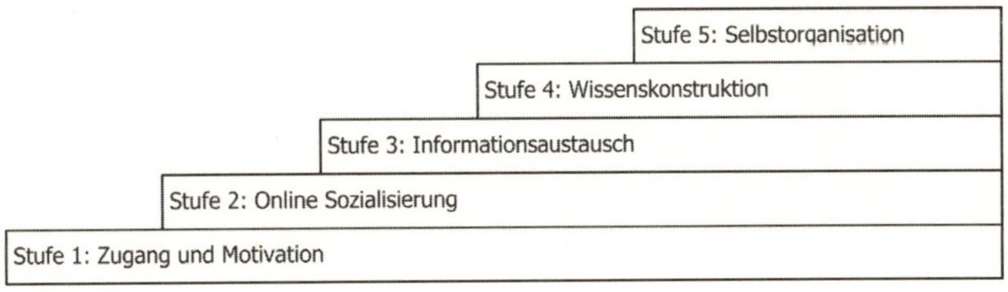

Stufe 1:
Zugang und Motivation

- Adaption der Lernumgebung

## Stufe 1: Zugang und Motivation

In dieser Phase geht es darum, die eigene Computerumgebung für e-Learning so zu adaptieren, dass eine spätere online Teilnahme am Lernprozess ohne Probleme möglich ist. Das schließt sowohl die Konfiguration von Hard- und Software, als auch die notwendige intrinsische Motivation ein, sich an einem solchen (Lern)experiment erstmalig zu beteiligen. Die Problem- und Fragestellungen in dieser Phase können vielfältiger Natur sein und vom Einrichten eines E-Mail Accounts, Installation des Browsers bzw. den notwendigen Plugins über Passwortprobleme bis hin zu Leitungsproblemen reichen.

Typisch für diese Stufe ist es, dass – entsprechend der Definition dieser Phase – noch kein selbständiger online Zugang stattgefunden hat. Daher ist auch (noch) keine online Hilfestellung wie z. B. im Netz verfügbare häufig gestellte Fragestellungen (FAQs = Frequently Asked Questions) möglich. Unterstützung muss entweder persönlich vor Ort oder über andere – bereits verfügbare Medien (z.B. Telefon, e-Mail falls dies bereits funktioniert) erfolgen. Probleme und Schwierigkeiten in diesem Stadium sind besonders frustrierend, weil sie scheinbar nur einen persönlich treffen. (Zu diesem Zeitpunkt weiß man noch nicht, dass auch andere mit denselben Schwierigkeiten kämpfen.)

Stufe 2:
Online Sozialisierung

- Exploration der Möglichkeiten
- Erleben der neuen Kommunikationsform

## Stufe 2: Online Sozialisierung

Ist erst einmal der Zugang geschafft, steht das neue Medium potenziell im vollen Umfang zur Verfügung. Potenziell heißt, dass die vielen neuen Funktionen erst exploriert werden müssen, dass noch nicht klar ist, *wie* genau die Dinge funktionieren und vor allem aber – *wozu* sie in einem didaktisch sinnvollen Lernprozess eingesetzt werden können. Dazu kommt noch, dass diese neue Form der Kommunikation ungewohnt ist und erst erprobt werden muss.

Stufe 3:
Informationsaustausch

- Die Arbeit an Inhalten läuft bereits
- Auftreten technischer Probleme möglich
- Möglichkeiten werden ausgeschöpft
- Personalisierung der Software

## Stufe 3: Informationsaustausch

Auf dieser Stufe findet bereits ein reger und aktiver Informationsaustausch über das neue Medium statt. Der inhaltliche Teil des e-Learning-Prozesses ist bereits in vollem Gange. Allerdings treten auf dieser Stufe neue technische Probleme in der Handhabung auf: Was geschieht mit der riesigen Datenmenge? (Klassifizierung und Archivierung) Wie finde ich mich in diesem Datenwust zurecht? (Suchen, Ordnen, Strukturieren)

Erst auf dieser Stufe werden die Möglichkeiten der verwendeten Programme voll ausgenützt bzw. deren Restriktionen bekannt (und bewusst umgangen). In diese Phase fällt auch die (weitere) Personalisierung der verwendeten Software (verwendete Schrift, Farbe, Layout, Nutzung der verschiedenen Zugriffsrechte etc.)

Stufe 4:
Wissenskonstruktion

- Die Teilnehmerinnen nehmen eine zentralere Rolle ein

## Stufe 4: Wissenskonstruktion

Erst auf dieser Ebene erfolgt der Fluss der Gedanken im neuen Medium frei und – soweit möglich – ohne technische Restriktionen. Die Teilnehmerinnen sind nicht nur in der Lage das vorhandene online Material zu nutzen, sondern auch voneinander und miteinander unter den neuen Gegebenheiten zu lernen. Die Bedeutung und Funktion der e-Moderatorinnen tritt zurück; es kommt zu einer hierarchisch flacher geführten Diskussion. Die Fragen an die Moderatorinnen nehmen ab, die Teilnehmerinnen diskutieren mehr unter sich.

Stufe 5:
Selbstorganisation

- Teilnehmerinnen übernehmen auch Verantwortung für den Prozess

## Stufe 5: Selbstorganisation

Auf dieser (nicht bei allen e-Learning Prozessen sinnvollen) Stufe übernehmen die Teilnehmerinnen nicht nur für die Inhalte ihres Lernprozesses die Verantwortung (Stufe 4), sondern zunehmend auch für die Organisation ihrer Lernerfahrungen. Die Teilnehmerinnen diskutieren nicht nur, welches Thema weiter verfolgt werden soll, sondern sie organisieren sich dabei auch und verteilen untereinander geeignete Rollen.

## b) Die Annäherungsstufen an e-Learning nach Mason

Das unten stehende Modell erläutert die Ebene der sozialen Organisation (z-Achse) des 3-D Modells nach Mason (1998):

Wie auch obige Phasen in einem online-Seminar kann dieses didaktische Modell auf das Lernen in Organisationen umgelegt werden.

**Die drei Annäherungsstufen an e-Learning**

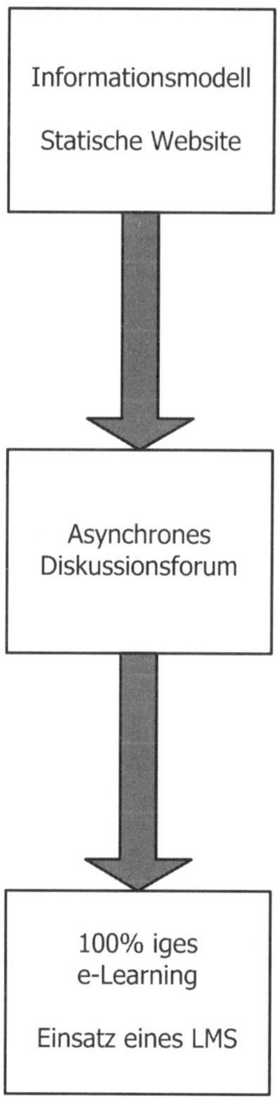


Wenn Sie bisher noch keine Erfahrung mit e-Learning haben, beginnen Sie mit dem Informationsmodell und stellen Sie eine Website mit den dazugehörigen Informationen zusammen.

Bauen Sie diese statische Website frühzeitig langfristig auf.

Verweisen Sie auf die im Internet von Ihnen zusammengestellten Informationen. Sie gewöhnen damit sich, aber auch die Lernenden/ Teilnehmerinnen daran, Internetressourcen zielsicher abzurufen.

Haben Sie bereits erste Erfahrungen mit e-Learning gesammelt, so bietet sich als nächster Schritt die gezielte Einbindung eines asynchronen Diskussionsforums an.

Die asynchrone Diskussionsform hat den Vorteil, dass kein unmittelbarer Zeitstress entsteht, die Verwendung der Möglichkeiten des neuen Mediums nicht zeitkritisch ist.

Wenn Sie - und Ihre Lernenden - sich sicherer fühlen und es bei einem Thema Sinn macht, dann können Sie sich auch mal gezielt an einem (synchronen) Chat wagen: Reduzieren Sie dazu anfangs die Komplexität des Moderationsvorgangs und geben Sie nur Ihnen (bzw. dem Gast) unbeschränkte Schreiberlaubnis. Mit zunehmender Übung variieren und experimentieren Sie mit den vom Programm zur Verfügung gestellten Einstellungen.

Die dritte Stufe von e-Learning ist unter Umständen für Sie in ihrer konkreten Situation überhaupt nicht relevant. Möglicherweise machen für Sie nur die beiden oben vorgestellten Stufen gezielt begleitend und in eingeschränkter Weise (didaktisch) Sinn.

Andernfalls können Sie sich für die dritte Stufe einmal überlegen mit welchem Inhalt, Lernziel und für welche Zeitperiode 100%iges e-Learning für Sie sinnvoll ist.

Abb. 29: Die drei Annäherungsstufen an e-Learning nach Mason